한국사

34

조선 후기의 사회

국사편찬위원회

자문위원

이 원 순

편찬위원

정 석 종　　조　광　　최 완 기
한 영 국

집필(조선 후기의 사회)

강 영 환　　고 부 자　　김 양 수
김 인 걸　　김 준 형　　김 필 동
이 종 일　　이 준 구　　이 해 준
임 동 권　　전 형 택　　최 진 옥
한 복 진　　한 영 국

기획 · 편집

신 재 홍　　변 승 웅　　이 근 택
고 혜 령　　고 성 훈　　나 애 자
박 한 남　　윤 병 희

복간 간행 : 김 용 곤 · 장 득 진

한국사 간행취지

우리 겨레가 앞으로 어떻게 살아갈 것인가 하는 문제는 우리들은 물론 우리와 더불어 살아가는 세계인들의 관심사일 것이다. 이에 대한 해답은 과거에 어떻게 살아왔는가 하는 우리 역사에 대한 인식을 통해 찾을 수 있을 것이라고 생각된다.

본 위원회에서는 이미 1970년대에 『한국사』 25권을 간행하여 해방 이후 한국사의 연구성과를 집대성함으로써 한국사에 대한 인식을 새롭게 한 바 있다. 그 이후 한국사회는 놀라운 성장과 발전을 이루었고 역사학계도 상당한 연구성과를 축적하였다. 이러한 변화에 발맞추어 한국사학계는 새로운 『한국사』 편찬의 필요를 느끼게 되었다.

이에 본 위원회는 일차적으로 한국사 연구지원비를 마련하여 역사학계로 하여금 1980년대 중반까지 연구성과가 미진하다고 생각되는 분야를 연구할 수 있도록 하였다. 이어서 1989년부터 1990년까지의 준비를 거쳐 1991년에는 '신편 한국사 편찬위원회'를 따로 구성하고 총 60권에 달하는 새로운 『한국사』를 편찬하기로 하였다. 그리고 다음과 같은 『한국사』 편찬의 목표를 세웠다.

① 한국의 역사와 문화에 대한 객관적 인식의 토대를 제공할 수 있는 한국사를 편찬한다.

② 민족의 창조적 문화활동과 민족사의 내재적 발전을 드러내는 한국사를 편찬한다.

③ 최근까지의 연구성과를 체계화하고 새로운 영역을 개척함으로써 한국사 연구의 지평을 넓힌다.

④ 한국사 연구와 관련하여 고고학·인류학·사회학·경제학 등 인접학문의 연구성과를 수용하여 한국사 인식의 폭을 넓히는 데 기여한다.

새로운 『한국사』를 펴내면서 우리 모두가 바라는 바는, 민족의 통일에 대비해야 하고 급격히 변화하는 시대상황 속에서, 한국사 연구자의 깊이 있는 연구를 도와주고 독자들의 역사인식을 드높일 수 있는 길잡이 구실을 할 수 있었으면 하는 것이다.

국사편찬위원회 위원장

목 차

Ⅱ. 향촌사회의 변동

Ⅲ. 민속과 생활

개 요

I

조선후기 사회는 격동의 사회였다. 근대사회로의 전환 기점으로 이해되기도 하리만큼 재래의 체제·질서·사상들이 여러 부면에서 이완·해체되고 새로운 질서·사상들이 태동하고 있었던 것이다. 사회사적 측면에서만 보더라도, 조선 전기 사회의 기반을 이루었던 신분제가 이완되고 있었고, 친족체계가 변화하고 있었으며, 촌락의 구조와 향촌운영체계 또한 변모하고 있었다. 그리고 이러한 변화 속에서 사회신분의 변동·분화와 신분간의 갈등이 격렬하게 전개되기도 하였다. 일찍이 조선사회가 경험하지 못했던 변동과 변화가 혼란과 혼효를 수반하며 일시에 일어나고 있었던 것이다.

그런데 이에 대응하는 정부나 기존세력의 자세·조치는 극히 보수적이고 임시적이었다. 새로운 변화·변동을 수용하고 활용하기보다는 대체로 지난날의 질서를 되세우고 유지하려는 데 급급했던 것이다. 일부에서 이같은 변화를 수용하고 활용하는 경우가 보이기도 하였으나, 그것 역시《경국대전》체제로의 복귀를 위한 노력에 다름이 없었다. 19세기 중·말엽을 점철하였던 크고 작은 민란, 곧 민중의 거센 저항들은 바로 이런 이유로 표출되지 않을 수 없는 것이었다.

조선 후기의 신분제 이완과 사회신분의 변동·변화는 여러 요인에서 비롯되고 촉진되었지만, 그 주된 단초는 양반인구의 증가에 있었다고 하겠다. 양반인구의 증가가 國役체계의 문란을 가져오면서 양반인구의 사회적 증가, 즉 양반서얼의 통청이나 중간신분층과 서민층의 신분상승을 유발하고, 그것이 다시 양반인구의 자연적·사회적 증가를 가중시켜서 사회신분의 변동·변화와 함께 본격적으로 신분제의 이완을 전개시킨 것으로 파악되는 것이다.

양반이란 원래 문·무관을 지칭하는 말이어서, 사회신분으로도 당초에는 문·무관으로 복무하거나 복무했던 사람과 그 가족들, 그리고 예비관인인 과거

합격자와 같은 소수의 사람들로 형성된 계층이었다. 그러나 세월이 흐름에 따라 그 가족의 수대에 걸치는 후손들로까지 점차 확대되었고, 또 16세기 말엽에 이르러서는 관직이나 과거를 불문하고 독서하는 모든 사람을 포괄하게 되었다. 물론 이러한 속에서도 서얼 차대나 기술직 차대와 같은 자기도태 수단이 마련되고 강제되고는 있었지만, 이 같은 양반 범주의 확대는 양반인구를 크게 증가시키고 있었다.

그런데 양반은 조선사회에서 경제적으로도 가장 유족한 계층이었다. 따라서 이들은 여타 하위신분에서보다는 인구의 자연증가율에 있어서 우세한 위치에 있었다. 특히 빈번하게 닥쳤던 기근과 전염병을 극복하는데 있어서는 절대적으로 우세하였고, 이러한 우세는 조선 초기 이래로 진전된 농업생산력의 증가와 의약의 발달로 더욱 신장되고 있었다. 이처럼 우세한 경제력으로 인하여 양반인구는 또한 증가되어 갔다.

양반인구의 이러한 증가는 지배계층으로서의 권위와 희소가치를 점차 하락시켜 갔을 뿐 아니라, 軍籍收布制가 일반화되었던 16세기 후반에 이르러서는 國役체계의 파탄을 야기시키는 하나의 요인이 되었다. 군역의 수포화에 따른 양반층의 군역기피현상이 끝내 양반인구의 면역으로 귀착되자, 이미 통청에 노력하고 있던 양반서얼들은 물론, 이들의 국역까지 떠맡게 된 평민들도 국역에서 벗어나기 위한 신분상승을 기도하게 된 것이다.

양반서얼들은 우선 18세기 초에 모두가 국역에서 벗어나는 성과를 거두었다. 서얼 자신은 業儒·業武로, 그 자손은 幼學으로 칭할 수 있게 된 것이다. 서얼 자신은 비록 양반의 직역을 얻지 못하였으나, 그 모두가 군역부담에서 벗어나기는 마찬가지였다. 따라서 양반인구는 다시 한번 대폭적으로 증가하게 되었다. 당시 양반 자녀의 절반 이상이 서얼이었다는 지적으로 보면, 이러한 조치로 양반이 된 인구가 얼마나 많았는지를 짐작할 수 있다.

한편 평민들의 면역을 위한 신분상승은 18세기 후반과 19세기에 걸쳐 세차게 전개되었다. 평민들은 조선 초기부터 경제적 곤궁으로 인하여 가능한 한 군역에서 벗어나고자 노력하여 왔었다. 漏籍하거나 승려가 되거나 私賤이 되는 것이 그 주된 방법이었다. 그러나 임진왜란 후 국방력 강화와 재정 확보, 향촌의 안정 등을 도모하기 위하여 오가작통제와 호패법 등이 강력하게 시행되자, 평민들은 보다 적극적인 면역책을 강구하게 되었다. 그리고 그것은 때마침 전개된 농업경영의 발전과 상·공업의 발달에 힘입어 양반·중인으로의 신분상승으로 연결되었다. 부를 축적한 일부 평민들은 헐역의 契房이나 私募屬으로 들기도 하였지만, 그보다도 유학·교생·원생을 모록하고 空名帖을 수매하여 양반의 지위로 나아가는 데 주력하였던 것이다. 이들의 신분상승이 개별적이었기 때문에 그 수를 측정하기가 어려우나, 19세기 호적대장에 등재된 유학의 반수 이상이 모칭 유학으로 추정되리 만큼 그 수가 많았다.

이리하여 유학을 중심으로 한 양반인구의 수는 이미 19세기 중엽에 호적상 주민구성의 50% 이상을 점유할 정도로 증가되고 있었다. 경제력의 상실로 인하여 양반에서 잔반·평민으로, 또 평민에서 고공·노비로 각기 신분이 하락하는 인구도 적지는 않았지만, 수많은 하층민이 신분을 향상시키고, 또 이들을 포함하는 양반인구가 하층민보다도 더욱 높은 자연증가를 이루어 온 결과였다.

II

조선 후기의 양반은 그 구성이 크게 세 부류로 이루어졌다. 16세기 말까지 형성된 원래의 양반에 준하는 양반과, 주로 17·18세기에 이들에 편입된 중간신분층 출신의 양반, 그리고 주로 18·19세기에 편입된 평민 또는 천인 출신의 양반이 그들이었다. 따라서 이들 양반은 직역상 같은 양반이기는 했어도 역사적으로나 사회통념상으로 같은 양반일 수가 없었다. 주로 품관·사족들로 구성된 원래 의미의 양반과 여타의 양반간에, 또 여타의 양반 중에서도 양반서얼을 비롯한 중간신분층 출신의 양반과 기타 평민출신의 양반간에 일정한 차별화가 이루어져 간 것은 자연스러운 현상이었다.

양반계층은 이미 17세기에 분화·차별화되고 있었다. 16세기까지 형성된 양반 속에서도 수대에 걸쳐 사환하여 온 大家·名家가 명실상부한 최고의 양반으로 자리잡고, 그렇지 못한 채로 향촌에 세거하며 유학과 같은 직역을 주로 세습하여 온 鄕班·殘班이 한미한 하위 양반으로 자리잡게 된 것이다. 이들 두 부류는 같은 양반이면서도 교유와 혼인 등에 있어 이미 일정한 거리를 두고 있었고, 또 활동무대도 대개가 朝廷과 鄕所로 각기 달리하고 있었다.

그런데 18세기 초부터 중간신분층과 평민층에서 신분을 상승시킨 새 양반들이 중앙과 향촌에 진출·등장하게 되자, 양반계층에서는 또 다시 분화를 보이게 되었다. 조정에 진출한 중간신분층 출신의 양반들은 그 수가 적기도 하였지만, 대체로 大家에 포함·수용되어 분화의 여지조차 보이지 않았으나, 향촌에 등장한 다수의 새 양반들은 기존의 사족양반들의 심한 차대 속에 갈등을 빚어내며 양반계층의 분화를 이끌어 냈다. 이른바 '儒鄕分岐'는 그 대표적 현상이었다.

재향사족양반들은 15세기 말 이래로 유향소를 근거로 하여 향촌사회를 실질적으로 관장·주도하고 있었다. 한 군현의 교화에서부터 각종 부세·징역에 이르기까지 대부분의 업무가 관아에서보다는 향임을 중심으로 한 유향소에서 주도되고 있었던 것이다.

그런데 임진왜란 이후, 실추된 조정의 권위를 되살리고 부국강병을 이룩하려는 정부의 정책들은 자연 왕조의 기반이 되는 향촌사회로 집중되었다. 그리고 그와 함께 이러한 정책들이 지속적이고도 효율적으로 시행되어 소기의 성과를 거둘 수 있도록 향촌사회 하부구조에까지 정부가 직접 통제하고자 노력하였다.

수령권에 대응하는 재향사족들의 자치기구였던 유향소는 이제 더 이상 그 기능을 발휘할 수 없게 되었다. 더욱이 효종 때 시행된 營將制는 향임의 직을 고역·천역으로 강하시키고 있었다. 이에 재향사족들은 여러 가지 자구책을 마련하여 종래의 위치로 복귀하려고 하였으나, 그들의 지배력이 매우 강성했던 몇몇 군현을 제외하고는 뜻을 이루지 못하였다.

그리하여 18세기 중엽을 전후로 하여 이들 재향사족은 점차 유향소를 떠나 서원과 향교를 근거로 결집하게 되고, 유향소는 수령에 의하여 그들이 차대하던 서얼·평민출신의 양반과 일부 잔류 향반들로 메워지게 되었다. 이른바 '유향분기'가 전개된 것이다. 전통사족양반과 신분을 상승시킨 양반과의 차별화가 이제는 향소를 떠나 서원·향교로 결집한 前者(儒)와 새로이 유향소를 근거로 결집한 後者(鄕)간의 차별화로 나타나게 된 것이다.

조선 후기 향촌사회의 양반은 이로부터 '儒'와 '鄕'으로 분화되는 대세를 이루었다. 舊鄕과 新鄕, 元儒와 別儒, 士族과 鄕族·鄕品 등은 모두 이러한 두 부류의 또 다른 표현이었다.

그런데 이들 두 부류는 그 출신에서부터 갈등을 빚고도 있었지만, 현실적 기능에서도 서로 대립하고 있었다. 구향(儒)이 계속 서원과 향교 등을 바탕으로 鄕論을 주도하고 교화를 담당하면서 향촌사회의 운영권을 상실하지 않으려고 노력한 데 대하여, 신향(鄕) 또한 유향소를 근거로 부세를 관장하고 수령을 보좌하면서 자신들의 권익과 지위를 한층 증대하고 상승시키려고 부심하였던 것이다. 따라서 이들간의 충돌은 불가피하였고, 그것은 이른바 鄕戰의 이름으로 나타났다.

향전은 구향과 신향간의 향촌운영의 주도권 다툼이었지만, 수령과 향임·향리로 직결되는 행정체계를 추구하던 당시의 정부나 수령의 입장에서 볼 때는 수령 및 정부에 대한 구향의 저항으로도 비쳐질 수 있는 다툼이었다. 따라서 향전이 거듭되면 될수록 구향은 불리한 국면으로 몰리게 마련이었고, 그것은 곧장 구향의 지위와 영향력의 약화로 이어져 갔다.

이리하여 19세기 중엽을 전후로 해서는 신향 및 향리가 수령과의 제휴 아래 향촌사회를 관장·주도하는 새로운 체제가 널리 성립되었다. 그렇다고 구향의 존재나 세력이 소멸된 것은 아니었다. 그들은 이러한 추세에서도 그들의 세력을 보다 효과적으로 결집할 수 있는 방법을 마련하면서 전통적 질서를 유지·고수하고자 노력하였다. 19세기 후반에 이르면 중앙에서는 이미 양반서얼도 淸顯職에 오르고, 종묘제사에서 獻酌의 반열에도 서게 되는데, 향촌에서는 아직도 사족양반들의 반대로 儒案에 오르지 못하여 향전을 벌이는 모습을 보였던 것이다.

Ⅲ

조선 후기의 재향사족들이 위와 같은 변화에 대응하여 마련하고 추진했던 자위 내지 입지강화 방책은 지역에 따라 다양하게 나타나고 있었다. 그 가운데 동족마을의 형성·확대, 문중조직의 결성·활성화, 下契와의 제휴·통합 등은 대개가 공통적으로 보인 주요 현상으로서 주목되는 것이었다.

조선시대의 친족체계는 당초 내외친을 망라하는 양계친족체계였다. 그런데 17세기 중엽을 전후로 하여 그 체계가 적장자 중심의 부계친족체계로 변하는 모습을 드러냈다. 남귀여가혼 관습의 소멸, 족보에서 친족 수록범위의 축소, 입양제도의 일반화와 입양에 있어서의 처·모변의 제외, 제사 및 재산상속에서의 장자우대 등등의 현상이 바로 그것이었다.

17세기에 이르러 친족체계가 이같이 변하게 된 원인과 배경은 아직 분명하지 않다. 다만 16세기 말엽에 성리학에 대한 이해가 심화되고 《朱子家禮》의 보급이 확대되면서 가부장제적 종법질서가 추구되고 있었다는 점과, 재산의 균분상속이 15세기 때와는 달리 사족양반의 재산소유를 점점 영세화시켜 재산증대와 세력신장에 장애가 되고 있었다는 점이 고려될 정도이다. 그리고 이러한 추구와 장애가 사족양반들간의 경제적 편차가 더욱 확대되던 17세기에 이르면 우선 종가만이라도 제대로 존속시키려는 사례를 낳게 하여, 그것이 점차 일반화된 데서 성립되지 않았나 추측되고 있다.

그런데 17세기에 전개된 이와 같은 친족체계의 변화는 18세기에 이르러 재향사족들의 입지를 강화하려는 노력과 결부되어 향촌사회의 구조와 운영에 커다란 변화를 일으켰다. 18세기 중엽을 전후로 하여 향촌사회에서 종전의 지위와 세력을 상실하기 시작한 재향사족들이 그 지위와 세력을 유지 또는 만회하려고 부계친족체계를 바탕으로 하는 족적 결속을 꾀하여 갔기 때문이다. 그들은 신향·향리와 결부된 수령친정체제하에서는 과거 군현 단위의 향약이나 향규의 운영보다도 촌락단위의 결속과 농민지배가 자신들의 지위·세력을 유지·신장시키는데 더욱 효과적이라고 판단하고, 이러한 결속을 부계친족체계의 친족조직에서 구한 것이었다. 더욱이 이 체계는 앞서 언급한 대로 경제력의 집중을 수반하고 있었고, 또한 성리학적 질서를 강화하는 효과도 지니고 있었던 것이다.

이리하여 18·19세기 향촌사회에서는 부계친족을 중심으로 한 集姓村, 곧 동족마을이 형성·확산되고, 이를 기반으로 하여 문중의 결속을 다지는 화수계나 문중계 같은 족계가 또한 성행하였다. 그리고 그와 함께 입향조나 계파시조를 비롯한 祖先의 선영을 수호하기 위한 규약과 경제적 기반을 마련하여 재실·문중사당 등을 건립·운영하였고, 또 문중의 지위를 선양하기 위해서 사우·서원을 건립하고 족보(파보)를 간행하기도 하였다. 동족마을과 문중의 결속을 기반으로 한 재향사족양반들의 '신향·향리-수령' 지배체제에 대한 무언의 반격이 전개된 것이다.

조선 후기 재향사족들의 이 같은 노력은 그에 상응하는 성과를 거두어 향촌사회에서의 그들의 입지를 어느 정도 유지시켜 갔다. 그러나 한편으로는 서원·사우의 난립과 그것을 둘러싼 향전으로 사족간의 갈등·분열을 일으키기도 하고, 향촌사회의 성장·발전에 제동을 가하기도 하였다.

동족마을이 형성·발달하기까지, 조선시대의 촌락은 대체로 소수의 이성친족 사족(양반호)들이 동족적 유대를 지니고 다수의 평민·천인호를 지배하는 구조를 이루고 있었다. 이것은 이성사족들이 내외친족이 동일시되는 친족관념과 자녀균분상속제하에서 동족적 유대를 지니고 농지개발을 통한 촌락발전의 주역을 담당했던 데서 이루어진 구조였다.

그런데 동족마을의 발달은 촌락의 주도권을 장악한 특정 성씨 이외의 이성친족들의 지위를 날로 약화시켜 이들을 점차 이탈시켜 갔다. 완전한 동성동족의 촌락을 성립시켜 간 것이다. 그리고 이와 함께 양반사족의 촌락(班村)과 평민·천민의 촌락(民村)으로 분화되는 변화도 보였다. 주민의 증가와 생산력의 발전에 따른 농지의 확대로 촌락의 분화가 불가피하기도 했지만, 이를 계기로 족적 결집을 과시하고 신향과의 차별화를 기하려는 조치이기도 하였다.

한편 재향사족들은 동족마을의 형성과 함께 농민들의 촌락조직인 향도류의 조직(下契)을 사족들의 동계조직(上契)과 통합하여 갔다. 이는 기층농민을 수령권의 통제로부터 방어하려는 것이었다. 그러나 뒤이어 전개된 촌락의 성장, 부세의 공동납제 확대, 교환경제체제의 발달 등은 농민의 의식을 성장시키면서 농민들로 하여금 '두레'의 강화와 다양한 촌계들을 조직하게 하였다. 그리고 그것들은 점차 동계를 대신하여 촌락의 운영을 주도하여 가게 되었다.

Ⅳ

조선 후기사회의 변동·변화는 노비신분층에서도 일어났다. 원래 노비는 국가기관이나 개인에게 신분적·경제적으로 예속되어 노동력을 강제로 징발당하는 계층으로서, 조선 전기에는 크게 세 가지 형태로 존재하고 있었다. 상전의 집에 솔거되거나 국가기관에 선상·입역되어 노동력을 직접 제공하는 노비, 외거하면서 상전이나 소속관청의 토지를 경작하는 노비, 그리고 상전이나 소속관청의 경제적 기반과는 관계없이 외거하면서 身貢만을 납부하는 노비 등으로 분류될 수 있다. 그런데 그 중 조선 전기에는 첫째와 둘째 유형의 노비가 대부분을 이루고 있었다.

그러나 조역 및 요역의 物納化를 초래한 16세기 중·말엽의 사회경제구조의 변화는 노비의 부담형태도 노동력의 제공에서 신공의 납부로 점차 전변시켜갔다. 그리고 이러한 추세는 17·18세기에 전개된 농업생산력의 발전과 농민층의 분화에 짝하여 더욱 촉진되어 갔다. 소유주가 노비의 노동력을 직접 이용하는 것보다는 농민층 분화에서 창출된 無土不農의 농민, 즉 雇工층을 활용하는 것이 더욱 유리하였고, 또 노비의 입장에서도 노동생산성이 높아진 상황에서 노동력을 징발당하기보다는 자기경리를 계속 유지하여 그 잉여의 일부를 신역의 대가로 지불하는 것이 한층 유리하게 되었기 때문이다.

이리하여 18세기에 이르면 노비의 존재양태가 조선 전기의 양상과는 반대의 양상으로 뒤바뀌게 되었다. 대부분의 노비가 셋째 유형으로 존재하게 되었고, 그에 따라 독자적인 자기경영을 가지면서 보다 자유로운 생활을 영위하게 된 것이다. 이제 노비들은 신분상으로만 노비일 뿐, 현실적으로는 평민과 다름없는 위치에 놓이게 되었다.

노비존재양태의 이같은 변화는 우선 정부의 노비정책에 일대 전환을 가져왔다. 17세기 중엽에 이미 공노비의 선상·입역을 폐지하고 고립제를 채택했던 정부는 18세기 중·말엽에 걸쳐 각종 속량책의 확대와 함께 노비추쇄의 중지, 비총법의 실시, 노의 신공 반감과 비의 신공 혁파 등 공노비의 부담과 구속을 경감·완화하는 조치를 계속 취하여 갔고, 나아가 순조 원년(1801)에는 내·시노비를 혁파하기에 이르렀던 것이다. 그리고 한편으로는 奴良妻의 소생을 從母從良하는 법을 제정·실시하여 노비인구의 감소를 도모하기도 하였다. 이는 노비의 존재 의미가 완전히 변질되었기 때문이었다.

한편, 위와 같은 노비존재양태의 변화는 노비들의 경제력 향상과 신분상승운동을 촉진하는 계기도 되었다. 자유로운 자기경영을 갖게 된 노비들이 때마침 전개된 상품화폐경제의 발달과 농업생산력의 발전에 힘입어 그들의 경제력을 한층 신장시켜 갔던 것이다. 그리고 이를 바탕으로 하여 納粟·軍功·代口 등의 합법적 면천을 기하여 갔고, 나아가 중인·양반으로까지도 상승하여 갔다. 그러나 경제력이 미치지 못했던 노비들은 광산·도시·서북지방과 같은 고용노동이 풍부한 곳으로 도망·은루하여 신분을 상승시키기도 하였다.

이리하여 조선 후기사회는 노비인구가 급격히 감소하면서 노비제의 붕괴·해체가 이루어져 갔다. 조선 후기의 사회변동·변화에서 신분제의 해체를 뜻하는 가장 극명한 현상이었다고 하겠다.

〈韓榮國〉

Ⅰ. 신분제의 이완과 신분의 변동

1. 양반층의 증가와 분화
2. 양반서얼의 통청운동
3. 중간신분층의 향상과 분화
4. 서민층의 성장
5. 노비신분층의 동향과 변화

Ⅰ. 신분제의 이완과 신분의 변동

1. 양반층의 증가와 분화

1) 양반인구의 증가

조선 후기사회는 有役下層民의 신분의 상향이동이 심화되었고, 그에 따라 양반·중인·상민·천인으로 구성된 신분구조에도 수치의 변동이 일어나게 되었다. 그것은 양반인구의 급증, 중인인구의 점진적 증가, 상민인구의 감소, 노비인구의 급감현상이 帳籍을 통한 연구에서 공통적으로 지적된 점에서 확인된다. 여기에서는 장적상에 나타나는 양반인구가 어느 정도의 비율로 증가하고 있었으며, 수적 증가현상이 어떤 양상을 띠고 있었는가. 그리고 그것이 갖는 역사적 의미를 살펴보기로 한다.

조선 후기사회의 신분구조를 이해하는 데 있어서 더없이 소중한 자료는 장적이다. 장적에 기재된 호주의 職役과 그 가족의 신분표시(처의 호칭, 率子의 직역)와 4祖직역, 그리고 그 가계 등은 군역의 유무, 신분 世傳의 유무, 身分內婚의 유무 등을 반영하고 있으며, 이는 신분을 판별할 수 있는 유력한 수단이 된다. 그런데 문제는 장적기록의 신뢰도에 관한 것이다. 즉 직역 및 부녀자의 호칭이 의도적으로 冒錄되거나 漏戶·漏口된 호구가 있다는 점이다. 그러나 모록된 경우가 있더라도 그것이 착오가 아니라면 그 자체가 중세 해체기 사회변동의 실상을 반영하고 있는 것이며, 누호·누구된 한계가 있더라도 국가가 파악한 직역을 통해 당시 사회구성의 변동을 이해하는 데 있어서 더없이 소중한 자료임이 분명하다. 그러므로 이에 근거하여 양반인구의 증가현상을 파악하고자 한다.

조선 후기의 양반은 柳馨遠이 정의하였듯이, 문무반의 正職에 참여할 수 있는 大夫·士의 자손과 족당을 지칭하고 있다.[1] 또한 양반은 士族의 존칭

---

1) 柳馨遠, 《磻溪隨錄》 권 9, 敎選之制 上 鄕約事目.

으로서[2] 사족과 거의 같은 개념으로 사용되고 있었다. 이러한 양반은 '관직에와 접근'과 '家系의 위신'에 의해 그 신분이 결정되거나 유지될 수 있었다.[3] 양반층의 일부는 과거나 蔭敍·代加의 혜택을 입어 實職 또는 散職을 얻음으로써 관직에 접근할 수 있었지만, 그들의 대부분은 無職·無蔭의 양반 자손으로서 가계의 위신을 바탕으로 한 신분내혼이나 학행 및 재산(토지와 노비)을 겸함으로써 양반으로서의 품격을 지켜 나가기도 하였다. 장적상에서는 일반적으로 군역을 면제받아야 하고, 선후세대간에 양반신분을 세습이동해야 하며, 양반상호간에 신분내혼이 이루어져야 하는 등의 조건이 갖추어졌을 때 양반직역이라고 할 수 있다. 이러한 제조건을 갖춘 양반의 직역은 前·現職官 및 帶品職者(가계 및 가족의 신분표시가 양반신분인 자), 進士, 生員, 及第, (士族)出身, 幼學, 忠義衛(18세기 중반까지), 業儒·業武(숙종 22년 이전) 등으로 파악되며, 부녀자에 있어서는 姓에 '氏'가 붙여진 경우가 양반으로 간주된다.[4] 이러한 직역과 '씨'의 호칭을 가진 양반호주의 구성비는 〈표 1〉의 경우와 같은 수치를 나타내고 있다.

〈표 1〉 각 지역별·시기별 양반호의 구성비 (단위 : %)

시기 / 지역	1678	1684 1690	1711 1717	1729 1732	1747	1759	1765	1783 1786 1789	1795 1798	1804	1825	1858 1861	1867
大丘府		9.2		18.7				37.5				70.3	
大丘府		19.4			21.5				31.0				42.5
蔚山府				26.3			41.0			53.5			65.5
丹城縣	13.6		19.1			24.4		31.4					
丹城縣											39.3		
彦陽縣			12.4						53.1			80.2	
彦陽縣			19.5						57.6			80.4	

* 단 양반호주의 비율은 각 지역의 전체 호수에 대비한 것임.

위의 〈표 1〉에서 확인되는 바,[5] 양반호의 구성비는 각 지역과 연구자의

2) 朴趾源, 《燕巖集》 권 8, 別集 兩班傳.
3) 池承鍾, 〈身分概念定立을 위한 試論〉(《한국고·중세사회의 구조와 변동》, 한국사회사연구회논문집 11, 1988).
4) 李俊九, 〈朝鮮後期 兩班身分移動에 관한 硏究(上·下)〉(《歷史學報》 96·97, 1982·1983 ; 《朝鮮後期身分職役變動硏究》, 一潮閣, 1993).

분류기준에 따라 차이는 있지만 후대로 올수록 한결같이 증가하고 있다. 대구부의 경우 府內의 상이한 지역과 시기를 대상으로 조사한 것이다. 그 결과 전자는 숙종 16년(1690)부터 168년이 지난 철종 9년(1858)까지 61.1% (9.2%~70.3%)가, 후자는 숙종 10년부터 183년이 지난 고종 4년(1867)까지 23.1%(19.4%~42.5%)가 증가한 것으로 각각 파악하였다. 울산부의 경우에는 영조 5년(1729)부터 138년이 지난 고종 4년까지 39.2%(26.3%~65.5%)가 증가하였고, 단성현의 경우에는 숙종 4년부터 147년이 지난 순조 25년(1825)까지 25.7%(13.6%~39.3%)가 증가하였다. 언양현의 경우 동일한 지역과 시기를 대상으로 조사한 것이지만 양반신분을 분류하는 기준의 차이로 인하여 숙종 37년부터 150년이 지난 철종 12년까지 전자는 67.8%(12.4%~80.2%)가, 후자는 60.9%(19.5%~80.4%)가 증가한 것으로 각각 파악하였다. 이처럼 양반호는 후대로 올수록 한결같이 증가하는 추세였다. 이러한 양반호의 구성비는 대체로 17세기 후반에는 9~19%, 18세기 전반에는 12~26%, 18세기 후반에는 24~57%, 19세기에는 39~80% 정도의 분포를 보였던 것으로 단순화시켜 정리해 볼 수 있다.

〈표 2〉 각 지역별 · 시기별 양반인구의 구성비 (단위 : %)

시기 / 지역	1678	1690	1717	1729 1732	1759	1765	1783 1786 1789	1804	1825	1858	1867
大丘府		7.4		14.8			31.9			48.6	
蔚山府				19.4		32.1		43.7			67.1
丹城縣	7.3		13.8		23.1		27.2				
丹城縣			12.8				23.4				
丹城縣									28.5		
鎭海縣									32.6		

5) 이 표는 다음의 연구성과를 참조하여 만들었다.
四方博, 〈李朝人口に關する身分階級別的觀察〉(《朝鮮經濟の硏究》 3, 1938), 388~389쪽.
金泳謨, 〈朝鮮後期의 身分構造와 그 變動〉(《東方學志》 26, 1981), 〈표 5〉.
鄭奭鍾, 〈朝鮮後期 社會身分制의 崩壞〉(《大東文化硏究》 9, 1972), 〈도표 I〉.
李俊九, 앞의 글(下), 〈표 14〉.
井上和枝, 〈李朝後期慶尙道丹城縣の社會變動〉(《學習院史學》 23, 1985), 〈표 9〉.

한편 양반인구의 구성비를 보면 앞의 〈표 2〉와 같다. 〈표 2〉에서 확인되는 바,[6] 양반인구의 구성비도 각 지역과 연구자의 분류기준에 따라 차이는 있지만 나타난 수치가 후대로 올수록 한결같이 증가하고 있다. 그러나 그 수치가 양반호의 경우보다 낮은 것은 전체 인구파악에서 率居奴婢의 개별 인신에 대한 파악도 포함하고 있기 때문에 상대적으로 낮게 나타난 것이다. 그러한 양반인구의 구성비는 대체로 17세기 후반에는 7%, 18세기 전반에는 13~19%, 18세기 후반에는 23~32%, 19세기에는 29~67% 정도의 분포를 보였다.

〈표 3〉 단성지역 양반호주의 직역별 구성비 (단위 : %)

직역 / 시기	帶品職	生進・及第・出身	幼學	忠義衛	業儒 業武	寡婦(氏)	計(戶主數)
숙종 4년(1678)	9.2	3.9	41.5	7.8	13.5	24.1	100(282)
숙종 43년(1717)	8.8	0.6	78.4	5.5		6.7	100(477)
영조 35년(1759)	3.9	1.2	87.7			7.1	99.9(661)
정조 10년(1786)	0.6	0.6	94.5			4.2	99.9(953)

이러한 양반층의 급증현상은 유학의 수적 급증에 의한 것이었다. 위의 〈표 3〉의 단성지역에서 확인되는 바,[7] 양반호주의 직역별 구성비를 보면 숙종 4년부터 정조 10년(1786)까지 100여년 동안에 대품직(9.2~0.6%), 생원・진사・급제・(士族)출신(3.9~0.6%), 과부(24.1~4.2%) 등은 감소한 반면에 유학(41.5%→78.4%→87.7%→94.5%)은 후대로 올수록 급증하고 있다. 특히 18세기 이후에는 유학이 양반층의 거의 대부분을 차지하고 있다. 양반층내에서 유학호가 차지하는 이 같은 점유율은 다음의 〈표 4〉에서 확인되는 바,[8] 다

金錫禧, 〈18・19세기 戶口의 實態와 身分變動－新例 彦陽縣 戶籍大帳을 중심으로－〉(《人文論叢》 26, 釜山大, 1984), 〈표 Ⅳ〉.

朴容淑 《朝鮮後期鄕村社會硏究》(慶北大 博士學位論文, 1986), 〈표 Ⅲ-5〉.

6) 이 표 역시 四方博(위의 글, 411쪽), 鄭奭鍾(위의 글, 〈도표 Ⅲ〉), 朴性植(〈18세기 丹城地方의 社會構造〉, 《大丘史學》 15・16, 1978, 〈표 3〉), 朴容淑(위의 글, 〈표 Ⅲ-4〉), 井上和枝(위의 글, 〈표 9〉), 武田幸男(〈19世紀鎭海縣の社會構造とその變動〉, 《朝鮮戶籍大帳の基礎的硏究》, 學習院大 東洋文化硏究所, 1976, 〈표 5〉)의 연구를 참조하여 정리한 것이다.

7) 李俊九, 앞의 글(下), 〈표 18〉 참조.

8) 이 표는 四方博(앞의 글, 〈職役別列擧綜合表〉), 李俊九(앞의 글, 〈표 18〉), 井上和枝(앞의 글, 〈표 6〉), 金錫禧(앞의 글, 377쪽), 朴容淑(앞의 글, 19쪽)을 참조하여 만든 것이다.

른 지역에서도 비슷한 양상을 보였다. 따라서 양반층의 급증은 유학의 급증에 의한 것임이 확인된다.

〈표 4〉 각 지역별 · 시기별 전체 양반호 가운데 유학호의 점유율 단위 : %

시기 / 지역	1678	1690	1711	1717	1729 1732	1759	1783 1786 1789	1798	1825	1858	1861
大丘府		41.4			61.5		74.7			89.8	
丹城縣	41.5			78.4		87.7	94.5				
丹城縣									98.8		
彦陽縣			79.9					93.2			98.5
彦陽縣			54.6					86.4			98.4

18세기 이후부터 양반층의 대부분을 점하고 있는 유학이 수적으로 크게 증가하게 된 데에는 다양한 신분계층의 유학 호칭에서 비롯되었다. 즉 양반의 유학 재생산, '忠義衛'에서 '유학'으로의 직역이동, 中人層(庶孼의 후손 · 吏族의 儒業者 · 額內校生 · 技術職中人 · 面任 등)의 '유학' 호칭, 그리고 유역 하층민의 冒稱幼學 등이 유학 급증현상의 주요 요인으로 주목된다.

우선 양반의 유학 재생산에 의한 증가가 유학 급증현상의 한 요인으로 작용하였다. 18 · 19세기에는 사족의 자손이 출생할 경우 '유학' 이외에는 달리 사용할 직역이 없었으며, 실제로 유학은 조선 말기까지도 사족 未入仕者의 직역으로 사용되었다. 그러므로 유학은 양반지배층의 기저를 이루고 있는 중요한 직역이었다. 따라서 양반사족층은 유학을 재생산하고 있었으며, 장적상의 가계사례에서 확인된다. 《丹城鄕案》과 《丹城縣戶籍大帳》에서 확인되듯이 단성지역의 재지사족인 權金錫가계의 시기별 호주직역을 보면 숙종 4년에는 유학이 6호였는데 108년이 지난 정조 10년에는 42호로 증가하였다.[9] 이는 숙종 4년을 기준으로 할 때 정조 10년에는 700% 즉 7배가 증가한 것이다. 이러한 양반의 유학 재생산에 의한 증가는 班村의 직역변동에서도 확인된다. 즉 大丘府 月背面의 반촌인 上仁里의 경우, 유학호 점유율은 17세기 말에 16.7%, 18세기에 50% 안팎, 19세기 중반에 93.6%로 급증하는 추세를 보였으며, 丹陽禹

9) 李俊九, 〈朝鮮後期의 幼學과 그 地位〉(《民族文化論叢》 12, 1991 ; 앞의 책, 148쪽), 〈표 5-6〉 참조.

氏가 그 대부분을 차지하였다.[10] 이러한 사례를 가지고 후대로 올수록 급증하였던 유학 증가현상이 마치 양반의 유학 재생산에 의해서만 증가한 것처럼 이해하는 것은 곤란하다. 그것은 단성지역과 대구지역에서 가장 번성했던 재지사족의 사례라는 점을 유념해야 할 것이다. 그러나 양반의 유학 재생산에 의한 증가도 유학 급증현상의 한 요인이었음을 알 수 있게 한다.

그리고 충의위에서 유학으로의 직역이동도 유학 급증현상의 한 요인으로 작용하였다. 정훈공신 후손의 충의위는 면역할 수 있는 限代규정이 9대까지였다.[11] 그럼에도 불구하고 정훈공신인 興安君 李濟의 4세손인 李晁의 가계에서 홍안군의 9세손 34명 가운데 충의위는 단 1명뿐이고 27명이 역의 부담이 없는 유학으로 직역을 이동시키고 있다. 역시 홍안군의 5세손 李賀生의 가계에서 홍안군의 7세손 3명은 모두 충의위였다. 그러나 8세손은 8명 가운데 通德郎이 3명, 충의위가 1명, 유학이 4명이었으며, 9세손은 11명 모두 유학이었다.[12] 따라서 정훈공신 후손들이 충의위에서 유학으로 직역을 이동시켜 유학을 재생산함으로써 유학의 수적 증가에 보탬이 되었다.

유학 급증현상에서 특히 주목되는 것은 서얼 후손의 '유학' 호칭이다. 17세기 말 업유·업무가 서얼의 문·무를 지칭하게 된 이후 서얼의 후손은 18세기로 접어들면서 왕명에 의하여 '유학' 호칭이 합법화되었다.[13] 즉 숙종 34년(1708)의 傳敎에는 "자신이 서얼인 자(親庶孼)만 업유·업무라 칭하고 업유·업무의 아들이나 손자는 유학으로 기록하여도 무방하겠다"고 하였다.[14] 이로 인해 친서얼이 아닌 서얼의 후손은 유학 호칭이 가능하였다. 이는 장적에 반영된 가계사례에서 명확히 확인되는데, 《단성현호적대장》에서 산견되는 몇 건을 참고하기로 한다. 즉 업유·업무의 서얼 직역화 이전인 숙종 4년 장적에서 충의위 李著國의 良妾子인 李胤元은 서얼이기 때문에 '許通免講'을 직역 대신에 기록하였으나 영조 5년(1729) 이후에 그의 후손들은 모두 직역을 '유학'으로 기록하였고, 學生 權克益의 庶子 '許通校生' 權鎏과 權鋈의

10) 崔承熙, 〈朝鮮後期 幼學·學生의 身分史的 意味〉(《國史館論叢》 1, 國史編纂委員會, 1989), 95~96쪽.

11) 《續大典》 권 4, 兵典 免役.

12) 李俊九, 앞의 글(下), 23쪽, 〈표 30〉 및 앞의 책, 150쪽, 〈표 5-7〉 참조.

13) 李俊九, 〈朝鮮後期의 業儒·業武와 그 地位〉(《震檀學報》 60, 1985).

14) 《新補受敎輯錄》, 戶典 戶籍.

후손들도 숙종 43년 이후에 직역을 모두 '유학'으로 기록하였으며, 숙종 43년 장적에서 유학 權德亨의 서자 大均과 賤妾子 大得은 양반의 '親庶孼'이기 때문에 직역을 업유로 기록하고 있었지만 그들의 후손들은 영조 26년 이후 직역을 모두 '유학'으로 기록하고 있었다.[15] 이처럼 18세기 전반부터는 서얼 후손들이 합법적으로 유학을 호칭하게 되었고, 이들 유학들이 유학을 재생산함으로써 유학의 수적 증가를 가져온 중요 요인으로 작용하였다.

18세기 이후부터 서얼 후손의 유학 호칭은 물론이고, 지역에 따라서는 吏族의 儒業者들도 유학을 호칭하였다. 즉 영조 5년에는 경상도관찰사 朴文秀에 의해 향리자손들도 '유학'의 칭호를 써도 좋다는 판결이 나왔다. 그 뒤 영조 26년에는 유학의 칭호문제가 다시 거론되었으나, 부사 元景淳에 의해 또한 유학으로 쓰는 것이 타당하다는 결정이 내려졌다.[16] 이로써 안동의 鄕孫儒業者는 유학을 호칭하였다.

뿐만 아니라 19세기에는 액내교생과 기술직 중인, 면임도 유학을 호칭함으로써 유학의 수적 증가에 보탬이 되었다. 교생의 경우, 헌종 9년(1843)의 〈求禮鄕校西齋案〉 序文에 명시된 바에 의하면, 향교의 서재유생인 교생은 신분적으로는 중인으로 처신하였지만 장적에서는 유학으로 기재하였다.[17] 기술직 중인의 경우, 철종 2년(1851)에 일어난 기술직 중인의 通淸운동자료인 〈辛亥閏八月十八日 景陵幸行時上言草〉에 의하면, 이 상소운동에는 유학 金允洙 등 1,872명이 직접 참여하고 있다.[18] 그들 기술직 중인들은 스스로 '유학'을 칭하고 있었다. 면임의 경우, 고종 6년(1869) 8월 16일의 경상도 固城縣 春元面에서 幼學錢 收捧을 둘러싼 분쟁이 일어났을 때 관련된 '執綱幼學 金鍾律'도 면임으로서 유학을 호칭하였다.[19]

유역 하층민의 모칭유학은 17세기 말에도 확인되지만, 18세기를 거쳐 19세

15) 李俊九, 앞의 책, 〈표 7-3〉·〈표 7-4〉·〈표 5-8〉 참조.

16) 《安東鄕孫事蹟通錄》 附錄 참조.
李勛相, 《朝鮮後期의 鄕吏》(一潮閣, 1990), 90~91쪽.

17) 全羅南道 編, 《全南의 鄕校》(1987), 121쪽.
任敏赫, 〈朝鮮後期의 幼學〉(《淸溪史學》 8, 1991), 141쪽.

18) 韓永愚, 〈조선후기 '中人'에 대하여 －哲宗朝 中人通淸運動 자료를 중심으로－〉(《韓國學報》 45, 一志社, 1986), 69~70쪽.

19) 鄭奭鍾, 《朝鮮後期社會變動硏究》(一潮閣, 1983), 244쪽.
《慶尙監營啓錄》, 고종 8년 12월 참조.

기로 오면서 유학층 증가의 결정적인 요인으로 작용하였다. 모칭유학이 증가하게 된 데에는 신분직역제를 바탕으로 운영된 군역제의 동요와 밀접한 관련을 가진다. 조선 후기 양역화된 군역은 유역 하층민에 대한 경제적 수탈을 가중하게 하였고, 사회적으로도 '천한 역'으로 인식되었다. 이는 곧 유역 하층민이 군역으로부터 탈출하기 위한 避役현상을 유발케 하였고, 피역하는 최선의 방법은 신분을 변동시키는 것이었으며, 그 가운데 하나가 無役閑遊하는 '유학'을 모칭하여 양반신분으로 변동시키는 것이었다. 영조 즉위년에 尹會는, 軍保子支로서 조금 형편이 좋고 재력이 있으면 璿派·勳族을 모칭하거나 공신후예로 투속하거나 式年戶籍에 유학을 모칭하는 것은 모두 천한 역을 모면하고자 한 것임을 지적하였으며,[20] 정조 10년(1786)에 柳漢坤은 민호 가운데 조금 富實한 무리들이 奸吏와 결탁해서 유학을 모록하고 양역을 벗어나려고 꾀하고 있음을 지적하였다.[21] 이는 곧 유역 하층민이 경제적 부력만 조금 있으면 籍吏와 결탁하여 장적상에서 직역을 유학으로 변동시키고, 그 결과 천시하는 군역도 탈피하고 있었음을 지적한 것이다. 따라서 모칭유학은 얼마간이나마 경제적 부력을 바탕으로 진행되고 있었다.

경제력을 바탕으로 진행된 유역 하층민의 모칭유학은 장적에 반영된 가계사례에서도 명확히 확인된다. 즉 다음 〈표 5〉의 가계사례에 의하면[22] 숙종 4년 식년호적에는 호주 朴白日과 그의 부·조·증조가 모두 軍保(砲保·水軍·步兵)를 직역으로 한 유역 하층민이었으나, 숙종 43년 식년호적에는 호주 順哲·善發과 그들의 부가 모두 납속품계(納折衝將軍·納通政大夫·納嘉善大夫)로 직역을 변동시켰다. 이는 납속할 수 있는 경제력이 있음을 뜻한다. 이러한 경제력은 그들 후손의 신분직역을 상승시킬 수 있는 요인으로 작용하였다. 그리고 교생·업무 등 중인직역과 양반직역인 유학을 왕복하면서 지위의 격상·격하를 거듭한 것은 적리와의 作奸 여부에 따라 좌우되었다. 이러한 가계사례에서 본 직역변동 추세는 상민직역에서 납속할 수 있는 경제적 부력을 바탕으로 적리와의 결

20) 《承政院日記》 575책, 영조 즉위년 10월 3일.
21) 鄭奭鍾, 앞의 글, 291쪽.
《正祖丙午所懷謄錄》 참조.
22) 《慶尙道丹城縣戶籍大帳》 上(韓國精神文化硏究院, 1980), 79쪽. 第1統 5戶의 호주인 '砲保 朴白日'과 그 후손들을 이 대장 상·하에서 조사하여 만든 가계사례이다.

〈표 5〉 冒錄幼學 家系事例(密陽朴氏)

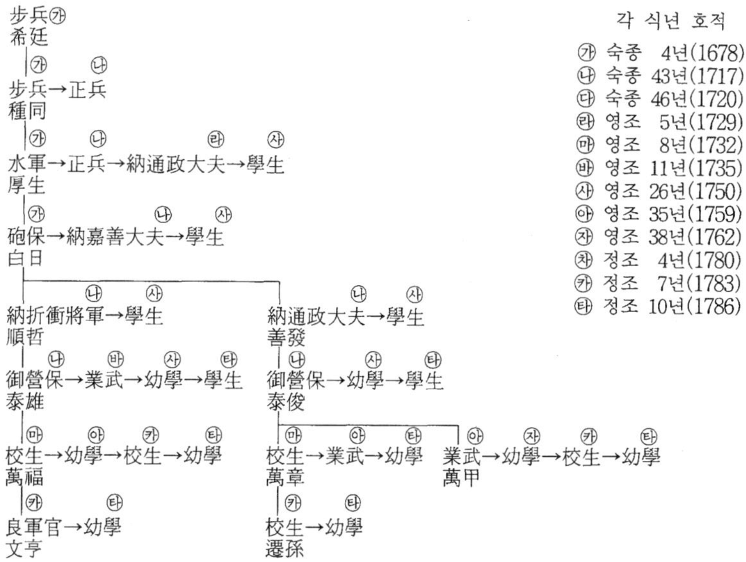

탁에 의해 가능하였으며, 중인직역을 거쳐 유학으로 상승이동시키고 있었다.

그리고 양역변통 논의의 맨 나중 형태인 均役法이 시행되던 18세기 중반부터는 군포부담이 상민층에만 한정됨을 다시 한번 확인시켜 주는 계기가 되었다. 이로 인해 양반층과 중인층은 합법적인 면역층이 된 반면에 상민층은 '친한역'으로 인식된 군역을 전담해야만 했다. 뿐만 아니라 원래 良役價를 줄이고 歇役으로의 투속으로 인한 役弊를 제거하려던 균역법은 결국 그 의도를 충족시키지 못하고 민의 부담만 늘리고 있었다.[23] 그리하여 유역 하층민의 과중한 군포부담은 피역을 도모하려는 '모칭유학'을 더욱 유도하게 되었고, 이에 따라 장적의 법제와 사회기강은 무너져가고 있었다. 정조 22년에는 기강이 무너져 군역이 '덫(擭)'과 '함정(穽)'에 비유됨으로써 백방으로 뇌물을 바쳐 피역을 시도하였는데 모칭유학이 피역의 한 방편이 되었다.[24] 이러한 기강의 문란은 군역제의 동요와 더불어 사회신분제의 동요를 가속화하였고, 이에 따라 모칭유학의

23) 鄭演植, 〈17·18세기 良役均一化政策의 推移〉(《韓國史論》 13, 서울大 國史學科, 1985), 180쪽.

24) 《備邊司謄錄》 188책, 정조 22년 11월 30일.

증가도 더욱 확대되어 갔다. 정조 21년에는 농사꾼이나 軍丁의 자식들과 면천한 奴들도 유학을 칭하며 외람되이 科場에 나왔다고 한 것이나,[25] 정조 22년에 비변사에서 왕에게 "군정을 뽑는데 빈 이름만 실리는 폐단은 진실로 장적의 가호에 유학이 많고 良人이 적기 때문임"을 아뢰고 있는 것을 보면,[26] 18세기 말에는 모칭유학의 수적 증가와 함께 장적상에서 유학층 점유율이 대단히 높아지고 있었음을 알 수 있다.

19세기에도 군역을 '무서운 질병(악질)'과 같이 여기고 軍籍을 '귀신대장(귀부)'처럼 봄으로써[27] 군역 도피자가 속출하게 되었고, 이에 따라 유학모칭자를 색출하여 군역에 충정하려는 일련의 조처들이 고종년간까지도 계속되었다.[28] 이는 결국 모칭유학이 심화되고 있었음을 반증하는 것이다. 뿐만 아니라 19세기 중엽이 되면 유학을 모칭하여 면역을 도모하는 것이 통용되는 고질적인 폐단으로 되었으며[29] 군사대장이 빈 문서가 될 정도로[30] 모칭유학의 수적 확대가 크게 진행되어 갔다. 19세기 장적상에서 유학 점유율이 높은 것은 곧 이러한 사정이 장적에 반영된 것이며, 특히 이 시기 대구부 월배면의 상민촌인 월배리의 유학호 점유율의 변화(22.2%→66.7%→83.3%)는[31] 곧 이러한 사정을 반영한 전형적인 모습으로 이해된다.

이러한 유역 하층민의 모칭유학은 19세기의 장적상에서 어느 정도의 비중을 점유하고 있었을까. 이는 순조 32년(1832)의 《晋州鄕校修理時物財收集記》에 보이는 儒戶(유학호)의 구성비와 19세기의 장적에 보이는 유학호의 구성비를 비교하여 살펴보기로 하자. 유호인 元儒와 別儒는 모두 '유학'을 직역으로 하고 있었으므로[32] 유학의 자체 구별의 양상을 띠고 있다. 이 《수집기》는 진주향교 수리를 목적으로, 府內 거주호에게 일정한 부과금을 징수하기 위한 것인데 유호의

25) 《正祖實錄》 권 47, 정조 21년 10월 정미.
26) 《備邊司謄錄》 188책, 정조 22년 10월 10일.
27) 《純祖實錄》 권 17, 순조 14년 2월 무오.
28) 《備邊司謄錄》 256책, 고종 12년 12월 23일.
29) 《備邊司謄錄》 243책, 철종 7년 정월 16일.
30) 《高宗實錄》 권 12, 고종 12년 12월 21일.
31) 崔承熙, 앞의 글, 97쪽.
32) 《晋州鄕校修理時物財收集記》(奎章閣圖書 No. 7156)의 都合 집계에서 元儒의 경우 "已上 幼學 2,076戶", 別儒의 경우 "已上 幼學 2,746戶"라는 기재 사실에서 확인된다.

점유율은 23.8%, 그 가운데 원유호와 별유호는 각각 11.5%, 12.3%로 집계되었다. 원유는 토착·전통적인 지배신분층, 별유는 신분상승 혹은 後來移住로 지배신분층 하부에 첨입된 유호로 각각 파악되었다.[33] 이로 볼 때 유학 호칭이 합법화되었던 서얼 후손을 비롯한 중인층의 유학 호칭자들은 별유로 구분되었을 가능성이 크다. 이 점은 당시 사료에서 산견되는 '庶孼儒生'·'西齋儒生'이란 표현에서도 방증된다. 그리고 이《수집기》에는 유호 23.8% 외에는 모두 민호로 파악하고 있다. 여기에 보이는 원유호와 별유호를 합쳐 양반으로 간주되는 유호가 23.8%에 불과하다면, 19세기 같은 시기 장적상의 유학호의 점유율이 40%~70% 정도와 대비할 때 '모칭유학'이 될 나머지 16.2%~46.2%가 현실적으로 유호나 양반으로 간주되지 않고 있다는 사실이 저절로 드러난 것이다.[34] 그렇다면 19세기 전반 장적상의 유학호의 절반 내지 그 이상은 모칭유학으로 추정된다. 따라서 19세기 전반 향촌사회에서 실제 양반층으로 간주되는 양반은 대체로 23% 안팎으로 이해되며, 유역 하층민의 모칭유학은 16%~46% 안팎으로 추정된다.

이들 모칭유학을 국가는 良丁확보와 관련하여 모칭 자체를 인정하지 않았으며, 향촌사회에서도 원유·별유와 같은 유생으로 인정하지 않았다. 그러나 유역 하층민의 모칭유학은 군역징발의 기본대상이라 할 수 있는 관찬문서인 장적에서 기존의 양반사족층과 직역명을 동일하게 함으로써 관이 묵인하는 실질적인 면역층이 되었으며, 조금의 경제적 부력을 바탕으로 적리와 결탁할 수 있을 정도의 처지로 성장하였다. 뿐만 아니라 19세기 후반 戶布에 대한 규정 이후에는 모칭유학들이 곧장 儒鄕子孫들과 어깨를 나란히 하고 나이와 처지가 비슷한 벗으로 교제하려고 할[35] 정도의 지위로 성장하고 있었다.

이상과 같이 양반인구의 증가는 유학의 수적 증가에 의한 것이었고, 유학이 수적으로 증가하게 된 데에는 양반사족의 유학 재생산, 충의위에서 유학으로의 직역이동, 종래 중인층의 유학 호칭, 그리고 모칭유학 등이 주요 요인으로 작용하였는데, 특히 서얼 후손의 합법적인 유학 호칭과 비합법적인 모칭유학이

33) 李海濬, 〈朝鮮後期 晋州地方 儒戶의 實態〉(《震檀學報》 60, 1985), 93쪽.

34) 李泰鎭, 〈朝鮮後期 兩班社會의 變化－신분제와 향촌사회 운영구조에 대한 연구를 중심으로－〉(《韓國社會發展史論》, 一潮閣, 1992), 165쪽.

35) 《高宗實錄》 권 20, 고종 20년 10월 4일.

주요 변수였다. 따라서 18세기 이후 양반층의 대부분을 차지하고 있는 유학에는 원래의 양반신분도 있고 중인·상민신분도 있게 되어 신분의 혼효현상을 초래하였다. 합법 및 비합법적으로 이루어진 유학의 수적 증가는 아직도 신분제적 장치나 관념이 유지되고 있었음을 의미하며,[36] 신분적 특권이 배제되지 않고 있었으므로 중세적 속성이 강했던 것으로도 이해된다.[37] 그러나 한편 유역 하층민의 모칭유학은 유학층 내부의 신분혼효와 더불어 반·상간의 신분적 격차를 좁히고 있었으며 신분과 직역이 일치하지 않게 됨으로써 신분직역제의 해체를 의미하기도 한다.

이 시기 유학의 수적 증가가 지닌 이러한 양면성은 곧 중세 해체기 사회변동의 실상을 반영한 것으로 보인다. 그런데 역사발전의 계기적 측면에서 볼 때, 사회경제적·법제적 변동에 편승한 유학의 수적 증가는 신분직역이 상향 조정되면서 상향 평등화의 방향으로 신분직역제가 해체되어 가던 사회였음을 뜻한다. 따라서 중세 몰락의 주요 징표의 하나가 중세적 신분질서의 해체라고 한다면 바로 유학층의 신분혼효 및 신분직역의 상향 조정은 신분상승을 통한 신분직역제의 해체로 연결되며, 동시에 중세 불평등사회에서 근대 평등사회로 이행하는 중세 해체기 사회의 구조적 특징을 반영한 것으로 이해된다.

2) 면역인구의 증가

조선 후기의 군역은 전기와는 달리 양반층이 군역편제에서 빠져나감으로써 특정한 신분층에게만 그 역을 부과하는 것이 특징이었는데, 역의 유무는 반상을 구분하는 주요한 징표의 하나였다. 반상으로 구분할 때 양반층은 역의 부담이 면제되고 상민은 역을 담당하도록 되어 있었다. 그런데 군역은 상민(양민)층이 담당하는 신역으로서의 良役으로 인식되고 있었기 때문에 역이 없이 한유하던 신분층은 양반층뿐만 아니라 17세기 이후 중인층이 형성되면서 중인층도 일시적인 면역 및 헐역으로 한유하고 있었다. 헐역의 경우도 직역에 따라서는 신분상승의 통로로 이용되었고 實役과는 엄청난 차이가 있었으며, 규정

---

36) 李泰鎭, 앞의 글, 165쪽.

37) 金仁杰, 〈조선후기 鄕村社會構造의 변동〉(《丁茶山과 그 時代》, 民音社, 1986), 79쪽.

외에 免軍者 또는 遊戶 내지 無役閑遊者로 파악되었다. 따라서 면역층은 양반과 중인신분층을 포괄하고 있으며, 양반층과 중인층 인구의 증가는 곧 면역인구의 증가로 볼 수 있다. 이러한 측면에서 양반층과 중인층의 직역을 통해 면역인구의 증가현상을 추정하기로 한다.

양반층은 조선 후기의 양역화된 군역편제에서 빠져나감으로써 屬處가 없기 때문에 사실상 면역의 특권을 누리면서 한유하는 것이 인정되고 있었다. 양반층의 군역 기피현상은 軍籍收布制가 실시되던 16세기 후반부터 일반화되었는데, 그 이유는 대체로 布納化 이후 군역부담에서 수반되는 여러 특권과 권리가 상실되고 납포의 의무만 남게 된 군역 자체의 질적 저하에 있었다.[38] 역제 자체의 질적 저하는 양반층의 군역이탈을 유도하게 되었고, 군역이탈로 인해 양반층은 속처가 없어 무역으로 한유하게 되었던 것이다. 이러한 사실은 인조 2년(1624)에 崔鳴吉이 "백성들은 모두 속처가 있는데 중간에 양반이라 칭하는 자들이 무역으로 한유"하고 있음을 지적한 것이나,[39] 철종 13년(1862)에 三政釐整廳이 "中外의 士庶가 5衛 안에 소속되었으나 5위가 혁파되고 5軍營이 설치되면서 士族은 군영에 예속되지 않았음"을 지적한 것[40] 등에서 확인된다. 이처럼 양역화된 군역편제에 소속하지 않음으로써 무역으로 한유하게 되었던 양반층은 "글을 알지 못하는 자라도 모두 幼學이라 일컬어서 일생을 한유한다"거나,[41] "百代가 지나도 군역에 충정될 걱정이 없다"[42]고 할 정도로 그들의 면역의 특권이 양반 모두에게 세습석으로 인정되고 있었으며, 그들의 절대 다수가 '유학'을 호칭하면서 면역하고 있었다.

이러한 양반층의 면역은 중인층에까지 피역현상을 유발케 하였다. 이러한 현상은 예컨대, 현종 5년(1664)에 전현감 池遇龍이 "근년 이래로부터는 忠順·忠翊·忠贊·定虜·武學 등 諸衛의 역이 終年토록 한유하고 겨우 正木 2疋만 들이니 水·陸·砲保의 실역에 비하면 한가롭고 헐함이 하늘과 땅의 차이였지만, 사족자제는 진실로 논할 것도 없고 중인·서얼에 이르러서도 또한 다 싫

38) 陸士 韓國軍事硏究室, 《韓國軍制史》 近世朝鮮前期篇(陸軍本部, 1968), 3~18, 88~132쪽 참조.
39) 《仁祖實錄》 권 6, 인조 2년 5월 임오.
40) 《增補文獻備考》 권 110, 兵考 2-20.
41) 《英祖實錄》 권 56, 영조 18년 9월 경진.
42) 丁若鏞, 《與猶堂全書》 1, 詩文集(1집 14권), 跋顧亭林生員論.

어하고 기피하게 되었음을 지적하면서, 이것이 中人輩에 있어서는 과분한 직역임"을 언급한 기사나,[43] 영조 원년(1725)에 원주유학 李藎芳이 "武學·軍官·旗牌官의 三廳은 대개 中庶人들에게 상당하는 역이었지만 중년 이래로 평민의 부호자가 모속함으로써 중서인은 점차 빠져 나와 한유하였다"는 기사[44] 등에서 확인되는 바, 사족은 물론이고 중인도 실역과 달리 한헐하던 제위와 무학·군관·기패관 등 중인층의 직역을 기피하여 빠져 나감으로써 소속된 바가 없어져 무역으로 한유하고 있었다.

이처럼 한유하고 있던 중인층의 범위는 17세기 중엽 이후부터 더욱 두터워지고 복잡해져 갔다. 17세기 중엽의 실학자 유형원이 '得參官序' 와 '校生之類' 를 '俗稱中人' 또는 '閑散方外' [45]라고 지적하였듯이, 중인은 종래 중앙의 고급 기술관원을 의미하는 용어에서 이제 '한산방외' 곧 지방의 한유자도 포함하는 용어로 확대되었다. 이러한 한산은 17세기 중엽에 이미 반상의 중간존재인 중인신분층으로서의 집단적 존재로 인식되고 있었지만, 18세기 전반기의 실학자 李重煥도 '方外閑散人' 을 서얼·장교·역관·산원·의관과 함께 중인층으로 분류하였다.[46] 이들 중인층의 직역은 중앙의 고급 기술관원과, 일시적인 면역 또는 헐역으로 한유하던 반상의 중간계층 직역자 즉 庶族의 유직자 또는 한산층으로 간주되는 충찬·충순·충익·충장·정로 등 제위(17세기 중반 이후)와 교생·무학·(常)출신·군관·한량·기패관과 충의위(18세기 후반 이후), 업무·업유(숙종 22년 이후) 등의 다양한 직역을 포괄하고 있다.[47] 이러한 직역은 앞에서 언급하였듯이 당시 中庶로 표현되는 중인층에게는 '과분'하거나 '상당'하는 직역으로 인식되고 있었다. 이들 직역은 일시적 면역 또는 헐역으로 한유하였기 때문에 유역 하층민들의 피역과 아울러 신분상승을 도모하기 위한 사다리 역할도 수행하고 있었다. 그래서 중인층은 사회의 진전에 따라 점차 경제력을 바탕으로 성장한 상민층의 신분향상자(欲爲中人者)로서의 한유자층[48]이 증가하면서 중인층 범위가 더욱 두터워지고 복잡해져 갔다.

---

43) 《承政院日記》 186책, 현종 5년 11월 8일.
44) 《承政院日記》 588책, 영조 원년 3월 12일.
45) 柳馨遠, 《磻溪隨錄》 권 9, 敎選之制 上 鄕約事目條 참조.
46) 李重煥, 《擇里志》, 總論.
47) 李俊九, 앞의 책, 32쪽, 〈身分別 職役의 分類 基準表〉 참조.
48) 鄭萬祚, 〈均役法의 選武軍官〉(《韓國史硏究》 18, 1977).

이들 중인층의 직역자들은 규정 외의 면군자, 일시적 면역자, 漏籍된 한유자 등으로 존재하면서 한유하고 있었다. 충익·충장·업무·업유·무학 등은 인조 6년(1628)에 규정 외의 면군자로,[49] 효종년간에도 한량·출신·업무·무학 등은 모두 신역이 없는 자로 인식되었다.[50] 또한 앞에서 언급한 바 현종년간에도 충순·충익·충찬·정로·무학 등 제위의 역이 종년토록 한유하였다. 이들 제위는 국가가 왕실족친 및 국가에 공적이 있는 공신·관료·戰亡人 등 유공·유음의 자손들에게 공로에 보답하는 의미로 설립하여 그 성분에 따라 소속시킨 宿衛兵種이었다. 따라서 제위속들은 일정한 특권을 보장받으면서 궐내외 分番入直을 주임무로 하였는데, 입속할 수 있는 代數와 代盡 이후 정역을 규정함으로써 면역할 수 있는 대수가 3~9대로 한정된 일시적 면역자로 존재하였다.[51] 그리고 조선 후기에 한산이란 용어는 다양하게 쓰였는데, 무역무직의 한유자로서의 한산은 軍案뿐만 아니라 호적에도 입적하지 않은 한량과 같은 의미로도 쓰였으며 속처가 없이 적에서 빠진 한유자로 존재하였다.[52] 이들 한산은 숙종 16년(1690)에 서얼과 함께,[53] 숙종 37년에는 사족·품관·군관·교생과 함께 한유하는 무리임이 지적되고 있다.[54]

이러한 제반 한유자는 양역변통론의 전개 당시 遊戶布論의 대상자인 '유호'로 파악되고 있었다. 숙종 40년에 宋相琦는 각 읍의 호를 役戶와 遊戶로 나누고, 유호는 곧 사부·유생·제반 무역한유자로서 그 명목이 많아 위로는 朝官으로부터 아래로는 土品·校生·軍官까지를 유호의 범위로 하고 있다.[55] 이는 양반은 물론이고 교생·군관 등 제반 무역한유자를 모두 포괄하고 있어 중인층의 직역도 면역되는 존재로 파악하고 있는 것이다.

뿐만 아니라 양역변통 논의의 최종 형태인 균역법을 시행할 때에는 중인층의 합법적인 면역을 다시 한번 확인시켜 주는 계기가 되었다.[56] 選武軍官은

---

49) 《仁祖實錄》 권 19, 인조 6년 12월 신묘.

50) 《備邊司謄錄》 18책, 효종 7년 9월 2일.

51) 李俊九, 〈朝鮮後期의 諸衛屬과 그 地位變動〉(《朝鮮史研究》 1, 伏賢朝鮮史研究會, 1992 ; 앞의 책) 참조.

52) 李俊九, 〈朝鮮後期의 閑良과 그 地位〉(《國史館論叢》 5, 1989 ; 위의 책) 참조.

53) 《備邊司謄錄》 44책, 숙종 16년 3월 21일.

54) 《肅宗實錄》 권 50, 숙종 37년 8월 갑술.

55) 《肅宗實錄》 권 55, 숙종 40년 9월 계해.

56) 金盛祐, 〈17·18세기 前半 閑遊者層의 증가와 정부의 대책〉(《民族文化研究》 25,

전체 한유자층을 대상으로 한 것이 아니라, 한산 즉 한량 가운데에서도 그 일부를 대상으로 한 것이다. 한량은 양반·중서·양민 등의 신분을 포괄하고 있는데,[57] 선무군관의 대상을 한량 가운데에도 軍保로 하기에는 아까운 존재[58]로 제한함으로써 앞서 언급한 바, 중인층의 직역은 사실상 군역에서 면제되었다.

이상과 같이 조선 후기의 면역층은 양반과 중인 신분층을 포괄하고 있다. 양반층은 양역화된 군역편제에서 빠져나감으로써 면역의 특권을 누리면서 한유하는 것이 인정되었고, 이들의 면역은 중서로 표현되는 중인층에까지 피역현상을 유발케 하였다. 중인층은 그들에게 '과분'하거나 '상당'하는 직역에서 이탈하여 속처 없이 누적시켜 한유하거나 중인직역을 유지함으로써 일시적 면역 내지 헐역으로 한유하고 있었다. 이러한 제반 한유자는 양역변통론의 전개 당시 유호포론의 대상자인 '유호'로 파악되기도 하여 면역층으로 인식되고 있었으며, 18세기 중엽 균역법 시행 이후부터는 중인층의 직역자까지도 사실상 군역에서 면제되는 존재로 합법화되었다.

양반층은 물론이고 중인층도 면역층이 됨에 따라 군역은 상민층만 담당하게 되었다. 그런데 당시 군역은 부세로서의 측면이 강화되었으므로 상민에 대한 경제적 수탈이 과중하였고 사회적으로도 '천한 역'으로 인식되면서 상민의 피역현상을 유발케 하였다. 상민이 피역하는 방법은 실로 다양하였다. 영조 즉위년에 윤회가 지적한 바, 유역 하층민이 천한 역으로 인식된 군역을 모면하기 위한 방법을 보면 "軍保子支로서 조금 형편이 좋고 재력이 있으면 혹은 國姓支派를 칭하고, 혹은 名賢子孫을 칭하고, 혹은 姓字를 따라서 오래된 공신의 후예로 투속하여 忠義帖을 얻기를 바라고, 혹은 式年戶籍에서 그 4祖의 이름과 役名을 고쳐서 유학을 모칭하니 이는 모두 천시하는 군역을 모면하고자 하는 꾀"임을 밝히고 있다.[59] 또한 영조 10년에 李濟가 良丁을 얻기 어려운 이유로서 지적한 피역처는 "첫째는 감·병영의 牙兵·守堞 등 군관, 둘째는 영장·수령의 액외군관, 셋째는 향교의 교생과 서원의 募入, 넷째는 각읍 향청·

1992) 참조.

57) 李俊九, 앞의 책, 124쪽.

58) 《萬機要覽》 財用篇 3, 軍官布.

59) 《承政院日記》 575책, 영조 즉위년 10월 3일.

관속의 差備, 다섯째는 대왕·공신자손으로 冒屬, 여섯째는 유학·업유를 모칭, 일곱째는 私賤을 가칭하거나 양반집에 투속, 여덟째는 누적하여 한유" 등이었다.60) 이처럼 유역 하층민은 선파·훈족을 모칭하거나 호적에 모록하기도 하고 각급 관청의 私募屬에 투속하기도 하여 유학·업유·충의위·교생·군관 등을 모칭함으로써 신분상승과 함께 피역을 도모하려고 하였으며, 호적에서 빠져나가 한유하기도 하였다. 한편 신분을 격하시켜 사천이 됨으로써 피역하기도 하였다.

또한 각종 재원확보를 위해 시행하였던 納粟政策에 따라 납속품직을 취득한 유역 하층민의 납속수첩자들도 피역하고 있었다. 숙종 30년(1704)에 이조판서 李濡는 賣爵募粟의 경우 수첩자 본인만 한유하게 하여 원래 군역을 면제하는 일이 없었는데, 병진(숙종 2년)년간에 군역을 면제하는 예가 처음 시행되었으나 지금 그 폐단이 없지 않으므로 군역을 부담하게 할 것을 주장하였다.61) 영조 5년(1729)에 특진관 李森은 納粟加資한 무리들이 호적에 '납속'의 두 자를 붙이지 않고 품계만을 기록함으로써 피역을 조장하는 폐단을 이야기하였다.62) 이로 보면 납속수첩자는 면역의 혜택이 자손에게까지 근본적으로 주어진 것이 아니며, 수첩자 본인만 한유하거나 호적에 납속이란 단서를 붙이지 않음으로써 피역하고 있었다. 그러나 그것이 수첩자 본인에게 한정되었더라도 납속할 수 있는 경제력을 바탕으로 성장한 유역 하층민의 납속수첩자는 품직을 취득함으로써 신분상승과 피역을 도모하였고 공식적이건 비공식적이건간에 실제 피역하여 한유하고 있었다.

뿐만 아니라 유역 하층민은 사모속과 契房을 통해서도 고역을 피하여 헐역을 도모하고 있었다. 사모속은 각 관청의 운영경비 염출을 위한 재정적인 이유에서 운영되었는데, 유역 하층민들은 苦役·疊役·賦役 등을 피하기 위한 경제적 이유와 제한된 부분에서나마 부농층에 의해서 신분상승의 통로로 이용하려했던 사회적인 이유가 복합적으로 작용하여 사모속에 투속하였다. 사모속의 역종 가운데 대부분은 고역 등을 기피하여 헐역에 투속하고 있지만, 중앙의 군영과 지방의 각 감·병영, 향교나 서원 등에 투속하고 있는 초관·기패관·군

60) 《承政院日記》 791책, 영조 10년 12월 10일.
61) 《增補文獻備考》 권 121-124, 兵考 13-16.
62) 《備邊司謄錄》 85책, 영조 5년 5월 7일.

관·교생·원생 등 일부는 부농층에 의해서 신분상승의 통로로도 이용되었다.[63] 그리고 18세기 초 민과 지방관청의 결탁으로 설치된 계방도 사모속이 성행되었던 상황 속에서 조금이나마 역의 부담을 덜기 위한 피역의 수단으로 이용되었다. 경제적 여유가 있는 촌락 전체가 사적으로 지방관청에 사속하는 계방촌은 18세기 중반 균역법의 실시 이후 급속하게 늘어났다.[64]

이처럼 상민층이 군역으로부터 탈출하여 피역하는 현상은 적극적인 방법으로서의 신분상승과 소극적이지만 헐역처인 각 기관에 투속하는 방법이었다.[65] 이는 적극적이건 소극적이든 간에 부력만 있으면 가능하였던 것이다. 전자는 군역제가 신분제를 바탕으로 운영되었으므로 피역하는 최선의 방법으로 이용되었다. 후자의 경우도 사모속의 일부는 부농층에 의해서 신분상승의 통로로도 이용되었다. 그러나 사모속의 대부분은 그들의 역가가 헐하고 역명이 천하지 않았으므로 그 수적 증가를 초래하였지만 계방촌과 더불어 유역 하층민의 신분변동과는 일정한 거리가 있었다.

신분변동과 일정한 거리가 있었던 사모속의 대부분과 계방촌과는 달리 중인직역에 투속하거나 양반직역을 모칭함으로써 신분상승과 함께 피역을 도모하였던 유역 하층민의 모속·모칭자는 어느 정도 되었는가. 경제력을 바탕으로 성장해 가고 있던 이들 모속·모칭자의 수는 당시 사료에 나타난 산발적인 언급들에서 많은 수가 확인된다. 유학의 경우, 숙종 10년(1684)에 湖南道臣이 備局에 보고한 장계에 의하면, 중인·얼속·군보자지 등 잡류의 모칭 유학자가 5,900여 명에 이르렀다고 한다.[66] 이는 전라도뿐만 아니라 현존하는 경상도지역의 장적에서도 상당수의 모록유학이 확인되고 있어 거의 전국에 걸쳐 보편적인 현상으로 이해된다. 교·원생의 경우, 숙종 21년에 배천〔白川〕 지방의 액외교생수가 450명이나 되었으며,[67] 숙종 37년에 羅州지방의 교생 원액

---

63) 金友哲, 〈均役法 施行 前後의 私募屬 硏究〉(《忠北史學》 4, 1991) 참조.

64) 19세기 삼남지방에서 계방가입촌의 비율은 지역에 따라 27.0%~57.8%에 이르렀다고 한다(金炯基, 〈조선후기 契房의 운영과 부세수취〉, 《韓國史硏究》 82, 1993).

65) 金容燮, 〈軍役制의 動搖와 軍役田〉(《韓國近代農業史硏究》 上, 一潮閣, 1975).
鄭演植, 앞의 글.
金炯基, 위의 글.

66) 《肅宗實錄》 권 15, 숙종 10년 7월 정묘.

67) 《備邊司謄錄》 49책, 숙종 21년 11월 22일.

은 90명에 불과했으나 액외교생이 5,000명을 넘는다고 했으며, 定州지방의 액외교생이 거의 10,000명에 이른다고 했고,[68] 숙종 45년에는 각 읍의 교생·원생에 모속하여 한유하는 자가 많을 경우 한 고을에 4~500명에 이른다고도 했다.[69] 이처럼 교·원생의 액외에 모속한 자가 고을마다 수백 명에서 수천 명, 심지어 10,000여 명에 이르기도 하였다.

군관·장교의 경우, 남한산성의 수첩군관은 숙종 18년 당시 4,500명 정도였는데, 숙종 30년에는 5,590명으로 불어났고, 이 때 군제개편과정에서 2,861명이나 감축시켰지만, 그 뒤로도 모속자는 계속 이어져 영조 18년(1742) 壬戌査正 때에 적발해 낸 모속자는 1,370명에 이르렀다. 외방의 군관들 중에는 숙종 16년에 平安道都事에게 소속된 收布군관이 600여 명이나 되었고, 숙종 39년에 木 1필을 바치는 除番군관을 새로 만들어 내어 대읍에는 수천 명의 제번군관이 있었다.[70] 숙종 37년에는 황해도의 경우 1필역의 감영군관 등의 명색이 7만여 명을 넘는다고 하였다.[71] 이 밖에도 사모속에 투속하고 있는 在家군관·假率군관·閑良군관·轉餉군관 등 다양한 명색의 군관들이 있다. 그리고 河東府에서는 避役將官이 56명, 都訓導가 30명이나 되었으며,[72] 각 읍 기패관·把摠官·군관의 무리가 한번 이름을 얻으면 종신토록 한유하므로 사실 피역양정의 소굴이 되었다.[73] 제위의 경우도 충의위·충익위·충장위 등이 유역 하층민의 피역하는 소굴로 지적되고 있으며,[74] 무과출신자의 경우 숙종 2년 萬科 시행으로 한꺼번에 14,000여 명이 배출되어[75] 한유하고 있었다.

납속수첩자의 경우, 숙종 16년에는 정부에서 진휼곡 모집을 위하여 2만 장의 공명첩을 발부하여 8도에 나누어 許賣[76]하였을 뿐만 아니라 영조 7년

---

68) 《備邊司謄錄》 63책, 숙종 37년 10월 28일.
69) 《肅宗實錄》 권 64, 숙종 45년 8월 병진.
70) 鄭演植, 앞의 글, 129~134쪽.
71) 《備邊司謄錄》 62책, 숙종 37년 5월 20일.
72) 金容燮, 앞의 책, 222쪽.
73) 《備邊司謄錄》 154책, 영조 46년 윤 5월 23일.
74) 《備邊司謄錄》 52책, 숙종 28년 3월 17일 및 79책, 영조 2년 5월 5일. 《正祖實錄》 권 5, 정조 2년 정월 신미.
75) 《肅宗實錄》 권 5, 숙종 2년 4월 을축.
76) 《肅宗實錄》 권 32, 숙종 16년 11월 정유.

(1731)에는 8,000장, 이듬해에는 6,100장, 영조 38년과 39년에는 12,300장을 각 도에 분송·발매하였고,[77] 영조 5년에는 납속가자의 무리가 호적 중에 납속 두 자를 붙이지 않고 품계만을 기록함으로써 응역하지 않은 까닭으로 한 洞으로 말하면 수백 호 가운데 출역자는 10여 호에 불과한 것[78] 등에서 많은 수의 피역한유자가 존재하였음이 짐작된다.

이처럼 다양한 피역현상은 양정의 부족을 초래했고, 이는 제반 역폐를 야기시키고 있었다. 중앙정부는 이에 대한 대책으로 교생의 考講, 군관의 試才, 호적嚴査 등을 통해 모속자를 양역에 충정시켰으며, 또 한편으로는 장기간에 걸쳐 대대적인 규모로 모속자를 조사하여 드러내기를 단행하기도 하였다. 그러나 이러한 시책은 항상 임시적인 미봉책에 그치고 말았다.[79] 경제력이 우세한 富實者는 호적에 양반신분을 나타내는 유학을 모록하기도 하고 또 스스로 양반과 상민의 중간존재인 중인이라 하여 상민과 구별짓기도 하였다. 따라서 그들은 피역하고 있는 閑丁이 아니라 중서와 같은 한산으로서 양반이나 중서가 면역되고 있는 실정에서 당연히 그들도 면역되어야 한다는 입장을 취하고 있었다.[80]

조선 후기에는 군보의 이름을 지니고 있는 한 신분상승과 피역은 전혀 불가능하였으며, 피역하고 있는 한정들도 합법적인 면역은 불가능하였다. 그렇기 때문에 제도권내의 양반 및 중인 직역에 투속함으로써 신분상승과 아울러 합법적인 면역을 도모할 수 있었다. 이들은 군역징발의 기본대장이라고 할 수 있는 장적상에서 기존의 양반 및 중인들과 직역명을 같이함으로써 관이 묵인하는 실제적 면역층이 될 수 있었다. 장적에서 확인되는 면역층은 전현직관·생원·진사·출신·유학·제위속·업유·업무·교생·원생·군관·기패관·도훈도·호장·기관·납속수첩자 등 직역자들을 포괄하고 있는데, 이들이 곧 양반 및 중인층의 직역이며 이들의 수적 증가는 곧 관이 묵인하는 실제적 면역인구의 증가를 의미하고 있다. 따라서 면역인구는 제도권내의 양반과 중인 직

77) 徐漢敎, 〈17·18세기 納粟策의 實施와 그 成果〉(《歷史敎育論集》 15, 1990) 참조.
78) 《備邊司謄錄》 85책, 영조 5년 5월 7일.
79) 鄭萬祚, 앞의 글.
鄭演植, 앞의 글.
金盛祐, 앞의 글.
80) 鄭萬祚, 위의 글, 87쪽.

역자를 대상으로 《丹城帳籍》을 통해 그것의 증가현상을 파악하기로 한다. 장적을 이용한 파악은 그것이 호구의 실상을 반영하고 있지 못하더라도 역의 유무를 반영하고 있는 직역을 통해 국가가 파악한 면역인구를 산출할 수 있다는 측면에서 가장 중요한 자료이기 때문이다.

〈표 6〉 각 시기별 전체 호수에 대비한 면역호의 점유율 (% : 호수)

신분 \ 시기	숙종 4(1678)	숙종 43(1717)	영조 26(1750)	정조 10(1786)	순조 25(1825)
양반직역	13.1(277)	18.6(466)	26.1(638)	31.1(946)	39.3(1,207)
중인직역	4.4(94)	8.6(216)	6.8(167)	15.4(470)	17.8(547)
계 (면역호)	17.5(371)	27.2(682)	32.9(805)	46.5(1,416)	57.1(1,754)

* 비율은 각 시기별 총 호수인 2,116호(1678년), 2,511호(1717년), 2,441호(1750년), 3,045호(1786년), 3,070호(1825년)에 대비한 것임.

조선 후기의 면역호는 〈표 6〉[81]에서 확인되는 바와 같이 꾸준히 증가하는 추세를 보이고 있다. 숙종 4년부터 순조 25년까지 147년 동안 양반호는 26.2%(13.1%→39.3%)가 증가하였고, 중인호는 13.4%(4.4%→17.8%)가 증가하였다. 따라서 양반호와 중인호를 포함한 면역호는 그간에 39.6%(17.5%→57.1%)가 증가하였음을 보여준다. 또한 대구부의 경우도 숙종 10년부터 183년이 지난 고종 4년(1867)까지 면역층이라고 할 수 있는 양반·준양반·중인 등이 36.7%(22.4%→59.1%)나 증가하고 있다.[82] 그리고 19세기의 중반 이후에는 앞의 〈표 2〉에서 확인되는 바와 같이 양반인구만 보아도 48%~67%나 되는 지역도 있으며, 앞의 〈표 1〉에서와 같이 양반호만 보아도 70~80%나 되는 지역도 있다. 이러한 면역호의 증가가 곧 면역인구의 증가와 같다고 할 수는 없지만, 남자 총수에 대비할 경우 면역호에 상당하는 면역인구의 증가로 보아 별 무리가 없을 것이다. 이러한 면역인구의 증가는 국가로 하여금 새로운 군역 조달방법을 강구하지 않을 수 없게 하였고, 그에 따라 '양역실총'과 양역 균일화정책으로서의 균역법의 시행에도 불구하고 그같은 면역인구의 증

81) 李俊九, 앞의 책, 〈표 7-1·7-2〉 참조.
순조 25년(1825) 호적은 井上和枝의 앞의 글, 〈표 9〉 참조.

82) 金泳謨, 앞의 글, 〈표 4〉와 〈표 6〉 참조.

가는 별다른 영향을 받지 않고 지속되었다. 그리하여 급기야는 대원군의 집권 이후 양반층에까지 군포를 부과하는 戶布法이 시행되기에 이르렀던 것이다.

3) 양반계층의 분화

조선 후기에 이르면 신분이 전반적으로 상향 조정되면서 양반층은 수적으로 크게 증가하게 되었고, 이에 따라 양반층내에서도 계층분화의 현상이 나타나게 되었다. 즉 양반층 가운데에는 위로는 大家·名家 등 문벌가문이 있는가 하면 그 밑으로는 鄕班·殘班 등의 계층이 생기게 되었고, 향촌사회에서도 士族과·鄕族·鄕品의 분화라든가 舊鄕과 新鄕의 구분, 元儒와 別儒의 구분 등으로 계층분화가 나타나게 되었다. 이처럼 다양한 명목으로 나타난 이들은 모두 직역을 '유학'으로 기재하고 국가에서도 군역 및 제반 요역을 면제해 주는 계층이었다.

이러한 양반신분의 계층분화는 다양한 요인들에 의해서 결정되었겠지만, 크게 몇 가지 요인으로 압축할 수 있다. 우리 나라 중세사회 신분제는 크게 국가권력과 혈연관계망 양자에 의해 제약되는 것으로 파악해 볼 수 있는데,[83] 특히 양반신분의 결정요인에 있어서도 대체로 '관직에의 접근'과 '가계의 위신'으로 압축될 수 있을 것 같다. 관직은 당대에서, 그리고 가계의 위신(가문의 후광)은 후대에서 주로 작용하였을 것으로 보인다. 그러므로 이 두 요소를 모두 갖추었을 때 전형적인 양반신분으로 평가되는 것이지만, 하나의 요소만 갖추더라도 양반신분으로 간주될 수 있다. 그러나 이 두 요소를 각각 어느 정도 보유하느냐에 따라 양반신분내에서도 일정하게 분화된다고 하겠다.[84] 또 한편 조선 후기에는 생산력의 발전, 상품화폐경제의 발달과 이에 따른 사회신분제의 동요 등도 양반층의 분화를 초래한 요인이 되고 있었다. 이로 인해 양반층 가운데는 사회·경제적으로 성장하거나 하락한 층들도 포함하고 있었으므로 신분계층간의 상하이동이 이루어지고 있었다. 따라서 양반층의 하한은 점차 모호해지고 불투명해져 갔다.

---

83) 金仁杰, 앞의 글, 76쪽.
84) 池承鍾, 앞의 글, 80~81쪽.

이와 같이 관직에의 접근과 가계의 위신, 그리고 경제력 등의 요인들에 의해 양반층의 분화와 상하이동이 나타나게 되었다. 李重煥과 柳壽垣은 이러한 양반들을 구체적으로 지적한 바 있다. 양반신분내에서 계층분화의 현상을 주목한 이중환(1690~1756)은 사대부와 품관을 똑같이 양반이라고 하면서도 다시 양반층내에서 사대부와 품관이 제각기 층이 다르고, 사대부내에서도 다시 대가와 명가의 구분이 있어서 명목이 매우 많아 서로 교유를 통하지 않는다고 하였다. 그런데 이중환은 이러한 신분계층은 서로간에 이동이 있었던 것으로 보았다. 즉 사대부가 혹 낮아져 평민이 되기도 하고 평민도 오래되면 혹 점차 올라가 사대부가 될 수도 있다고 하였다. 또한 사대부가 가난하고 실세하여 삼남으로 내려간 자는 家世를 보존할 수도 있었지만, 서울 근교로 나간 자는 빈한해져서 1~2세대 후에는 많이 낮아져 품관이 되기도 하고 평민이 되기도 한다고 하였다.[85]

이러한 신분간의 이동현상에 대하여는 유수원(1694~1755)도 지적하고 있다. 즉 4祖에 顯官이 없으면 군역에 충정한다는 설이 나오면서부터 사람들마다 모두 관직은 없어서는 안될 것으로 생각하게 되었고, 그리하여 비록 名賢碩輔의 후손이라도 여러 대 동안 벼슬을 얻지 못하면 中微라고 여겨 높은 벼슬자리에 오를 수 없게 되고, 비록 鄕品子枝라도 호부가 되어 거족들과 거듭 혼인을 맺으면 곧 양반이 된다고 하였다. 그러면서 신분상승의 욕구에 따른 구체적인 신분상승의 통로를 밝히고 있다. 즉 私奴→良民→哨官·營軍官→座首·別監 → 鄕校有司·掌議 → 初入仕 → 素門平族 → 高門大族으로 신분상승의 階梯(사다리)를 그리고 있다.[86] 유수원의 이러한 지적에서 우리는 당시의 신분결정은 관직의 유무에 크게 제약되고 있었으며, 족적 결합에 의해 유지되는 바 컸고, 상급신분의 보수화 경향이 농후한 가운데서도 신분변동은 꾸준히 일어나고 있었다고 하는 사실을 시사받을 수 있다.[87] 뿐만 아니라 향교의 유사·장의, 초입사, 소문평족, 고문대족 등의 계제는 양반의 범주에 포함된다. 고문

85) 李重煥, 《擇里志》, 總論·八道總論 京畿.
金炫榮, 《朝鮮後期 南原地方 士族의 鄕村支配에 관한 硏究》(서울大 博士學位論文, 1993), 115쪽.

86) 柳壽垣, 《迂書》 권 2, 論門閥之弊.

87) 金仁杰, 앞의 글, 80쪽.

대족은 대가·명가 등을 가리키는 문벌가문으로, 소문평족은 일반적으로 한미한 가문을 가리키는 寒族 내지 향반으로 각각 이해된다. 이들 출신이 초입사와 향교의 유사·장의를 배출할 수 있었을 것이다. 그러나 향품이라고 할 수 있는 鄕所의 좌수·별감은 이중환이 양반의 범주에 포함시키고 있는 것과는 달리 그들의 경제력과 혼인을 통해 양반이 될 수도 있는 계층으로 파악하고 있다. 그렇지만 품관은 사족과 함께 직역을 유학이라고 호칭하고 있는 사례[88]에서 볼 때 양반의 범주에 포함된다고 하겠다.

그리고 조선 후기 재지양반층의 분화현상 가운데 가장 주목되는 것은 사족과 향족·향품의 분화 즉 '儒鄕分岐'를 들 수 있다. 17세기 이후에는 재지의 지배신분층을 지칭하는 용어로서 '儒鄕' 또는 각각 구분하여 '儒'와 '鄕'이 사용되기 시작하다가 17세기 후반부터는 유·향의 분화가 확실해지고, '유향분기'가 크게 진행된 18세기에는 사족과 향족·향품간에 갈등이 드러나면서 유와 향이 현격히 나뉘어지게 되었다. 이러한 '유향분기'는 지역에 따라 차이가 있어 원래 사족층이 형성되지 않았던 兩界(평안도·함경도)지역과 유향이 나뉘지 않고 향안에 들어갔던 영남을 제외하고는 거의 전국적으로 유향분기가 있었다.[89]

재지양반층의 '유'·'향' 두 계층은 17세기 중반까지만 하더라도 문벌이나 자질상 큰 차이가 없었다.[90] 그러나 향임이 점차 고역으로 전락하면서 천역화되어 감에 따라 유와 향은 현격한 차이가 생기게 되었다.[91] 즉 京在所가 폐지되자, 留鄕所는 점차 향촌사회의 교화라는 쪽보다는 향리들이 수행하던 정령의 전달과 집행에 관여하게 되었으며, 국가에서도 호적·군적·환곡 등의 고을일 전반에 대하여 좌수와 별감을 중심으로 한 유향소에 의존하지 않을 수 없었던 것이다. 유향소의 직무가 호적·군적 등의 고을일 전반에 걸쳐 책임을 져야 하

88) 金仁杰, 위의 글, 82쪽.

89) 金仁杰, 《조선후기 鄕村社會 변동에 관한 연구－18·19세기 '鄕權' 담당층의 변화를 중심으로－》(서울大 博士學位論文, 1991) 참조.

90) 金仁杰, 위의 책, 138쪽. "지금 무릇 鄕所의 所任은 儒를 業으로 삼는 자가 꺼려하는데, 그 門地나 才志에 있어 儒라고 해서 더 낫고 鄕이라고 해서 못한 것이 아니다"라고 한 지적은 그 점을 반영한다(李惟泰, 《草廬先生文集》 권 23, 星谷書院儒生勸學規).

91) 金炫榮, 앞의 책, 42~43쪽.

는 고역으로 전락함에 따라 사족들이 하나는 유향소를 통한 향권장악을 위하여 어떠한 형태로든 유향소에 참여하고자 하는 태도이고, 다른 하나는 고역의 담당을 회피하려는 태도이다. 여기에서 이른바 '유향분기'라는 양반의 계층분화가 나타나게 되었다. 향임이 고역으로 전락하고 사족들이 향임을 모피하게 됨에 따라 향권을 잡으려는 몰염치한 무리들이 향임을 맡게 되었다. 이에 따라 이제 향족과 사족 사이에는 혼인도 하기를 꺼리게 되고 같은 반열에 서는 것도 꺼리는 등 현격한 차이가 생기게 되었다. 이리하여 향임을 맡는 품관층은 사족내에서 차별화된 하나의 계층으로 형성되었다. 그러나 이 두 계층은 모두 사족에 뿌리를 둔 것이기 때문에 일정기간은 향안을 매개로 하여 같이 공존할 수 있었다. 그러나 18세기 이후에는 점차 사족과 향족의 차이가 굳어지게 되면서, 이에 따라 향족들의 향안 입록이 鄕籍權을 쥐고 있는 사족들로부터 제한을 당하게 되자 향족들이 반발하게 되고, 나아가서는 향안이 파해지는 지경에까지 이르게 되었다.

향촌지배층 내부의 이와 같은 분화현상은 결국 그들이 소속했던 향촌지배기구의 차이라든가 그들간의 족적 기반의 차이에서 비롯된 것이었다. 즉 '유'와 '향'은 좁은 의미에서는 '儒任'과 '향임'을 지칭하는 것이지만 넓게는 '유'가 서원이나 향교를 근거로 결집했던 유림·유생을 가리키며, '향'은 향소를 근거로 삼는 향품·향족을 지칭하였던 것이다.[92] 특히 향족은 좌수·별감 등 향소를 지칭할 뿐 아니라 각종 명목의 監官과 그 직을 세습하려는 족당까지를 포함하여야 할 것이며,[93] 향임(향품)은 지방통치행정에 참여하는 좌수·별감·감관·都監 등과 面任(風憲)·都將까지도 포괄하는 표현이었다.[94] 그리고 그들간에는 씨족적 분화현상이 나타나고 있었다.[95] 이는 사족 내부에서 향임을 맡는 가계가 분리되어 나옴에 따라 차츰 그들 내부에 현격한 차이가 나타나게 되었던 것이다.

그런데 '향' 즉 향품에는 18세기 후반 이후 하층으로부터 올라오는 자들로

---

92) 金仁杰, 앞의 책 참조.
93) 金炫榮, 앞의 책, 121쪽.
94) 李羲權, 〈朝鮮後期 地方統治制度 硏究〉(《國史館論叢》 22, 1991), 97~98쪽.
95) 金炫榮, 〈조선후기 남원의 사회구조－사족지배구조의 변화와 그 성격－〉(《역사와 현실》 2, 1989).

채워지기 시작하였다는 점도 고려되어야 한다.[96] 즉 수령에 의해 향임이 일방적으로 결정되고, 그것에 부를 지닌 자들이 대거 참여하는 현상이 일반화되는 것은 향품이 단지 과거 사족으로부터 떨어진 양반·향반만이 아니라 아래로부터 올라오는 층들이 포함되게 된다는 점을 알게 해준다.

이러한 향품층은 고을에 따라 수백 내지 수천 명에 이르는 무리를 형성할 정도였다. 영조 48년(1772) 西江折衝 鄭泰煥은 儒戶의 徵布를 건의하면서 각 읍의 향소가 대읍은 1,000여 명, 소읍은 700 내지 800명에 이르는데 자칭 鄉曲兩班이라 한다고 하였다. 또 그는 황해도 鳳山郡의 鄉案에는 수천을 넘고 특히, 兩西와 關東이 이런 폐가 심하며, 삼남은 士夫鄉이라서 이런 무리가 적다고 하였다.[97] 이러한 계층이 특히 양서와 관동이 심하다고 하였는데, 그들 지역은 사족의 전통이 없기 때문에 각 읍의 재정을 확보하기 위한 수단으로 賣鄉을 일삼았기 때문이었다.[98] 매향은 곧 任路 자체의 문란을 초래하였고,[99] 그에 따라 미천한 자들도 경제적 부력을 바탕으로 참여하게 되었다.[100] 19세기 후반의 수령들은 뇌물을 받고 향임을 임명하는 것이 응당한 관례로 인정하게 되었을 정도였다.[101] 이러한 사실은 '常漢'으로서 부를 축적하여 새로 향품에 참여하는 부민층이 크게 확대되어 갔음을 뜻한다.

부민층은 18세기 이후 사회경제적 변화를 가장 적극적으로 이용하고 있었다.[102] 즉 부민층을 주요 대상으로 한 勸分·願納은 이들의 향임·교임·군임 등으로의 진출과 표리관계를 이루는 것이었고, 나아가 향임층으로의 진출은 '全家而免役'과 '擧族而頉役'의 현상을 가져왔다. 권분과 원납은 부민층의 신분상승과 수탈체계에서의 이탈, 그리고 관권과의 결탁을 보다 용이하게 한 수단이 되었다. 이들은 점차 양반층으로 또는 향임으로 신분과 직임을 고정시키

---

96) 金仁杰, 앞의 책, 150쪽.

97) 《承政院日記》 1328책, 영조 48년 5월 28일.
金炫榮, 앞의 책, 122쪽.

98) 海西 및 關西지방의 賣鄉문제에 대해서는 金仁杰, 〈朝鮮後期 鄉案의 性格變化와 在地士族〉(《金哲埈博士華甲紀念史學論叢》, 1983) 참조.

99) 《純祖實錄》 권 24, 순조 21년 11월 갑자.

100) 《高宗實錄》 권 5, 고종 5년 11월 5일.

101) 《高宗實錄》 권 20, 고종 20년 9월 23일.

102) 鄭震英, 〈19세기 향촌사회 지배구조와 대립관계〉(《1894년 농민전쟁연구》 1, 역사비평사, 1991), 285쪽.

면서, 그리고 수령권을 매개로 하여 사족의 향권지배체제에 도전하고 있었다.

또한 향권의 주도권 쟁탈전에서 볼 수 있는 한 표현으로서 '구향'과 '신향'의 구분도 재지양반층의 계층분화의 한 형태로 이해된다. 영조 23년에 盈德향전이 일어났을 때, 이 지방의 이른바 '신향'들은 모두 '吏胥品官之子', 즉 吏鄕層으로서 '自稱西人'이었으며, 당시 이들이 향권을 주도하고 과거 南人이었던 '古家大族'인 '구향'들과 다투고 있었다.[103] 이 때의 신향은 이향층이었다. 그러나 18세기 후반 庶孼許通의 조치로 인해 문제가 되었던 삼남의 향안을 둘러싼 신구향의 대립이 있었을 때, 신향들은 이제까지 향안에 들어가지 못하고 있던 서얼이었으며, 향안과 관련된 신향들의 입록을 구향이 허락하지 않은데 따른 영조 51년 무렵의 淸州향전에서의 '신향'도 마찬가지로 서얼이었다.[104] '신향'은 지역과 시기에 따라서 차이는 있지만 향임·이서·서얼 등으로 구성되어 있었다.

이 가운데 서얼은 18세기로 접어들면서부터 자신이 서얼인 자는 유학을 호칭할 수 없지만 그 자손들은 유학 호칭이 합법화되었으며, 영조 49년에는 경외의 學宮에서 양반과 서얼이 나이 순서(序齒)대로 앉는 것이 허용되었다.[105] 정조 원년(1777)에는 庶類疏通節目인 〈丁酉節目〉이 마련됨으로써 서얼에게도 首任을 제외한 향임에의 참여가 허용되기에 이르렀으며,[106] 순조 23년(1823)에는 〈癸未節目〉이 마련됨으로써 유임과 향임의 수임까지도 허용되기에 이르렀다.[107] 이 시기 '庶孼儒生'·'新儒' 등 용어는 곧 서얼지식인을 표현하고 있었다. 그러나 국가가 서얼에 대해 베푼 관용은 嫡庶 구별의 타파라는 신분해방과는 일정한 거리가 있었으며 다만 서얼의 신분계층을 인정하는 범위 내에서 그들에게 가해진 제약이 완화되었을 뿐이므로 서얼의 사족화에는 일정한 한계가 있었다.

그리고 재지양반층 분화의 또 한 표현으로서 '元儒'와 '別儒'를 들 수 있다. 앞의 항목에서 언급한 바, 순조 32년의 《晋州鄕校修理時物財收集記》에 나타난

---

103) 金仁杰, 앞의 책, 166쪽.
104) 金仁杰, 위의 책, 189~190쪽.
105) 《英祖實錄》 권 120, 영조 49년 정월 을묘.
106) 《正祖實錄》 권 3, 정조 원년 3월 정해.
107) 《備邊司謄錄》 211책, 순조 23년 11월 12일.

원유와 별유는 모두 유학을 직역으로 하고 있었으나, 다른 지방에서 볼 수 있는 유향의 구별과 같이 급증된 양반층의 자체 구별의 양상을 띠고 있다. 즉 儒戶(幼學戶) 가운데 '원유'는 세거하는 토착적 정통사족층, '별유'는 신분상승 혹은 後來이주로 지배신분층 하부에 침입된 유호로 각각 파악된다. 따라서 원유와 별유는 분명한 신분적 상하관계로 파악된다.[108] 향촌사회에서 토착적 정통사족들의 신분적 배타성에서 비롯된 별유층에는 향임(향품)·서얼유생·서재유생(교생)·이족유업자 등과 부민층에서 성장한 향임층도 포함되었을 것으로 추정된다.

이상은 이미 앞에 나온 항목에서 다룬 바, 그들이 이 시기에 모두 幼學을 호칭하고 있었던 사실에서 방증된다. 그리고 이 시기 서얼유생·서재유생 등 용어는 곧 종래 중인층의 지식인을 표현하고 있었으며, 그들 지식인이 향촌사회에서 유생 가운데 별유로 분류될 정도의 사회적·신분적 지위를 인정받고 있었다고 보인다. 이는 이제 신분과 직역이 일치하지 않게 되어 신분직역제가 해체되어 가는 과정에서 신분직역 개념보다는 지식인을 표현하는 '유생'이란 용어가 일반적으로 쓰이게 되었음을 뜻한다.

재지양반층의 계층분화를 반영하고 있는 유와 향, 구향과 신향, 원유와 별유 등과 같은 표현에 있어서 '유'·'구향'·'원유'는 전통적 사족층을 표현하고 있었다. 그러나 문제가 되는 것은 '향'·'신향'·'별유'인데, '향' 즉'향품'·'향족'의 구성 가운데 하나는 기존의 사족과 신분상으로는 큰 차이가 없었으나 향임을 계속 맡음으로써 사족과는 구별되었던 향임(향품)층이고, 다른 하나는 '상한'으로서 부력을 바탕으로 하여 수령과의 결탁을 통해 새로이 향품에 참여하는 부민층으로 구성되어 있었다. 또한 성격을 좀 달리하는 '향'의 한 표현인 '신향'도 지역과 시기에 따라 차이가 있었지만 이향·서얼 등으로 구성되어 있었다. 그리고 유생 가운데 '별유'는 향임층과 서얼·이서·부민층에서 성장한 부류들로 구성되었던 것으로 보인다.

〈李俊九〉

108) 李海濬, 앞의 글.

2. 양반서얼의 통청운동

1) 서얼인구의 증가와 사회참여

(1) 서얼의 개념과 신분계층상의 지위

조선시대의 庶孼은 보통 양반의 첩자녀와 그 자손들을 의미하였지만 그 이외에도 士族인 부와 사족이 아닌 모 사이에 출생한 자와 그 자손 모두를 통칭하는 넓은 개념으로 인식되기도 하였다. 또한 첩자손 가운데에는 부계가 향리나 庶族 등 사족이 아닌 경우도 있었고[1] 부계·모계 모두 사족인 경우가 있어서[2] 서얼을 중간신분이라는 하나의 신분범주로 파악하기는 매우 어렵다.

서얼은 부계와 모계의 신분등급에 따라 또는 직역에 따라 위로는 양반에 해당하는 사람이 있는가 하면 중인·서리와 평민에 속한 사람이 있고 아래로 천인신분인 자도 있었다. 특히 16세기 말과 17세기 전기에 걸친 壬辰·丁酉의 倭亂과 丁卯·丙子의 胡亂을 겪으면서 많은 사족가문에서 가족의 이산으로 처가 있는데도 처를 얻어 중혼관계에 놓이는 사람들이 많게 되었다.[3] 이 때 선후취처가 모두 사족인 경우 어느 한쪽의 자손이 서얼로 되었기 때문에 그들 양쪽 자손들은 여러 대를 이어가면서 적통을 다투는 투쟁을 전개하였다. 그리하여 때로는 선취의 자손이 서얼이 되고 후취의 자손이 적통을 계승하는 일도 있었다.[4] 또한 조선 후기에는 양자제도의 보편화로 많은 사족가문에서 親生子를 두고 同宗의 侄行에서 입양하는 수가 많았는데 이 때에 양자가 宗系를 계승하면 친생자는 거의 서얼로 취급되어 양쪽 자손간에 적통을 다투는 싸움이 벌어지곤 하였다.[5]

중국에서는 晋代로부터 唐·元代까지의 법제나 고문서를 통해서 알 수 있

---

1) 《收養承嫡日記》(奎章閣圖書 No.13038), 헌종 9년 9월~고종 31년 4월.
2) 《成宗實錄》 권 117, 성종 11년 5월 갑신.
《中宗實錄》 권 34, 중종 13년 10월 신사.
3) 李鍾日, 〈朝鮮後期의 嫡庶身分變動에 대하여〉(《韓國史硏究》 65, 1989), 77~117쪽.
4) 李鍾日, 〈朝鮮後期 士庶族의 身分構造變動에 관한 사례연구〉(《何石金昌洙敎授華甲紀念史學論叢》, 汎友社, 1992), 392쪽.
5) 李鍾日, 앞의 글(1989).

는 바와 같이 복수의 처가 병존할 수 있었으므로 서얼은 신분이 낮은 여자(妾)의 자손만을 의미하였다.[6] 당의 각종 법제를 이어받은 고려 귀족사회에서도 분명히 복수의 처가 병존하였고 서얼은 낮은 신분의 여자 몸에서 출생한 자녀와 그 후손만을 의미하였다.[7] 따라서 사족가문의 복수의 처 중에서 한 사람만을 적처로 하고 나머지를 첩으로 하여 그 소생자손을 서얼로 한 것은 조선 초기의 왕실 내부사정과 관련된 왕권확립책과 禮無二嫡이란 유교윤리 때문이라고 할 수 있다.[8] 그러나 복수의 처가 모두 사족인 경우는 단순히 선후취만을 기준으로 처·첩을 나누는 것이 그리 간단하지 않아서 恩義의 깊은 정도와 棄別有無·동거여부 등을 기준으로 처와 첩을 나누고자 하였다.[9] 그러나 이 역시 문제가 많아서 다시금 사간원에서 명분론에 따라 선·후취를 기준으로 처·첩을 나누어야 한다고 주장하였다.[10] 그렇지만 무엇을 기준으로하였든지 간에 처·첩 내지 적·서시비는 끊일 날이 없었으므로 결국 성종은 혼례로 사족의 딸을 취하여 첩으로 삼는 행위를 금지시켜 처첩의 신분을 반상으로 갈라놓아[11] 후일분쟁의 소지를 없애고자 하였다. 그러나 그 후에도 양반들은 사족의 딸을 거듭 취하여 중혼관계의 발생과 적서분쟁이 계속되었다.

그런데 여기서 특기할 것은 宗代가 끝나지 않은 종친인 경우에는 비록 서얼일지라도 법제상으로나 사실상으로 차별 받지 않고 청요직을 거쳐서 고위관직에 오를 수 있고 婚閥 또한 좋았다.[12] 그러나 그들도 왕실 내부에서는 천대를 받았다. 즉 惠慶宮 洪氏의 《恨中錄》에서 "그도 천하나 골육이니 아니거두지 못하여 거두니라" 하여 思悼世子의 서자인 恩信君 禛과 恩彥君 䄄을 천하다고 표기하였다. 비록 민간의 기준으로는 金枝玉葉이라 할 수 있는 고귀한 신분의 왕손이지만 서자라 하여 천하다고 하였던 것이다.

---

6) 仁井田陞, 《中國身分法史》(東京大 出版部, 1942 ; 1983, 復刻版), 353~366, 715~719쪽.
7) 李鍾日, 〈朝鮮前期의 戶口·家族·財產相續制 硏究〉(《國史館論叢》 14, 國史編纂委員會, 1990).
8) 李鍾日, 《朝鮮時代 庶孼身分變動史硏究》(東國大 博士學位論文, 1987), 37~40쪽.
9) 《太宗實錄》 권 27, 태종 14년 6월 신유.
10) 《太宗實錄》 권 33, 태종 17년 2월 경진.
11) 《成宗實錄》 권 141, 성종 13년 5월 경오.
12) 李鍾日, 〈朝鮮後期의 沒落兩班에 관하여〉(《水邨朴永錫敎授華甲紀念 韓國史學論叢》, 1992), 930쪽.

따라서 가문 안에서 차별 받는다든지 천하다는 기록만 가지고 그 사람이 천인이라든지 양반이 아니라고 속단하는 것은 옳지 않다. 이는 왕족 이외에도 외척이나 문벌가문을 비롯하여 번화한 서울양반가문과 재야의 儒賢을 위시한 일반사족가문의 경우에도 그대로 유추할 수 있다고 하겠다. 예를 들면 세조의 부마인 鄭顯祖(의숙공주의 夫)의 후취부인 이씨는 공주의 사후에 정식 혼례를 치르고 繼配가 된 사람으로서 신분상으로는 당당한 사족가문의 嫡出女였지만 부당하게 첩으로 논의·결정되어 그 자손은 서얼이 되었다. 그들의 가문 안에서의 처우가 어쨌든 누구도 그들을 양반이 아니라고 하기는 어려웠을 것이다.[13] 다른 예로써 조선 말기의 대유학자 華西 李恒老의 경우를 보면, 비록 그가 庶後孫이었지만 아무도 그를 양반의 범주에서 제외시켜야 한다고 하지 않았다. 이항로는 경향 최고의 성리학자로서 고위관료요 교육자였으며, 그의 많은 제자들은 19세기의 관계와 학계를 지배하였다.

18세기 후기에 이르면 서얼에게도 문과와 생원·진사시 응시가 거의 무제한으로 허용되어 많은 서얼·서족들이 이에 합격하였고,[14] 그들 가운데는 중외의 양반관료를 역임하거나 농촌지식인으로서 新班集團의 중심인물이 되는 경우도 있었을 것이다.[15] 조선 중기 이후의 사회는 사림이 지배하였다고는 하지만 역시 양반관료국가로서의 본질은 변하지 않았으므로 일부 학자가 생각하는 것처럼 관권이 그렇게 약하지 않았다. 17세기 사림이 극성한 시기에도 일개 지방수령(義城縣令)이 사림의 우두머리인 안동의 陶山書院 院長을 부역문제 등으로 잡아다가 매를 쳐서 죽일 정도로 관권의 위력이 대단하였던 것이다.[16] 따라서 아무리 서족·서얼출신이라 해도 일단 현령·현감 등 관장이 되면, 嫡系사족인 향촌사회의 化民(士民)들이 신반인 관장을 양반이 아니라고 운운할 수가 없었다고 생각된다. 하물며 적서차대를 완화·철폐하라는 18세기 말과 19세

13) 《河東鄭氏族譜》, 英祖壬辰譜 권 1.
《中宗實錄》 권 34, 중종 13년 10월 신사.

14) 前間恭作, 〈庶孼考〉(《朝鮮學報》 6, 1953), 60~70쪽.
宋俊浩, 〈조선시대의 文科에 관한 연구〉(프린트본, 1975).

15) 李鍾日, 〈朝鮮後期의 司馬榜目分析〉(《法史學硏究》 11, 1990).
新班이란 새 양반이라는 뜻으로 19세기 이후 서얼의 별칭으로 널리 사용되었다(黃 玹, 《梅泉野錄》 권 1 上).

16) 《仁祖實錄》 권 12, 인조 4년 5월 병오·정미 및 권 13, 인조 4년 윤 6월 병오.

기의 왕명이 있고 난 이후에는 서얼들의 합법적인 陞班운동을 막기 어려웠을 것이다.

물론 문벌양반가문의 서얼일지라도 그 모계가 천인인 경우에는 속량되지 않는 한 천인신분에서 벗어날 수 없었다. 그러나 고위관료의 천첩자손은 속량된 후 잡과를 거쳐서 전문직 기술관료가 된 사람이 많았을 것이다.[17] 특히 조선 후기 양반들의 천첩자손은 상당수가 속량되어 그 중에서는 吏胥나 軍校가 된 사람도 있었지만 중인에 만족하지 않고 무과에 급제하여 무관이 되어 군공으로 입신출세한 사람도 있었다.[18] 그러나 18세기까지는 서얼들이 비록 문·무과에 급제하여 관료가 되거나, 생원·진사시험에 합격하여 재야유생으로서의 지위를 굳혔더라도 감히 사대부의 반열에 설 것을 주장하지는 못하였다. 그들은 서북지방의 양반이나 영호남의 閑品(품관)과 비슷하였고[19] 中人 또는 中庶人이라 통칭되었다.[20] 이와 같이 서얼은 위로 양반과 한품인 토반 내지 중인으로부터 아래로 양인과 천인에 이르기까지 모든 신분층에 고루 산재하였다. 그러므로 단선적인 시각에서 그들을 중서인이라는 같은 범주의 신분개념으로 파악할 수는 없다. 다만 중간신분자가 많았음을 부인할 수 없을 것이다.

그러나 19세기 후반기로 내려올수록 중간신분자 이상인 서얼·서족 중에서 상당수의 사람이 清顯의 朝官으로 진출함과 동시에 종묘나 학궁의 제사에도 동참하게 되어 사족과 다름없는 대접을 받게 된 것이라 생각된다.[21] 일부 지방에서는 조상에 대한 제사에서의 서얼차대와 서얼의 鄕案入錄 거부 등의 사례가 있었지만, 적계 사족수의 감소와 반비례하여 서족수는 나날이 증가하였으므로 팽창하는 양적인 힘에 의하여 신분구조상의 질적인 변화를 초래하지 않을 수 없게 되었다.

---

17) 《成宗實錄》 권 139, 성종 13년 3월 기묘.
18) 《仁祖實錄》 권 32, 인조 14년 5월 정미.
《正祖實錄》 권 6, 정조 2년 8월 무오.
《葵史》, 追錄, 賢人錄.
《大東奇聞》 권 3, 鄭忠信心喪鰲城三年.
19) 《正祖實錄》 권 6, 정조 2년 8월 무오.
20) 李重煥, 《擇里志》, 總論.
21) 李鍾日, 앞의 글(1990b), 41~42쪽.
《高宗實錄》 권 22, 고종 22년 6월 9일.

(2) 서얼인구의 양적 증가와 질적 변화

조선시대 서얼의 개념 속에는 양반의 첩자녀와 그 자손뿐만 아니라 부계가 사족이더라도 모계 쪽의 어느 한 가닥이라도 사족이 아닌 혈통에 연결되어 있으면 모두 포함시켰으므로 시대가 내려올수록 그 수가 점점 증가할 수밖에 없었다. 그리하여 18세기 후반에 이르면 전 인구수의 반이 서얼이라 할 정도로 늘어났다. 정조 2년(1778) 8월, 경상·공충·전라의 3도 서얼유생 黃景憲 등 3,272인이 상소하여 말하기를 "臣等以半一國蒼生"[22]이라 하였다. 순조 23년(1823) 7월에는 경기·호서·호남·영남·해서·관동의 서얼유생 金熙鏞 등 9,996인이 상소하여 母族만을 중요시함은 오랑캐의 풍속이라 하고, 이어서 영조가 우리 나라 인구의 반이 서얼이라고 하였다는 말과 정조가 좁고 작은 나라에서 庶類를 배제하면 한 나라의 반을 잃는다고 한 말을 인용하고 있다.[23] 그런데 서얼유생들의 萬人疏에 함경도와 평안도에서는 왜 참가하지 못하였는가. 이 점에 관하여 《杏下述》의 저자는 영남인 생원 金熙鏞이 참판 熙周家의 서얼로서 자칭 6도 孼儒의 우두머리라고 통문을 보내면서 함경도와 평안도의 서얼들을 끼워 주지 않은 것을 비웃었다. 이와 같이 양반의 서얼들은 中庶人 내지 서북인들의 서얼을 차별하여 동류로 보지 않고 승반운동에 참여시키지 않았던 것이다. 따라서 그들의 소통운동은 신분제도의 타파에 목적이 있는 것이 아니라 오히려 양반체제의 강화와 자기부류만의 신분상승이라는 십난이기주의석 성격의 한계성을 느러냈다. 그러나 그들 중에는 19세기 중엽 이후 동학농민운동 등 민중운동의 지도자로, 혹은 鄕戰의 주체로 변신하여 신분체제의 동요에 일익을 담당하기도 하였다.

19세기 후반에 이르면 서얼의 수는 다음에서 알 수 있듯이 총 인구의 반수를 넘게 되었다.

> 서얼들을 門地와 賢愚를 가리지 않고 모두 禁錮하고 대대로 枳塞하여 세월이 오래되자 그 수가 더욱 늘어나서 전 국민의 과반수가 되었다(《承政院日記》, 고종 14년 4월 6일).

서얼신분 안에서의 계층성을 무시하고 무차별로 금고하여 대대로 막았기 때

22) 《正祖實錄》 권 6, 정조 2년 8월 무오. 18세기의 서얼인구에 관하여 《葵史》·《杏下述》·《燕岩集》 등에서도 거의 전국민의 반이라 하였다.

23) 《純祖實錄》 권 26, 순조 23년 7월 신묘.

문에 그 수가 점점 증가하여 총 인구의 반수를 넘어서고 있음을 나타내고 있는 것이다.

조선시대 사족사회의 관행은 축첩하는 것을 당연시하였다. 이는 집권관료들 뿐만 아니라 재야의 사족들에게도 공통된 현상으로서 "一男子至畜二三妾"[24]이라 하였다. 또한 正妻는 남편의 사후 대개 수절하였으나[25] 첩은 대개 수절 의무감이 박약하여 남편이 죽을 때마다 거듭 개가하였으므로[26] 많은 자손을 남기게 되었다. 앞에서도 잠깐 언급한 바와 같이 아무리 적출자손이라 하더라도 모계 또는 그 모계의 상계 중 어느 한 사람이라도 흠이 있는 신분임이 판명되면 그 자손은 서얼로 취급되었다.[27] 또 남편의 애증관계로 처와 첩의 지위가 바뀌는 수도 있어서[28] 결국 적서신분의 한계가 모호하게 되는 경우가 많았으므로 서얼 내지 서얼자손으로 취급되는 경우가 늘어날 수밖에 없었다.

한번 서얼이 되면 그 자손은 그 후 아무리 일부일처의 건전한 혼인관계로 10여 대 내려가더라도 서얼이 되었다. 또한 적출가문에서는 계속 새로운 서얼이 생겨났으므로 적자손의 체감화와 서자손의 체증은 당연한 결과였다. 이를 적서표시가 있는 19세기 이전의 족보를 통해서 확인하여 보자. 그런데 대개의 사족가문의 족보에서는 서자녀가 비교적 잘 기록되고 있으나 그 자손들에 관한 기록이 누락되는 경우가 많아 전체 서얼자손수의 파악에는 어려움이 많다. 그렇지만 족보상 적서표시를 없앤 20세기의 족보에는 앞서 누락된 서얼들이 대거 수록되었으므로 전후 시기의 것을 서로 대조함으로써 어느 정도 확인할 수 있다.[29]

먼저 고종 7년(1870)에 편찬된《瑞興金氏族譜》에 의거하여 寒暄堂 金宏弼의 적서자손수를 시기별로 살펴보면 다음 〈표 1〉과 같다.

김굉필의 아들 4명이 모두 적출자였으나 손자대에는 적·서수가 반반이었

24) 魚叔權, 〈稗官雜記〉 3(《大東野乘》 권 4).
25)《正祖實錄》 권 1, 정조 즉위년 6월 임자.
26) 黃 玹,《梅泉野錄》 권 1 상, 62쪽.
《宣祖實錄》 권 22, 선조 21년 정월 기축.
27)《中宗實錄》 권 2, 중종 2년 윤정월 경술.
28)《成宗實錄》 권 126, 성종 12년 2월 기유.
29) 흔히 僞譜가 많다는 이유로 족보의 사료가치를 너무 낮게 평가하고 있으나 19세기 이전의 뚜렷한 사족집안에서 편찬된 大同譜 및 일부 派譜는 그 내용의 신빙성이 매우 높다는 것이 宋俊浩 등의 연구결과로 확인되고 있다.

〈표 1〉 寒暄堂 金宏弼의 시기별 자손수(女後孫 제외)

시기 / 구분	16세기 전기	16세기 전·중기	16세기 중·후기	16세기 후기	17세기 전기	17세기 중기	17세기 후기	18세기 전기	18세기 중기	18세기 후기	19세기 전기	19세기 중기
	자	손	증손	현손	5대손	6대손	7대손	8대손	9대손	10대손	11대손	12대손
적	4	4	11	12	28	46	61	74	77	115	142	171
서	0	4	6	14	20	39	62	101	134	150	148	160
계	4	8	17	26	48	85	123	175	211	265	290	331

* 전거 : 《瑞興金氏族譜》, 庶의 인원수 속에 서자손 모두를 포함시켰음.

고 증손대에는 그 비율이 11 : 6이었지만 현손대로부터 7대손까지는 그것이 비슷하였다가 18세기에 해당하는 8·9대손대에는 적자손수보다 서자손수가 월등히 많아졌다. 그러나 18세기 후기 10대손을 과도기로 하여 19세기에 해당하는 11·12대손대에는 다시 적서수가 비슷하게 되었다. 이는 서후손들이 적계 無後家로 개명·입양하였거나 아니면 그들이 '庶'표시가 있는 족보에 등재되는 것을 꺼리어 단자를 제출하지 않았거나,[30] 혹은 족보편찬의 주역들인 적계사족들이 영락한 일부 서자손들을 족보에서 빼버렸기 때문이라 생각된다. 일찍이 17·18세기에도 가문에 따라서는 서자손들을 족보에서 몽땅 빼버리는 수가 있었고 부분적으로 그들을 탈락시킨 사례도 매우 많았다.

그 다음 19세기 중엽의 영의정 鄭元容을 비롯한 혁혁한 조관들이 철종 10년(1859)에 편찬한 東萊鄭氏(會洞鄭氏)[31] 水竹公派 派譜에 수록된 대사헌 鄭廣敬(1586~1644)과 영의정 鄭太和(1602~1673) 등의 적서자손수는 다음 〈표 2〉와 같다.

번화한 서울의 명문대가인 이들 會洞鄭氏는 조선시대의 전·후기에 걸쳐서 제일 많이 재상을 배출한 閥閱가문이었음에도 불구하고 권세를 별로 쓰지 않았다고 찬양되어 왔으며 다른 벌열가문에 비하여 서족수 또한 매우 적었음에 특색이 있다. 그러나 다음 〈표 2〉에 나타난 '庶' 숫자가 그들의 서족수 전부를 망라한 것인지 아니면 양첩자손인 서족만을 나타낸 것인지는 알 수 없으나 서족수가 17세기 후기에 33%였던 것이 18세기 전기에는 37%로 올라갔고, 18세

30) 庶字 표시는 친서얼인 자녀에게만 하였으나 그 후손의 妻 표시를 적계와는 달리하는 등(配→娶)으로 하여 庶子孫(서얼)임을 알 수 있게 했다.
31) 서울 중구 會賢洞을 世居地로 한 동래정씨는 조선시대에는 회동정씨라 하였다.

〈표 2〉 水竹公(좌의정 鄭昌衍)의 시기별 자손수(여후손 제외)

시기	17세기 후기		18세기 전기		18세기 중기		18세기 후기		19세기 전기	
구분	자		손		증 손		현 손		5대손	
현조명	적	서	적	서	적	서	적	서	적	서
정 태 화	4	3	12	5	23	12	39	21	52	35
정 광 경	4	1	5	5	6	9	11	7	16	5
계	8	4	17	10	29	21	50	28	68	40
서족의 비율	33 %		37 %		42 %		36 %		37 %	

기 후기에 이르면 42%로 최고치를 나타냈다가 18세기 후기부터는 다시 감소하는 추세를 보이고 있다. 이와 같이 18세기 중기를 고비로 18세기 후기부터 적서자손 모두가 증가하였지만 서족이 차지하는 비율이 상대적으로 감소한 것은 앞의 〈표 1〉에서 살펴본 김굉필의 자손의 경우와 같으며, 그 이유도 같은 맥락에서 파악할 수 있다. 그러나 이 시기에도 서얼에 대한 차대를 2~3대로 제한하자는 限代法이 제대로 시행된 것이 아니고 처·첩 병존의 불합리한 혼인형태가 지양된 것도 아니었으므로 실제상의 서얼수의 감소는 기대하기 어려웠다.

셋째로 大君·君 등 왕족인 적서자손수를 살펴보자. 대체로 寒族보다는 華族, 화족보다는 왕족 중에서 서얼이 많이 배출되고 있었는데 국왕의 현손대까지 첩의 자손은 "종친의 예우를 받는 代數가 다하지 아니한 경우"[32]라 하여 일반 사족사회의 적출과 같이 대우하도록 하였다. 또 그 후손을 淸顯의 관직으로 등용하도록 하였지만[33] 서자의 서자 또는 서자의 서손 등과 같이 서계가 중첩된다든지 모계가 천인인 경우에는 일반 사족의 서얼과 다름없는 처우를 받아서 班婚이 매우 드물었다. 또한 국왕의 5대손 즉 대군과 군의 현손 이후에서 생산되는 서얼은 일반 사족의 서얼과 똑같이 취급되었다. 따라서 다음 〈표 3〉에 나타난 종친의 서계자손 중에서는 적계사족과 통혼 및 벼슬이 가능한 신분층이 많은 한편 역관 등 중인층이나 사족의 서얼 또는 양인과 통혼하는 층도 적지 않았지만[34] 일일이 구별하지 않았다.

---

32) 《續大典》 권 1, 吏典 京官職.
33) 李鍾日, 앞의 글(1992b).
34) 《璿源錄》 권 27·43·47·50(奎章閣圖書 No.8785 또는 8787).

〈표 3〉 대군과 왕자군의 적서자손수(여후손 제외)

구분 / 파조	자	손	증 손	현 손	5대손
	적 : 서	적 : 서	적 : 서	적 : 서	적 : 서
太宗長子 讓寧大君	3 : 7	4 : 21	5 : 45	6 : 64	7 : 102
〃 次子 孝寧大君	6 : 1	18 : 12	41 : 50	59 : 81	110 : 98
世宗4子 臨瀛大君	5 : 4	4 : 30	3 : 86	10 : 158	9 : 200
世祖子 德源君	2 : 8	0 : 33	0 : 82	0 : 132	0 : 182
成宗子 楊原君	1 : 3	1 : 5	1 : 16	4 : 61	7 : 68
中宗子 德陽君	1 : 3	2 : 6	5 : 23	12 : 73	26 : 44이상
宣祖子 慶昌君	4 : 2	9 : 7	7 : 13	12 : 24	12 : 25이상
仁祖子 崇善君	2 : 0	3 : 0	2 : 2	4 : 7	6 : 8
仁祖孫 福平君	1 : 2	1 : 5	1 : 7	1 : 9	2 : 10
적 서 비 율	45 : 55	26 : 74	17 : 83	15 : 85	19이하 : 81이상

* 전거 : 《璿源錄》(주 34에서 언급한 책)·《增補文獻備考》 권 45, 帝系考 6, 宗室·《百氏通譜》(韓國精神文化硏究院의 마이크로필름)에 의거 작성.

위 〈표 3〉에 나타난 바와 같이 각 시대별 종친들의 총체적인 적서비율은 대군과 왕자군의 아들대(王孫)에는 45% : 55%로서 비슷하였으나 서계후손의 상대적인 증가로 그들의 손자대에는 적계가 26%, 서계가 74%, 증손대에는 적계가 17%, 서계가 83%, 현손대에는 적계가 15%, 서계가 85%로 변하였다. 이는 한번 庶가 되면 그 자손이 모두 서계로 된 반면, 적계에서는 계속 서계자손이 재생산되어 그러한 결과를 낳을 수밖에 없었던 것이다. 그러나 5대손의 경우에는 도리어 적계자손의 증가로 적서비율이 적 19% : 서 81%로 되었다. 이는 조선 후기 서류의 지위향상이 종친으로부터 선도되어 상당수의 서계종친이 적계 무후가로 입양한 때문이 아닌가 생각된다. 위의 〈표 3〉에서는 혈손이 서계만으로 나타난 경우는 德源君뿐이나, 실제로 적손이 단절되고 서계 후손만 있는 경우가 상당히 많다. 예컨대 誠寧大君의 系子 原川君과 月山大君, 그리고 성종의 아들인 安陽君·全城君·寧山君 및 그의 손자인 伊川君과 중종의 아들인 海安君 등의 후손이 모두 적계는 없고 서계만 있다.[35] 조선 후기에도 선조의 손자인 綾原大君의 아들 5인 모두가 적출이 아니었다.[36] 그같이 적자가 없는 경우에는 일반 사족가문에서처럼 적계 동성친족 중에서 입

35) 《百氏通譜》 권 4·6·7.

36) 《百氏通譜》 권 8.

양하기도 하였다.

아무리 임금의 혈맥을 이은 종친일지라도 천계와 혈연이 닿으면 사족들이 통혼하기를 꺼렸는데 《성종실록》 기사에 의하면 서계종친들은 억지로 사족들과 혼인하고자 하여 사람들이 부끄럽게 여기고 원망하였다고 한다.[37] 또한 그때 성종이 사족의 적출녀를 후궁으로 삼지 않도록 하였으므로 仁粹大妃는 사대부의 첩의 딸을 골라 후궁으로 삼게 하였다.[38] 물론 임금의 후궁은 종친의 副室과는 비교할 수조차 없었으나 성종이 솔선수범하여 사족 혈통의 순수성을 보장하고자 하였던 것이다.

다음으로는 종친과 비슷한 신분인 부마의 적서자손들을 살펴보자. 具思顔은 중종의 적출녀인 孝順公主의 남편으로서 세조 때 영의정을 지낸 具致寬의 동생 知中樞 具致洪의 현손이며 인조의 외조부인 具思孟의 친형이다. 그에게는 1명이 적자와 3명의 서자가 있었는데 손자대에는 적 1명 : 서 4명, 증손대에는 적 1명 : 서 11명, 현손대에는 적 2명 : 서 19명, 5대손대에는 적 2명 : 서 38명으로[39] 종친의 경우와 비슷한 경향을 나타내고 있다. 구사안의 서계자손 중 일부는 사족과 같은 대우를 받았던 것으로 생각된다. 세조의 사위였던 鄭顯祖의 경우와 같이 구사안도 공주가 죽은 뒤 특명으로 사족의 딸을 취하여 아들을 낳았으나 죽은 공주 앞으로 양자를 세우고 재취부인은 첩으로 논정되었다. 그러므로 자손은 서얼이 되었지만 왕명으로 허통시켰다.[40]

일반 在野士人들이나 보통의 문·무관의 경우에는 종친·부마·고관·명현들처럼 많은 서자손을 갖지 않은 것 같아 보인다. 실제로 적서표시가 있는 각 성씨들의 옛 족보를 살펴보면 적서비율이 18·19세기에 대체로 적 60%, 서 40%로 나타나고 있다.[41] 그러나 그 족보를 면밀히 살펴보면 족보에 등재되지

---

37) 《成宗實錄》 권 98, 성종 9년 11일 무인.
38) 《成宗實錄》 권 98, 성종 9년 11월 기사.
39) 《綾城具氏族譜》 萬曆乙亥譜(1575)·正祖丁未譜(1787).
40) 《中宗實錄》 권 34, 중종 13년 10월 신사.
《河東鄭氏族譜》 英祖壬辰譜(1772), 권 1.
《明宗實錄》 권 28, 명종 17년 5월 경인.
《綾城具氏族譜》 正祖丁未譜, 권 3, 병편 5.
41) 분석자료로 이용한 족보는 《河東鄭氏族譜》 英祖壬辰譜(1772)·《豊川任氏族譜》(18세기 말)·《碧珍李氏世譜》 純祖丙戌譜(1816)·《英陽南氏世譜》 英祖乙酉譜(1765)·《全義李氏族譜》 英祖甲戌譜(1754)·《綾城具氏族譜》 正祖丁未譜(1787) 및 哲宗癸丑譜

않은 서족들이 적지 않으며, 벼슬이나 학문 등으로 그 일족을 빛낸 사람의 선대의 '庶'字를 소급하여 삭제해 주는 일도 있어서 실제상의 서계수는 적계를 능가할 것으로 추정된다. 19세기 말경까지도 거의 대부분의 大同譜에서는 여전히 적서표시가 있으나 일부 가문에서는 19세기 중엽부터 많은 서자의 이름 앞에 박힌 '서'자를 제거하고 후손이 없거나 아주 미약한 처지에 있는 사람의 이름에만 '서'자를 그대로 남겨두고 있음을 발견하게 된다. 물론 '서'자를 뽑아버린 것은 억울하게 서얼로 취급된 사람들의 수백년간에 걸친 '爭嫡鬪爭의 결과로 얻어진 전과'일 수도 있다. 혹은 적계사족의 무후가로 입양하는 등의 합법적인 수단으로 쟁취되는 경우도 있으나 문제는 족보나 호적 등의 위조로 신분이 상승될 수 있는가 하는 점이다. 호적에는 적서표시가 거의 없고 숙종대의 《典錄通考》에 의하여 서손이나 서증손 때부터는 幼學을 칭할 수 있었다.[42] 그러므로 18세기 이래의 거의 모든 공문서상으로는 서족들의 신분표시가 적계사족들과 구분할 수 없게 되었으니 구태여 호적을 위조할 필요가 없었을 것이다. 또 족보위조는 사족집안의 대동보나 뿌리가 뚜렷한 계파의 파보인 경우에는 불가능하였다.[43]

(3) 서얼의 정치·경제적 지위향상과 사회참여

고려시대의 서얼차대는 어디까지나 중세적인 신분질서의 문란을 방지하기 위한 것이었다. 부계가 사족이라 하더라도 모계가 천인이거나 그 반대인 경우 즉 천계의 혈통이 섞인 자들의 사족집단 편입을 거부하기 위해 '一賤則賤'의 원칙을 확립하는 데 목적이 있었다.[44] 그러나 조선시대의 서얼차대는 그 외에도 유교적인 '禮無二嫡'의 원칙이 추가되어 부계·모계 모두가 사족일지라도 한 사람의 처 이외의 자손은 서얼로서 차대를 받았다.[45] 그러나 조선 개국초부터 처가 있는데 또 처를 들인 경우 선취녀의 자손은 적출사족이고 후취녀의 자손은 서얼이라는 단순한 논리만으로는 해결할 수 없는 문제가 너무 많았다. 그래서 태종 13년(1413) 3월 11일 이전의 '有妻娶妻'의 경우에는 선·후취를 막

(1853)·《金海金氏族譜》純祖丙寅譜(1806) 등이다.

42) 《典錄通考》, 戶典 戶籍.

43) 宋俊浩, 《朝鮮社會史硏究》(一潮閣, 1987), 41~45쪽.

44) 《高麗史》 권 85, 志 39, 刑法 2 奴婢.

45) 《太宗實錄》 권 33, 태종 17년 2월 경진.

론하고 嫡妻로 하여 그 자손들이 모두 적계사족이 되도록 하였던 것이다.[46] 그러나 그 이후 중혼관계에 놓인 자들은 그 어느 한쪽 처의 자손이 서얼이 될 수밖에 없었다. 특히 여러 처·첩이 모두 사족인 경우, 처와 첩의 분간이 곤란해짐에 따라 그 자손들의 적통을 다투는 분쟁 또한 매우 심각하였으므로 성종은 사족의 딸을 취첩하는 행위를 금지시켰다. 그러나 그 후에도 그러한 사례는 많았고 동시에 적통을 다투는 투쟁 또한 지속되었다.[47]

그리하여 조선시대의 서얼은 양첩자손이건 천첩자손이건 문과와 생원·진사시의 응시자격이 박탈되어[48] 淸顯要의 관직에 나아갈 수 없었다. 요행히 무과에 급제하거나 음직으로 관료가 되더라도 限品의 제한을 받게 되었다.[49] 또한 일부 서얼은 잡과를 거쳐 기술관이 되거나 중앙과 지방의 잡직 또는 吏胥가 되어 사족양반으로부터 대대로 천시받고 차별받았다.[50] 그외 대부분의 서얼들은 무직상태로서 빈곤과 질병으로 외롭고 괴로운 삶을 이어갈 수밖에 없었다. 가문 내에서는 '呼父呼兄'도 못하고 부모의 재산은 주로 적자녀에게 상속되어 서자는 적자의 1/7~1/10을 상속받는데 불과하였다.[51] 적자가 없는 경우에는 조선 후기에 이르면 입양제도가 보편화되어 대를 이어 제사를 받드는 양자에게 재산이 주로 상속되었다. 물론 법제상으로는 적출의 후사가 없을 때에는 첩의 아들이 제사를 받들어 모시도록 규정되어 있으나[52] 19세기 중엽까지는 그러한 경우는 일부에 지나지 않았다. 또한 혼인관계에 있어서도 처음에는 천첩자녀에 한하여 양반과 혼인할 수 없도록 하였으나[53] 그 후 많은 천첩이 속량되어 양첩자손과 천첩자손 사이의 구분이 애매하여지자 결국 대개의 서얼이 양반과 혼인하지 못하는 처지에 이르게 되었다.

---

46) 《世宗實錄》 권 29, 세종 7년 7월 병자.
47) 李鍾日, 앞의 글(1989), 77~117쪽.
48) 《經國大典》 권 3, 禮典 諸科.
49) 《經國大典》 권 1, 吏典 限品敍用.
50) 《成宗實錄》 권 139, 성종 13년 3월 기묘.
《太宗實錄》 권 29, 태종 15년 4월 정해.
桂勝範, 〈조선후기 丹城地方 陜川李氏家의 職役 실태와 그들의 신분문제〉(유인물, 1992).
51) 李鍾日, 앞의 글(1990a), 64~73쪽.
52) 《經國大典》 권 3, 禮典 奉祀.
53) 《世宗實錄》 권 42, 세종 10년 10월 병신.

그러나 조선 중기 이후 서얼수의 증가와 적서갈등의 심화로 제반 모순이 누적되어 사회불안의 요인이 되었을 뿐만 아니라 서얼금고의 지속으로 많은 인재가 사장되고 있었으므로 위정자들은 서얼소통을 논의하게 되었다. 그 결과 선조 때 李珥의 주장에 따라 納粟許通法을 만들어[54] 제한된 범위 내에서나마 서얼을 관료로 등용하도록 하였다. 인조 때에는 고위관료들의 찬반토론을 거쳐 限代法을 만들어 서얼자손들의 영구적인 금고를 해제하고자 하였다. 한대법에 의하면, 양첩자손은 손자대부터, 천첩자손들은 증손자대부터 허통하여[55] 문무과에 응시할 수 있도록 하고, 등과 후에는 요직은 허용하되 淸職만은 불허하도록 하였다.[56] 그러나 납속허통법에 의하여 혜택을 받는 사람은 일부 부유한 서얼들뿐이었고 등과 후 벼슬길에 진출하는 자는 극소수뿐이었다.

그리하여 서얼들의 불만과 사회불안은 조금도 해소되지 않았으므로 崔錫鼎 등의 건의에 의하여 친서얼인 경우에는 業儒·業武라 호칭하도록 하여 일반 상민과 구별하게 하였다. 또 업유의 아들이나 손자 때부터는 양반과 같은 호칭인 유학을 쓸 수 있도록 하였다.[57] 동시에 납속허통법을 개정하여 납속이란 전제조건을 삭제, 서얼들이 문무과와 생진시에 응시를 할 수 있도록 하였다.[58] 그러나 서얼차대 완화를 위한 여러 가지 제도적 장치를 하였음에도 불구하고 서얼들의 벼슬길은 그렇게 넓지 못하였다. 사회적 차대 또한 조금도 완화되지 못하여 18·19세기의 사회환경과 역사조건의 변화에 따라, 그리고 서얼들의 양적 축적으로 집단적이며 조직적인 소통운동을 전개하였다. 그 결과 위정자들은 서얼들의 벼슬길 확대와 陞班化의 길을 모색하지 않을 수 없게 되었고[59] 일부 사족들도 서얼들의 상속상의 지위상승을 인정하게 되었다. 즉 상당수의 가문에서는 적서차대를 어느 정도 완화하여 적자가 없을 경우 종전처럼 양자를 얻어서 대를 잇도록 하지 않고 親生子인 서얼로 적통을 이어(承嫡) 후계를 삼아

54) 《栗谷全書》 下 권 35, 附錄 3, 行狀 및 권 34, 附錄 2, 年譜 下, 계미 11년 4월.
55) 《仁祖實錄》 권 10, 인조 3년 11월 무오.
56) 《葵史》 권 1, 인조 3년.
57) 《肅宗實錄》 권 30, 숙종 22년 10월 경진.
《典錄通考》, 戶典 戶籍.
58) 《續大典》 권 3, 禮典 諸科.
59) 《增補文獻備考》 권 195, 選擧考 12, 銓注 4.
李鍾日, 〈18·19世紀의 庶孼疏通運動에 대하여〉(《韓國史硏究》 58, 1987), 57~67쪽.

재산상속을 시키는 사례가 늘어났다.[60]

앞에서 살펴본 바와 같이 19세기 후기에 이르면, 서얼들이 京職으로는 淸顯의 벼슬도 하게 되고 종묘의 제사에서는 축사의 임무도 맡고 성균관의 제사에서는 헌작의 반열에도 서게 되었다.[61] 그러나 이러한 정치·법제적, 그리고 사회·경제적 지위향상에도 불구하고 향촌사회 내에서의 거부반응은 여전히 지속되어 곳곳에서 鄕戰이란 이름의 적서싸움이 치열하게 전개되었다. 그것은 대개 향촌사회 내에서 양반으로 공인 받기 위해서는 鄕案 내지 儒案(《靑衿錄》)에 이름이 올라야 했는데 기성의 양반(舊班)들의 강력한 저지로 서얼양반(新班)들의 입록이 번번이 실패하자, 실력대결을 하게 된 것이다. 순조 23년(1823)의 庶類유생 1만 명의 상소에서는 이를 '擯斥成風'이라 표현하고 있다.[62]

향안·유안 등의 입록을 중심으로 일어난 신·구반의 싸움은 19세기 후반에도 완전히 해소되지 않았다. 그러나 일부 서얼들이 이미 18세기 후반에 구반과 함께 향교의 東齋案에 입록되었던 점으로 보아서[63] 19세기에는 더욱 많은 서얼들이 이른바 '3所'(향교·서원·향소)의 유안에 등재되었으리라 추정된다.[64] 공주향교의 유안에서 그러한 추정을 뒷받침하는 사례를 발견할 수 있다. 18세기 말엽 경기도 노론가문의 서후손 중에서 출생한 華西 李恒老는 19세기 중엽부터 '위정척사학파'라고 불리는 거대한 학파를 형성하기도 하였다. 사방에서 勉菴 崔益鉉을 비롯한 많은 학자들이 모여들었는데, 그들은 鄕儒의 유안 따위에 입록되는 것보다는 화서의 문하로 입록되는 것을 더 영광스럽게 생각할 정도였다. 화서의 문인들이 19세기 후반에 큰 활약을 하였음은 잘 알려진 사실이다.[65]

---

60) 《收養承嫡日記》 헌종 계묘 3월~고종 갑오 5월. '承嫡'이란 18·19세기 무렵에 널리 쓰였던 용어로서, 그것이 바로 嫡出子孫이 된다는 뜻은 아니라는 주장이 일반적이다. 승적을 시키는데는 家廟에서 告由祭를 지내는 관습이 있었다(朝鮮總督府 中樞院, 《民事慣習回答彙集》, 1933, 264쪽).

61) 《高宗實錄》 권 22, 고종 22년 6월 9일.
李鍾日, 앞의 글(1990b), 41~42쪽.

62) 《純祖實錄》 권 26, 순조 23년 7월 신묘.

63) 崔允榛, 〈高敞鄕校 東西齋 儒生案에 대한 檢討〉(《宋俊浩敎授停年紀念論叢》, 1987), 285쪽.

64) 李鍾日, 〈公州鄕校文書解題〉(《朝鮮社會史資料》 2, 公州 下, 國史編纂委員會, 1991), 1364~1388쪽 참조.

65) 여러대 庶系양반으로 인고의 세월을 보냈던 華西의 父祖 3대도 화서의 대성으로 吏

요컨대 서얼들의 벼슬길 진출은 일찍이 18세기 후반부터 활발해져 18세기 말경인 정조대에 이르면 縣監 元重擧, 校書校理 成大中, 五衛將 吳正根, 縣監 丁俱祖, 察訪 李鴻祥, 禮賓寺 參奉 李命圭, 奉常寺 主簿 崔粹翁, 承文院 檢校 金洪運, 司導寺 直長 南鳳秀, 東部 都事 李可運, 檢書官 朴齊家·柳得恭·李德懋 등 30명이나 되었다.[66] 그들은 청현직이나 고위직의 취임이 불가능하였고 평생 동안 중하위직에 머물렀으나 다음 시대를 여는 데 큰 몫을 하였다. 결국 19세기 중엽에 이르면 庶孼通淸運動에 앞장선 서얼관료 출신자 중 正言·持平·掌令 등 청현직을 지내는 경우도 나타나게 되었다. 더구나 19세기 말엽이 되면 李祖淵·李範晋·金嘉鎭·閔致憲·閔商鎬·閔泳綺·李允用·尹雄烈·安駉壽·金永準 등 청현직을 거쳐서 대관에 이른 자가 많았다. 그 외에 金玉之班은 일일이 다 손꼽을 수 없을 정도였고 서얼이 조관의 5분이 3이 될 정도였으며, 특히 노론계의 서얼 중에는 淸宦·達官이 별처럼 많았다고 한다.[67]

서얼들이 이와 같이 공경대부의 자리를 많이 차지하게 되자 여러 가문에서 서얼들을 '承嫡'시켜서 후사로 삼았다. 承嫡人이 바로 적자가 되는 것은 아니었지만[68] 법제상의 지위로 보나 경제상의 실력으로 보아서 적서간에 차별이 거의 해소되었다. 또 서얼들에 대한 재산상속분을 확대하여 적서간의 차이가 2 : 1 정도로 좁아졌다.[69] 재산 상속상으로 적서차대가 완화되는 반면 남녀차대의 역작용이 나타나 딸의 상속분은 매우 작아지거나 없어졌다. 또한 19세기 후반에 이르면 '以妾爲妻' 내지 '以庶爲嫡'의 관행도 생겨서[70] 사족사회 안에서의 적서의 구분이 매우 어렵게 되었다. 물론 그 시기에도 적서차대가 완전히 해소인 것은 아니었고 사회의식 속에 남아 있어서 서얼들은 벼슬을 하여도 일부지방에서는 향안입록이 거부되고 있었다.[71] 그러나 19세기 중엽 이후는 농촌중심의 생활보다는 도시중심의 광역생활로 삶의 모습이 바뀌어 가고 있었으므로

曹參判·吏曹參議·知中樞 등 관직이 추증되었다(《華西集》 附錄, 神道碑銘幷序).

66) 《葵史》 권 2, 정조 20년~24년.

67) 黃　玹, 《梅泉野錄》 권 1 上.

68) 法院行政處, 《親族相續에 관한 舊慣習》(1985), 209쪽.

69) 朝鮮總督府 中樞院, 《民事慣習回答彙集》(1933), 131~141쪽·180쪽.

70) 朝鮮總督府 中樞院, 위의 책, 285~288쪽·292~293쪽. 비록 1916년에 조사된 것이나 19세기 후기 이래의 관습으로 보인다.

71) 宋俊浩 〈身分制를 통해서 본 朝鮮後期社會의 性格의 一面〉(《歷史學報》 133, 1992).

특정지역의 사족모임인 향안입록이 그렇게 중요한 것은 아니었다. 뿐만 아니라 19세기의 향안 속에는 서계자손들이 참여하고 있는 곳도 있었다.[72] 그렇지 않은 경우에도 新班인 서얼들은 구사족과 대등한 입장에서 향전을 벌였고 나아가서는 농민들을 조직하여 이른바 농민전쟁을 수행하였던 것이다. 즉 동학교주 崔濟愚를 비롯하여 고종 8년(1871) 영해 동학운동의 주체세력과 갑오동학농민전쟁의 주체세력들 중에 서얼이 많았다는 것은 널리 알려진 사실이다.[73]

2) 서얼통청운동의 확대

(1) 18세기의 서얼통청운동

18세기는 여러 분야에 걸쳐서 한국사상 하나의 전환기로 이해되고 있다. 정치적으로는 전세기의 극심하였던 당쟁이 외형상으로나마 끝나자 노론 일당의 전제정권이 확립되었고, 경제적으로는 移秧法과 畎種法의 보급에 따른 농업생산력의 증대와 화폐의 유통 등으로 인한 상업활동의 활성화로 근대자본주의의 맹아가 나타나고 있었다고 일반적으로 인식되어 왔다. 또한 문화적으로는 實學의 영향으로 주자학적 세계관에 대한 반성이 일어나고 있었으며, 사회적으로는 중간계층의 신분상승 욕구가 충만하고 있었다. 그러한 가운데 서얼들은 양적인 힘의 증대와 법적 지위의 향상에 따라 陞班運動을 활발하게 전개하였다. 특히 모계가 한미한 후궁의 아들이었던 영조가 즉위하면서 그들의 소통운동은 활기를 띠었다. 영조 즉위년(1724) 12월 大駕가 동문으로 나섰을 때 서얼 진사 鄭震僑 등 260여 인이 국왕에게 상소하였는데 그 내용을《영조실록》에 의거하여 요약하면 다음과 같다.[74]

---

72) 崔允榛, 앞의 글, 285쪽.
李鍾日, 앞의 글(1991), 1364~1388쪽.

73) 金泳模, 〈開港과 한국사회신분의 변동〉(《한국근대사의 再照明》, 서울大 出版部, 1982), 83쪽.
張泳敏, 〈1871년 영해동학란〉(《韓國學報》 47, 1987), 108~126쪽.
———, 〈1840年 영해향전과 그 배경 小考〉(《忠南史學》 2, 1987), 49~86쪽.
愼鏞廈, 〈동학과 갑오농민전쟁의 민족주의〉(《韓國學報》 47, 1987), 51~52쪽.

74) 《英祖實錄》 권 2, 영조 즉위년 12월 병술. 《葵史》 권 1, 영조 원년조에 의하면 鄭震僑 등 5,000인이 노상에서 상소한 것으로 기록되어 있으나 《英祖實錄》의 기사에 따랐다.

① 夏·殷·周·漢·唐·宋·明 등 역대 중국의 정통 황조에서는 서얼인 將相이 많았고, 고려 이전의 取人之規도 중국과 같았다. 그러나 조선 태종 때 右代言 徐選이 '서얼자손을 顯職에 임용하지 말도록' 건의하였고 姜希孟이 《경국대전》을 편찬하면서 서얼들의 과거와 벼슬길을 막아버렸다.

② 선조 초에 申買 등 1,000여 명이 上章하여 원통함을 부르짖었는데 선조가 '葵藿向日 不擇旁枝 人臣願忠 豈必正嫡'이라 하여 그들을 동정하였다. 그 무렵 先正臣 李珥가 국경의 변고에 대한 대비책으로 서얼들을 허통하여 과거의 길을 열어주자고 건의하였다.

③ 인조 때 부제학 崔鳴吉은 玉堂의 동료 沈之源·金南重·李省身·李景容 등과 함께 서얼통용을 힘써 청하여 말하기를 '하늘이 재능 있는 자를 낳음에 귀천간에 차이를 두지 않았고 王者가 사람을 씀에 門地에 구애하지 않음은 천리상 당연하고 百王이 이를 바꿀 수 없다'고 하였다. 張維·金尙容·李元翼·尹昉·吳允謙 등 모두가 같은 뜻으로 서얼통용을 건의하였으며 몇 사람이 이의를 제기하였을 뿐 2품 이상 여러 신하들은 의견이 같았다. 일찍이 영부사 이원익이 홍문관의 箚子에 의하여 서얼이 등과한 후 요직은 허락하되 청직은 불허할 것을 아뢰어 왕의 재가를 받아 일대의 법률로 되었으나 그 후 잘 시행되고 있지 않았다. 그 때에 요직을 허용한다고 한 것은 戶·刑·工曹의 낭관 및 각 사의 장을 의미하였다. 그러나 그 당시 辛喜秀·沈日運·金宏·李慶善 등이 형조와 공조의 낭관으로 임용되었을 뿐 그후 40~50년간은 숙종 때 李礥 한 사람만이 겨우 호조의 낭관으로 임명되었으나 여럿이 일어나 이를 배척하여 결국 체직되고 말았다.

④ 성종대 이후 걸출한 서얼들이 많았다. 예컨대 朴枝華·魚叔權·曺伸·李達·鄭和·林芑·梁大樸·權應仁·金謹恭·宋翼弼형제·李山謙·洪季男·劉克良·權井吉 등이다. 그러므로 서얼들을 뽑아서 쓰는 길을 넓게 열면 수백 년 동안 원한을 품고 죽어간 많은 사람들의 혼백도 감격할 것이다. 중국에서는 서얼차대가 그 몸에 그칠 뿐이나 우리 나라에서는 한번 庶派가 되면 비록 수십 대가 지나도 벗어나지 못한다.

이와 같은 서얼들의 상소에 대하여 영조는 다음과 같이 批答을 내렸다. 우리 나라가 본래 좁은데도 사람을 쓰는 길 또한 매우 넓지 못하여 개탄스럽다. 서얼들의 주장이 근거는 있으나 서얼금고는 오래 전에 한 것이므로 갑자기 바꿀 수 없어서 서서히 대책을 강구하여 처리하겠다. 다만 호조·형조·공조의 낭관에 서얼들을 임용하는 일은 인조 때 내린 명령대로 행하라고 하였다.

이러한 서얼통청운동에 대하여 《영조실록》 편찬에 참여한 史臣들은 다음과 같이 우려하였다.

柳子光 이후 서얼통청을 허락하지 않았는데 이 때 이르러 여러 서얼들이 통청을

스스로 청하니 조정의 기강이 날로 무너짐을 알 수 있다(《英祖實錄》 권 2, 영조 즉위년 12월 병술).

서얼들의 통청운동을 조정의 기강이 문란해진 탓으로 돌리면서 중세적 신분질서가 동요하고 있음을 걱정하고 있는 것이다.

영조가 통치한 반세기는 서얼통청운동의 난숙기로서 많은 서얼들이 문과와 생원·진사시험에 합격하였고 적지 않은 사람들이 관료로 진출하였다. 그러나 일부 관료들의 반대와 지방 舊儒들의 서얼배척이 또한 심각하였다. 영조 48년(1772) 12월에 경상도 서얼유생 全聖天 등 3,000여 인은 통청된 후에도 구반들의 반대로 향안에 들어가지 못한 점을 들어 상소하였다.[75] 영조는 서얼들을 가련하게 여겨 비답을 내려 향안입록을 허용하도록 하였다. 그러나 蔡濟恭이 "영남의 향안은 防限이 심히 엄하여 비록 조정의 명령이 있다고 하더라도 유림들이 반드시 순종하지 않을 것이며 그렇게 되면 혼란이 생길까 두렵다"고 반대하였고 이에 영조는 관여하지 않기로 하였다.[76] 그러나 이때 서얼허통론자였던 영의정 金相福은 영조에게 통청된 서얼들을 문무관으로 임명할 것을 건의하여 윤허를 받았다.[77]

이듬해인 영조 49년 정월에도 경상도 업유 黃景憲이 상소하여 향학에 입록할 것을 허통하여 나이 순서대로 앉을 수 있도록 해주는 것을 청하였다. 그 무렵 영조는 延和門에 나아가 태학생들을 불러 "서얼들이 이미 통청되었는데 太學에서 나이 순서대로 앉는 것(序齒)을 허락하지 않음은 무엇 때문인가" 라고 물었다. 그 때 陰竹人 金植은 서얼은 늙은이라도 양반 밑에 앉아야 한다고 대답하였다가 '君父의 앞에서 감히 양반을 칭한' 죄로 제주도 大靜縣으로 유배되고 庶人으로 강등되었다.[78] 또한 영조는 무반 청직인 선전관으로 서얼을 거의 임명하지 않고 단 1명만 임용한 것은 임금의 명령을 경시한 것이라고 하면서 宣薦 담당인 行首선전관 白東浚을 決棍 15도하여 巨濟로 보내 충군하고 그의 추천

75) 《英祖實錄》 권 119, 영조 48년 12월 무자. 《葵史》 권 1, 영조 48년 임진 12월조에서는 그 때 영남진사 全性天 등이 鄕校와 鄕所·書院 등의 儒案에 입록되도록 하여줄 것을 상소하였다고 기록되어 있다.

76) 《英祖實錄》 권 119, 영조 48년 12월 무자.

77) 《葵史》 권 1, 영조 48년 임진 11월·12월.

78) 《英祖實錄》 권 120, 영조 49년 정월 을묘·정사.

권행사(圈點)를 하지 아니한 선전관들도 모두 면직·충군시키도록 하였다.[79]

그로부터 5년 후인 정조 2년(1778) 8월 경상·공충·전라 3도의 서얼유생 왕경헌 등 3,272인이 상소하여 다음과 같이 주장하였다.[80]

나라의 법전에 처와 첩 모두가 아들이 없을 때에만 입양할 수 있다고 하였는데도 양자로서 대를 잇게 하여 서얼들은 아비의 뒤를 잇지 못한다. 또한 존비를 가리지 않고 재능만으로 관료를 임용하는 것이 만고에 통하는 규범인데도 서얼들은 벼슬길이 막혀 임금을 섬길 수 없게 되었다. 나이 많은 사람이 존경받는 것은 나이가 하늘이 내린 벼슬이기 때문인데 서얼들은 늙어도 나이대접을 받지 못한다. 명분보다는 인륜을 앞세워야 하며, 이 나라 인구의 반을 차지하는 서얼을 금고한 지 300년이나 되는데 그 동안 서얼 중 일부 인사는 대군사부(曺伸)·참판(鄭忠信)·참의·수사·목사·부사 등을 거쳤으나, 많은 사람이 뜻을 펴지 못하였다. 선조 이후 여러 대를 거쳐 국왕과 대신을 포함한 고위관료들이 서얼소통을 주장하였으나, 경향의 반대론자들 때문에 잘되지 않았다고 하였다.

이와 같은 서얼들의 상소에 대하여 정조는 이미 庶孼許通節目을 반포하였다는 것과 연령순은 유림간의 일이므로 해당기관으로 하여금 처리하도록 하겠다고 하였다. 정조 원년의 서얼허통에 관한 절목은 영조 말년의 그것보다도 사실상 후퇴한 것으로서 인조 때의 요직은 허용하되 청직은 불허한다는 조치를 재확인한 것에 지나지 않았다.[81] 初入仕에 있어서도 서얼이 문과에 급제하면 교서관에 분관하고 무과에 급제하면 수문장과 부장으로 추천한다는 것과 지방관으로는 부사와 목사까지만 올라갈 수 있다는 것이었다.[82] 그리하여 서얼들은 위와 같이 집단적으로 상소운동을 전개하여 세 가지 抱寃을 호소하는 데 이르게 된 것이었다.[83]

집단적이며 지속적인 소통운동에도 불구하고 큰 효과를 기대할 수 없자 서얼 중 일부는 명분론을 지상으로 삼아서 자신들을 차별하는 주자학자 내지 주

---

79) 《葵史》 권 1, 영조 49년 정월.
80) 《正祖實錄》 권 6, 정조 2년 8월 무오.
81) 《正祖實錄》 권 3, 정조 원년 3월 정해.
82) 《大典通編》 권 1, 吏典 限品敍用 註에 正祖丁酉節目을 등재하였다.
83) 세 가지 抱寃이란 繼後·仕路·序齒 등에서 배척 내지 차별받는 데 대한 원한을 의미한다.

자학적 사상체계에 반감을 품고 새로운 신앙세계를 찾게 되었다. 이러한 상황은 정조 11년 8월 서얼허통론자였던 金鍾秀의 말을 통해서도 짐작할 수 있다. 즉 逆獄事件에 左道의 무리(천주교도)가 많이 연루되었고 오랫동안 열성조의 어진 정사를 베풀어 나라를 원망하는 무리가 없었는데 逆孼·凶徒가 여러 가지로 권유하여 그렇게 되었으므로 그들의 울분과 원한을 풀 수 있도록 벼슬길을 열어주어 그들이 역적의 무리가 되지 않도록 해야 한다는 것이었다. 김종수의 주장에 대하여 영의정 金致仁이 동조한 외에는 많은 대신과 대장들이 신중론을 폈으므로 결론이 없었다.[84]

(2) 19세기의 서얼통청운동

일반적으로 19세기는 조선왕조의 동요기 내지 해체기로 인식되어 왔다. 그것은 왕건의 약화와 관료의 부정부패가 심화되어 농민들에 대한 수탈이 가속화되었고 그리하여 전국적으로 농민봉기가 일어나고 있었지만 지배계층인 양반관료들이 개혁을 통한 문제해결보다는 중세체제의 유지에만 급급하여 모순이 누적되었기 때문이다. 이러한 역사적 격동기를 맞이하여 서얼들은 소통운동을 더욱 활발히 전개하였다. 그 결과 그들은 집단적인 陞班化를 도모하였고 사회경제적인 처우개선을 부르짖었다. 그들은 순조 원년(1801)의 영상 沈煥之·좌상 李時秀·이판 尹行恁 등의 동정에 영향받아[85] 대대적인 소통운동을 일으켰는데 특히 순조 23년 7월에는 경기·호서·호남·영남·해서·관동 등지로부터 서얼유생 金熙鏞 등 약 1만 명이 집단적으로 상소를 올렸다.[86]

이 때에 순조는 서얼들의 가련한 형편을 잘 알겠으며 묘당에서 좋은 방법을 찾아서 처리하도록 하겠다고 비답하였다. 그러나 그 다음달에 서얼소통을 반대하는 성균관 유생들의 捲堂이 있었다.[87] 그들이 불만의 표시로 일제히 관을 비우고 물러난 데 대하여 순조는 서류들의 호소는 열성조에 항상 있었던 일이며, 서얼금고가 천리와 인정의 떳떳한 도리에 맞지 않는 것은 여러 유생들도 알지 않느냐고 하면서 그들의 용렬함을 개탄하였다.

84) 《正祖實錄》 권 24, 정조 11년 8월 을묘.
85) 《純祖實錄》 권 2, 순조 원년 정월 정해.
86) 《純祖實錄》 권 26, 순조 23년 7월 신묘.
87) 《純祖實錄》 권 26, 순조 23년 8월 무술.

그 당시 조정에서는 서얼허통에 대하여 격렬한 토론을 벌였다. 그 해 11월 〈癸未節目〉을 만들어 서얼들의 한품을 종래 정3품에서 종2품으로 올리고 청직으로는 臺職을 허용하는 등 지위향상을 도모하였다.[88] 그러나 그것이 잘 시행되지 않자 헌종 14년(1848) 11월 경향의 유생 李鎭宅 등 8,000인이 상소하여 서얼소통을 청원하였다.[89] 이에 대하여 헌종은 묘당에서 잘 논의하도록 하라고 지시하였으나 별다른 후속조치가 없었다. 그리하여 3년 후인 철종 2년(1851) 4월 유학 崔濟京 등이 상소하여 연전의 상소에 대한 조치를 촉구하며 다음과 같이 호소하였다.[90] 서얼들은 아비 생전에는 아비라 부르지 못하고 아비가 죽은 후에는 아비에 대한 제사를 지낼 수 없다. 서얼들은 문과급제 후에도 본종의 華閥·冷族의 여부에 관계없이 모두 교서관으로만 분관하기 때문에 명현·故家와 사대부가의 후예이면서도 시골의 미천한 자들보다 하대받고, 승적된 후에도 음서의 혜택을 못받으니 매우 부당하다고 하였다.

이러한 서얼들의 호소에 대하여 조정 중신들은 긍정적으로 논의한 후 영의정 權敦仁이 아뢴 바에 따라 서얼들도 족성의 閥閱을 참작하여 '槐國宣薦'[91] 등을 통하여 개별적으로 수용하도록 하였다.[92]

이 무렵 전국의 서얼들은 대구 達西精舍를 중심으로 조직적인 소통운동을 전개하였다. 철종 9년 정월에는 역대의 서얼에 관계되는 사실을 모은《葵史》를 펴냈고 또 같은 해에 율곡 이이 등을 모시는 서원을 달서정사에 세우고자 통문을 돌렸다. 통문의 내용은 수많은 서얼들이 신현의 후손으로 무고하게 금고된 지 수백 년이 되었는데 선조 때 이이가 서얼소통을 힘껏 주장한 이래 金祖淳이 '癸未獻議'를 하는 등 애를 써서 근래 서얼허통의 길이 넓어졌으므로 이 두 선생을 영세토록 모시는 祠宇를 건립하자는 것이었다.[93] 영남은 남인계 당색인들의 본고장인데도 그 중심부인 대구에서 남인계와 적대관계에 있었던 서

88)《大典會通》권 1, 吏典 限品叙用庶孼疏通更正節目 純祖癸未.

89)《憲宗實錄》권 15, 헌종 14년 11월 무인.
《備邊司謄錄》235책, 헌종 14년 11월 8일.

90)《備邊司謄錄》238책, 철종 2년 4월 15일.

91) 문과급제 후 문벌이 좋은 집의 자제는 槐院(承文院)에 分館하고 鄕班들은 國子監(成均館)에 분관하며, 무과급제자 중 사족자제는 宣傳官으로 추천하는 것을 의미한다.

92)《哲宗實錄》권 3, 철종 2년 4월 신미.

93)《葵史》권 2, 철종 9년 4월.

인 내지 노론의 대표적 인물이었던 율곡과 楓皐를 모시는 서원을 세우고자 한 것이다. 이는 서얼들이 근친인 적계사족과 혈연관계를 끊고 철저히 대립하겠다는 의미도 내포하고 있다. 19세기에 들어와 60여 년간 지속되었던 노론계 安東金氏 척족정권의 지지기반으로서 전국인구의 과반수에 해당하는 서얼들이 있었다는 점은 결코 간과해서는 안될 것이다.

철종 10년 11월에는 서얼유생들이 다음과 같이 격렬한 내용의 통문을 발송하였다.[94] 국법상으로는 처・첩 모두에게 아들이 없을 경우에만 양자를 허용하지만 세속은 친생자가 있어도 적출이 아니면 법을 위반하면서 양자를 들여 제사를 받든다. 李珥・趙憲・周世鵬・鄭光弼・張晩・李浣 등은 서자를 승적시켜 후사로 삼았다. 양반들은 본심으로 자기의 혈육을 버리는 것이 아니라 습속이 고루하여 자기 홀로 서자를 후사로 삼지 못할 뿐이며, 설혹 그럴 마음이 있어도 그렇게 하면 종족들이 서자를 후계자로 못하게 한다. 앞으로 서자를 후사로 삼지 않고 타인을 양자로 삼는 부모에 대하여는 각자가 정성을 다하여 간하되 거듭 간하여도 듣지 않거든 울면서 간하고 울면서 간하여도 듣지 않거든 머리를 땅에 부딪쳐서 피 흘리며 간하라고 하였다.

이 통문을 발송한 이후에도 이전 관습대로 인륜을 저버리게 하는 자가 있으면, 그에 대해서는 국법을 준수하지 않는 점과 왕명을 받들지 않는 점을 들어 공동으로 성토하고 이름을 지적하여 임금의 거둥길에서 호소할 것을 선동하였다. 이와 같이 19세기 중엽에 이르면 이전 시기의 서얼소통운동과는 달리 준법과 왕명 준수를 내세워 위법행위자와 격렬하게 싸울 것을 주장하게 된 것이다. 사실 이 시기의 서얼금고는 법제상으로는 상당히 완화되어 서얼도 淸宦으로 임용될 수 있었고 후사에 있어서도 서얼을 배제하지 않았다. 오로지 법과 왕명을 준수하지 않는 사회적 현실에 문제가 있었기 때문이다.

남인계의 대원군이 집권한 이후 서얼소통에 관한 논의나 그 운동에 관한 사실은 기록상 별로 보이지 않는다. 다만 고종 6년(1869) 정월 이조에서 관제개정을 논의하면서 서류 종친까지도 적통을 잇는 자(承嫡者)가 아닌 한 '文槐武宣'이 안된다고 하였으니[95] 일반 사족의 서얼이 承文院의 權知(試補)나 宣傳官

94) 《葵史》 권 2, 철종 10년 11월.
95) 《高宗實錄》 권 6, 고종 6년 정월 24일.

을 바랄 수는 없게 되었다. 철종대에 허용되었던 서얼통청의 길이 도로 막히니까 서얼들은 앙앙불락하다가 대원군이 실각하자 다시금 통청운동을 벌였다. 고종 11년 2월 前持平 洪贊燮 등이 연명으로 상소하여 역대 국왕·명현·대신들이 서얼통청을 거듭 촉구하였고, 특히 철종은 '문괴무선'을 서얼들에게도 허용하도록 하였다고 하면서 한 나라의 반이 넘는 사람들의 백세의 원한을 풀어달라고 하였다.96)

그로부터 얼마 지나지 않아 전 지평 權鵬圭 등은 다음과 같은 내용을 또 연명으로 상소하였다.97)

> ① 고종 원년 봄에 趙大妃가 兩銓(吏曹·兵曹)에 분부하기를 서얼허통에 관한 지시가 여러 번 있었으나 아직 실효성이 없으니 오직 재능에 따라 임용하여 억울하다고 탄식하는 일이 없도록 하라고 하였음에도 불구하고 여전하다.
> ② 고종 2년에 반포한《大典會通》吏典 除授 新增條에 있는 '中庶' 두 글자를 보고 아연실색하였다. 중인은 본래 사족이 아니나 서얼은 비록 모계가 한미하지만 부계는 귀족이다. 율령에 따라 풍속을 고치는 것이 서얼들의 답답함을 풀어 주는 제일의 양책이다.

영의정 李裕元이 서얼통청은 이미 경연에서 아뢰어 복구하였으니 그 地閥로 보아서 좋은 집안의 서얼은 괴원으로 올려줌이 옳다고 하였고, 고종도 國子降調人이 이제 괴원으로 올라가게 되었으므로 芸閣(校書館)降調人도 國子監으로 올려주는 것이 옳다고 하였다.98) 이에 따라 芸閣人 辛哲求·南相說·鄭元時·權鵬圭·李載龜·李秉淵·李健容·金羽永·李東相 등을 모두 괴원으로 올리고 관서의 강조운각인 崔德明·韓龍珪 등과 운각인 尹基周를 국자감으로 陞調하되 국자강조인 趙廷祖는 평판이 좋지 않으니 운각으로 강조함이 좋겠다고 趙康夏가 아뢰어 윤허를 받았다.99)

그 후 고종 14년 4월 경연에서 서류였던 前正言 金基龍·前掌令 韓兢烈·直講 李載龜 등은《大典會通》의 原·增·續·補 중에서 서얼금고에 관한 조항

96)《承政院日記》, 고종 11년 2월 15일.
97)《承政院日記》, 고종 11년 2월 23일.
98)《高宗實錄》권 11, 고종 11년 3월 5일.
99)《承政院日記》, 고종 11년 3월 5일.
100)《高宗實錄》권 14, 고종 14년 4월 6일.
《承政院日記》, 고종 14년 4월 6일.
《備邊司謄錄》263책, 고종 14년 4월 6일.

을 일일이 삭제하여 줄 것을 청하였다.[100] 종전 같으면 엄두도 못 낼 청환인 대간자리에 있던 서얼양반들이 국왕에게 직접 호소하여 법전상의 서얼차대 조항을 삭제하여 달라고 한 것이다. 결국 고종 19년(1882) 7월 국왕은 "무릇 西北人·松都人·서얼·醫譯·胥吏·軍伍 등을 모두 顯職에 통용하며 오로지 재능만으로 관원을 임용하되 특이한 재능이 있는 자는 안으로 공경백관과 밖으로는 방백수령에 뽑아 쓰겠다"고 하여 법전상의 서얼금고 내지 서얼차대에 관한 조항을 사문화시켰다.[101]

이상과 같이 19세기 후기에 이르러 서얼들의 끈질긴 통청운동의 결과로 차대에 관한 법제상의 장애가 완전히 제거되었다. 농촌사회의 구석구석에 보수세력이 남아 있었고 일반적인 사회의식으로도 적서차별의 나쁜 관행이 내재하고 있었다고 하더라도 위로는 공경대부를 비롯하여 먼 시골의 향유에 이르기까지 많은 서얼들이 승반하여 조선 말기의 신분구조 변동에 큰 영향을 미쳤다. 아울러 서얼통청운동의 성공은 기술직 중인들을 비롯한 중간신분층의 승반운동에 큰 영향을 미쳤으며 일부 서얼은 승반운동 대신 새로운 사조와 신흥종교인 동학이나 외래종교인 서학에 신속히 귀의하여 다음 세대를 담당할 주역으로서 떠오르기도 하였다.[102]

〈李鍾日〉

3. 중간신분층의 향상과 분화

1) 중인층의 지위상승과 분화

(1) 중인의 특성과 성장배경

中人이 형성되기 시작한 것은 그들의 동류의식이 형성되어《雜科榜目》이 편찬되기 시작한 연산군 4년(1498) 이후로 보는 학설도 있지만, 조선 후기까지 세력이 컸던 잡과집안은 17세기를 거치면서 대개 형성되었다고 볼 수 있다.

---

101)《高宗實錄》권 19, 고종 19년 7월 22일.
《承政院日記》, 고종 19년 7월 22일.
102) 李鍾日, 앞의 글(1987), 44~45쪽·57~79쪽.

조선시대에 잡과합격자를 배출한 성씨는 439씨족에 달하는데 그 중 합격자를 100명 이상 배출한 16씨족이 전체의 40%를 차지하였다. 대개 20씨족에서 합격자의 약 반수를 배출한 셈이다. 이에 반해 5명 미만인 성씨가 288씨족에 달해 잡과가 소수 명문씨족들에게 독점되어 간 경향이 엿보인다. 과별 합격자의 수는 譯科가 가장 많고, 籌學(算學)·醫科·雲科(陰陽科)·律科의 차례였다. 이것을 표로 정리하면 다음과 같다.

〈표 1〉 각과별 중인씨족의 특성[1)]

사 항	역 과	의 과	운 과	율 과	주 학	종 합
합격자 총수	2,937	1,523	831	709	1,627	7,627
합격자 배출 성씨수	287	216	133	145	90	439
과별 30대성 비율	60.0	57.7	66.1	58.8	86.9	65.9
과별 10대성 비율	31.3	29.5	37.1	35.1	62.3	38.4
부친 본과합격률	34.4	30.5	28.2	3.9	40.4	31.4
부친 잡과합격률	41.6	42.9	38.8	9.3	55.5	41.5
처부 잡과합격률	24.4	31.2	12.1	4.9	43.8	26.7

* 단위 : 상단은 실수, 하단은 백분율(%)

위의 〈표 1〉에서 보면 잡과 성씨의 2%를 조금 넘는 10대 성씨가 전체 합격자의 4할 정도를 배출하고 잡과 중에 7% 정도인 30대 성씨가 6할 이상을 차지하여, 잡과 중에 명문집안의 독점화가 진행된 것을 알 수 있다. 이것은 세습율에서도 부친의 본과합격률이 3할 이상 되고 다른 잡과합격률까지 합치면 4할 정도 되는 데에서도 확인된다. 잡과 중에 가장 세습율이 높은 것은 주학으로 부친의 잡과합격률이 55.5%에 달하였다. 각 시기별로 이러한 경향의 일단을 역과에서 보면 다음의 〈표 2〉와 같다.

역과에서는 광해군에서 현종까지(1609~1674) 합격자 성씨가 124씨족이던 것이 19세기 중반인 철종 때까지 79씨족으로 격감하고 고종대(1864~1894)에는 87씨족으로 줄었다. 20대 성씨가 차지하는 비중은 48.7%에서 60.4%로 상

1) 崔珍玉, 〈朝鮮時代 雜科設行과 入格者分析〉(이성무·최진옥·김희복 편, 《朝鮮時代 雜科合格者總覽》, 韓國精神文化硏究院, 1990), 27쪽.
김필동, 〈조선시대 '中人' 신분의 형성과 발달〉(《韓國의 社會와 文化》 21, 한국정신문화연구원, 1993), 246쪽을 필자가 수정.

〈표 2〉 조선시대 시기별 역과합격자와 성씨[2)]

시 기 \ 합 격	합 격 자	본관/성	씨 족 별 평균합격자	20대 성씨
연산군 4년~선조 (1498~1608)	79명 (161?)	60씨족/29성 (110?/47?)	1.3명 (1.5?)	40.5% (33.5?)
광해군~현 종 (1609~1674)	374	124/44	3.0	48.7
숙 종~경 종 (1675~1724)	587	118/37	5.0	55.5
영 조~정 조 (1725~1800)	687	112/36	6.1	57.2
순 조~철 종 (1801~1863)	590	79/29	7.5	62.2
고종(1864~1894)	530	87/31	6.1	60.4
전체시기 (1498~1894)	2,847명 (2,929명?)	225/57 (257?/61?)	12.7 (11.4명?)	51.0

승하였다. 씨족별 평균 합격자수는 200여 년 사이에 3명에서 6명으로 증가하였다. 여기에서도 잡과집안은 조선 말기까지 일부 명문씨족에 편중되면서 문벌을 형성하고, 세습화되어 나간 것이 가장 큰 특징으로 확인된다. 이상과 같이 잡과집안은 잡과 전문관직을 계승하며 또한 중인 안에서 신분내의 결혼을 행함으로써 자신들의 신분 속성을 더욱 공고히 하였다.

중인들의 해외무역을 통한 富의 축적과 의식의 향상은 조선 후기에 이르러 현저해졌다. 특히 그들의 활동은 사회경제면에서 두드러졌는데 효종 6년(1655)까지 상평통보를 발행한 수십만 관이 중인 10개 집안의 재산에 해당하였다는 기록도 있다.[3)] 중인들이 활약하던 왜관을 통한 사무역은 대륙의 정세가 안정되는 17세기 후반에서 18세기 전반까지 번영하여 많을 때는 1년간에 은 6,000관에 달할 정도였다.[4)] 중인들의 신분의식은 17세기 이후 詩社運動으로 나타났

2) 金良洙, 《朝鮮後期 譯官身分에 관한 硏究》(延世大 博士學位論文, 1986), 167쪽.
———, 〈朝鮮後期의 社會變動과 技術職中人－譯官層을 中心으로〉(《東洋學》 20, 檀國大 東洋學硏究所, 1990), 355쪽.

3) 《孝宗實錄》 권 15, 효종 6년 12월 계해
金良洙, 〈朝鮮肅宗時代의 鑛業 및 鑄錢硏究－私企業資本의 形成과 그 影響을 中心으로－〉(《史學硏究》 28, 1978), 81쪽.

4) 田代和生, 〈朝鮮後期 韓·日間의 經濟交流〉(《韓日關係學術會議發表要旨》, 韓國史學會, 1991), 106쪽.

다. 역관시인 洪世泰가 《海東遺珠》를 펴낸 이래 중인의 처지는 아무도 알아주지 않는 흙 속에 묻힌 진주격으로 표현되었다. 중인은 외국문물의 도입이나 정보에 밝았고, 사고방식이나 행동이 현실적이며 변화에 민첩하고 계산적이어서 유교문화에 얽매이지 않았다. 그 결과 중인들은 개화운동의 선구자나 고위직관료로 진출하는 사례가 빈번하게 되었다. 개화당의 형성과 지도에 이바지하였던 역관 吳慶錫과 劉鴻基나, 또는 갑신정변에 깊이 관여했던 승려 李東仁이 그 실례가 될 것이다. 조선 말기 정치지배층 가운데 잡과출신이 1.5% 이상 되었고, 개화관료 중에는 11.6%가 잡과출신이었다.[5] 《大韓帝國官員履歷書》에 기록된 3,150명 중에는 적어도 67명 이상이 잡과의 합격자였다. 갑오개혁 때 내각의 대신 가운데는 과반수가 서자나 중인의 출신배경을 갖고 있었다.[6]

중인이 담당하던 전문업무는 과거 양반사회에서는 2차적이었으나 근대사회에서는 1차적으로 중요한 지식이었다. 근래 사회학방면에서는 조선시대에 양반체제가 500년 이상 지속된 원인의 하나로서 중인 중에 하급 행정실무자들이 현실적으로는 지배엘리트의 일부가 되어 하층의 불만, 분노와 공격으로부터 지배자인 양반계급을 보호하는 기능을 수행함으로써, 결과적으로 조선왕조는 그만큼 오래 지속될 수 있었다고 보기도 한다. 이러한 견해는 조선시대의 중인계급을 이해하는 데 한 가지 시사가 되고 있다.[7]

일반적으로 조선 후기의 신분변동은 양란 이후 17세기에는 신분이 강화되는 보수화현상이 지배적이다가, 18세기 이후 크게 동요되면서 지배층이 증가하였다고 인식되었다.[8] 이와 같은 사실은 연대기를 위주로 한 자료들을 통하여

---

5) 金泳謨, 《朝鮮支配層研究》(一潮閣, 1986), 233쪽.

6) 柳永益, 《甲午更張研究》(一潮閣, 1990).

7) 송 복, 〈양반체제의 지배 지속성 : 중인계급의 구성과 기능을 중심으로〉(서울대 사회학연구회, 《사회계층 : 이론과 실제》, 다산출판사, 1991), 485~494쪽.

8) Edward W. Wagner, Social Stratification in Seventeenth Century Korea : Some Observations from a 1663 Seoul Census Register, *Occasional Papers on Korea No.1 (Revised Edition 1974)*.

Susan Shin, The Social Structure of Kumwha County in the Late Seventeenth Century, *Occasional Papers on Korea No.1 (Revised Edition 1974)*.

盧鏞英, 〈17세기 초 山陰縣의 社會構造와 그 變動〉(《歷史教育》 25, 1979).

김인걸, 〈조선후기 신분사 연구현황〉 (近代史研究會編, 《韓國中世社會 解體期의 諸問題(下)-朝鮮後期史 연구의 현황과 과제-》, 한울, 1987), 350쪽.

이 시기의 사회경제적 변화와 더불어 조정이 취했던 중인에 대한 정책을 살펴보는 가운데 그 실상을 점검할 수 있다. 그러한 점검 결과도 조선에서 피라미드구조를 이루었던 신분구조가 숙종대 이후 점차로 상층부가 증가되는 추세로 변동이 진행되었다는 결론에 이르게 되는데 별 무리가 없을 것이다.

경종 원년(1721)에 좌의정 李健命이 良役을 변통하는 일로 箚子를 올린 가운데에서도 이런 사실을 엿볼 수 있다.[9] 그는 "지금 100리 고을이 1,000호 정도지만 麻布를 내어 나라를 지키는 양민은 10분의 2나 3에 지나지 못하고, 양반·중인·서얼로서 閒游의 무리들이 10분의 8이나 9를 차지하고 있으니, 양민은 살을 깎아 뼈에까지 이르고 族徵·隣徵에 지쳐 목매어 죽는 자까지 있다"고 하였다.

18세기에 들어 역관무역은 숙종 32년(1706)까지 실시되다가 이듬해에는 사상인들에게 柵門後市가 넘어가고, 다시 영조 4년(1728)부터 동왕 30년까지 역관들이 차지했다가 灣商에게 넘어갔다. 마지막으로는 역관제의 존속을 위해 정조 11년(1787)부터 동왕 19년까지 허용된 이후로는 노론 등 세력가의 보호를 받던 역관들의 특권무역은 사상층과의 대결에서 패퇴하고, 마침내 辛亥通共(정조 15년 ; 1791) 등 자유시장정책과도 연계되어 사라지게 되었다. 18세기를 통하여 역관무역은 두 차례 다시 허용되었으나 한 세기 동안에 역관들이 무역권을 장악했던 것은 통산하여 40년 정도였다.

그러나 역관들의 비용을 위해 對淸使行에서 정조 11년에 한 사람마다 허용된 八包量이 인삼 120근으로 정해진 뒤 철종 2년(1851)에 이르기까지는 40,000근으로 늘어났다.[10] 또한 일본과의 공식적인 사행은 순조 11년(1811)에 끝났지만 대마도까지 가는 역관사행은 19세기 중반까지 계속되어 역관들의 무역기회는 지속되었다. 이후에는 주로 동래상인이나 송도상인들이 무역을 주도하였는데 19세기에 이르러 대표적인 무역품으로 등장한 소가죽은 왜관에서 이루어진 일본과의 私貿易에서 11,000장 내지 25,000장이 거래되고, 청과의 책

---

9) 《景宗實錄》 권 4, 경종 원년 8월 임술.

10) 吳 星, 〈朝鮮後期 人蔘貿易의 展開와 蔘商의 活動〉(《19세기 한·일 양국의 전통사회와 외래문화》-제 5차 한·일합동회의 책자-, 한일문화교류기금, 1991), 7~10쪽.

李泰鎭, 〈國際貿易의 성행〉(《韓國史市民講座》 9, 一潮閣, 1991), 82쪽.

문후시에서는 20,000장 이상 수출되었다. 고종 11년(1874)에서 다음해까지 일본에 수출한 牛皮價는 11,512관으로 수출 전체의 35.7%에 해당하여 가장 큰 비중을 차지하였다.11)

사회변동에 따르는 인사제도의 변화를 보면 숙종 11년(1685)에는 銓郎薦代法이 폐지되기에 이르렀다. 정조 즉위년(1776) 5월에는 임금의 본의는 아니되 이조낭관 通淸權을 복구하였으나 이것은 그 다음 정조 13년 12월에 전랑의 통청권을 다시 파함으로써12) 새로운 정치집단적 진출로 구실을 하던 당하관의 정치적 위치가 약화되고, 국왕의 측근세력들이 강화되면서 권력기반의 축소현상이 일어났다. 붕당의 기능이 크게 약화된 상태에서 정조가 갑자기 죽자 지금까지의 탕평정국에서 換局형태의 정변으로 이어져 권력기반은 극도로 축소되었다. '勢道' 위탁이라는 명목으로 정국운영이 왕실 외척가문이 주도하는 몇몇 京華閥閱로 구성된 특권적 권력집단에만 편중되는 결과를 초래하였다. 정조대의 탕평정국은 청요직 권한의 혁파와 군영의 강화로 왕권 및 집권적 관료제의 강화가 이루어지고, 도시와 농촌에서 성장해 왔던 향반이나 역관·서얼·상인세력 같은 중간계층의 성장을 정치구조 안으로 수용하려는 노력들이 기울여졌고, 유이민과 노비계층의 안정과 지위향상론이 탕평적 정치운영론 속에서 수용된 점이 특징이었다.13)

다음에는 18세기 중반 이후 중앙의 중인직에 대한 정치권의 배려를 중심으로 살펴보기로 한다. 영조 17년(1741)에는 蔭官인 참하관과 雜技의 6품에 오르는 법을 다시 정하였다. 천문·지리·命課學 및 治腫教授와 吏文學官, 能麽兒郎廳은 모두 전부터 정한대로 60개월만에 陞六시키도록 하였다. 이것은 이조판서 趙尙絅의 말을 따른 것이었다.14) 또 사간원에서 轎子를 탔던 일로 지평 현감 吳志哲과 금교찰방 李喜謙이 모두 중인과 서얼출신으로 방자하게 금법을 범하였으니 파직하라고 아뢰었으나 윤허하지 않았다.15) 영조 18년에는 과거에

11) 金東哲, 〈19세기 牛皮貿易과 東萊商人〉(《韓國文化研究》 6, 釜山大 韓國文化研究所, 1993), 406·435쪽.
12) 《正祖實錄》 권 28, 정조 13년 12월 기미.
13) 鄭奭鍾, 〈正祖·純祖年間의 政局과 茶山의 立場〉(《丁茶山과 그 時代》, 民音社, 1986).
14) 《英祖實錄》 권 53, 영조 17년 정월 신묘.
15) 《英祖實錄》 권 53, 영조 17년 2월 임술.

京都 5부에 각기 중인과 서얼로 주부와 참봉 1인씩을 두고 업무를 관장시켰던 것을 체모가 서지 않아 행정이 실현되지 않은 당시 실정을 고려하여 士夫출신으로 바꾸되 주부는 도사로, 참봉은 봉사로 고쳤다. 그리고 中庶의 불만을 보완하기 위해서는 禮賓寺와 典獄署에 각기 참봉을 두고 중서출신으로 임명토록 하였다.[16] 그러나 그로부터 2년 후 경도 5부의 관제를 다시 개정하여 중서출신도 사옹원의 예에 따라 봉사에 다시 승진되도록 하였다.[17] 또한 吏隷도 廩料를 받도록 하여 중인신분의 생계를 고려하였다.

영조대는 하층농민 등의 항거에 대처하는 격동기로서 농민부담이 경감되는 균역법을 실시하였으며, 한편 영조 3년(1727)부터 이듬해까지 변산에 나타난 노비도적은 이 시기 사회실정의 한 단면이었다. 영조 45년에는 하층 천민과 농민의 이해에 접근하고 노론집권의 안정을 기하기 위하여 掌隷院이 혁파되었다. 그러나 영조 말년에는 척신당의 전횡이 붕당의 폐해보다 무서울 지경이 되었다.

위와 같은 정세에서 부친을 여의고 洪國榮 등의 보호를 받아 즉위한 정조는 오로지 주위에 친위세력을 부식시키는 데 마음쓰게 되었다. 정조 원년(1777) 3월에는 잡과 초시 전날에 고시를 공정하게 하고, 본디 정원에 차지 못하더라도 우수한 사람을 뽑도록 특별히 하교하였다.[18] 이런 중인 이하에 대한 관심은 같은 달 서얼소통에 관한 〈丁酉節目〉의 반포로 나타났다.[19] 다음해에는 잡직에 관한 官敎釐整을 반포하여 참상은 3계를 넘지 않게 하고 참하는 2계를 넘지 않도록 하였다.[20] 그리고 참상은 900일에, 참하는 450일에 벼슬을 옮겨 加階시켰다. 정조 4년에는 사람을 쓰는 것이 넓지 못함을 논한 부수찬 韓光敎의 상소가 있었고,[21] 정조 8년에는 중서는 僉正으로 한도를 삼는데 이후로는 어떻게 한계를 정할 지를 병조판서가 품의하기도 하였다.[22] 그러나 이런 상황에서 관직이 너무 남발되었던지 정조 11년에는 근래 관직이 분수를 넘은

16) 《英祖實錄》 권 56, 영조 18년 10월 기해.
17) 《英祖實錄》 권 59, 영조 20년 2월 을해.
18) 《正祖實錄》 권 3, 정조 원년 3월 임오.
19) 《正祖實錄》 권 3, 정조 원년 3월 정해.
20) 《正祖實錄》 권 5, 정조 2년 6월 임진.
21) 《正祖實錄》 권 10, 정조 4년 10월 정묘.
22) 《正祖實錄》 권 17, 정조 8년 4월 갑인.

것이 많다 하고, 한성판윤의 자급을 資憲으로 내리도록 특허하였다.[23] 정조 12년에는 남인 蔡濟恭을 우의정으로 등용하면서 재상권의 강화조치를 내림으로써 노론 내부에 갈등이 생기고 僻派의 권력집단으로서의 결집이 이루어졌다는 설도 있다.[24] 다시 정조 14년에는 재상 채제공의 건의에 따라 근래 승문원이 심히 적체되어 14년이나 된 자도 참하에 있으니 승문원 관원 및 郵官으로 10년 이상된 자는 6품으로 승진시키도록 조치하였다.[25]

정조 15년 신해통공을 전후하여서는 정조 원년시기와 마찬가지로 잡과중인에 대한 임금의 주의가 절정을 이룬다. 정조 14년에는 사역원·전의감·관상감제조와 형조당상이 잡과합격자를 거느리고 입시하여 親試製講하고 賜科토록 하였고,[26] 雜科講冊을 1차 시험과 2차에서 모두《大典通編》으로 통일토록 지시하였다.[27] 정조 16년에도 잡과합격자를 임금이 친히 부르는 각별한 관심을 보였다.[28] 신해통공이 있던 정조 15년에는 서류와 중인을 騎射將에 천거토록 하였고, 임금이 태학에 나이대로 앉도록 하였으니 문관은 돈녕부 都正에, 음관은 部令에 천거토록 銓曹에 채근하였다.[29] 이런 조치들은 정조 13년 수원의 읍치를 八達山 아래로 옮기고 장차 천도할 계획이 수립된 상태에서 주변세력을 결집하기 위한 정리로 해석된다. 이것이 어느 정도 해결되고 채제공이 영의정에 오르는 정조 17년에는 임금도 자신을 갖게 되었다.

> 일은 평균에 있는 것인데 하물며 인사행정에 있어서랴. 오래 굽혔던 자는 모두 수용하였다. 官案에는 嫡子만이 아니고 모두 거론하였다. 전조에 庶類로서 오래 저지되었던 자들은 차차 수용토록 하라. 中人 중에 또한 이런 자가 있으면 일체 수용하라(《正祖實錄》 권 37, 정조 17년 5월 계묘).

이런 가운데 灣商後市가 다시 열린 다음해인 정조 20년에는 임금이 근래 조급하게 奔競하는 것이 풍습을 이루어 30미만의 나이에 緋玉에 천거되는 것을

23)《正祖實錄》 권 24, 정조 11년 10월 임인.
24) 思悼世子의 죽음에 대한 의리논쟁이 야기된 후의 대립으로 정조 19년에 僻派가 결집되었다고 한다.
25)《正祖實錄》 권 29, 정조 14년 2월 정축.
26)《正祖實錄》 권 31, 정조 14년 8월 경오.
27)《正祖實錄》 권 31, 정조 14년 9월 정해.
28)《正祖實錄》 권 34, 정조 16년 4월 신유.
29)《正祖實錄》 권 32, 정조 15년 6월 정미.

걱정하였고, 우의정 尹蓍東은 중인 이하 연소자는 일이 혹간 소루하고, 노성한 사람은 거의 주밀하다고 하였다.30)

그러나 정조대에도 노론의 우세 속에 남인을 등용하고, 사회세력으로서 취약한 잡과중인 등을 취합하려는 정책은 노론측의 반격에 직면하였다. 신해통공 등 자유정책이 실시되던 정조 15년(1791)에는 서학교인 尹持忠이 제사를 폐지한 이른바 '珍山事件'이 적발되고 형조에 남인과 중인출신 邪學罪人들이 포획되었다. 이 때 정조는 다음과 같이 타이를 수밖에 없었다.

> 대체 中人이란 양반도 아니고, 常人도 아니고 그 중간에 있어 가장 교화되기 어려운 존재이다. 權日身·崔必恭 등에게 의리를 일러 스스로 새롭게 되게 하라(《正祖實錄》 권 33, 정조 15년 11월 경진).

그 후 정조가 죽고 세력변동에 의하여 집권한 노론 벽파는 순조 원년(1801) 천주교 탄압을 빙자하여 辛酉邪獄을 일으켜 반대세력을 잡아들였다. 이 때 좌의정 李時秀는 그들이 정조 15년 무렵 刑官으로서 옥사를 다스렸을 때, 교인들이 다시는 사학에 들지 않겠다고 하여 정조가 살려주고 최필공은 審藥으로 임명했는데 지금 우두머리를 모른다고 하니 안타깝다고 하였다.31) 그 후 포도청 結案에는 중인 崔仁喆이 周文謨를 높이 받들어 도당을 체결하고 형륙을 달갑게 여겨 죽음에 이르러서도 변하지 않았다고 하였다. 또한 역관출신 金顯禹가 周哥를 맞이해 흉상을 걸어 놓고 예배를 보고, 妖書를 외면서 남녀가 뒤섞여 거처하였다고 하였다.32)

여기에서 조선에 천주교가 수입된 이후 신앙공동체의 지도층을 살펴보면, 정조 8년부터 정조 15년 진산사건이 발생하기까지의 초창기에는 양반세력이 주도하였으나 그 후 신유사옥이 일어나기까지는 중인세력이 중추를 이루게 된 것이 주목된다. 곧 초창기 지도인물 12명 가운데는 중인출신으로 金範禹와 崔昌顯·최필공 외에 양인 1명을 제외하고는 권일신·李蘗·丁若銓 등 8명이 모두 양반의 신분에 속하였다. 그러나 진산사건 이후 10년간에는 지도층이 38명으로 확대되면서 교회지도층의 주류가 중인신분으로 전환되고 있었다. 이들을

30) 《正祖實錄》 권 44, 정조 20년 4월 을유.
31) 《純祖實錄》 권 2, 순조 원년 2월 무오.
32) 《純祖實錄》 권 3, 순조 원년 5월 정유.

신분별로 분석해 보면 양반이 丁若鍾 등 9명(23.68%), 중인이 金啓完 등 21명(55.26%), 양인이 李存昌 등 5명(13.16%), 성명미상이 3명(7.89%)으로 나타났다.

중인의 거주지는 모두 서울이었는데 잡과중인으로는 金宗敎 등 의약계통이 8명이고, 崔仁吉 등 역관도 3명 이상으로 보인다. 역관계 중인들은 먼저 양반출신 교인과 함께 교회를 창설하고 초기 교회의 기초를 닦고 조직적 활동을 폈다. 그리고 의관계 중인은 약방을 큰 거리에 설치·운영하면서 집회장소를 제공하고 약국을 출입하는 사람을 대상으로 자연스럽게 전교활동을 폈다.[33] 지도자 중에는 정조 9년 秋曹적발사건으로 죽은 역관 김범우의 서얼형제 金履禹도 窩主로서 활동하다가 순조 원년에 순교하였다. 추조적발사건 이후 양반신자들은 배교한 사람이 많았으나 중인신자들은 오히려 천주교 확산에 주도적 역할을 담당해 나아갔다.

역관 김범우의 집안은 본관이 경주김씨로서 16세기에는 가장 많은 역관을 배출했던 집안이었다. 김범우가 귀양간 후에도 그의 형제들은 계속하여 서울에 거주하였다. 역과에 합격한 후 봉사를 지냈던 金績禹는 친척집에 세들었고 이우와 현우도 서울에서 신앙생활을 하며 자기집을 집회장소로 제공하기도 하였다. 그 후 김범우의 직계후손은 밀양으로 이주하였다. 그의 손자 金東曄은 밀양에 있던 金左根의 田場을 관리하는 집사로 있었고, 선혜청의 屯監도 맡았다. 그는 친척 동생의 소개로 안동김씨 일문인 김좌근의 재산관리인이 되었고 중앙의 중인들과도 계속 유대를 맺었다. 그러나 그의 집안은 더 이상 잡과중인을 배출하기는 어렵게 되었다.

위의 경우는 조정에서 금지한 천주교를 믿은 후로 서서히 신분이 하강해 가는 사례가 될 수 있겠으나 민중운동 차원에서는 큰 공헌을 하였다.[34] 이런 위험을 무릅쓰고 순조 23년에는 당상역관 劉進吉이 천주교에 입교하여 신부들을 맞아들였고, 金大建 등에게 중국어교육을 시키는 등 큰 공헌을 하고 헌종 5년 己亥迫害 때 순교하였다. 이것은 중인층의 새로운 사회를 향한 의식의

33) 趙 珖,《朝鮮後期 天主敎史硏究》(高麗大 博士學位論文, 1984).

34) 孫淑景 편,《中人 金範禹家門과 그들의 文書》(천주교 부산교구순교자현양위원회, 1992).

성장이라는 면에서 높게 평가될 문제였다.

조선시대에 잡과중인의 구성변화를 역과의 사례로 보면 다음과 같다. 조선시대에는 잡과에 일부 씨족의 편중 경향이 심하여 역과에서 합격자의 1/10도 못되는 20대 성씨가 전체의 51%를 차지하였다. 그러나 각 시기마다 변동이 있어 16세기에 가장 합격자를 많이 냈던 경주김씨와 밀양변씨는 영조·정조대에 6위와 4위로 밀려났다. 18세기 이후 급히 부상하는 씨족으로는 전주이씨·천녕현씨·남양홍씨 등을 들 수 있다. 18세기 전반 역과에서 6위~10위를 차지한 금산이씨·한양유씨·제주고씨·해주이씨·순흥안씨 등은 새로운 세력의 등장으로 주목해 볼 수 있다.[35] 그러나 19세기 후반에 역과생도에 입속하기 전의《完薦記》를 분석한 것을 보면 대부분이 잡과중인의 자제로서 배타적이고 폐쇄적인 신분제 운영이 계속되었을 것으로 보인다.[36]

한편 근래에는 넓은 의미에서 중인에 속하고, 17세기 후반부터 서울에 뿌리를 내리기 시작한 京衙前의 성장을 주시하는 경향이 있다. 이들은 조선 전기에는 取才로 충원되었지만 후기에는 주로 경아전집안에서 충원되었다. 이들은 서울의 '우대(上村)'라고 부르던 삼청동에서 인왕산 기슭에 이르는 지역의 출신들로, 권세가의 傔人으로 들어가 그 세력을 이용하여 중앙관서의 서리로 진출하였다.《續大典》에는 101관청에 1,400명 정도의 경아전이 있다고 하였다. 이들은 나중에 폐쇄적인 집안을 형성하지만, 평민 내지 私賤에까지 개방되어 있었다.[37] 이들은 16세기 후반에 와서 중앙관서의 실무를 완전히 장악하

35) 金良洙, 앞의 책, 72~73쪽.

36)《完薦記》(국립중앙도서관소장 필사본 MF1 81-256).
金玄穆,《朝鮮後期 譯學生徒 薦擧에 관한 硏究-19世紀 前半 完薦記를 중심으로-》(仁荷大 博士學位論文, 1994). 상급기술관에 대한 천거제는 完薦制였다. 완천에 합격하여야 生徒에 入屬하였고, 이들은 取才에 합격해야 祿官에 임명되었다. 취재합격자는 6품 이상의 고관으로 승진하려면 雜科에 합격해야 하였다. 완천과정은 폐쇄적이며, 소수의 명문 중인집안에 유리하게 운영되었음이《通文館志》등에 보인다. 철종 12년(1861)부터 고종 30년(1893)까지《完薦記》에 있는 被薦者 童蒙 700명, 閑良 120명, 幼學 125명을 더한 945명을 분석해 본 결과 대다수가 중앙전문직 중인의 자손이었다. 피천자의 아버지와 할아버지 가운데 文武科합격자는 10% 미만이었고, 피천자 중 幼學과 閑良의 4祖 身分도 같은 실정으로, 이 때에 중인의 자손들도 幼學을 칭했음을 알 수 있다. 생도가 나중에 역과에 합격한 비율은 14.6%에 불과하였다.

37) 姜明官,〈朝鮮後期 京衙前社會의 變化와 閭巷文學〉(《大東文化硏究》25, 1990), 115쪽.

고, 관청에 근무하면서 서리라는 직위를 이용하여 부정한 수단으로 손쉽게 치부할 수 있었다. 부정은 국가나 왕실의 재정을 담당하던 주요 관서에서 더욱 혹심하였는데, 영조 2년(1726)에는 병조의 서리가 군포 수십만 필을 횡령하고, 순조 20년에는 선혜청 서리가 50만 냥에 해당하는 물자를 횡령하고 효시되었다는 자료도 있다.[38] 이들에게는 조선 초기부터 科田이 주어지지 않았고, 《經國大典》 반포 이후에는 녹봉조차 받지 못하였다. 벼슬을 마친 후에 驛丞이 될 수 있는 규정도 중종 때에는 폐지되었다.[39] 그러나 조선 후기에 와서 이들은 액정서의 잡직이나, 변장 등의 하급무관직, 그리고 지방관 따위의 직임으로 활발하게 진출하였다.[40]

이들의 치부가 쉬워졌던 것은 조선 후기의 생산력이 조선 전기보다 급속히 확대되었기 때문이었다. 양란 후에 경제규모가 회복기에 접어들고 대동법과 균역법의 실시로 인한 상공업의 발달이 곧 생산력의 증대로 이어지면서, 경아전들은 여기서 발생한 잉여생산을 통치구조가 이완된 틈을 타서 중간에서 흡수하고 부를 증식하였다. 중개무역을 통했던 역관의 부는 무역활동에 재투자되는 자본의 속성은 갖고 있었으나, 경아전의 부는 생산활동과는 유리된 것이었고, 재생산을 위해서 재투자자본으로 축적해야 하는 요건을 갖고 있지도 않았다. 여기에서 그들의 부는 소비적이고 유흥적으로 흐를 소지가 농후하였다. 이것은 조선 후기에 경아전들이 문학과 음악 및 그림 등 예술활동에 기울어지는 기반이 되었다.

洛社 이후 본격적으로 전개된 경아전의 閭巷文學 활동은 대개 19세기 말까지 지속되었다. 18세기 이들의 詩社활동은 대개 두 시기로 보아 17세기의 끝에서 18세기의 전반까지가 한 시기이고, 18세기 중반 이후 18세기 말까지가

38) 《英祖實錄》 권 10, 영조 2년 12월 기미.
《純祖實錄》 권 23, 순조 20년 8월 계묘.
39) 《中宗實錄》 권 9, 중종 4년 8월 무자 및 권 79, 중종 30년 6월 기축.
姜明官, 앞의 글, 112쪽.
40) 姜明官, 위의 글, 126쪽.
馬聲麟무리와 從遊한 林世載·千世弼은 모두 별군직으로 漆原·彦陽縣監이 되었고, 규장각서리였던 李興潤의 아들 李重根도 역시 별군직에 충원되어 南陽府使에 이르렀다(劉在建, 《兼山筆記》, 172~173쪽). 특히 정조 이후 규장각 서리는 領籤·司鑰, 밖으로 郵官·邊將·五衛將·衛將·殿監·別提 등 除拜가 매우 많아 일찍이 경아전에게 없던 성사를 이루었다.

한 시기이다. 그 중 실세한 역관집안출신 鄭來僑는 사회를 구성원들간의 이익추구의 대립장으로 파악하고, 사회적 불평 등의 원인을 지배층의 이익독점에서 찾아 그 모순의 본질을 정확하게 터득하였다. 또한 경아전 시인 林光澤은 여항인의 예속상을 벗어나 사회모순의 해결에 대해 적극적으로 발언하기 시작하였다.[41]

서유럽에서 최초의 公衆형태는 17~18세기에 문학적 공중형태였다고 한다. 그들의 토론주제는 처음에는 예술적 문제에만 국한되었으나, 점차 정치적인 문제로 바뀌어가면서 공중의 성격 또한 정치적으로 변모하여 갔다. 이러한 변화형태에서 보면, 18세기 조선사회에서 나타난 양반사대부의 독점물이었던 지식의 대중적 확산과 서울주민들이 소설·판소리 등 예술활동을 즐기는 경향은 이른바 문화적 공중의 형성 및 확산단계에 해당되는 것으로 생각할 수 있다.[42]

이 때에 경아전의 부의 축적이 큰 제재를 받지 않고 가능하였던 원인은 지배계급과 분배하는 공생구조가 갖추어졌던 데 있었다. 지배관료들은 조세를 통해 할당받는 것보다 중인들을 통해 확보할 수 있는 재부의 양이 훨씬 많았기 때문에 경아전의 중간착취를 묵인하거나 비호해 주면서 막대한 양의 상납을 받았다. 그러나 신해통공 이후 19세기의 상황은 六矣廛이나 市廛 중심의 특권상인의 힘이 크게 약화되고, 안동김씨정권이 자유상인까지도 어느 정도 장악하고 있었다. 동시에 私商들은 권력에 의존하는 가운데 자신의 경제활동을 전개해 나가는 모습을 보였다.[43] 이리하여 18세기에 다소 근대지향성을 함유하던 여항문학은 19세기에 와서 여항인층의 본래 속성인 예속성이 도리어 강화되면서 체제에 안주하는 소시민적인 것으로 방향을 잡기 시작하였다.[44] 대개 숙종때부터 1730년대 사이에 역관의 국제무역이 퇴조하는 시기에 주도권을 잡기 시작한 경아전의 여항문학활동은 18세기에 정부재정의 확대에 힘입어 크게 안정적으로 발전하였다. 중간착취로 정부세입이 줄고 세도정치권력이 주도권

41) 姜明官, 《朝鮮後期 閭巷文學硏究》(成均館大 博士學位論文, 1991), 83, 148, 248쪽.

42) 김호기, 〈공중과 의회민주주의의 구조적 변동-하버마스의 정치이론을 중심으로-〉(《연세사회학》 10·11, 연세대 사회학과, 1990).
조성윤, 〈조선 후기 서울지역 중인세력의 성장과 한계〉(《역사비평》 21, 1993), 245쪽.

43) 조성윤, 위의 글, 242쪽.

44) 姜明官, 앞의 책, 249쪽.

을 쥐는 19세기에 와서는 사회의 보수반동화 기운이 나타나게 되었고, 그 동안 여항시단의 외곽에 있었던 기술직중인들이 다시 등장하여 시사활동에 참여하고, 군소시사가 많이 출현하여 명멸하게 된다.

(2) 전문직 중인층의 지방관 진출

조선시대의 수령직은 관인의 出仕路로 대단히 중요한 의미를 가졌다. 수령·판관·도사 등 전국적으로 350내외의 지방관 자리는 당시 집권세력의 有蔭子弟와 우익세력의 진출자로 충당되는 경우가 많았다. 부윤·대도호부사·목사·부사와 같은 종3품 이상의 수령직은 淸宦으로 간주하여 임금의 시종이나 문무관 가운데 비교적 가려 뽑은 중견관료가 파견되었으나, 군현에 파견되는 하급수령들은 지위가 낮고 미천한 자나 집권층의 자제, 권세가의 식객·문객, 또는 분경에 의한 매관자가 주로 임용되는 경우가 많았다.[45]

이러한 경향은 18세기 이후 특히 심화되면서 실록 가운데 자주 논의되었다. 경종 4년(1724)에는 지평 金始炯이 다음과 같이 論啓하였으나 임금이 따르지 않았다.

> 文·武·蔭의 벼슬길이 분간이 없어 벼슬에 오른 지 10년이 채 못되어 6품에 오를 것을 4, 5품으로 올리고, 두어 달이 못되어 품계를 올리는가 하면, 무신이 곧장 兵使에 제배되고, … 蔭官이 곧장 군수로 뛰어올라도 전혀 괴이쩍어 하지 않습니다. 근래 承文院 관원 30여 명을 변통하여 6품에 오르게 한 일은 조급히 승진하는 풍습만 열어 놓았습니다. … 이제부터는 序次와 格例를 건너뛰어 승인하는 일이 없도록 규율을 중히 여기게 하소서 (《景宗實錄》 권 14, 경종 4년 4월 무오).

또한 영조가 즉위한 해에는 정언 金浩가 당시 폐해를 지적한 가운데 백성에게는 수령이 가장 중요한데 근래 분경이 풍습을 이루어 큰 고을로 천거받거나 승진하는 자는 權貴의 족속이나 남을 잘 섬기는 무리들이라고 하였다. 이를 시정하기 위해서는 탐오나 불법으로 죄지은 자는 추천한 사람을 벌하면 관리의 재목을 얻을 수 있다고 하였다.[46]

영조 10년(1734)에는 이조참의 徐宗玉이 상소하여 수령의 자리를 蔭路나 잡기로서 진출한 자는 7書를 시강한 후에 후보명단에 올려야 하는데 근래에는

45) 李樹健,《朝鮮時代 地方行政史》(民音社, 1989), 261쪽.
46)《英祖實錄》 권 2, 영조 즉위년 11월 을사.

白徒로서 가자된 자가 오위장이나 첨사의 이력을 얻으면 간혹 임명되는 경우가 많으니 일체 막아야 한다고 건의하였다.[47] 그 후 영조 12년 임금의 하교에, 먼 지역의 형편이 좋지 못한 현에는 모두 시골출신을 임명하고 조금 부유하고 서울에 가까운 고을에는 반드시 서울출신의 문관과 음관을 가려보내 차별한다고 하였고,[48] 정조 14년(1790) 좌의정 채제공은 무릇 西路수령은 무인이 절반이고, 삼남과 관동의 수백 군현은 거의 당하 음관이라 하였다.[49] 수령자리가 서울 문벌자제들이 참상에 오르는 수단으로 이용되면서 자주 바뀌는 것을 막기 위해 영조 때 수령자리에 2년 이상 근무하도록 조치하고,[50] 정조는 守令久任法에 관심을 두고 銓曹에 채근하기도 하였다.[51]

가. 전문직 중인의 수령 등 진출실태

조선시대에 중앙의 기술관을 역임한 자가 실직을 받은 예를 지방관의 경우를 중심으로 살펴보면 다음 〈표 3〉과 같다.

이것은 《잡과방목》이나 각 과의 《先生案》 등을[52] 위주로 뽑은 후 경기도의 《守令案》을[53] 참고한 결과이므로 앞으로 각 도의 《수령안》을 더 조사하면, 그 수가 더욱 증가될 것이다. 조선 전기에도 醫官 같은 중인들은 일정기간을 근무한 후에는 동반으로 올려주거나, 간혹 공로에 따라서 수령 등에 임명되는 경우가 있었지만, 조선 후기에 비할 바는 아니었다. 조선 후기를 중심으로 중인출신 수령은 217명 이상이 347관직 이상을 차지하였다. 그중 의관출신 92명이 181자리를 점유하여 인원으로는 40%를 넘고, 관직으로는 과반수

---

47) 《英祖實錄》 권 38, 영조 10년 6월 병오.
48) 《英祖實錄》 권 41, 영조 12년 5월 병오.
49) 《正祖實錄》 권 30, 정조 14년 5월 정해.
50) 《英祖實錄》 권 14, 영조 3년 11월 계해.
51) 《正祖實錄》 권 12, 정조 5년 12월 갑술.
52) 참고한 자료는 다음과 같다.
《譯科榜目》·《醫科榜目》·《雲科榜目》·《律科榜目》·《籌學入格案》.
李成茂 등 편저, 《朝鮮時代雜科合格者總覽》(韓國精神文化研究院, 1990).
Edward W. Wagner 편, 《朝鮮時代 畵員, 書藝家名單》.
안휘준 편저, 《國寶》 20 繪畵 Ⅱ(藝耕産業社, 1986).
金斗鍾, 《韓國醫學史》 全(探求堂, 1981).
특히 《醫科先生案》·《雲觀先生案》·《籌學先生案》의 기록은 각 고을 수령경력까지 자세하였으나 누락되거나 확인이 어려운 부분도 있다.
53) 한국정신문화연구원 도서관에 소장된 MF자료를 주로 이용하였다.

〈표 3〉 조선 후기 전문직 중인의 지방관진출

각 부문 \ 실 직		守				令								
		判尹 정 2	府使 정 3	牧使 정 3	郡守 종 4	縣令 종 5	縣監 종 6	불명	소 계 관직/인원	察訪 종 6	監牧官 종 6	武官	기타	계 관직/인원
16세기 이전	譯官						2		2/ 2			1	1	4/ 3
	醫官	2	5	1	2		3	1	14/ 10			1	8	23/ 13
	雲官	–	–	–	–	–	–	–	– –	–	–	–	–	–
	律官				1		2		3/ 3					3/ 3
	籌學				2		4		6/ 5			1		7/ 6
	畵員					1	2		3/ 3			1	2	6/ 5
	계	2	5	1	5	1	13	1	28/ 23	0	0	4	11	43/ 30
17세기	譯官		4			2			6/ 5			8		14/ 11
	醫官		10	1	21	8	18		58/ 25	3		4		65/ 32
	雲官	–	–	–	–	–	–	–	– –	–	–	–	–	–
	律官				2		1		3/ 3	1		2		6/ 6
	籌學		2		1	1	4		8/ 7	1		1		10/ 9
	畵員				1	1	8		10/ 7	1	1	1		13/ 8
	계		16	1	25	12	31	0	85/ 47	6	1	16	0	108/ 66
18세기	譯官		4	5	4		10		23/ 19	3	1	5		32/ 36
	醫官		11	3	13	6	23		56/ 28	4	6	4		70/ 36
	雲官		3	2			4		9/ 9	9	9	1	1	29/ 29
	律官	–	–	–	–	–	–	–	– –	–	–	–	1	1/ 1
	籌學		8	1	3		8		20/ 8	8	1			29/ 17
	畵員						3		3/ 3	3	7		1	14/ 12
	계		26	11	20	6	48		111/ 67	27	24	10	3	175/121
19세기	譯官	5	13		6	2	13	1	40/ 25	1	2		1	44/ 27
	醫官		9	2	15	9	16	2	53/ 29	3	3	1	2	62/ 35
	雲官		1		2	2	1		6/ 5	11	3	1	1	22/ 21
	律官	–	1	–	–	–	–	–	1/ 1	–	–	–	–	1/ 1
	籌學		6		2	2	5		15/ 14	7	3	1		26/ 24
	畵員				7		1		8/ 6	2	1			11/ 10
	계	5	30	2	32	15	36	3	123/ 80	24	12	3	4	166/118
합 계		7	77	15	82	34	128	4	347/217	57	37	33	18	492/335

* 《잡과방목》·《선생안》·《경기도수령선생안》 등에 기초한 것이나 수령의 지위에는 변동이 있을 수 있음.

를 차지하였다. 다음으로 譯官·籌學·雲官·畵員 출신 수령이 있었다. 화원은 임금의 초상을 그린 공로로써 특별한 은총에서 수령에 제수되었으나, 그 때마다 양반들의 혹평을 받았다. 주자학의 이념에 따라 전문직관원은 백성을 통치하는 자리에 임명될 수 없다는 것이었다. 그 밖에 녹봉도 없는 찰방에 57자리, 조선 후기에 수령이 되기 전에 거치던 監牧官에는 37자리가 임명되었다. 무관 등 기타 관직을 더하면 조선시대 중인은 지방관직으로 335명 이상이 492관직 이상을 역임하였다. 1년에 1자리를 좀 넘는 숫자였다. 그러나 당시의 엄격한 신분제 아래에서 과소평가될 수 없는 숫자였다. 수령직은 임금을 대신하여 직접 백성을 다스리고, 결과에 따라 정치의 잘잘못이 평가되는 중요한 자리였기 때문이다. 이것을 각 세기별로 보면 16세기 이전까지의 조선 전기에는 중인이 크게 확립되지 못하고 《잡과방목》에 합격자도 모두 파악되지 못하는 상황에서 중인출신 수령은 몇 십 자리 정도로 미미하였다. 조선 후기에 중인수령을 경기도를 중심으로 살펴보면 17세기에 47명이 85자리, 18세기에는 67명이 111자리, 19세기에는 80명이 123자리를 점유하여 인원과 관직에서 19세기가 가장 많았다.

조선 후기에 중인들이 차지했던 수령자리에 찰방·감목관·무관 등을 포함해 보면 17세기에는 66명이 108자리, 18세기에는 121명이 175자리, 19세기에는 118명이 166자리를 점유했다. 18세기가 가장 많았던 원인은 북벌운동 이후 감목관자리가 중인들에게 배정되면서 증가하였는데 특히 운관에게 감목관이 9자리, 찰방은 9자리나 배정되었던 것이 주목된다. 감목관은 조선 후기에 군비증강을 위하여 군마가 필요한 관계로 수령이 겸직하기도 하였다. 3司의 관원 등이 지방에 대한 감시를 겸해 파견되던 찰방직에 18세기에도 중인출신이 27명이나 파견되었고, 19세기로 가면서 많은 역관이 수령직에 기용되어 시대가 내려오면서 중인수령이 많아지는 원인이 되었다.

나. 의관의 경제력향상과 신분상승운동

17세기에 의관에게 수령직을 많이 주었던 원인은 小氷河期의 자연재해와 병자호란 등을 겪으면서 의관을 파견할 필요성이 커졌기 때문으로 보인다. 許浚의 《東醫寶鑑》이 임진왜란 후 완성된 사실도 이런 재해시기를 겪었기 때문이었다.[54] 仁祖反正이 일어나던 날, 광해군이 가까운 궁인의 친척인 의관 鄭聃壽의 집으로 피신했던 사실에서도[55] 평소 의관들이 임금을 진맥하며 목숨을 돌보는 관계로 신임이 두터웠던 것을 볼 수 있다. 질병의 치료에 대한 朝官들의 후의도 작용하였을 것이다.

실학자 崔漢綺가 엮은《明南樓》에 나오는 얘기로 나라의 병을 고치는 것을 醫國이라 했다고 한다. 또한 치자는 백성의 시름과 괴로움을 슬퍼하며, 그 형색을 살피는 의원이어야 하고 눈앞에 당장 걱정은 없어도 나라에 화가 닥쳐올 것을 진맥하는 의원이어야 한다고 하였다. 의관들은 중인수령 중에 반수 이상을 차지하였는데, 특히 龍顔을 돌보던 首醫들을 왕실에 대한 치료의 사례로서 서울에 가까운 고을의 수령으로 보내는 경우가 많았다.[56] 그리고 의관출신 내의원 의원을 견제하는 수단으로 의학이론에 밝은 사대부출신 儒醫들을 썼는데 이들은 고관 벼슬에까지 승진하는 데 아무런 제한도 받지 않았다.

17세기 현종 때 의과에 합격한 李枝華는 무과출신으로 나중에 통제사에까지 오른 것은 괄목할 만하다. 인조 17년(1639) 의과에 합격하였던 權愉는 고양군수 등 6개 고을의 사또를 역임하였다. 또한 효종 2년(1651)에 의과에 합격한 崔聖任은 이천을 비롯하여 경기지방 9개 고을 원님을 역임하였다. 각각 내의나 수의를 지내고 임금의 두터운 신임을 받은 때문이었다.[57] 영조 원년(1725)에 의관 方震夔를 漣川현감으로, 李燁을 楊口현감으로 삼았다. 세자의 천연두를 치료한 공으로 모두 백성을 다스리는 수령자리에 제수하니 지식인들이 이를 근심하였다고 史官은 적고 있어[58] 사대부들의 기술관에 대한 차별의식을 보여준다. 영조 10년에는 대신이 의관 이엽을 牙山현감에 첫째 후보로 추천

54) 김 호, 〈16세기 말~17세기 초『동의보감』편찬의 배경〉(《제36회 전국역사학대회 발표요지》, 1993), 485~492쪽.
의학 학설상의 이론을 재정리하기 위해서는 儒醫와 같은 배경이 있는 사람이 필요하였는데 庶出이었던 許浚은 이것이 가능하였다. 그는 의학과 의술을 하나의 이론으로 재정리하여 의술 자체에는 별로 관심을 갖지 않던 儒醫들의 수준을 뛰어넘어 조선 후기의 전문화된 중인층 의술자들에게 보다 넓은 이론의 바탕 위에서 그들의 지식을 펼 수 있는 기반을 마련하였다.

55) 鄭載崙,《東平尉 公私聞見錄》(養英閣, 1985), 58쪽.

56) 金良洙, 〈조선후기 醫官의 顯官實職진출-경기도 守令 등 지방관을 중심으로-〉(《淸大史林》6, 淸州大, 1994), 13~57쪽 참조.

57) 金斗鍾, 앞의 책, 399쪽.

58)《英祖實錄》권 6, 영조 원년 6월 기묘.

했다가 임명되지 못한 문제로 군신 사이에 시비가 있었다.[59] 다음해에 왕자가 水痘를 앓고 회복되자 약방도제조 이하 의관에게 상을 주었다. 수두는 본래 중한 병이 아니기 때문에 의관이 약을 쓴 공로가 없었는데, 資級을 높인 것이 5명이고 상을 받은 자도 많아서 식자들이 이를 걱정하였다고 한다.[60] 이틀 후에 대신이 이를 억제할 것을 청하자, 임금은 의관들에게는 수령을 제수하지 않고 가자만 명한 것을 들어 정당화시켰다. 그리고 관리들도 약 한첩 쓰기가 어려운 형편이었지만 대신들이 아플 때는 임금이 특별히 御醫를 보내 간병하는 일이 많았다. 정조 12년(1788)에는 영의정 金致仁에게, 16년에는 판부사 朴宗岳에게 어의를 보내 질병을 돌보게 하였다.[61] 또한 내의원에서 쓰는 약재는 특별히 각 지방에서 공물로 가져오거나 청국사행편에 의관을 보내 수입하기도 하였는데, 영조 17년(1741)에는 경상도관찰사 鄭大容이 내의원에 보낸 인삼의 품질이 열악하여 파면되기도 하였다.[62]

18세기에 현관을 받은 의관 중에는 형제와 부자가 포함되어 의관가계가 형성된 것이 주목된다. 영조 2년 이후 전주김씨 집안의 金履亨·履遂·履固는 형제로서 현관을 지냈다. 김이형은 찰방 若礪의 아들로서 利川부사와 坡州목사를 비롯하여 朔寧·高陽군수와 積城현감을 지냈다. 영조 38년에는 김이수의 아들 金泰儉이 의과에 합격하여 나중에 부사를 지냈다. 영조 44년에는 명의 康命吉이 의과에 합격했는데 9년 후에는 큰아들 康晋三이 의과를 거쳐 군수를 지냈다. 강명길은 여러 대에 걸친 명의집안 출신으로 정조가 왕세자로 있을 때부터 의약에 관계하고 정조 18년 이후 내의원 수의로서 임금이 위독할 때에도 진맥하였다. 南陽부사 등 10개 고을의 사또를 지냈고, 정조 23년 왕명을 받들어 《濟衆新編》을 편집하였는데,[63] 이 책은 후에 청나라에서도 중간되었다.[64] 그는 순조 즉위년에 정조의 병환을 치료했을 때 잘못이 있다 하여 의관들을 처벌할 때 죽었다. 이와 같이 임금의 총애를 받았을 때는 수령에까지 제수되었지만, 승하하였을 때는 책임지고 귀양을 가거나 사형을 당하는 수도

59) 《英祖實錄》 권 39, 영조 10년 12월 병인.
60) 《英祖實錄》 권 40, 영조 11년 4월 계축.
61) 《正祖實錄》 권 25, 정조 12년 4월 경술 및 권 35, 정조 16년 8월 갑술.
62) 《正祖實錄》 권 37, 정조 17년 5월 무오.
63) 《正祖實錄》 권 52, 정조 23년 12월 갑오.
64) 康命吉, 《濟衆新編》(통문관, 1968).

많았다. 한편 중인에게 주어졌던 근소한 현관직도 몇몇 집안에 배정되던 사정에서 18세기 이후 중인 명문집안의 출현과 벼슬이 편중화되는 경향을 엿볼 수 있다. 19세기에는 함흥출신 李濟馬가 四象醫學을 창안하여 많은 중환자를 고쳤고, 그의 이론은 고종 31년(1894)《東醫壽世保元》으로 저술되어 나왔다. 벼슬은 鎭海현감을 지냈고, 高原군수에 천거되었으나 부임하지 않았다. 그는 종래 陰陽五行의 哲理的 空論을 배격하고, 임상학적 방법에 따라 환자의 체질을 중심으로 치료방법을 제시한 점에 의의가 있다. 加平군수 등 6개 고을의 사또를 지낸 李海昌은 광무 11년(1907)에 太醫院 典醫를 지냈다. 19세기에는 의관에게 부사나 목사 이상의 높은 벼슬이 약간 줄어드는 것을 볼 수 있다.

전국의 수령안을 찾아야 정확한 결과가 드러나겠지만, 현재《방목》이나《선생안》과 경기도《수령안》을 위주로 의관수령을 보면 경기도에 62명이 134자리를 차지하여 약 70% 이상이 경기도에 배치되었던 사실을 파악할 수 있다. 그 가운데 조선 후기에 의관이 파견된 고을은 고양군이 16차례로 가장 많고,[65] 金浦郡 9차례, 始興縣(옛 이름 衿川), 龍仁과 陽川이 각각 8차례이었다. 果川에는 7차례, 삭녕에는 6차례, 富平·安山·振威에는 각각 5차례씩 보내졌다. 위 고을의 특성은 대개 남북과 동서의 대로에 위치한 교통의 요지였다. 이로써 조선 후기 경기도에는 대략 34고을 이상에 의관수령이 파견되어, 경기도가 의관수령이 배치되는 못자리였음을 알 수 있다. 각 세기별로는 20여 고을에 20명 전후의 인원이 배치되었는데, 17세기에 47자리가 파견되던 것이 19세기에는 38자리로 감소되었다. 대개 서울과 이웃하고 있는 고을에 가장 많은 의관이 수령으로 파견되었는데 18세기 이후 음관이 배치되던 곳이 대부분이었다.

한편 서울 근처에서 중인출신 수령이 가장 많이 파견되었던 고을 중의 하나로 보이는 김포군의 사정을 보면 1600년대부터 약 300년에 걸쳐 180명의 사또가 실려 있다. 그 중에서 중인출신으로 보이는 13명 가운데 의관출신은 3

65) 그런데 한국정신문화연구원 도서관에 있는 MF자료 고양군《先生案》에는 그 곳이 임진·병자의 전란에 많은 자료가 없어져서 옛날 노인 등의 기억을 더듬어 겨우 다시 기록한 것이므로 자세한 사실은 확실히 알 수 없다고 하였다. 이것으로《守令案》자료 등이 충실치 못한 것을 알 수 있다. 다만 19세기 전국의 수령배치는 奎章閣의《外案》을 통해 간단한 사실을 확인할 수 있다.

분의 2가 넘는 9명이나 되었다. 의관은 李馨益과 金有紘을[66] 제외하고 모두 의과출신이었고, 전직은 太醫출신이 6명이었다. 그들의 반수는 약을 잘못 쓴 책임 등을 물어 교체되었고, 명의 강명길의 큰아들 강진삼 등은 내의로 교체되기도 하였다. 그들의 평균적인 수령 재임기간은 10개월 정도였다.《富平郡先生案》에는 중인출신 6명이 있는데 그 가운데 算員 1명을 뺀 許任·李元龍·李馨益·方泰輿·康命吉 5명이 의관이었다. 부평에서 의관수령의 평균재임기간은 2년이었다.

또한 영조 3년(1727) 이후 3년간과[67] 영조 26년[68]에는 앓다가 죽은 자가 30만 명 이상이나 될 정도로 전염병이 크게 유행하였는데, 이 때 의관들은 권세가나 부유층에 대한 시술로 신분에 넘치는 보상을 받고 이익을 도모하는 것이 일반적인 상황이었다. 내의원 의관들이 부를 축적하는 위에 관직이 너무 상승하는 데 대해서는 당시의 고관들도 비판적이었다.[69] 그리고 법전에서 교수 같은 상급기술직 久任官들이 30개월의 임기를 마치면 문반으로 전임되는 특전이 있었는데, 영조 28년에는 교수의 임기가 45개월로 연장되고, 19세기 이후에는 90개월로 바뀌었다.[70] 따라서 지방관으로 진출할 수 있는 기회가 점차 줄어들었다고 하겠다.

지금까지 조사한 경기도 이외에도 전국의《수령안》을 더 조사해 보아야 하겠지만 지금까지 파악된 경기도 밖의 의관수령은 30여 자리로서 큰 비중이 되지 못한다. 경기도 이외의 지역에 대한 자세한 자료를 얻기 위하여 몇만 명의 수령 성분을 더 조사해야 하므로 이것은 과제로 남겨두기로 한다.

遞兒職이 많았던 각 의료기관의 職窠는 동반 경관직에서《경국대전》에 내의원·전의감·혜민서·활인서를 합해서 모두 49자리였다. 이것이 후기의《속대전》에는 36자리가 되어 27% 정도가 줄었다. 서반 경관직과 동반 외관직을 합해서 조선 전기에 81자리가, 후기에는 77자리로 줄었다. 조선 후기에 의료

66)《肅宗實錄》권 33, 숙종 25년 3월 무오.
67)《英祖實錄》권 56, 영조 18년 8월 병오.
許在惠,〈18세기 醫官의 經濟的 活動樣相〉(《韓國史硏究》71, 1990), 89쪽.
68)《英祖實錄》권 71, 영조 26년 5월 병진.
69)《英祖實錄》권 14, 영조 3년 11월 을해·정축.
70) 金指南,《通文館志》권 1, 官制.

기관의 직제가 축소되고 의관임용의 길이 더욱 어려워짐에 따라 그들은 제도권내의 지위향상보다 경제적 실리를 추구하는 것으로 활동방향을 돌리게 되었다. 그들의 생활상은 다음의 기사에서도 알 수 있다.

> 惠民署와 典醫監을 이름하여 두 의료기관에 각각 소속의원이 있는데 모두 의과출신으로서, 지방에 나가서는 審藥이 되고 중앙에 들어와서는 祿官이 되며, 使行 때에 1명이 들어가는 것으로 생활을 영위한다(《備邊司謄錄》 76책, 영조 즉위년 11월 1일).

여기에서 사행 때 의관을 파견하는 것은 효종 4년(1653) 이후 내의원의 요구로 약재무역이 시작된 후 전의감·혜민서의 의원 1명을 번갈아 보내게 되었다.[71] 冬至使나 別使의 경우에도 대신 등이 갈 때는 어의 1명을 따로 보냈다. 영조 4년의 약재무역액은 내의원 약재구입액 4,450냥을 합해 1만 냥에 달하였다. 허용된 八包額은 兩醫司 의원에 은 2,000냥이고, 어의는 당상관으로 은 3,000냥이었다. 그 외에도 개인적으로 종과 마필을 데리고 갔고, 여러 관청을 통하여 몇 만 냥씩 관청의 은화를 대부하여 무역할 수가 있었다. 18세기 중엽 왜관무역의 쇠퇴로 은화가 고갈된 후 영조 50년에는 대부를 폐지하게 되었다.[72]

각 도에 종9품 의관이 파견되던 심약은 약재를 진상할 때에 합격여부의 심사를 맡아 모리할 수 있는 기회가 많았다. 심약은 전의감과 혜민서 의원의 3개월마다의 취재에서 차점자를 보냈다.[73] 조선 후기에 각 도에 파견된 심약은 경상도 4명을 비롯하여 모두 17명으로, 임기는 지역에 따라 5~24개월에 교체되었다.[74] 약재심사 중에서 중요한 것은 인삼과 녹용이었다. 순조 8년(1808) 내의원의 御供蔘 1년 치는 경상도 羅蔘 4근을 비롯하여 37근이 넘었다.[75] 의관들이 약재심사를 통해서 모리할 수 있는 방법에는 두 가지가 있었다. 하나는 심약과 蔘商간에, 또는 內局과 京局간에 결탁을 통해서 밀모한 삼

71) 사행 때마다 寫字官 2명, 書員 1명, 兩醫司醫院 1명, 雲臺官 1명을 差送한다. 通信使行에도 의인 2명을 보내고 때에 따라 1명을 더하였다(《續大典》 권 3, 禮典 雜令).

72) 《萬機要覽》 財用篇 5, 公用 公銀請貸.

73) 《續大典》 권 3, 禮典 奬勸.

74) 《輿地圖書》 上·下(國史編纂委員會 영인본, 1973).

75) 《萬機要覽》 財用篇 4, 內局御供蔘 減省來歷.

만 합격시켜 주는 수단이었다. 이 때에 의관은 많은 情債를 받아서 인삼 1錢에 40냥하던 값이 70냥 이상으로 폭등하였다. 중앙 내국의 의관들도 정채비를 취하는 것은 마찬가지였다. 더욱 모리적인 방법은 심약들이 巡營으로부터 수가를 받고 경국의 삼을 貿納하는 일종의 營貢人으로 나서는 방법이 있었다. 이런 폐단을 없애기 위해서는 의관을 아예 정식 貢人으로 지정하자는 관리도 있었다. 녹용진상을 둘러싼 의관의 모리행위는 주로 북관지방에서 발생했다. 의관들은 합격기준을 녹용 1대당 4냥쭝 이상으로 과다하게 책정하고, 녹용대신으로 값을 너무 많이 받아 폭리를 취하였다. 이에 따라 三水·甲山의 백성 반 이상이 유망하였다고 한다.

이와 같이 赴燕醫官, 혜민서나 전의감의 久任, 관북·영남지방의 심약 등은 의관직 가운데 치부하기 좋은 큰 자리였다. 18세기에는 藥令市가 높은 수준으로 발달했는데 의관들은 축적한 자금을 약재자금으로 투자하였을 가능성이 매우 높다.[76] 정조 때 채제공이 북영에 관리로 있을 때 녹용 1대의 값을 80냥으로 정하였는데 그가 서울로 돌아온 후 심약의 조종으로 400~500냥까지 올랐다고 한다.[77] 이 같은 의관들의 경제적 지위향상은 19세기 중반에 가면 신분상승운동으로 이어지게 된다. 철종 2년(1851) 5월에 잡직관청 대표들이 통청운동을 의논할 때 대표적인 都有司를 전의감 方允中이 맡았다. 그 해 7월 중인관청의 1,872명이 준비자금으로 230냥을 모았을 때 의관은 678명이 70냥을 냈다. 이것은 약 3분의 1에 달하여 의관이 중인통청운동에서 가장 핵심적 참가세력으로 성장했음을 확인해 준다.[78]

18세기 중반 이후 일본에서 은화의 유입이 줄고 사상층이 대두하자, 대부분의 역관들이 배정된 8포의 은조차 채우지 못하는 형편이 되었다. 역관의 包窠는 송도상인 등에게 팔리고, 당시 무역권이 주어졌던 의주상인들이 직접 교역을 담당하였다.[79] 무역의 실권을 의주상인에게 빼앗긴 역관들 중에 재능

---

76) 약령시부활추진위원회, 《대구약령시》(1984), 66~74쪽.
許在惠, 앞의 글, 125쪽.

77) 《備邊司謄錄》 174책, 정조 13년 정월 12일.

78) 韓永愚, 〈朝鮮後期 中人에 대하여-哲宗朝 中人通淸資料를 중심으로-〉(《韓國學報》 45, 1986), 69쪽. 그 다음 세력은 역관으로 540명이 50냥을 모금했다. 의관과 역관을 합하면 전체 참여인원의 65%이고, 모금액에서는 52%를 차지하였다.

79) 柳承宙, 〈朝鮮後期 對淸貿易의 展開過程〉(《白山學報》 8, 1970), 394쪽.

있는 사람은 다른 일에 종사하게 되었다. 그 일은 의과를 거쳐 경제적 기회가 보다 많은 의관으로 진출하거나, 농토에 투자하고 인삼포를 경영하거나, 상업에 종사하는 것이었다. 정조 19년(1795) 檀園 金弘道는 延豐현감직을 마감하고 叢石亭 등을 그린《乙卯年畵帖》을 金景林에게 증정하였는데, 경림은 호로 본이름은 金漢泰(1762~?)였다. 牛峰金氏 명문 역관집안의 후예로 정조 10년 역과에 합격하였다. 그는 21세인 정조 7년에 貢使를 수행하여 중국 燕京에 가서 翁方綱(1733~1818) 같은 그 곳 명문·거유들과 교류한 중국통이었다.[80] 단원의 후원자였던 그도 나중에는 鹽商을 하였던 듯하다. 그러나 후손의 증언에 따르면 장안의 갑부였던 그의 집이 너무 호화롭다 하여 순조 때 처형당했다고 하니[81] 당시 중인들의 신분적 한계가 확인되는 사례라고 하겠다. 한편 당시 명나라의 신분이동 사례를 보면, 1371년에서 1643년까지 신분이 확인되는 진사합격자는 22,577명이었다. 그 중 특수신분 출신은 8,075명으로 32명의 太醫와 51명의 민간 의료업자가 포함되어 있었다.[82] 이것은 학자집안 출신 161명의 과반수에 해당하는 숫자로 신분이동이 비교적 자유로운 것을 알 수 있다. 하지만 조선에서는 명의 진사과에 해당하는 문과시험에 중인들은 예외로 합격하고도 벼슬을 얻기 힘든 실정이었다. 따라서 조선 후기에 음직으로 수령직에 의관 85명이 168자리 정도에 진출했던 것은 비록 시기와 경우가 다르나 큰 대조를 이룬다.[83]

(3) 부민층의 신분변화

조선 후기에는 각 시기에 따라 농업과 상공업이 상당한 정도로 진전되었다. 17세기부터 18세기까지는 충청 이북지방에 모내기농법이 보급되고 공동노동

---

80) 유홍준, 〈단원 김홍도-가장 조선적인 불세출의 화가-〉(《역사비평》 22, 1993), 289쪽.

81) 필자가 우봉김씨 역관후손 노인에게 전해 들은 것이다.

82) 특수신분에는 군인 5,609명, 장교 905명, 장인 854명, 소금생산자 388명, 학자 160명이 포함되어 있다. 단 일반민의 범주에는 文官도 포함되어 있다(何柄棣, 《中國科擧制度의 社會史的 硏究》; 曺永祿 외 역, 東國大 出版部, 1987, 76~81쪽). Ho Ping-Ti, *The Ladder of Success in Imperial China-Aspects of Social Mobility,* 1368~1911.

83) 李鍾日, 〈18·19세기의 庶孼疏通運動에 대하여〉(《韓國史硏究》 58, 1987), 68쪽. 李佑成이 옛 노인들로부터 전해 들은 바로는 한번 중인출신 관료가 취임했던 수령자리는 士族 嫡出者들이 모두 후임자 되기를 거부하여, 자연히 중인출신자만으로 보임되는 이른바 중인 수령자리가 되고 말았다고 한다.

조직인 '두레'가 활성화되었다. 모내기법은 이전의 直播法에 비해 김매는 노동력을 5분의 4나 감소시킴에 따라 廣作도 가능하게 하였다.[84] 최근 경제지리학연구에서는 조선 후기부터 말기까지 주거지가 저지대에서 고지대로 확산되어 갔고, 旱田法의 혁신은 이에 기여하였다고 한다.[85] 이 시기에 상업작물의 발달도 이와 같은 추세와 연관시켜 볼 수도 있다. 이러한 산업의 발달은 상당한 부력을 축적하고 그에 상응하는 사회적 지위의 상승을 희구하는 다수의 부농과 상공인을 파생시켰다. 조선 후기사회가 변화하는 가운데 중인층의 신분변동은 이중적 계기에[86] 의한 동태변화를 추적해야 한다. 하나는 봉건체제의 위기에 처한 봉건지배층이 그에 대한 대책으로서 어쩔 수 없이 취하게 되는 사회정책의 한 소산이었고, 다른 것은 역사발전에 따르는 백성의 내재적 성장으로 기대되는 봉건제의 붕괴현상이었다. 곧 앞의 경우는 봉건적 국가권력 자체가 주동이 되어 신분제를 이완시키는 경우였다. 有功者·納粟受職·庶孽許通·校生免講·奴婢從母法·奴婢貢革罷 등의 정책을 통해 지배체제 유지를 위한 여러 시혜책을 마련함으로써 봉쇄적 신분체제에 미치는 위기를 축소시켰다. 그리하여 각 계층의 의식성장에 따르는 지배신분으로의 욕구를 흡수하지 않을 수 없었다.

아래에서는 영·정조대에 일어난 자연재해와 국가의 재정궁핍에 직면하여 이를 해결하고자 했던 納粟制度의 실시와 이를 기회로 신분향상을 기도했던 納粟富民層의 실태를 중심으로 중인층의 신분변동을 살펴보기로 한다.[87]

이 시기에는 주로 賑資확보와 각종 산성의 보수 등에 따른 재정보충을 위하여 空名帖의 발매와 富民勸分 논상제도가 실시되었다. 勸分이란 곧 부유하여 베풀기를 좋아하는 사람들을 권해서, 私穀을 내어 궁민을 그 능력에 따라 구

---

84) 李海濬, 〈17·18세기 향촌사회질서의 변화와 촌락기반〉(《제19회 동양학학술회의강연초》, 단국대 동양학연구소, 1989), 46쪽.

85) 유제헌, *Institutionalization and Cultural Adaptation on the Honam Plain of South Korea*, 1789~1982. PH.D. Dissertation, Univ. of Texas at Austin, 1987. 鄭勝謨, 〈향촌사회 지배세력의 형성과 조직화과정〉(《제19회 동양학학술회의강연초》, 1989), 59쪽에서 재인용.

86) 金容燮, 〈朝鮮後期에 있어서의 身分制의 動搖와 農地占有〉(《史學硏究》 15, 1963 ; 《朝鮮後期農業史硏究》 I, 一潮閣, 1970).

87) 徐漢敎, 〈英·正祖代 納粟制度의 實施와 納粟富民層의 存在〉(《朝鮮史硏究》 1, 伏賢朝鮮史硏究會, 1992), 289~353쪽. 이하 서술은 위의 글에서 많이 참고하였다.

제하는 것으로[88] 부민들이 동원되었다. 영조 때 제정된 論賞別單에는 1,000석 이상 납속하면 실직을 제수하고, 500석 이상이면 賞加, 100석 이상이면 散職帖, 50석 이상이면 納粟通政帖, 10석 이상이면 3년간 烟役이 면제되었다. 그러나 납속제도의 운영에서 공명첩의 남발과 수령의 늑탈 폐해가 커지자, 영조 21년(1745)부터는 큰 진휼이 필요한 때 이외에는 시행을 제한토록 하였다. 이러한 노력은 《속대전》과 《대전통편》에서 법제화되어 시행되었다. 영조·정조대의 납속인들은 경제적으로 부유한 부민층으로 여러 신분층을 포함하고 있었다. 이 시기에 납속의 주 대상은 富民·饒戶층이었다. 각 도에서 올린 부민논상별단에서 확인되는 432명의 부민들을 신분별로 분류해 보면, 전·현임 조관이 9%, 사족층이 15%, 중인층이 73%, 양인층이 3% 정도로서 반상의 중간인 중인층이 부민납속의 핵심계층임이 확인된다. 따라서 당시 부민 원납인의 핵심층은 새롭게 양반층으로 신분상승을 노리고 사회경제적으로 지위향상을 갈구한 중인층이었다. 전임관 중에는 오위장·첨사·순장이 많았는데 이들은 대부분 장교출신으로 1,000석 이상을 거듭 원납하여 무관직을 두루 역임하면서, 중인에서 양반으로의 신분상승과 관계진출을 꾀한 가장 역동적인 부민층이었다. 납속자 중에 유학은 13%로서 상당한 비중이었다. 그 중에는 1,000석 이상을 바쳐 오위장을 받은 자도 있고, 100석 미만을 바치고 연역면제를 받은 유학도 58%나 되었다. 유학은 18세기 후반 이전에는 양반층이었으나, 그 후 중인·양인은 물론, 천인까지도 경제적 여유가 있으면 장적상 유학을 직역으로 기록할 수 있는 분위기였다. 또한 향리·서얼도 18세기에는 유학을 칭하도록 허용되었다.[89] 위에서 연역을 면제받는 유학은 양인층에서 납속이나 모칭 등의 방법으로 유학이 되었을 가능성도 있다.

중간계층에 속할 수 있는 납속부민에는 여러 층이 있었다. 지금까지의 연구로 閑良·鄕品·閑散·鄕人·業武·業儒 등은 반상의 중간층인 중인이다.[90] 신분상승을 추구하는 사람들은 처음에는 군관직을 얻고 다음에는 유학과 대등

88) 《備邊司謄錄》 79책, 영조 2년 3월 11일.

89) 崔承熙, 〈朝鮮後期 幼學·學生의 身分史的 意味〉(《國史館論叢》 1, 國史編纂委員會, 1989), 94~113쪽.

90) 李俊九, 〈朝鮮後期 兩班身分 移動에 관한 硏究-丹城帳籍을 中心으로-〉(上·下)(《歷史學報》 96·97, 1982).

한 신분을 얻고, 마지막에는 직접 유학을 얻는 것을 주목표로 진행하였다고 한다. 당시 정부에서 정권유지를 위하여 군조직 등을 재편하고 강화하는 가운데 군관직 등 신분직역은 향촌사회에서 유학신분을 공인받는 것보다 쉬웠다. 지방관청에서는 재정난 타개의 한 방법으로 군관의 정원을 늘렸으므로 군관직은 무예를 익힌 상민층의 '拔身之計'로 이용되기에 이르렀다.[91] 말단지배층인 중인은 양반보다 토지소유 경제력면에서 월등히 우세하였고, 평민층 중에도 부농이 적지 않았다. 그리하여 17~18세기에는 군관직 취득이 신분변동의 한 통로가 되고 있었다.[92] 향품은 향임을 맡을 수 있는 향반 내지 양반 상층으로 전라도지방에 많았다. 다음으로 資憲·嘉善·通政·折衝·僉知 등의 품계를 가진 사람들이 있었다.

위에서 중인층에 속하는 한량·향품과, 절충·가선의 품계를 지닌 사람은 전체의 3분의 2를 차지할 정도로 정부의 권분 모속에 가장 적극적으로 참여한 계층이었다. 이들은 50대의 연령으로 그들의 경제력을 이용하여 수령과 결탁하여 이 시기에 가장 능동적으로 사회신분의 지위향상을 꾀한 신분이었다. 넓게 보면 부민납속제에 적극 참여한 계층은 양인 상층 내지 중인층으로 일차적인 목표는 자신과 자손의 면역을 받는 것이었다. 그들이 주로 이용한 방법은 납속으로 얻은 품계를 호적에 모록하거나 유학으로 모칭하는 것이었다. 이것이 실질적으로 별 의미가 없게 되자 그들의 일부는 수령의 보호 아래 있던 軍任이나 面任·향임권을 장악하고 향촌사회에서의 권력구조를 재편해 나갔다. 영조 때 부민들이 면·향임에 진출하고자 한 것은 우선 일족의 면역을 위한 것이지만[93] 처음에는 면임을 맡고 마침내 향임을 맡으며 다시 유학서적을

91) 《備邊司謄錄》 140책, 영조 37년 7월 27일 掌令 申近所懷.

92) 大邱府 租岩面의 경우 호적과 量案을 분석해 보면 숙종 13년(1687)에 양반 상층에 해당하는 A류가 5%, 中人에 해당할 軍官 등 양반 B류가 30.55%였던 것이 정조 7년(1783)에는 38.2%, 48.7%였다. 지배층이 차지하는 비중이 약 1세기 사이에 35%에서 87% 이상 되게 빠른 속도로 신분구성이 변화하고 있었다. 신분변동이 시작되는 시기는 숙종 40년에서 영조 14년(1738) 사이로 이 기간에는 영조 4년에 戊申亂(李麟佐亂)이 발생하였다. 중인에 해당하는 말단지배층에는 軍官·業武가 많았다. 이렇게 신분직역을 상승시키고 호적에 올리는 데는 많은 자금(뇌물)을 써야 했을 것이다(金容燮, 〈朝鮮後期 身分構成의 變動과 農地所有〉, 《東方學志》 82, 1993, 69~72쪽).

93) 《備邊司謄錄》 152책, 영조 44년 9월 24일.

읽어 한·두 세대가 지난 후, 궁극에 가서는 향반으로 상승하기 위한 것이었다.[94] 새로운 향임층은 기존의 재지사족과 구분하여 鄕曲品官, 鄕族이라 불리면서 鄕戰을 격화시키기도 하였다.[95] 그러나 그들은 기존의 신분구조를 철폐하는 데까지는 이르지 못하였다. 지금까지의 신분직역제에 관한 연구에서 분명히 드러난 사실은 납속공명첩이 보장하는 사회적 지위는 발급 받은 당사자 1대에 한하고 자손에게는 아무런 보장도 주지 않았다는 것이다. 따라서 신분변동이 임란 이후 일어났다는 설은 이와 같이 그 주된 근거가 허물어지고 있는 만큼 더 이상 고려될 필요가 없을 것이라고 못박고 있다.[96] 부민층은 끊임없는 정부나 수령의 수탈대상에서 벗어나기 어려운 한계를 지님으로써 19세기 民亂의 주도계층이 되기도 하였다.

당시 발달한 국내상업과 대외무역을 통해 막대한 부를 축적한 상인층의 정치·사회적 진출 또한 볼 만하였다. 함경도나 강계·개성상인들은 원거리 진출에서 획득한 막대한 부를 바탕으로 유통뿐 아니라 생산영역에까지 나아갔다.[97] 이 과정에서 축적된 부를 바탕으로 巨商들의 관직진출도 나타났다. 순조 10년(1810)경에 홍삼무역권을 독점할 정도로 막강한 경제력을 가졌던 林尙沃은 순조 34년 서북지방에 큰 수재가 났을 때 수재민들을 구휼한 공로로 龜城府使에 임명되었다. 헌종 13년(1847) 전라도 光陽현감은 부유한 상인들을 公廳에 끌어들이고 읍정을 논의하여 물의를 일으키기도 하였다.[98] 이것은 당시 막대한 부를 축적한 상인층과 권력집단의 연결관계를 보여주는 것으로 상인층의 성장을 보여주는 좋은 사례였다. 그 밖에 李禧著를 비롯한 서북상인들이 평안도농민전쟁에 대거 참가한 것은 우리 나라 역사상 일찍이 없던 일로서, 상인층이 상승되어 간 정치지향을 획기적으로 드러내었다. 황해도 谷山에서는

---

94) 徐漢教, 앞의 글, 334쪽.

95) 《正祖實錄》 권 30, 정조 14년 4월 병인.
수령에 의한 賣鄕은 당시 관서지방이 가장 심하였는데, 그 중에서 이 해에 정주목사 吳大益이 補民庫의 재정확보를 위해 매향한 사건이 가장 큰 규모였다 (徐漢教, 위의 글, 333쪽).

96) 李泰鎭 등, 《韓國社會發展史論》(一潮閣, 1992), 183쪽.

97) 북한 사회과학원 역사연구소, 《김옥균》(북한 사회과학원출판사, 1964 ; 역사비평사 재편집, 1990, 33~37쪽).
한국역사연구회, 《조선정치사 1800~63》(청년사, 1990), 266쪽.

98) 《日省錄》 179책, 헌종 13년 11월 26일.

순조 11년 일반인들이 민란을 일으켰을 때, 경제적 부의 축적을 방해하던 수령에게 불만을 갖고 富商大賈들이 폭동을 배후에서 부추겼다.[99] 상인집단이던 金守淵은 쇠가죽·홍삼 등 대외무역에 종사하다가 실패하자 水賊集團으로 변신하여 서울도성에 방화를 기도하며 변란을 꾀하다 순조 29년에 처형되었다.[100] 이런 사건들은 이 시기의 상인들이 정치지향의 차원을 넘어서 변혁을 지향했던 사실을 일부나마 보여주는 것이었다.

2) 중인의 통청운동

(1) 통청운동의 발기

조선 후기에 전개되었던 중인들의 신분상승운동은 서로 연계하여 상승작용을 하였다. 이들을 각 부류별로 보면, 서얼들은 주로 정치운동 성격의 通淸運動, 이서층은 문화운동 측면인 委巷文學運動을 맡고, 전문직 중인들은 경제적 싱승운동에서 주역을 맡았다고 할 수 있다. 이에 대한 정부당국자의 대응은 서얼의 통청운동과 기술직 중인의 경제활동에 대해서는 부정적인 반면, 이서층인 경아전 중심의 위항문학운동에 대해서는 긍정적이었다. 앞의 두 운동이 명분해이에 의한 체제 위험요소나 지하경제의 비대화로 인한 비정상화 등으로 파악된 반면, 문학운동은 조선왕조의 정책방향과 부합하고 중인층의 사회운동을 다른 방향으로 유도할 수 있다는 인식에 따른 것이었다. 오히려 양식있는 사대부들은 문화의 저변확산이라는 면에서 적극적으로 후원하였다. 이러한 중인들의 신분상승운동은 17세기에 단초를 열고, 18세기에 본격화되며, 19세기에 대세화되어 사대부 중심의 조선사회를 압도하게 되는 추세였다.[101]

위와 같은 학계의 이해경향에 비추어 본다면 19세기 중반에 대규모로 일어났던 기술직 중인들의 통청운동은 약간 예외적인 것으로 주목을 받게 된다. 영조가 즉위하면서 기대를 걸고 일어난 서얼들의 통청운동은 정조가 원년(1777)에 〈丁酉節目〉을 반포하자. 비로소 실마리가 풀렸다. 이 결단으로 규장각 검서

99) 《承政院日記》 200책, 순조 11년 5월 6일.
홍희유 외, 《봉건지배계급에 반대한 농민들의 투쟁》 이조편, 51~126쪽,

100) 《純祖實錄》 권 30, 순조 29년 11월 기해.
《推案及鞫案》 285책, 己丑推案 2.

101) 정옥자, 《조선후기 역사의 이해》(一志社, 1993), 143·168쪽.

관에 李德懋·柳得恭·朴齊家·徐理修 4명의 서얼이 등용되었다. 19세기에 이르면 이 문제는 더욱 표면화되어 순조 23년(1823) 7월에는 경기 등 6도 유생 9,996명이 상소를 올려 재연되었다. 그들은 權貴庶孼들의 후원으로 수만 냥의 자금을 마련하고, 수만 명을 끌어들여 疏廳을 설치하고 사회문제로 부각시켰다. 조정의 의견이 모아져서 같은 해 11월에 〈癸未節目〉이 나왔으나 제도상의 규정에 불과하였다. 순조 27년에 다시 허통의 실현을 촉구하였고, 철종 2년(1851) 4월 15일에는 서얼을 허통하여 벼슬에 채용하도록 각별한 관심을 가지는 조치가 내려졌다.[102]

여기에 크게 충격을 받은 중인들은 위의 사건 10일 후인 4월 25일 통례원에 모여 통문을 만들었다.[103] 내용의 대강은 "中庶의 막힘은 조선의 편벽된 일로 몇 백 년이 되었다. 庶族은 조정이 성덕을 입어 문관은 槐院(承文院), 무관은 宣傳官에 임용되고 있는데 중인은 함께 은혜를 입지 못하니 탄식이 없겠는가. 원통함을 호소하고자 이 달 29일 廐洞 洪顯普의 집에 모여 상의하고자 한다"는 것이었다. 끝에는 역관 方孝善 이하 45명이 연서했던 것으로 되어 있다. 그리고 다음날에는 檢漏官 崔壽敏 등 17명이 첨가되었다.

(2) 통청운동의 전개

기술직 중인들은 5월 2일에는 도화서에 모여 11개 관청에서 사무를 맡을 47명의 대표를 정했다. 참여한 관청은 通禮院·觀象監·司譯院·典醫監·惠民署·律學·籌學·圖書署·內醫院·寫字廳·檢漏廳이었다. 方禹度를 총책임자로 하고 別有司에는 玄鎰·卞亨植과, 斐然詩社를 통해 문학활동을 했던 율관

102) 《哲宗實錄》 권 3, 철종 2년 4월 신미.
鄭玉子, 〈朝鮮後期의 技術職中人〉(《震檀學報》 61, 1986), 56쪽 이하. 이후 통청운동 부분 서술은 이 글과 韓永愚의 연구 참조.

103) 韓永愚, 앞의 글, 67~72쪽.
———, 〈朝鮮時代 中人의 身分·階級的 性格〉(《韓國文化》 9, 1988), 191~199쪽. 하버드 燕京圖書館(Yenching Library)소장 필사본 《象院科榜》에는 앞머리에 철종 2년의 기술직 통청운동자료가 있고, 연산군 4년부터 고종 17년까지 역과합격자 명단이 있다. 이 운동에 관여했던 인사가 개인적으로 자료를 수집하여 역과방목 앞에 수록한 듯하다. 통청자료는 다음 9개의 문서가 포함되어 있다. ① 辛亥四月二十五日通禮院發通 ② 辛亥五月初二日圖書署一會時各處有司 ③ 五月初四日金知士相淳第一會時 ④ 七月十三日秦知士膺煥第一會時 ⑤ 辛亥閏八月十八日景陵幸行時上言草 ⑤輿誦 ⑦失名氏書 ⑧辛亥擬疏草 ⑨雜攷.

출신 張之琬 등이 임명되었다. 4일에는 새로운 총책임자를 전의감소속 方允中으로 하고, 製述책임자로 역관계통의 玄鎰·鄭芝潤(鄭壽銅)과 율관 장지완 등이 임명되었다. 전날 모임이 발기인대회였다면, 이번은 상소문 작성을 위한 실무자 모임이었다.

그런데 중인통청운동이 한창 조직을 늘려가던 5월, 상소문을 맡은 崔必聞·張之琬 등 3명의 집에 거사계획을 격려하고 충고하는 이름없는(失名氏) 투서가 들어왔다. 편지는 중인차별이 300년간 계속되었고, 순조 23년의 서얼허통 때도 중인 사이에 허통운동이 있었으나 실패하였으니 이번에는 실패하지 않도록 적극적이고 신중히 처리하라는 내용이었다. 특히 중인들은 패배주의를 극복하고, 문과합격자는 승문원에, 무과는 선전관청에 등용되는 것을 추구하되 다음의 운동방법을 택하도록 제시하였다. ①가을에 임금의 행차 때에 상소하고 후에 伏閤한다면 연기하려는 자가 생기기 쉬우니 복합을 먼저 하는 것이 타당하다, ②중인관청에서 모금하는 것으로는 경비가 부족할 것이니 부유한 사람의 헌금을 받을 것, ③일을 도모함에는 지략이 있어야 하니 노성하고 경륜있는 사람을 뽑아 지휘를 받을 것, ④복합 때는 의관을 단정히 할 것, ⑤복합 때 疏章은 유학을 뽑아 바치게 할 것, 끝으로 ⑥중인자제들이 투전과 주색으로 소일하지 말고, 經史의 학문에 힘쓰게 하여 인재를 길러야 통청문제가 스스로 해결될 수 있다는 점 등을 제시하였다. 투서에서는 일이 중도에 좌절될 것을 우려하여 8월 18일 이전에 복합상소부터 올려야 할 것을 주장하였다. 일을 맡은 사람들이 현직에 있으므로 일의 형편을 보아가며 온건하게 추진하려는 반면, 한편에서는 이를 비판하며 빠른 해결을 촉구하는 재야세력이 있었던 것으로 보인다.

7월 13일에는 총책임자가 최필문으로 바뀌고, 書寫를 맡을 사람을 뽑고, 거사자금을 각 기관에 할당하였다. 이를 보면 다음과 같다.

통례원(鴻臚)	105명	10兩	형 조(律學)	85	20
관상감(雲監)	246	24	호 조(算學)	176	20
사역원(譯院)	435	40	도화서(圖書)	79	20
전의감(醫監)	210	20	사자청(寫廳)	53	20
혜민서(惠署)	266	20	검루청(漏局)	15	10
내의원(藥院)	?	30	계	1,670+?명	234兩

위에서 보면 기술직 참여자 1,670여 명 중, 의·역관계 관원이 911명 이상으로 통청운동에서 인원과 모금 양쪽 다 과반수를 차지한 듯한데 실제로는 중인독지가의 모금도 한 몫을 차지했을 것으로 보인다. 위와 같이 준비를 거쳐 윤8월 18일 철종이 景陵에 행차하는 길에 올리려 만들어진 상소문의 내용은 다음과 같다.

> 저희들이 諸學을 世業하여 地處가 비록 낮고 미천하나 본래는 國初 이래 구별, 界限된 자들이 아니고, 재능에 따라 수용한다는 것이 옛 상식이었습니다. 《大典通編》에도 醫·譯·律·曆 등에 정통한 자는 京外顯官을 啓受한다고 되어 있습니다… 문헌을 훑어보면 한 구절도 枳塞한다는 글귀가 없는 것입니다. 인조반정 이후 醫譯은 그 업을 세습하게 되고 비로소 中人의 명칭이 생겼습니다(《象院科榜》, 辛亥閏八月十八日 景陵幸行時上言草).

곧 중인의 顯官채용이 막힌 것은 제도가 아니고 관습에 의한 것으로, 그 시기는 인조반정 이후 직업이 세습되면서 중인이라는 칭호를 얻고, 士夫와 다르게 차별대우를 받게 되었다고 주장하였다. 이 상소문은 유학 金光洙 등 1,872명의 이름이 연서되어 있어 그 참여규모를 알 수 있다. 또한 투서에서 요청한 대로 중인 가운데 경사를 공부하는 유학을 대표로 내세워 시대적인 요청에 따라 중인을 청현직에 올려줄 것을 당당히 요구하고 있다. 그러나 당시의 연대기에는 위의 기록이 실려 있지 않은 점으로 보아 저지되거나 묵살된 것으로 보인다. 다만 《실록》에는 철종 2년(1851) 8월 18일 왕이 경릉(헌종릉)과 健元陵(태조릉)으로 친히 제사를 올리려 행차하였던 사실을 적고 있다.[104] 이후 이들의 활동은 침체하여 같은 해에 상소하려고 다시 꾸민 모의상소문으로 辛亥擬疏草만[105] 남게 된 상황으로 보아, 이들의 통청운동은 제동이 걸렸거나 실패한 것으로 보인다. 西洲散人이라고 자처하던 한 기술직 중인인사는 순조 23년 이후 中庶가 이미 通望되지 않고 있으니 지금은 존망의 때라고 규정하고, 중인계층 인사들에게 개인의 이해를 초월하여 적극 일을 촉구할 것을 각성시

104) 《哲宗實錄》 권 3, 철종 2년 윤 8월 신축.

105) 이것은 윤8월 18일자 上言草와 비교하여 논지가 훨씬 부드러우나 별 차이가 없다. 여기에는 자신들의 족보에 보아도 10대 이상은 淸顯에 오른 이가 많아 본래는 士族이었다고 주장하였다. 정조 때 차별철폐교지가 있었지만, 문과에 합격하면 교서관(外館), 무과에 합격하면 수문청(守部) 이상으로 출세가 허용되지 않는 현실을 한탄하였다. 文槐·武宣과 詞訟(수령)직을 요구하며 그쳤다.

키기도 하였다.[106] 그러나 19세기 중반에 와서 경제력과 문화적 역량의 향상으로 모처럼 힘을 결집하여 일어났던 기술직 중인들의 통청운동은 열매를 맺지 못하였다. 당시 서얼들의 통청운동이 성공한 데 비하여 결과적으로 기술직 중인들의 통청운동이 좌절된 원인은 다음과 같이 지적할 수 있겠다.

첫째, 조선 후기에 嫡子보다 기하급수적으로 증가하던 서얼 중에서도 권귀서얼들의 상승운동은 자금·조직과 정치적 배경 등에서 무시할 수 없을 만큼 강성하였으므로, 조정에서는 정치적 배려로서 그들을 무마하기 위하여 통청을 허용하게 된 것이다. 그러나 기술직 중인은 특수신분층으로 구성되어 나름대로의 구실과 안정을 이루고 있었다.

둘째, 중앙 전문직 중인층 자체내의 무사안일주의 때문이었다. 세습된 전문기술을 습득하여 자부심을 갖고, 관료체계 내에 한 부분을 이루어 분수를 지키려는 풍조가 있어, 이것이 체제를 탈피하려는 과격성을 감소시키는 원인이 되었다. 이런 데서 재야인사가 건의한 복합상소는 실현되지 못하였고, 철종이 경릉에 행차하던 날 상언 조차 실현되었다는 확증이 없다.[107] 정가의 압력을 받았거나 자제한[108] 것으로도 볼 수 있다.

그렇다면 중인들은 운동이 실패할 것을 우려해서 자제할 만큼, 현실적으로 누리고 있던 특권이나 이익 또한 적지 않게 가지고 있었다는 반증이 된다. 또한 중인들이 생활화하고 있던 행동양식 자체에 결코 무리를 범하지 않으려는 경향이 있었다. 한편 중인계급의 역할과 문화에서 중인들의 이중성을 지적하는 학자도 있다. 그들은 실무에 대한 지식과 기술을 갖추었으며, 경제력과 권력을 소지하여 재산에서는 양반을 능가하기도 하였다. 그러나 신분적으로는 양반 밑에서 견제와 억압을 받고, 일상업무에서는 늘 양반관료들의 명령을 받아 시행했고, 시행착오가 있을 경우에는 양반과 달리 가차없는 처벌을 받았다. 그들은 언제나 양반계급에 불만을 품고 대항하여야만 하는 사회적 성격을 갖고, 지배엘리트인 양반계급에 대항하는 대항엘리트(counter-elite)였다.[109] 이러한 양반과의 미묘한 위치에서 그들의 신분상승운동은 말 못 할 내적인 갈등을

106) 《象院科榜》, 輿誦條 評說.
107) 鄭玉子, 앞의 글(1986), 63쪽.
108) 김필동, 앞의 글, 251쪽.
109) 송 복, 앞의 글, 492쪽.

겪을 수밖에 없었다.

그 동안 기술직 중인들의 상승운동은 주로 경제적 분야에서 주축을 이루어 왔고 정치적 분야에서는 17세기 숙종대에 개인적 차원에서 정변에 관여했으나,[110] 정치적 권리를 얻지는 못하였다. 19세기 중반에 중인통청운동 또한 비록 중도에 좌절되기는 하였으나 시도만으로도 상당한 효과를 올렸다고 볼 수 있다. 계획이 주도면밀하고, 참가인원이 대규모였으며, 이후 그들이 단합하고 결속하는 계기가 마련되어 다음 시대의 주인공으로 성장하는 과정이 되었다.

3) 향리층의 지위상승과 분화

(1) 향리층의 분화

향리층의 분화와 그에 따른 신분지위 상승운동의 전체적인 모습은 특히 18세기 말 19세기 전반기 향리층의 동향을 담고 있는《掾曹龜鑑》에 잘 드러나 있다.[111] 향리층은 본래 사족이었는데 여러 가지 이유로 吏族으로 전락했다는 것이다. 不服臣罰定錄과 士族降吏錄이라는 항목에서는 그런 사정을 정리하는 가운데 양반으로서의 신분상승을 위한 절실한 희망을 담아내고 있다.

향리는 본래 고려 말부터 조선 초기의 양반지배층이 성립하는 과정에서 분화하였고 다시 양반사회로 복귀하기를 희망하는 계층이었다. 이러한 향리층은 양반과 상·천민의 중간적 존재로서 일반민에게는 지방행정의 말단지배층으로 존재했다. 따라서 향리의 상층부에서는 본래 사족과 같은 지위에 있었던 것을 근거로 상승하려고 하고, 하층 상천민들의 경우에는 향리라는 직역을 통해 상승해 보려는 경우가 많아지게 되었다. 19세기 무렵 향리의 동향에 대해 茶山 丁若鏞은 아전으로 다투어 나아가는 양상을 다음과 같이 설명하고 있다.

> 지금은 향리로 들어가려는 자가 다투어 나서서 서로 싸우기를 과거와 벼슬길로

---

110) 金良洙, 앞의 책, 103·142~143쪽 참조.
鄭奭鍾,《朝鮮後期 社會變動硏究》(一潮閣, 1983).

111)《掾曹龜鑑》은 향리의 사적을 집약·정리한 책으로서, 정조 원년(1777)에 李震興에 의해 간행되었지만 현전하는 체제로 정리되어 간행한 것은 헌종 14년(1848)경 이진흥의 증손자 明九에 의해서였다.
李基白,〈19세기 韓國史學의 새 樣相〉(《韓沽劤博士停年紀念史學論叢》, 1981).
李勛相,(『掾曹龜鑑』의 編纂과 刊行〉(《震檀學報》53·54, 1982).

나가는 듯하여, 작은 고을의 衙前이 때로 1백 명에 가까워져 수용할 수 없게 되었다(丁若鏞, 《牧民心書》 권 4, 吏典 束吏).

조선 후기의 향리는 고려시대나 조선 초기의 그것과 달리 지위나 역할 등에 있어 다양하게 분화되고 있었다.[112] 이러한 과정에서 나타나는 향리층의 분화와 그에 따른 지위상승 형태는 사회전반의 변동과 어울려 나타난다.

조선시대에 들어와 향리는 신분이 고정되어 가면서 아전·吏胥·人吏 등으로 불렸다. 아전이라는 명칭은 지방수령이 근무하는 正廳 앞에 근무했기 때문에 붙여진 이름이다. 행정단위에 따라 지방의 이서들은 營吏·邑吏 또는 驛吏라고도 불리었다. 영리는 감영리·병영리·수영리 및 진영리의 이서를 의미하며 보통 감영리를 지칭한다. 부·목·(대)도호부·군·현 등의 경우는 읍리로 불린다. 한편 假吏라고 하여 흔히 관아의 잡다한 공역을 수행하는 존재로서 향리의 보조역할을 담당하기 위해 충당된 이서배들이 있는데 이들은 지역에 따라서는 書員이나 貢生을 칭하기도 했다.[113] 이서의 충원은 기본적으로 자질을 갖춘 자에 의한 세습으로 나타나지만, 아전의 증가가 급격해지는 18·19세기에는 불가피하게 가리에 의한 충원이 촉진되었다. 새로 들어오는 廳員들은 新禮錢을 납부하고서라도 이서가 되고자 했으며,[114] 가리인 서원의 경우에도 신례전을 납부하면 되었다. 이러한 이서의 인원수 증가는 이서층 내부의 갈등관계를 증폭시켰으며, 결국 이 같은 대립 속에 읍권을 조정할 수 있는 중요직임은 소수의 특정가계에 의해 독점되어 갔다. 이에 따라 이서층간에도 계층적 분화가 나타났다.

---

112) 金弼東, 〈朝鮮後期 地方吏胥集團의 組織構造－社會史的 接近－〉(上·下)(《韓國學報》 28·29, 一志社, 1982).
金俊亨, 〈朝鮮後期 蔚山地域의 鄕吏層 變動〉(《韓國史硏究》 56, 1987).
李勛相, 〈『安東鄕孫事蹟通錄』의 刊行과 朝鮮後期의 安東鄕吏－朝鮮後期 鄕吏集團의 地域과 家系에 따른 重層的 構造의 形成과 그 意義－〉(《韓國史硏究》 60, 1988).
――――, 《朝鮮後期의 鄕吏》(一潮閣, 1990).

113) 假吏는 본래 향리가 부족한 지역에서 이를 보충하기 위해 官奴 등의 천민으로 충당한 것에서 비롯하였는데, 이후 상천민이 이서집단으로 편입되는 계기가 되기도 했다. 조선 후기에 가리의 증가는 상천민의 신분상승의 한 방편이 되었다고 볼 수 있으며 앞으로 더욱 많은 사례연구가 필요하다.

114) 《掾房謄錄》, 乙丑九月新定式.

조선 후기 향리제도의 주요한 특징은 지방의 이서집단이 三公兄을 중심으로 운영된 데 있다. 삼공형은 가장 중시된 戶長과 吏房의 두 직임을 중심으로, 지역에 따라 首刑房 또는 頭刑房·副吏房·承發 등이 포함된다.[115] 삼공형과 함께 都書員 같은 중요한 직책은 특정한 향리집안이 차지하며, 이들이 이족 가운데 주도적 가계를 형성하는 首吏집안이다. 지방 이서집단의 구성은 향리직의 최고위인 호장과, 중앙의 6조조직을 모방하여 이·호·예·병·형·공방으로 직무를 분담한 記官이 중심이 되며, 그 외에 醫生·律生·貢生·書員·通引 등으로 되어 있다.

한편 조선시대에 들어 사족지배체제가 영향력을 발휘하게 되면서, 고려시대 이래 호장들의 지방지배의 구심점이 되어온 邑司는 위축되고 그 대신 이방 중심의 作廳을 기반으로 한 지방행정체제가 나타나게 되었다. 이서들의 집무처인 작청(속음으로는 길청 또는 질청)은 星廳·人吏廳·吏廳 등으로도 불렸으며, 자신들은 이를 掾房 또는 掾曹라는 존칭으로 부르기도 했다. 이러한 작청체제로의 발전은 지방행정 실무를 수행하는 집단으로 전화한 것을 의미한다. 그리하여 각 군현에는 安逸房과 같은 형태의 원로들이 결성한 조직을 통하여 읍사에서 종래 수행한 지방사회의 역할을 대신하게 된다.[116] 경주의 안일방은 耆老所에 불과하였으나 17세기 중엽 향리들의 향역기피와 假班들의 번성으로 향리사회의 기강이 해이해져 안일방에서 규범을 마련하기 시작했고, 18세기 이후에는 향리사회를 주도하는 구심점이 되었다. 이 과정에서 경주지역의 대표적 이족가계도 17세기 11개에서 18세기에는 9개로, 그리고 19세기 초에는 5개로 점차 줄어들고 있었다. 몇 백 년에 걸쳐 호장 및 이방 등의 명단을 수록한 경주의 《戶長先生案》이나 《上詔文先生案》 및 남원과 상주 등에 남아 있는 각종 선생안이 이들 직임의 세습성과 그 중요성을 잘 보여준다.

이들 선생안을 통해 볼 수 있는 현상은 이족 안에 몇몇 특정가계들이 호장

---

115) 고려시대의 三公兄은 戶長·記官·將校였다. 조선 후기에는 장교로서 직무를 수행하던 향리들이 탈락하고 일부가 병방이나 刑房·承發 등의 직임으로 분화되어 그 중 형방·승발 등이 삼공형에 포함되고, 기관 중에서는 吏房만이 주요 직임이 되어 戶長과 함께 삼공형을 구성하였다.

116) 李樹健, 〈朝鮮朝 鄕吏의 一硏究〉(《嶺南大 文理大學報》 3, 1974).
李勛相, 〈朝鮮後期 慶州의 鄕吏와 安逸房〉(《歷史學報》 107, 1985).
———, 〈朝鮮時代의 邑司와 作廳〉(《아시아문화》 6, 한림대, 1990).

이나 이방 등의 중요 직임을 독점한다는 점이다.《安東鄕孫事蹟通錄》의 분석에서도 안동향리의 감영리 진출양상은, 18세기 중반을 기준으로 하여 안동권씨의 4파, 안동김씨의 3파, 의성의 3씨족(李·吳 金) 등이 그 전부가 되다시피 했다.[117] 이들은 수령출척에도 직접 관계할 정도의 위세를 지녔다. 이러한 가계분화와 함께 주도적인 가계가 등장했다. 이들은 신분상승을 위해 계속 노력하였으나 실제로는 상승을 이루지 못한 경우도 많았다.[118] 고려시대 이후 안동·경주·거창·밀양·합천·남원 등을 비롯하여 많은 군현에는 세거해 온 이족집안이 여전히 읍권을 장악하고 몇몇 집안 중심의 운영체제를 발전시켜가고 있었다는 점이 향리사회 중심부에 나타나고 있다. 이렇듯 주도적인 향리집안의 경우 장기적으로 세습성을 유지하는 가운데 고정화되고 있었다.

한편 본래 같은 씨족이라 하더라도 吏族과 士族이 공존하는 경우도 찾아진다. 이 때의 이족가계는 자신의 고정화되어 가던 지위를 상승시킬 수 있는 방법으로서 사족계파의 족보와 합치려는 노력도 해보지만 여의치 않았다. 결국 이들은 뿌리가 하나라는 사실만을 확인하면서 사족의 차별을 감내할 수밖에 없었다. 반면 주도적인 향리층 주변 집안의 경우 상당수의 이족집안이 상층부에서 도태되거나 끊임없이 새로 편입되어 여러 집안이 경쟁하는 경우도 있었다. 또는 지역에 따라 주도하는 집안과 상관없이 새로운 집안이 등장하는 한편 일부 집안은 향리직에서 이탈하기도 한다. 그 양상은 향리직에서 벗어나 유학층 내지 새로운 중간층(업무·군관 등), 평민층 등 다양한 신분으로 다시 분화되어가는 경우이다. 이런 현상은 결국 혈연에 기초한 신분귀속성이 상당히 약화되고 있음을 보여주는 것이다.[119] 즉 이들 집안 중에는 본관을 변경하면서까지 유학층으로의 상승을 꾀하는 집안도 보인다.[120] 상·천민의 경우 향리로 진출할

117) 李勛相, 앞의 글(1988) 참조.

118) 崔承熙, 〈朝鮮後期 鄕吏身分變動與否考－鄕吏家門古文書에 의한 사례연구－〉(《金哲埈博士華甲紀念 史學論叢》, 1983).
———, 〈朝鮮後期 鄕吏身分變動與否考(2)－草溪卞氏家門 고문서에 의한 사례연구－〉(《韓國文化》 4, 1983).

119) 金俊亨, 앞의 글.

120) 幼學은 양반 未入仕者의 직역으로서, 常民이나 중간층이 신분을 상승시켜 가는 계기로 삼고 있었다는 점이 중요하다. 비록 그 수가 증가하더라도 정부는 冒錄者를 색출하는 방식을 통해 억제하고 있을 뿐이다(李俊九, 《朝鮮後期 身分職役變動硏究》, 一潮閣, 1993, 159쪽 참조).

때 '假吏'를 거쳐 상승할 수 있었으며, 나아가 향리직에서 벗어날 때는 다른 중인직역으로 나가거나, 유학으로 진출하는 경우가 가능했다.[121] 《속대전》 이전 천거조에 유학의 입사가 성문화되면서부터 유학이란 직역명으로 입사하려는 후보자가 결정적으로 더욱 늘어나게 된다. 이후 중인이나 양인층의 유학을 모칭하는 현상이 점점 늘게 되었다.

(2) 향리층의 신분지위 상승운동

지금까지 조선 후기 삼공형의 존재와 작청체제를 통해 특정한 집안이 주요직임을 독점해 가고 있었으며, 이와 더불어 향리층이 분화하는 양상을 살펴보았다. 이는 단순한 향리사회의 문제가 아니라 조선 후기 사회변동과 관련하여 중요하다. 즉 사회경제적 실력을 바탕으로 새롭게 등장하는 新鄕層의 동향과 그에 따른 향권장악 형태를 통해 향리층이 지방행정에 있어 어떤 지위를 차지하게 되는가와 관계가 있기 때문이다.

이들 향리들은 우선 행정적인 실무를 장악하게 됨으로써 점차 영향력을 확대해 가는 가운데 신분지위를 보장받으려 하였다. 이들의 주요 업무는 전정·군정·환곡 및 잡역에 걸쳐 미치지 않는 곳이 없었다. 《연조귀감》에는 한 지역의 화복과 왕화가 오직 향리에 달려 있다고 하였다.[122]

지방의 이서층들은 향촌의 제반 실무를 담당했기 때문에 작청 외에 6방별로 별도의 청사를 가지기도 하는데, 刑吏廳이나 戶房所·工房所 등이 그것이다. 書員廳은 입추에 설치되어 수세를 담당하는 임시기구였으나 점차 상설기구화되었고, 그에 따라 도서원도 점차 중요한 직임이 되어 갔다. 향촌의 부세운영에서 차지하는 역할이 커졌기 때문이다. 이들은 전결에 대해 자세하고 향내 사정에 밝기 때문에 실질적인 영향력을 행사할 수 있었고 따라서 향리직 성격의 이서로 충원되었다. 戶籍廳도 호적편찬과 관련한 임시기구였으나 상설화되어 갔다. 이 밖에 각 창고에는 倉色·庫色이 설치되었고, 향교나 향청·

---

121) 향리층 변동에 관한 연구는, 향리가문에 대한 연구를 통해 향리직이 몇몇 주도적인 가계에 의해 독점되어 가듯이 향리신분은 세습적이고 고정화되어 간다고 하여 신분변동과는 무관하다는 연구와, 다른 한편 세습적인 집안이 있지만 일부집안은 향리직에서 이탈되는 등 사회변동의 소용돌이 속에 휩싸이고 있다는 연구의 둘로 나뉘고 있다.

122) 《掾曹龜鑑》 권 1, 跋文(李彙載).

서원 등에도 서원이 약간 명씩 배치되기도 했다.

그들은 사족들이 鄕會를 운영하는 것에 대해 작청형태의 契조직을 중심으로 결속하고 있었고, 향안에 상대되는 壇案을 만들어 삼공형을 선발하는 기준을 세우는 한편, 향리에 대한 포폄과 승진 등을 관장했다. 그러나 이런 조직이 지나치도록 비대하게 되어 수령이나 재지사족에게 압박을 가하는 경우까지 나타났다.

> 영덕현령 洪鼎輔는 개혁에 뜻을 두고 엄중하게 단속하여 다스리니, 간사한 胥吏와 교활한 奴僕이 감히 쫓아내려고 하였습니다. 호장·이방·사령·관노 등이 밤에 읍성밖 요새의 도로를 점거한 다음 고을 백성들이 관가에 바치려고 싣고 가는 것을 쫓아 버렸고, 관아에 狀啓를 가지고 감영으로 가는 것을 막아 금할 뿐 아니라, 鄕所를 달래고 위협하여 자기 무리에 들어오게 하되 따르지 않으면 그의 아내를 결박하여 署標를 받았으며 또 병기를 가지고 관문에 돌입하여 흉언하고 위협하지 않은 바가 없었습니다(《英祖實錄》 권 1, 영조 즉위년 9월 기사).

영조 즉위년의 사건으로 이서배가 주동이 되어 읍을 장악하고 현령을 쫓아낼 뿐 아니라 향소까지도 달래고 협박하였다. 더 나아가 재상과 결탁하고 감사와 연통해 있어서 위로는 수령을 업신여기고 아래로는 생민을 수탈하니, 이러한 향리를 누를 수 있는 수령은 훌륭하다는[123] 말이 나올 정도였다.

18세기 중엽 이후에는 수령권을 중심으로 한 수습책이 정부의 기본방향으로 나타나고, 관 주도의 향촌통제책이 강화되는 가운데 향권이 사족에서 이향층으로 넘어갔다.[124] 이에 따라 이서층이 부세수취 등에 있어 주요 역할을 담당하게 되면서 신분지위가 이전보다 한층 격상하게 된다. 숙종 38년(1712) 양역변통절목의 이정법이 마련되면서 부세수취에 미치던 사족의 영향력이 감소하고 그 다음해는 비변사 八道句管堂上制·有司堂上制의 실시 등을 계기로 수령의 절대적 권한이 보장된 것이다. 吏鄕이란 이서와 향임, 또는 이족과 향족을 의미한다. 뿐만 아니라 기존의 향촌질서내에서 주요한 행정실무를 담당하던 이서층이 대두되는 가운데 기존의 사족에서 향반화한 부류는 물론, 전통적인 향임층과 새롭게 향임이 되거나 품계를 획득한 부민층을 함께 지칭하는 용

---

123) 丁若鏞, 《牧民心書》 권 4, 吏典 束吏.
124) 鄕村社會史硏究會, 《조선후기 향약연구》(民音社, 1990).
金仁杰, 《朝鮮後期 鄕村社會 變動에 관한 硏究》(서울大 博士學位論文, 1991).

어이기도 하다. 향촌의 주도권이 이들 신향에게 넘어가는 과정에서 사회적으로 지위향상을 꾀하는 것은 당연했고 이런 가운데 舊鄕과 新鄕간에 향전이 치열해져 갔다. 한편 향리층들의 격상된 역할과 지위는 19세기에 들어 위기에 처하게 된다. 즉 이전에는 이서나 신향들이 買鄕·買任을 통해 신분지위를 성장시켜 갈 수 있는 통로가 넓었으나, 19세기 전반기의 都結[125]과 공동납 형태로 발전한 각종 부담이 증가하면서 그들에 대한 압박도 심해지고 나아가 경제기반도 크게 제약을 받았다.[126] 도결은 갈수록 감소하는 조세원을 확보하고자 각종 조세를 토지에 부과한 것인데 오히려 조세부담의 불균형을 심화시켰다. 즉 관이 직접 화폐로 징수한 후 시가가 쌀 때 현물(쌀이나 면포)로 바꾸어 국가에 수납하는 것인데, 이 과정에서 생기는 잉여분을 조세 부족분에 충당한다는 명분이다. 문제는 계절별·지방별로 쌀값의 차이가 크다는 점에 있었고, 결국 도결은 結價 상승을 막지 못한 채 지방관의 착취수단이 되어버리는 가운데 부민들은 가장 먼저 수탈대상이 되었다.

지금까지 살펴보았듯이 향리의 신분지위 상승을 위한 노력은 우선 향리의 기본적인 역할과 기능을 배경으로 나타났고, 나아가 향촌통제책이 변화하는 가운데 한층 격상된 지위를 갖는 결과를 가져왔지만 곧 이어 위기를 맞게 되었다. 이러한 와중에서 결국 향리층의 사회적 지위와 신분을 뒷받침해 줄 수 있는 것은 그들의 사회경제적 기반이었다. 그들은 든든한 사회경제적 배경을 바탕으로 바야흐로 적극적인 신분지위 상승운동을 벌이게 된다.

향리에게는 祿이 지급되지 않았다. 조선 초기만 하더라도 지급되던 外役田도 세종 27년(1445) 철폐되었고, 대신 군현 자체내의 수입 가운데 일정한 삭료만을 지급받게 되었다 향리들은 주장하기를, "왕도정치에 있어 백성의 恒產을 유지케 하는 것이 우선이라면, 그러한 制產에 있어 무엇보다 시급한 것은 吏祿이다"라고 하여[127] 향리에게 녹을 지급하는 것이 시급하고 나아가 근본적인 문제임을 천명하고 있다.

125) 安秉旭, 〈19세기 賦稅의 都結化와 封建的 收取體制의 解體〉(《國史館論叢》 7, 1989).

126) 金仁杰, 앞의 책.
高錫珪, 《19세기 鄕村支配勢力의 變動과 農民抗爭의 展開》(서울大 博士學位論文, 1991).

127) 《掾曹龜鑑》 권 1, 跋(洪直弼).

이서배들은 조선 후기에 들어와 향임층과 더불어 수령과 결탁하여 부세수취기구에 참여하면서 여러 가지 방식으로 부를 축적하고 있었다. 그러한 양상은 수령이 재앙을 만나 세를 감면한 것을 도둑질하거나 방납하면 아전이 그 100배는 더 하지만 막을 수가 없다고 하여[128] 수령이 솔선해야만 막을 수 있다고 경계할 정도였다. 한편 경비부족을 빙자한 賣鄕·賣任이 더욱 치열해지는 가운데 특히 이서직에 대한 매임액수가 커진다는 점이 이서층의 이권과 그에 따른 권한이 어느 정도인가를 말해 주고 있다. 이방에 대한 매임가는 이 시기에 있어 가장 높았으며 座首직임 등에 비교가 안될 정도였다.[129]

이러한 상황을 통해 상층 향리층의 경우 아주 확고한 경제적 기반을 갖게 된 것을 쉽게 짐작할 수 있다. 여러 대에 걸쳐 세거하던 이족의 경우는 물론이려니와 새롭게 등장하는 향리집안의 경우도 향촌 내 자신들의 기능과 역할을 배경으로 부를 축적하기란 상천민에 비할 바가 아니었다. 토지집적을 통한 경우는 물론, 상업적 농업을 통한 부의 축적도 상천민보다 수월했다. 그러한 동향은 대구부 호적의 분석결과에 나타나 있는 雇工의 고용형태를 보면 잘 알 수 있다.[130] 도회와 농촌지역 5개 면을 분석한 결과 농촌보다 상공업이 발달한 도회지역에서 압도적으로 많이 확인되었으며, 18~19세기 초엽 고공의 보유율이 가장 높은 계층은 중서층으로 전시기(1705~1858)에 걸쳐 약 8호당 1호꼴이었다. 보유율이 가장 낮은 양반의 35호당 1호와 비교하면 높은 비율이다. 또한 군관층(業儒·業武·出身·閑良·校生·武學·各色軍官·旗牌官·將官·諸衛屬者 등)보다 이서층(戶長·記官·貢生·鄕吏·人吏·府吏·下吏·假鄕所·律生·書吏·書員·小童 등)에 해당하는 아전호의 보유율이 6~7호당 1호 꼴로 더 높고, 고공 보유의 대표적인 예에 해당한다고 한다. 그들은 남의 노동력을 이용하여 부를 축적하는 방식을 잘 알고 있었던 것이다.

그들은 이러한 상황 아래서도 자신들의 지위를 향상시키는 직접적이고 적극적인 방안을 모색하고 있었다. 영조 4년(1728)에는 무신란 이후 수습책의 일환으로 얻어낸 것이기는 하지만 경상도 향리에 한하여 復戶의 특전과 함

---

128) 丁若鏞, 《牧民心書》 권 4, 吏典 束吏.
129) 高錫珪, 앞의 책, 112~113쪽.
130) 韓榮國, 〈朝鮮後期의 雇工-18·19세기 大邱戶籍에서 본 그 실태와 성격-〉(《歷史學報》 81, 1979).

께 잡역을 면제받게 되었다.131) 그 후 영조 50년 경상도 각 읍 향리 374인이 모여 호장에게 녹봉을 지급하고 나아가 그들의 官階에 부합되는 예우를 취해 주도록 건의하기도 하였다.132) 이러한 움직임은 성과를 거두지 못했지만 나아가 각 집안의 신분에 대한 자각을 토대로 향리에 대한 傳記가 집성되기 시작했다.《尙山吏蹟》이나《연조귀감》이 그것이다.《연조귀감》이 다시 간행된 것은 처음 편집된 이후 고조된 향리들의 신분상승에 대한 관심과는 대조적으로 사회적 제약이 더욱 엄격해지면서 이를 극복하려는 일련의 노력이 확산되는 추세 속에 나왔다.133) 19세기를 전후해서는 한 집안의 전승을 위한 것에서부터《襄陽耆舊錄》·《안동향손사적통록》과 같이 한 지역의 향리 전체를 대상으로 하는 것으로 확산되어 갔다. 또한 향리들의 사적을 편찬하는 사업 이외에 향손들을 배향한 사우를 건립하거나 중건하는 작업도 시작된다. 거창의 彰忠祠라던가 예천의 毅忠祠, 또는 상주의 壯節堂 중건이 그것이다. 이제는 일정지역을 중심으로 자신들의 위업을 과시하는 형태로 확대하여 갔다.

이상 18세기 말에서 19세기 중엽까지의 시기를 중심으로 향리층의 분화와 신분지위 상승운동에 대해 살펴본 것처럼, 이 시기는 신분제 동요가 심해지고 있었고 당시 향리층도 사회경제적 성장을 토대로 소극적인 방법이긴 하지만 자신의 기능과 역할을 중심으로 신분지위 상승을 꾀하고 있었다. 나아가 자신들의 권익을 향상시키기 위해 직접적이고도 적극적인 방법을 모색하고 있었다. 이러한 향리층의 성장과 의식변화는 이후 사회발전과 더불어 더 적극적이고 치열하게 나타나게 된다.

〈金良洙〉

4. 서민층의 성장

오늘날 신분제연구에서 양반 및 중인의 개념과 성립시기를 비롯하여 몇 가

131)《掾曹龜鑑》권 1, 復戶獻議.

132)《掾曹龜鑑》권 1, 戶長疏.

133) 李勛相, 앞의 책, 231～235쪽.

지 쟁점이 있기는 하나 조선시대의 사회신분을 兩班·中人·良人·賤人의 네 신분으로 구분하는 데는 대체로 의견의 일치를 보고 있다. 李重煥은 당시 사회의 신분층을 양반·중인·하인의 세 등급으로 구분하고 이를 다시 세분하였는데 하인에는 吏胥·軍戶·良民과 公私賤이 속하였다.[1] 위의 구분에 의하면 이 글에서 다루고자 하는 서민층은 양인 또는 양민에 해당된다.

실제로 조선시대 각종 자료에 나타나는 서민층에 대한 호칭은 良人·良民·平民·常民·常人·庶人·庶民 등 상당히 다양하다. 《受敎輯錄》이나 《新補受敎輯錄》·《續大典》과 같은 법전에서 사용된 실례를 보더라도 서인·서민·양민 등이 쓰이고 있다.[2]

서민층은 국가에 대해 稅와 役의 부담을 졌다. 租·庸·調 즉 수확량을 기준으로 일정량을 바치는 田租와 각종 특산물을 바치는 貢物, 그리고 軍役과 徭役의 國役을 부담하여야 했다. 이와 같은 경제적 부담 외에도 조선시대 양반관료제적인 통치구조 속에서 서민층은 정치·경제·사회·교육 등 모든 분야에서 불리한 대우를 받았다. 서민층은 良役을 부담하는 중심계층이면서도 사회적인 지위와 권리의 측면에서 열악한 위치에 놓여 있었던 것이다.

이러한 구조에 변화가 오게 된 계기는 임진왜란과 병자호란의 전란으로 인해 야기된 일련의 사회경제적인 변화이다. 조선 후기는 거의 모든 분야에 걸쳐 커다란 변화와 변동이 일어난 시기였다. 특히 농업·상업·수공업과 같은 경제분야에서의 변화와 이를 바탕으로 야기된 사회전반에 걸친 광범위한 변화는 서민들이 성장할 수 있는 계기를 마련해 주었다. 전란으로 인한 부족한 재정을 충당하기 위해 실시한 納粟·軍功 등은 신분제를 이완시켜 갔으며, 농업생산력의 발달과 상공업의 발달 등에 힘입어 부를 축적하게 된 서민층은 경제력을 바탕으로 신분상승을 꾀함으로써 신분변동을 초래하였다.

이러한 여건 속에서 서민층이 성장한 단적인 현상들은 후기에 편찬된 법전

---

1) 李重煥, 《擇里志》, 總論.
2) 《受敎輯錄》 권 5, 刑典 推斷·禁制.
《新補受敎輯錄》, 禮典 惠恤.
《續大典》 권 3, 禮典 戶籍.

을 통해서도 찾아볼 수 있다. 후기의 법전에 서인·서민을 대상으로 하는 법제가 《經國大典》 당시보다 늘어나고 있는데, 그 내용은 납속 등 신분상승과 관련된 규정이라든가 양반과 구별하기 위한 각종 금제조항들이다.3) 조선 전기와는 달리 이같은 조항들이 법전에 등재되어 있다는 사실은 그만큼 서민층이 성장한 모습을 반영한 것이라고 볼 수 있다.

조선 후기의 경제적 변화양상과 신분변동에서 서민들의 성장은 구체적으로 잘 나타나고 있으며, 문학과 미술에서 서민적 경향이 두드러지게 나타나는 현상 또한 서민들이 성장한 결과라고 할 수 있다. 농업·수공업·상업분야에서 있었던 경제적인 변화와 발전은 곧 경제활동의 중심계층이 서민들이라는 점에서 서민층의 성장이 반영된 결과이다. 서민들의 성장한 모습은 맨 먼저 그들의 경제활동에서 나타나며 활달한 경제활동으로 부를 축적하게 된 서민들은 신분상승을 꾀하고 더 나은 생활을 도모하고자 노력하여 문예면에서도 새로운 양상이 나타나게 되었다.

1) 서민의 경제적 성장

경제활동을 중심으로 조선시대 사회구성원의 신분을 나누어 보면 士·農·工·商으로 구분된다. 士는 지배계층으로 양반사족들에게 해당되며, 農·工·商은 피지배계층인 서민들에게 해당된다. 4民 중에 직접 생산활동에 참여하는 계층은 농·공·상이다. 물론 농업·공업·상업종사자의 신분이 서민에만 국한되는 것은 아니며 양반이 경제적인 부를 획득하는 주요 수단도 농업이지만 양반은 지주로서, 스스로의 노동력에 의해서 생산활동에 참여하지는 않았다. 농·공·상에는 또한 노비도 포함되어 있으며 서민 중에는 어업·광업종사자도 있었다. 그렇지만 조선시대 서민 대다수의 생산수단은 농·공·상에서 크게 벗어나지 않았다고 본다. 이와 같은 관점에서 서민의 경제적 성장이란 농·공·상 곧 농민·工匠·상인의 경제적 성장이라고 볼 수 있다.

(1) 농민의 경제적 성장

'農者天下之大本'이라는 산업관 아래서 국가나 서민의 주요 경제적 기반은

---

3) 《受敎輯錄》 권 5, 刑典 推斷·禁制.

농업이었으며 서민의 대다수는 농민이었다. 따라서 서민의 경제적 성장은 맨 먼저 농업의 발달과 농민의 경제적 성장에서 찾아야 할 것이다. 임진왜란으로 인해 농토가 황폐해지자 농민층이 토지로부터 유리되는 현상이 심해졌다. 이에 국가는 경작지 확보를 위한 농지의 개간과 농업기술의 개량을 추진하는 등 전후 복구사업에 주력하였다.

농지개간에 신분적 제한을 두지 않았고 개간지에 대해서는 일정한 기간 동안 면세하고 개간자의 소유지로 인정하는 등의 법적 조치가 취해졌다. 개간사업에는 막대한 재력이 필요하였기 때문에 개간에 참여한 계층은 궁방·아문·권세가 등 특권신분층이 더 많았지만 서민층에서도 경제력을 바탕으로 성장한 상인·부호 등이 개간에 참여하였다. 이들은 상품화폐경제의 성장에 따라 상업 또는 농작물을 상품화함으로써 획득한 화폐자본을 개간에 투여하였다. 또한 숫적으로 많지는 않았지만 소농민의 경우도 소규모로 개간에 참여하여 경작지를 확보하였다. 이렇듯 부를 축적하는 방편으로 개간에 참여한 소농민·상인·부호들이 서민지주로 성장하여 갔다.[4)]

농민들이 경제적으로 성장하게 된 주요 요인으로는 토지확보에 못지 않게 농업기술의 발달과 그로 인한 생산력의 증대를 들 수 있다. 농업기술의 발달은 곧 생산력의 증대와 결부되어 서민들의 경제적 성장에 밀접하게 작용하였다. 농업기술의 발달은 농법의 개량에서 비롯되는데 개량된 농법을 농민이 직접 실시함으로 해서 생산이 증대되어 이들의 경제적 성장에 터전이 되었다.

조선 후기의 농업기술은 농법·시비법·농기구분야에서 전기에 비해 크게 발전하였다. 농업기술상 가장 두드러지는 변화는 水田에서의 移秧法의 보급이라고 할 수 있다. 이앙법은 제초작업이나 그 밖에 노동에 있어서 노동력을 절감할 수 있고 지력을 이용하고 불량한 묘를 선별할 수 있으며, 이모작의 시행, 穀種의 절약 등의 이점이 있다. 이앙법은 조선 초기에는 경상도와 강원도 남부지역에서만 부분적으로 행해졌으나 차츰 수리사업 등 권농정책을 통해 그 장점이 농민들에게 이해되어 숙종·영조대에 이르면 점차 중부·북부지방으로

4) 宋讚燮, 〈17, 18세기 新田開墾의 확대와 經營形態〉(《韓國史論》 12, 서울大 國史學科, 1985), 261~269쪽.

확산되고 18세기 말에 이르면 전국적으로 보급되기에 이르렀다.[5] 이앙법의 보급으로 노동력이 절감되고 단위 면적당 생산량이 높아졌으며 稻麥二毛作이 가능하게 되어 전반적으로 생산력이 크게 증대되었다.[6]

종전까지 旱田에서는 밭이랑에 파종하는 壟種法이었으나 후기에는 밭고랑에 파종하는 畎種法으로 전환하게 되었다. 견종법은 노동력이 절약되고 시비가 잘되고 통풍이 잘되며 소출이 많아지는 장점이 있다. 견종법의 보급 속도와 정도에 지역차가 있었으나 차츰 견종의 경향이 늘어났다.[7] 한전농업기술의 발전은 작부방식의 변화에서도 나타났다. 輪作農法이 보급되어 '一年再種'과 '二年三作'의 방식이 토착화되어 감으로써 토지생산력이 높아지게 되었다.[8]

施肥法 변화도 농업생산력을 증대시키는 데 작용하였다. 시비방식이 파종 전이나 또는 파종 때에 시비하는 基肥法에서, 18세기에는 파종 후에 시비하는 追肥法으로 전환하여 갔다. 추비농법이 전개되면서 비료의 종류가 다양해지고 작물에 따라 거기에 맞는 시비법이 고안되어 나가고 있었다.[9]

17세기 이후 도시의 인구집중으로 인해 주변 농촌에서는 채소를 중심으로 하는 상업적 농업이 발전하게 되었다.[10] 새로운 경제작물로 면화·삼베·모시·담배·마늘·채소·인삼 등이 대대적으로 보급되었고, 감자·고구마·고추·호박·담배·토마토 등의 외래작물의 도래와 확산으로 농산물의 상품생산이 진행되었으며 이에 따라 상업적 농업이 전개되었다.[11]

농기구 또한 용도에 따라 분화되고 종류가 다양해져 농업생산력의 발전에 영향을 미쳤다. 조선 후기에 간행된 농서나 어휘집에 나타나는 농기구에 관한 내용을 보면 그 수효나 기능면에서 크게 발전된 양상을 보이고 있다.[12]

---

5) 金容燮, 〈朝鮮後期의 水稻作技術－移秧法의 普及에 대하여〉(《朝鮮後期 農業史硏究》, Ⅱ, 一潮閣, 1974). 이앙법이 전국적으로 실시되는 시기는 17세기 전반이며 보급의 가장 큰 원인을 수확량의 증가로 보는 견해도 있다.
6) 金容燮, 〈朝鮮後期의 水稻作技術－稻·麥二毛作의 普及에 대하여〉(위의 책).
7) 金容燮, 〈朝鮮後期의 田作技術－畎種法의 普及에 대하여－〉(위의 책).
8) 閔成基, 〈朝鮮後期 旱田輪作農法의 展開〉(《朝鮮農業史硏究》, 一潮閣, 1988), 189~196쪽.
9) 閔成基, 〈朝鮮時代의 施肥技術〉(위의 책), 244~261쪽.
10) 金玉根, 《朝鮮後期經濟史硏究》(瑞文堂, 1977), 368쪽.
11) 이호철, 《농업경제사연구》(慶北大 出版部, 1992), 99~101쪽.
12) 金光彦, 《韓國 農器具攷》(韓國農村經濟硏究院, 1986).

이상에서 언급한 바 농업기술에서의 변화는 경영방식에도 변화를 초래하였다. 농업생산력이 향상됨에 따라 노동력이 절감되고 그에 힘입어 경작 가능한 면적이 확대됨으로써 17~18세기에 이르면 廣作이 가능해지게 되었다. 광작은 지주·中畓主도 하였지만 자작농이나 작인이 중심이었다. 이들은 남의 토지를 빌려 경작하는 借地農으로서 광작을 경영하기도 하였다.[13]

논농사와 밭농사에서 이루어진 이와 같은 발전은 농민들에게 광작이나 상업적 농업 등을 통하여 부를 축적할 수 있게 하였다. 그리하여 농민층 내부에서는 토지소유 및 경영을 확대해 나가는 부농층이 형성되고 있었다. 이들은 시장의 발달과 상품유통의 활발한 전개와 더불어 농업생산물을 상품화함으로써 부를 축적하게 되었다. 경영형 부농이나 광작농, 또는 서민지주나 요호·부민이라 불리는 이들 계층의 성장은 농지에서 배제되는 다수의 농민으로 하여금 빈농으로 전락하게 하는 요인이 되기도 하였지만, 농민이 경제적으로 성장하는 면모를 잘 보여주고 있다.

(2) 공장의 경제적 성장

조선시대의 공업은 官匠制 수공업체제로 운영되었다. 즉 관부나 궁중에서 필요로 하는 물건을 身役으로 생산노동에 동원된 匠人이 제조하여 공급하였다. 수공업제품의 생산담당자인 이들 工匠은 각 사에 등록되어 있었고 중앙관청에 속해 있는 京工匠과 지방관청에 속해 있는 外工匠으로 구분되었다. 工曹·尙衣院·軍器寺·校書館·司饔院·繕工監 등 30여 개의 중앙관청에 129종류의 경공장과 각 도에 26종류의 외공장이 등록되어 있었다. 공장은 성격에 따라 각각 해당아문에 소속, 등록되었다. 예를 들면 綾羅匠·草笠匠·紗帽匠·網巾匠은 상의원에, 漆匠·鑄匠·弓人·矢人·冶匠은 군기시에 속하였다. 각 사의 장인에 대한 명단을 작성하여 공조와 해당아문에서 보관하도록 하였다.[14]

공장의 신분은 양인과 公賤으로 구성되어 있었다.[15] 私賤은 《경국대전》의 규정에 의해 공장에 소속시키지 않았다. 공장은 匠籍에 등록되어 일정기간 동안

13) 宋贊植, 〈朝鮮後期 農業에 있어서 廣作運動〉(《李海南博士華甲紀念史學論叢》, 1970).
14) 《經國大典》 권 6, 工典 工匠.
15) 《大典後續錄》 권 6, 工典 工匠.

부역해야 하며 부역일 이외의 나머지 시간에는 사적 생산에 종사할 수 있었다. 入役匠人의 상품제조·판매의 실례를 사옹원 분원의 장인에서 찾아볼 수 있는데 일정기간 동안 분원에서 관수용 사기제조에 종사하였으며 동원되지 않은 기간에는 사옹원에 공장세를 납부하였다.[16]

관영수공업은 시설·원료를 관청에서 부담하고 제품도 전부 관청소유이며 제품의 양과 규격을 관청의 필요에 따라 결정하였다. 관영수공업 외에 민간 수공업은 직물류의 생산을 위주로 하는 농가의 부업에 지나지 않는 영세한 단계였다. 이처럼 조선 전기의 수공업은 거의 국가통제하에 운영되어 사적 생산활동이 저해되었는데 비해 조선 후기에 이르면 17·18세기에 일어난 일련의 사회경제적 변화와 맞물려 수공업체제에 변화가 오게 된다.

종래 국가에서 필요로 하는 물품을 현물공납으로 조달하다가 대동법의 실시, 화폐의 유통, 상품경제의 발달 등에 힘입은 이후로는 貢人 등 상공업자를 통해 조달하였다. 따라서 관공장에서 물품제조를 위한 시설을 계속 유지할 필요가 없게 되어 관영수공업체제가 해체되어 갔다.[17] 관장제 수공업체제가 무너지게 된 가장 중요한 원인의 하나는 공장의 이탈이다. 화폐의 유통과 상업의 발달로 시장수요가 늘어감에 따라 관청에 의존할 필요가 없어지게 되고 국가재정의 궁핍으로 관장에 대한 대우가 불충분해지자, 관장들이 관영수공업의 조직에서 이탈하여 私匠化하는 현상이 나타났다. 관장의 사장화현상은 인조대에서 숙종대에 이르는 17세기 후반에 심해졌다.[18]

정조 9년(1785)에 편찬된 《大典通編》에서는 司贍寺·典艦司·昭格署·司醞署·歸厚署의 5개 아문의 공장이 혁파되고, 內資寺·內贍寺 등 10개 아문에는 공장이 소속되어 있지 않았다. 이처럼 수공업자를 가지고 있는 아문의 수가 조선 전기의 30개에서 15개로 줄어드는 현상을 보일 만큼 관영수공업은 점점 해체되어 갔다.

관청수공업 내부에서 일어난 이와 같은 변화는 관영수공업의 운영체제면에서도 나타났다. 장인의 부역제가 점차 고용제로 바뀌고 공장들에게 사적 제조

16) 姜萬吉,《朝鮮時代商工業史硏究》(한길사, 1984), 112쪽.
17) 劉元東,〈18世紀 後半期의 手工業發展과 商業〉(《韓國近代經濟史硏究》, 一志社, 1979), 271쪽.
18) 姜萬吉, 앞의 책, 110~111쪽.

와 판매가 허가되었다. 대부분의 관설 제조장이 점점 해체되어 갔고 존속하더라도 몇몇 특수한 분야의 제조장을 제외하고는 유명무실하게 되었다. 남아있는 몇몇 분야의 관설 제조장의 경우도 점점 쇠퇴의 길을 걷게 되었다. 17세기 이후 관수용 기와의 경우 대부분이 私營製瓦場에서 조달되었으며, 관수용 사기제조장인 분원의 경우도 순수한 관영수공업체로서의 성격을 잃게 되었다.[19] 관영수공업의 쇠퇴로 관에 예속되어 있던 공장들이 관의 통제에서 풀려나 자유수공업자로 전환하면서, 사영수공업자인 私匠이 크게 증대되어 이들에 의해 전업적 생산이 이루어져 생산활동이 활발해졌다.

한편 각 지방에서 현물로 공납하던 많은 관수품을 대동법의 실시로 인해 공인이 민간에서 구입하여 납품하도록 함으로써 공인들은 생산비를 먼저 대주어 수공업자들을 지배하기에 이르렀다. 이른바 先貸制的 수공업조직이 성립되었다. 상인들이 자본을 투자, 생산에 참여하여 그 생산품을 판매하기에 이른 것이다. 이들 商人物主의 출현으로 상업자본이 생산에 투입됨으로써 수공업생산의 규모가 확장되어 장인의 사적 제조 및 판매의 규모가 확대되면서 민간수공업이 크게 발달하였다. 상인물주의 분원장인지배로 분원이 민영화되기에 이를 정도였다.

민간수공업에서 전업적 생산이 이루어지며 생산장의 규모가 커지게 되자 18세기 후반에는 미약하나마 공장제 수공업의 형태로까지 발전하였다. 鍮器店·水鐵店·砂器店·漆器店 등이 그 대표적인 예이다. 유기점의 경우 분업적 협업에 의해 작업이 이루어지고 있었다. 한편 수공업자들은 刀子廛·床廛·薪鐵廛의 경우에서처럼 자기 생산품의 판로를 위해 시전을 개설하여 경영하기도 하였다. 그런가 하면 冶匠·驄匠·毛衣匠 등 일부 장인들은 원료제품의 독점판매권을 행사하기도 하였다.[20] 18세기 후반에 나타난 수공업분야에서의 분업적 요소는 광범위하게 전개되어 19세기에는 초기 자본주의적 수공업체제로 발전하기에 이르렀다.[21]

이상에서 언급한 바와 같이 조선 후기 수공업의 변화는 상업자본의 수공업지배와 관청수공업의 민영화과정이라고 할 수 있다. 관장제가 붕괴되고 사장

19) 姜萬吉, 위의 책, 111~129쪽.
20) 宋贊植,《朝鮮後期 手工業에 관한 硏究》(서울大 韓國文化硏究所, 1973).
21) 劉元東, 앞의 글.

이 나타나게 됨으로써 수공업생산에 구조적 변화를 초래하여 공장제 수공업, 분업적 협업으로까지 발전해 갔다. 그 과정에서 공장들은 관영수공업체제하에서 보다 성장한 면모를 보여주고 있다. 전업적 생산이 이루어지고 사적 생산장의 운영, 市廛개설, 원료의 독점판매 등의 현상은 공장들이 경제적으로 성장한 결과라고 하겠다.

(3) 상인의 경제적 성장

조선시대에는 상업을 末業 또는 賤業이라 하여 천하게 여겼다. 때문에 양반신분은 상업활동에 참여하지 않았다. 18세기 이후에는 상당수의 양반층이 노복이나 하인을 통하여 혹은 직접 상업에 종사하는 예도 있었지만, 사회분위기가 이를 긍정적으로 수용하는 단계가 아니었기 때문에 상업종사자는 주로 서민층이었다.

조선시대 상인을 구분하자면 크게 서울을 비롯한 대도시의 市廛商人, 지방 鄕市의 행상, 대외무역 종사자로 나눌 수 있다. 이들 상인의 활동은 상업에 대한 조선왕조의 末業觀으로 인해 상당한 제약을 받았다. 시전은 관청의 수요품을 조달하는 한편, 도시민의 생필품을 판매하던 상설시장으로 시전상인은 관부와 결탁하여 특권을 행사하였다. 지방의 향시는 농민의 농산물이나 부업으로 생산된 가내수공업품 위주였기 때문에 상품유통이 활발하지 못하고 상행위는 미미한 수준이었다. 대외무역은 중국·일본을 대상으로 사신들에 의해 행해진 공무역으로 국가의 독점하에 이루어졌다.

이러한 상업계에 변화가 오기 시작한 것은 임진왜란과 병자호란을 겪고 난 17세기 후반부터였다. 농업생산력의 증대와 수공업의 발달 등으로 생산력이 증진되고, 금속화폐의 보급과 대동법의 시행으로 조세방법이 바뀌고, 상품경제·화폐경제가 발달하는 등 유통구조에 변화가 생겼다. 이에 따라 貢人·私商·客主·旅閣 등 새로운 상인층이 대두하면서 상인들의 활동이 활발해졌다.

공인은 대동법 시행 이후 각종 공물을 쌀로 대납하면서 국가가 貢價를 지급하고 필요한 물품을 구매·조달하도록 하면서 성장한 상인이다. 왕실과 각 관부의 수요품을 구매하여 납품하는 공인들의 물품구매 활동은 서울을 비롯해 지방의 장시에 걸쳐 활발히 전개되었기 때문에 상품유통을 자극하는 계기가 되었다. 이들은 조달권을 가진 상품에 대해 禁亂廛權을 행사하거나 수공업제품인 경우 선대제적 수공업장을 경영하면서 특권적 상인으로 성장하여 갔다.

그러나 후기로 올수록 정부에서 시가에 가까운 공가를 지출하였기 때문에 공인들의 이윤은 줄어들게 되었다. 이러한 정책은 공인층을 분해시켜 공가자체의 이윤을 추구하는 층과 이윤 외에 유통 및 제작과정에서의 잉여와 공인권이 보장하는 특권을 추구하는 층으로 나뉘어졌다. 전자는 18세기 이후 점차 도태되어 갔으나 후자는 계속 공인권에 투자·성장해 갔다.[22)]

사상인층은 조선 후기 상업계를 재편하는 데 가장 중요한 역할을 한 상인들이었다. 토지로부터 유리된 농촌인구가 도시로 유입되어 상업인구가 증가하면서 대두된 사상인층의 성장은 시전상인을 중심으로 하는 기존의 체제에 커다란 변화를 가져왔다. 17세기 이후 서울에는 鐘路와 동대문 안의 梨峴, 남대문 밖의 七牌에 시장이 서면서 사상들의 세력이 더욱 커졌다. 지금까지 특권을 행사하던 시전상인은 사상인층으로부터 상권에 침해를 받게 되자 금난전권을 얻어 전매권을 행사하기에 이르렀다. 시전상인들은 영세상인들을 난전이라 하여 금압하면서 상품전매권에 의거, 상품을 싼값에 매점하여 물가를 조정하고 가격을 앙등시키는 폐단을 낳았다. 이러한 官商 독점체제의 모순이 심화되는 가운데 18세기 이후에는 수공업자·농민·어민 등 소상품생산에 기반을 둔 富商都賈가 난전세력의 주체를 이루어 갔다. 경강상인, 칠패·이현의 상인, 광주·양주·포천 등 서울 주변의 상인들로 구성된 사상都賈에 의해 관상체제는 쇠퇴해 갔다.[23)]

경강 주변의 사상과 시전이 아닌 공인계열의 상인이 성장하게 되자 시전상인의 금난전권이라는 독점권만으로는 사상인들의 난전을 억제할 수 없었다. 정부는 난전 금압정책을 완화하고 상업의 자유를 신장하는 방향으로 정책을 전환하였다. 신설 시전을 금압하지 않고 자유판매를 허용하고 금난전권지역을 제한하여 六矣廛 이외의 물종에 대해서는 자유판매를 허용하였다. 정조 15년(1791) 정부는 육주비전을 제외한 모든 시전상인들로부터 금난전권을 박탈하는

22) 吳美一, 〈18·19세기 貢物政策의 변화와 貢人層의 변동〉(《韓國史論》 14, 서울大 國史學科, 1986).

23) 金玉根, 앞의 책.

'辛亥通共'을 시행하였다. 이제 통공정책으로 사상인들은 자유로운 상업활동을 보장받게 되었던 것이다.24) 시전은 물론 일반 공인에 대해서도 독점구매권과 금난전권을 철폐하기에 이르렀다.

松商·江商·灣商·萊商 등 사상인의 활동은 규모가 크고 활동범위도 상당히 넓었다. 개성상인(송상)은 대동법 실시 이후 蔘貢을 둘러싸고 이윤을 추구할 수 있는 여지가 마련되자 인삼을 상품화하여 상업적 이익을 취하였으며, 17세기 말부터 18세기 초엽에 걸쳐 인삼의 재배가 가능하게 되자 인삼의 상품생산과 판로를 확대하여 갔다. 의주와 동래상인과도 연결하여 중국과 일본을 잇는 중개무역에도 관여하였다. 이들은 인삼을 공식적으로 중국에 수출하는 것 외에도 밀수출로 크게 이득을 보았다. 17세기 중엽에 이미 인삼밀상에 종사하는 서울과 개성상인들이 모두 부유했다고 할 정도로 자본을 축적해 갔다.

밀매를 통하여 자본을 축적한 潛商 가운데는 蔘圃경영이라는 자본주의적 상품생산에 투여하는 사람들이 생겨나기도 하였다. 이들은 생산지와 소비지를 연결하는 도고상업을 전개하여 자본집적에 성공하였다. 19세기 이후에는 이들의 삼포경작이 더욱 발달하게 되며, 이들이 얻을 수 있던 상업적 이윤도 한층 증가되어 갔다. 인삼상인의 자본규모는 상업자본의 단계에서 산업자본의 단계에까지 이르게 되었다.25)

경강상인(강상)은 17~18세기 이후 삼남지방의 정부세곡 및 양반관료층의 소작료 운반의 대부분을 청부하여 대규모 운수업자의 위치를 확보하였다. 이들의 활동범위는 거의 전국적이었으며 취급상품은 곡물과 魚鹽이 중심이었다. 17~18세기 이후 서울의 도시적 성격이 짙어짐에 따라 이들의 상권과 자본규모는 더욱 확대되어 도고상업으로 전개되었다.26) 18세기 말경 이들은 점차 船匠 등을 고용하여 造船都賈까지 경영하였다. 이들의 조선업은 중앙관서는 물론 지방관아의 선박까지 건조·조달하게 됨으로써 일반화하였고 그 자본규모도 확대되어 갔다.27)

---

24) 姜萬吉,《朝鮮後期 商業資本의 發達》(高麗大 出版部, 1974), 137쪽.
25) 姜萬吉, 위의 책, 109~130쪽.
吳 星,《朝鮮後期 商人硏究》(一潮閣, 1989).
26) 姜萬吉, 위의 책, 제2장 京江商人과 造船都賈 참조.
27) 姜萬吉, 앞의 책(1984), 191쪽.

경강상인 외에 송도·평양과 같은 대도시지역의 미곡상인들도 도시의 인구집중으로 곡물소비량이 증가하게 되자 미곡을 대량으로 매집·판매함으로써 자본을 축적하여 갔다. 이들은 소유자본의 규모가 크고 상당한 이윤을 추구하는 부상들로 米價를 조정할 수 있는 능력도 지니고 있었다. 그 밖에 주로 외방을 왕래하면서 활동을 벌이는 미곡상인도 있었다. 선박 등을 이용하여 산지·포구·장시 등지에서 미곡을 매집하기도 하였고 중소도시와 향촌지역을 다니면서 미곡을 판매하기도 하였다.[28)]

이 밖에 목재를 취급하는 목재 사상들도 목재매매를 통해 적지 않은 상업적 이윤을 남겨 부상으로 성장하였다. 이들은 지방 수령·관리·궁방 등과 연결하여 벌목에 나섬으로써 상업적 영향력을 강화하였다. 사상층 가운데 '부상'으로 성장한 상인들이 경제적 성장을 이루는 데는 자본력 못지 않게 관부와 밀착되거나 양반관료층과 결탁하는 것이 바탕이 되었다.[29)]

이처럼 사상인층의 상업활동이 활발해지자 물품의 운반·보관·자금지원 등과 관련하여 客主와 旅閣主人의 활동도 활발해졌다. 이들은 상품매매의 중개와 관련된 숙박·운송·보관·금융업 등도 수행하였다. 경강과 외방의 여객주인은 상품유통의 독점적 중개권인 主人權을 행사하여 상품유통권의 주도자로 행세하였다. 18세기 이후 이들은 양반·궁방·아문과 결탁하게 되었다. 18세기 말 19세기 초를 전후하여 주인권은 독립성을 확보하면서 더욱 강화되어 갔다.[30)]

18세기 이전에는 포구가 어염의 생산 및 유통, 군사상의 방어, 세곡운송을 주된 기능으로 하였으나 차츰 큰 강 하구의 대포구들이 상품유통의 중심지로 발달하였다. 18세기 말 19세기 초를 지나면 소포구들도 상품유통의 거점으로 변하게 되었다. 포구는 장시와 연결되어 상품유통의 거점으로 서로 유기적으로 연결되어 있었다. 18·19세기 상품유통의 발전은 장시의 발전과 외방포구의 확대로 나타났다. 이 과정에서 부를 축적한 浦口主人層이 독자적 상품유통권을 장악하려 하였고 도고상인으로까지 성장하였다.[31)] 포구나 장시에서 상품

28) 吳 星, 앞의 책, 제3장 米穀商人과 米價의 變動.
29) 吳 星, 위의 책, 제2장 木材商人과 松禁政策 참조.
30) 李炳天, 〈朝鮮後期 商品流通과 旅客主人〉(《經濟史學》 6, 1983).
31) 高東煥, 〈18·19세기 外方浦口의 商品流通 발달〉(《韓國史論》 13, 서울大 國史學

유통을 매개하면서 포구상업을 주도했던 포구주인의 경우에 주인층의 명칭은 浦口主人·船主人·江主人·旅客主人·浦主人·客主·旅閣·旅主人·邸店 등으로 다양해지는데, 이들의 명칭이 이처럼 다양하게 기능화되어 간 데서도 상업활동이 활발해진 면모를 찾아볼 수 있다.

또한 이 시기에는 전국적으로 장시가 발전하여 대도시에 한정되었던 상설시장이 지방 중소도시로 확대되었고, 농촌에서도 정기적인 장시의 수가 증가하며 규모도 커지고 점차 상설화되어 갔다. 《東國文獻備考》에 의하면 18세기에는 전국의 장시가 1,064개소에 이르게 된다. 숙종대를 전후한 시기에 장시의 개설이 지역적으로 확산되며 장시가 독자적인 유통망을 구축하게 되었다. 18세기 말 19세기 초를 지나면서 시장권이 형성되는 장시를 중심으로 주변의 장시가 소멸·신설·흡수 등의 과정을 거쳐 큰 장으로 발전하였다.[32] 4~5개의 장시가 날짜를 달리하면서 개시되어 각 지방의 장시는 일정한 범위내에 시장권을 형성하여 시간적·공간적으로 하나의 장시로서 기능하였다. 이와 같이 장시가 발달하게 되자 상업활동을 하는 상인의 수가 증가하고 활동범위도 확대되었다. 또한 상업에 대한 인식도 달라져 농민들 가운데 상업적 작물을 재배하여 팔거나 수공업제품을 생산·판매하여 소득을 늘려가기도 하였다.[33]

이상과 같이 조선 후기 상인들은 다양한 상업활동을 통해서 경제적으로 성장하였다. '京江富民'·'京江巨富'·'江上富民輩'·'五江富商輩' 등으로 불리던 서울과 주변의 부상들, 송도·동래·평양 등 대도시에도 존재했던 부상들, 외방포구나 지방의 장시를 무대로 활동하는 사상층 가운데 부상으로 성장한 상인들을 통해서 경제적으로 성장한 상인의 면모가 잘 드러나고 있다.

2) 서민의 신분상승운동

서민은 조선사회 구성원의 근간을 이루며 국가에 대해 부세를 담당하는 중심계층이다. 그러나 신분상 많은 제약과 차별을 받아야 했다. 특히 役의 과중

科, 1985).

32) 韓相權, 〈18세기 말 19세기 초의 場市發達에 대한 基礎 硏究－慶尙道地方을 중심으로－〉(《韓國史論》 7, 서울大 國史學科, 1981).

33) 金大吉, 〈朝鮮後期 場市의 社會的 機能〉(《國史館論叢》 37, 國史編纂委員會, 1992), 174~181쪽.

한 부담은 서민들로 하여금 군역을 피하고 신분상승을 꾀하도록 유발하였다. 조선 후기에는 경제력을 바탕으로 신분상승이 어느 정도 가능했기 때문에, 앞에서 살펴본 바와 같이 일정하게 부를 축적할 수 있는 여건이 갖추어진 서민들은 합법적이든 비합법적이든 가능한 모든 방법을 이용하여 신분상승을 이루고자 하였다.

여기에는 서민들의 신분상승 욕구와 더불어 당시 정부의 사회정책이 커다란 역할을 하였다. 임진왜란과 병자호란 이후의 전후 복구사업에 필요한 재정과 흉년·재해 등으로 인한 진휼사업에 필요한 재정을 확보하기 위하여 국가가 정책적으로 納粟策을 실시하거나 空名帖을 발행하여 신분상승의 길을 열어 놓았던 것이다. 그런가 하면 호적을 담당하는 籍吏와의 결탁 등 비합법적인 방법으로도 면역 내지 신분상승이 가능하게 되었다. 이처럼 정부의 공인 또는 묵인하에 서민들은 신분상승의 목적을 달성할 수 있었다.

서민들의 신분상승운동의 양상을 그들이 이용했던 몇 가지 방법을 통해서 살펴보기로 한다. 먼저 향교에의 冒屬을 들 수 있다. 서민의 자제는 향교에 입학할 수 없었던 조선 전기와는 달리 16세기 이후가 되면 군역을 피하는 수단으로, 또는 신분상승을 위한 방편으로 향교에 입학하는 경향이 보편화되었다. 인조 22년(1644) 落講校生充軍法이 시행되자 양반들은 額內校生으로서의 입학을 회피하고 대신 서얼·평민의 자손들이 입학하게 되었다. 이러한 현상은 시대가 내려올수록 더욱 심해져 향교의 생도는 東齋生과 西齋生으로 신분이 구별되었으며 서재생들은 군역을 피하기 위해 향교에 모속한 평민들로 채워졌다. '교생'이라는 용어가 서재생만을 지칭하는 말로 고착화될 정도였다. 일정한 양의 돈이나 곡물 등을 납부하고 원납교생이라는 명목으로 이름을 校案에 등록하였는데 그 수가 한 군현에 무려 수백 혹은 수천에까지 달하였다.[34)]

인조대부터 이미 경제력이 있는 평민이 교생신분을 가지게 되었으며[35)] 18세기에 이르러서는 교생의 대다수를 이들이 차지하게 되었다.[36)] 경제력이 있는

34) 全炅穆, 〈朝鮮後期 校生의 身分에 관한 再檢討〉(《宋俊浩敎授停年紀念論叢》, 1987). 225~228쪽.

35) 《仁祖實錄》 권 14, 인조 4년 11월 경인.

36) 尹熙勉, 《朝鮮後期 校生硏究》(一潮閣, 1990).

서민들은 교안에 모속하거나 免講帖을 구득하여 신역을 면제받기도 하였다. 교생이 됨으로써 본인이 군역과 잡역에서 벗어날 수 있었을 뿐 아니라 그 후손 또한 면역을 도모할 수 있었다. 이들은 교생신분을 계제로 하여 향족이 되었을 경우 다시 掌議·色掌과 같은 校任 진출을 꾀할 수도 있었고 또 軍任·鄕任으로 진출하여 신분상승을 이루기도 하였다.[37] 아주 드문 예이지만 교생신분을 계제로 생원·진사시를 통해서 신분상승을 이룩한 예를《司馬榜目》에서 확인할 수 있다.《사마방목》에 의하면 인조 26년(1648)에서부터 정조 7년(1783)에 이르기까지 23명이 교생신분으로 생원·진사시에 합격하였다.[38]

다음 신분상승 수단으로 납속제도를 들 수 있다. 임진·병자 양란으로 인한 재정궁핍과 잦은 흉황을 만나 국가에서는 飢民·賑恤을 위한 賑資 확보, 산성의 축조와 보수, 관청의 부족한 재정 등을 관작을 팔아 보충할 목적으로 납속제도를 실시하였다. 조선 후기에 들어 계속 실시된 납속제도는 현종·숙종대에 이르러 각종 '募粟別單'이 제정되어 공명첩이 남발되고, 영조 8년(1732)에 〈富民勸分論賞別單〉이 제정되면서 법제화되기에 이르러《續大典》·《대전통편》에 반영되었다. 〈부민권분논상별단〉에 의하면 1,000석 이상자에게는 실직을 제수, 500석 이상자에게는 賞加, 100석 이상자에게는 散職帖 成給, 50석 이상자에게는 納粟通政帖 성급, 10석 이상자에게는 3년 동안 烟役이 면제되었다. 납속제도는 재해와 기근의 반복으로 정조대에도 계속 시행되었다.[39]

같은 願納人이라 해도 공명첩을 성급하여 모곡할 때 納米價는 직첩에 따라 달랐고 같은 직첩이라도 사족과 양민의 납미가에는 차등을 두었다.[40] 공명첩은 비록 授職者의 성명이 기록되지 않지만 정부로부터 공명첩에 명시된 직위를 합법적으로 취득하는 것이다. 그러나 납속에 의해 취득한 관직은 제도상으로는 실직과 엄격한 차별이 있어 正科 출신이나 東西班 正職人들과는 달리 취급되었다.[41]

---

37) 徐漢敎, 〈英·正祖代 納粟制度의 實施와 納粟富民層의 存在〉(《朝鮮史研究》1, 伏賢朝鮮史研究會, 1992), 330~331쪽.

38) 崔珍玉,《朝鮮時代 生員進士 研究-司馬榜目의 分析》(韓國精神文化研究院 韓國學大學院 博士學位論文, 1994).

39) 徐漢敎, 앞의 글, 295~307쪽.

40)《新補受敎輯錄》, 禮典 惠恤.

41)《受敎輯錄》권 5, 刑典 推斷.

납속제도의 주 대상은 富民·饒戶層이었다. 부민이란 茶山에 의하면 "그 집안에 저장한 곡식이 여덟 식구가 먹고도 오히려 남는 것이 있는 자"나, "흉년이 들었을 때 최고 1,000석에서 최하 20석을 낼 수 있는 자"였다.[42] 부민·요호층에는 대지주·서민지주·상인 등 다양한 계층이 있었지만 하층신분의 부민들은 당시 사회경제적인 변화에 힘입어 부를 축적하여 새로운 계층으로 성장한 사람들이었다.

납속수직으로 바로 양반신분을 획득하는 것은 아니었다. 납속을 통한 면역은 납속자 1대 또는 10년 내지 3년만 가능했기 때문에 일시적이었다. 양인납속자들이 향촌사회에서 사족이 되기란 사실상 불가능하였고 그보다는 경제력을 이용하여 국가권력구조 안에 포섭되어 사회적 지위향상을 꾀하는 것이 일반적이었다. 교·원생이 되거나 군관으로 진출하거나 또는 향임·면임을 장악하는 등의 방법을 통해 중인으로의 신분상승을 기도하였던 것이다.[43]

또 다른 피역방법은 호적의 개변이었다. 납속첩을 소지한 자는 대개 지방에서 경제적으로 여유가 있는 자들이었으므로 호적을 담당한 관리와 결탁하여 신분직역의 모록을 통하여 호적상의 신분상승을 꾀하였다. 공명첩 구득으로 인한 면역은 일시적이지만 호적에 납속품계를 기입하여 몇 대가 지나면 영구히 면역하게 되었다. 이들은 군관직 내지 관작을 모록한다든지 또는 幼學·業儒를 모칭하여 호적상 신분상승을 꾀하였다. 신분상승을 이룬 서민층이 구체적으로 얼마나 되는지는 알 수 없으나 울산의 경우, 상민호의 비율이 영조 5년(1729)에는 59.78%였던 것이 고종 4년(1867)에는 33.96%로 격감하고 있다.[44] 이러한 현상은 조선 후기의 호적대장을 분석하여 일반적으로 밝혀진 양반호구의 격증, 상민호구의 격감, 노비호의 실질적 소멸이라는 결과를 통해서 잘 나타나고 있다.[45]

---

42) 丁若鏞, 《牧民心書》 권 13, 賑荒六條 勸分 참조.

43) 徐漢教, 앞의 글, 325~331쪽.

44) 鄭奭鍾, 〈朝鮮後期 社會身分制의 變化-蔚山府 戶籍臺帳을 중심으로-〉(《朝鮮後期社會變動硏究》, 一潮閣, 1983), 249쪽.

45) 대구 울산·단성 등의 호적을 분석한 결과는 전반적으로 신분상승 현상이 일어나 신분제의 붕괴를 초래하였다고 한다. 이와는 달리 서울 북부호적과 金化호적을 분석한 연구에서는 17세기에는 오히려 신분하강 현상이 지배적이었다는 견해가 나오고 있다(E.W. Wagner, 〈17세기 朝鮮의 社會階層-1663년의 서울 北部

이처럼 다른 신분에의 모록현상은 영·정조대 이후에 더욱 심해져 갔다. 호적제도의 문란으로 인한 호적의 개변이나 재력있는 농민들이 이른바 換父易祖의 방법으로 몰락양반에게 대가를 지불하고 족보에 끼어 들어가는 방법 등이 가능해져 재력있는 서민층들의 상당수가 신분상승을 이룩하는 통로가 열려있었던 것이다.[46]

이와 같은 방법으로 신분상승을 꾀한 서민층의 성장한 모습은 鄕會의 운영에서도 나타나고 있다. 중기 이래 향회는 지방민의 통제책으로 향약을 보급하고 향촌지배층의 통치기구로 기능하였는데 영조·정조대에 이르면 여론을 중시하여 신분적인 구별 없이 대소민 모두의 의견을 묻게 되었다. 18세기 중엽부터 향회에 일어난 새로운 경향은 기존의 교화 위주의 향촌자치체계에 변화를 가져다주었다. 전적으로 양반중심이었던 것에서 일부 평민들까지도 참가하는 향회가 되었다.[47]

양반지배층이 중심이었던 향회에 일부 평민들까지도 참가하게 되어 향회를 구성하는 향임층의 성격이 달라지게 되었다. 향안 작성과정에서 願納·買鄕 등의 방법으로 어느 정도 재산이 있는 자 즉 요호들이 쉽게 향임을 맡을 수 있었기 때문이다. 요호는 농업뿐 아니라 상업·광업 혹은 특수한 貢市人이나 主人·邸吏 등 다양한 분야에서 부를 축적한 사람들이다. 19세기에는 요호들이 사회적 지위를 확보하기 위한 방편으로 향임직에 적극적으로 나아갔다. 전곡이 많은 평민 가운데는 진휼할 때 出財나 매향을 통해 좌수나 별감자리를 노리는 자가 헤아릴 수 없을 정도로 많았다고 한다.[48] 조선 후기의 일부 경제력이 있는 서민들은 실질적으로 신분상승을 이룩하고 그 혜택을 누리고 있었던 것이다.

戶籍을 중심으로－〉, 1974 ; 梨花女大 史學科硏究室編譯, 《朝鮮身分史硏究》, 1987와 Susan Shin, 〈17세기 金化地域의 社會構造〉, 1974 ; 위의 책).

46) 金容燮, 〈朝鮮後期에 있어서 身分制의 動搖와 農地所有〉(《朝鮮後期 農業史硏究》, Ⅰ, 一潮閣, 1970).

47) 安秉旭, 〈朝鮮後期 自治와 抵抗組織으로서의 鄕會〉(《聖心女大論文集》 18, 1986), 105～109쪽.

48) 安秉旭, 〈19세기 壬戌民亂에 있어서의 '鄕會'와 '饒戶'〉(《韓國史論》 14, 서울大國史學科, 1986), 116～203쪽.

3) 서민의 문예활동

조선 후기는 예술의 거의 전영역에서 밑으로부터의 창조가 다채롭게 구현되었던 시기로, 문화·예술의 향유층이 종전의 사대부계층에서 서민층에까지 확대되는 경향이 있었다.[49] 경제적으로 여유가 생긴 서민들의 문화적인 욕구가 문예활동 전반에 반영되어 조선 후기는 서민들의 문예활동이 그 어느 때보다 활발했던 시기였다. 특히 영조·정조대는 서민문화가 꽃을 피우는 시기라고 할 수 있다.

이러한 새로운 경향은 문학과 미술에서 두드러지게 나타났다. 문학에서 委巷(閭巷)文學·소설문학·판소리사설이 성행·발달하였고, 미술에서는 眞景山水畵와 風俗畵·民畵가 성행하는 등 문예전반에서 변화양상이 나타났다. 이러한 변화의 주축을 이루었던 계층은 중인 내지는 서민들이었다. 예술의 주체가 사대부계층에 머물지 않고 중인·서민에게까지 확대되었던 것이다.

이들 예술활동의 각 장르별 담당계층을 확연히 구별하여 서민들의 활동만을 가려내기란 사실 어려운 일이다. 위항문학의 경우에는 중인들이 활동주체였고 소설의 경우 대부분이 작자미상이며 설혹 작자가 밝혀져 있다 하여도 그 신분을 가려내기가 불가능한 경우가 많다. 음악적인 요소와 동시에 문학적인 요소도 함께 내포하고 있는 판소리의 경우, 판소리사설을 정리한 申在孝는 아전출신이지만 판소리 창자는 '광대'라는 점에서 문학적으로 정리한 주체와 연희의 주체 사이에는 신분적 차이가 있었던 것으로 보인다. 풍속화의 경우도 시작은 사대부 화가에서 비롯되었으며 풍속화의 대가인 檀園 金弘道나 蕙園 申潤福은 화원이었다.[50] 떠돌이 화가에 의해 그려진 民畵의 경우에도 圖畵署 화원들이 그린 그림도 있다는 점을 감안한다면 조선 후기 문예의 새로운 경향에서 서민들이 창작의 담당주체가 되었던 장르만을 가려내기란 어려운 일이다.

따라서 판소리를 포함한 이들 서민들의 문예활동은 창작활동의 주체에 국한하지 않고 향유층의 성향과 작품의 주제면을 함께 언급하는 것이 좋을 것 같다. 조선 후기의 문학이나 미술에서 서민들의 생활상이 작품의 소재로 다루어

49) 조동일, 《한국문학통사》 3 (지식산업사, 1984).
50) 鄭炳模, 《朝鮮時代 後半期 風俗畵의 硏究》(東國大 博士學位論文, 1991).

지게 되는 등 전반적으로 문예활동에서 서민들의 생활과 정서가 반영되는 영역이 넓어져 갔다. 이러한 경향은 이미 앞에서 언급한 바와 같이 조선 후기에 이루어진 사회경제적인 변화로 인한 서민층의 성장이 문화의 영역에도 파급된 결과라고 하겠다.

(1) 문학에서의 활동

조선시대 문학은 사대부문학을 중심으로 발달하였으나 17세기 이후 새로운 문학담당자의 성장으로 위항문학과 서민문학이 성장하였다. 중인들의 위항문학이 사대부문학을 지향했던 것과는 달리 서민문학에는 서민들의 생활과 감정이 그대로 반영되었다. 서민들이 향유했던 예술형태는 구비전승으로 존속해 왔는데 이들 예술형태는 오늘날 민요·민담·가면극·인형극·판소리 등으로 불린다. 대개는 문자로 기록되지 못하고 구비전승으로 내려왔으나 판소리만은 책자로 출판되어 서민들에게 읽혀지게 됨으로써 판소리를 중심으로 서민소설이 성립되어 서민문학으로 자리잡게 되었다.[51]

이들 예술형태는 음악적인 요소도 포함하고 있지만 문학적인 측면에서만 언급하기로 한다. 문학작품 속에는 당대의 가치관과 사회상이 반영된다. 판소리의 사설에는 당시의 사회적 환경과 사회변동 아래에서 현실인식을 분명히 하고 있는 서민층의 입장을 그대로 반영하고 있다. 숙종 말부터 영조 초에 발생한 판소리가 18세기 형성기를 거쳐, 19세기에는 전성기를 이룬다는 점에서 서민들의 성장과 밀접하게 관련되어 있다. 판소리는 당대 사회의 변화를 문제의식을 가지고 예리하게 투시하고 이를 구체적으로 작품 안에서 형상화하였다는 점에서 당시 서민들의 생활현실과 그들의 감정과 생각, 그리고 꿈이 솔직하게 표현되어 있다.[52] 뿐만 아니라 판소리는 수용자의 폭을 최대한 넓혀서 상하층의 관심을 모두 한 작품 속에 반영하고 있다.

전반적으로 판소리에는 서민들의 신분상승 의식이 표출되어 있다. 판소리의 주인공 모두가 작품 속에서 신분상승에 대한 욕구를 실현하고 있다. 〈춘향가〉

---

51) 林熒澤, 〈閭巷文學과 庶民文學〉(《韓國學硏究入門》, 知識産業社, 1981), 321~322쪽.

52) 張錫洪, 《판소리에 나타난 上層志向性 硏究》(韓國敎員大 博士學位論文, 1993), 66쪽.

에서 춘향, 〈심청가〉에서 심청, 〈홍부(보)가〉에서 홍보, 〈토별가(수궁가)〉에서의 토끼가 그러하다. 〈춘향가〉에서 춘향이 어사의 정실부인이 되는 것은 신분상승을 가시화한 것이고, 〈심청가〉에서는 심청이 황후가 되고 심봉사가 國舅가 되고 곽씨부인은 府夫人 加資追贈을 하는 등 서민들로서는 바라기 어려운 신분상승이 작품 속에서 이루어지고 있다. 〈홍부가〉에서 홍보의 치부는 서민들의 경제력에 의한 신분상승의 의지와 희망을 표현한 것이다. 부를 획득한 홍보가 사대부적 생활을 하는 것은 경제력에 의한 신분상승이 가능하다는 점을 말해 주고 있다. 〈토별가〉에서 토끼가 자라를 따라가는 것은 높은 벼슬을 바라는 것으로 서민들의 신분상승 의식의 일면이 나타난 것이다. 판소리계 소설에서 이와 같이 주인공들이 신분상승을 이룩하는 것은 소설 속에서 서민들의 신분상승을 공식적으로 인정하는 것이었다.[53]

판소리에는 또한 서민들의 사회비판의식이 잘 나타나고 있다. 《토끼전》의 경우 지배층의 무능과 모순된 정치현실에 대한 풍자에서 사회비판의식이 두드러지게 나타나고 있으며,[54] 《홍부전》은 빈부양극화 현상의 심화, 신분제의 동요, 상품화폐경제의 발달, 지배층의 부패와 유랑배의 폐해 등 당시의 사회상이 반영되어 있다.[55]

판소리에 나타나는 이와 같은 신분상승이나 비판의식은 부를 통해서 신분상승을 이룩할 수 있었던 서민들의 시각이 표현된 것으로 당시 서민들의 욕구와 부합되는 내용이었으므로 크게 인기를 얻을 수 있었다.

17·18세기에는 판소리계 소설 이외에 많은 국문소설이 읽혀졌다. 소설의 작자는 몇 사람을 제외하고는 국문본이든 국한문본이든 거의 다 작자미상이다. 많은 국문소설의 작가들이 이름을 밝히지 않고 소설을 지었다는 것은 새로운 문학 담당층이 등장한 증거라고 할 수 있다.[56]

이러한 변화로 18세기 후반기에 이르면 소설의 유통방식이 달라져 종전에서로 이야기책을 돌려보고 옮겨 베끼던 데서 필사하는 전문직업이 생겨났으며

---

53) 張錫洪, 위의 책.

54) 印權煥, 〈토끼傳의 庶民意識과 諷刺性〉(《韓國古典小說》, 啓明大 出版部, 1974).

55) 전용오, 《興夫傳硏究－文學 및 社會史的 側面에서의 考察－》(延世大 博士學位論文, 1990).

56) 조동일, 앞의 책, 182∼183쪽.

貰冊店 및 소설을 출판하는 상업출판이 성행하게 되었다. 하층의 부자·상인·가게나 장터에 모여드는 사람들 사이에서 소설 낭독이 인기가 있었고 영업을 하는 직업적인 낭독자가 있었는데 이들의 신분은 미천했다. 세책은 돈을 주고 책을 빌려다 읽는 것으로 여성독자와 더 밀착되어 있었다. 세책가는 부녀자들을 상대로 하여 영업에 아주 활기를 띠었다. 그러나 지역적인 한계 때문에 아마도 서울에만 성했던 것 같다. 지역적 한계를 넘어선 것이 소설을 판각해서 찍어내는 坊刻本의 출판이었다. 서울을 위시한 안성·전주 등의 상업중심지에서 방각본이 출판됨에 따라 국문소설은 시장망을 통해서 전국에 널리 팔려 독자층이 넓어졌다. 낭독·세책·출판을 통해서 전달되는 방식을 보건대 소설은 상업적인 문학이었다. 따라서 소설의 작자는 직업적 소설가였다고 보아도 무방하고 낭독·세책·출판에 종사하는 사람들이 대체로 아전 이하의 계층인 것으로 보아 작자 또한 그러하였다고 본다.[57]

조선 후기의 사회상과 서민들의 사회비판의식이 잘 반영되어 있는 것 중 탈춤 즉 가면극이 있다. 탈춤은 상업이 발달된 도시를 중심으로 상인층의 지원을 받아 성립되었으며 주로 장시에서 공연되어 서민들과 직접 연관되어 있었다. 18세기 중엽 서울의 도시상업이 발달하자 사상도고가 자리잡은 楊州나 松坡와 같은 신흥 상업도시에서는 독자적인 탈춤인 별산대놀이를 키워 나갔다. 양주는 양주목사가 자리잡은 행정중심지이면서 서울 북쪽의 교통상 요로이기에 상업도시로 성장한 곳이며 송파는 경강상인들의 활동이 활발한 곳이었다.

서울에서 평양을 거쳐 의주로 가는 길목에 자리잡은 황해도 각 고을－黃州·鳳山·載寧·海州·康翎－이 상업도시로 성장하면서 이 지역에서도 각각 탈춤이 발전했다. 경남의 해안 및 낙동강 연변에는 일본과의 무역 요충지마다 들놀음 또는 오광대라고 하는 탈춤을 키우는 상업도시가 나타났다. 예컨대 晋州·駕山·馬山·統營·固城 등의 오광대가 그러하다. 이들 지역에서는 18세기 중엽 이후 경비를 부담하는 상인들의 후원으로 탈춤이 대단한 규모로 발전하였다. 탈춤은 양반사회에 대한 풍자와 비판을, 그리고 서민들의 애환과 감정을 잘 드러내 보여준다.[58]

---

57) 조동일, 위의 책, 184~187쪽.
58) 조동일, 위의 책, 567~575쪽.

또한 서민들의 생활과 감정이 잘 드러나는 것으로 민요가 있다. 민요는 노래이기에 그 가락은 음악에 속하나 노래의 가사는 문학에 속한다. 민요는 어느 한 사람의 노래가 아니라 만인의 노래이다.[59] 민요는 작자를 알 수 없으나 서민들의 생활현장에서 일어나는 생활감정 및 생각을 즉흥적으로 읊어 저절로 생겨나고 발전된 노래이다. 민요의 주제 중 가장 많은 것이 노동요이며 다음이 婦謠이다. 노동요 중에는 논매기·모내기·밭갈이·나무꾼 노래 등이 많고, 부요는 시집살이의 설움과 탄식·연정·해학·생활고·살붙이사랑·원망·팔자타령 등에 관한 것인데,[60] 이는 농업을 주업으로 하는 서민들의 생활과 가사노동에 힘겨워하는 서민 아낙네들의 생활이 그대로 반영된 것이라고 하겠다.

(2) 미술에서의 활동

숙종대 후반에 해당하는 1700년 무렵을 전후해서 미술에서 새로운 경향이, 나타났다. 새로운 화법의 전개와 회화관의 탄생으로 나타나게 된 이 시기의 주요한 조류로는 南宗畵가 본격적으로 유행하게 된 점, 진경산수화가 대두한 점, 풍속화가 풍미하게 된 점, 서양화법이 수용된 점, 서민들 사이에 민화가 유행한 점을 들 수 있다.[61] 이 가운데 서민들과 관련이 되는 것은 풍속화의 풍미와 민화의 유행이다. 이러한 경향은 조선 후기에는 회화를 향유하는 경향이 사대부에 머무르지 않고 다소 경제적으로 여유가 있는 서민들에까지 확대된 데에 연유하였다.

18세기경부터 조선 후기의 시대적 정신이나 사회경제적 여건에 연유하여 풍속화가 유행하게 된다. 풍속화는 사대부화가들의 참여로 시작되었으나 화원들이 적극적으로 참여하게 되면서 꽃을 피우게 되었다. 뛰어난 풍속화가인 김홍도·金得臣·신윤복 등은 모두 화원이었고 이들이 풍속화의 창작에 참여함으로써 전성기를 맞이하였다. 18세기 후반에서 19세기 초반에 이르는 기간은 풍속화가 가장 융성했던 시기였다.[62]

풍속화는 김홍도·김득신의 활약으로 그 전형화풍이 정립되면서 본 궤도에

59) 任東權, 〈民謠〉(《우리 民俗文學의 理解》, 開文社, 1979).
60) 鄭東華, 《韓國民謠의 史的 硏究》(一潮閣, 1981), 10쪽.
61) 安輝濬, 〈朝鮮王朝 後期 繪畵의 새 傾向〉(《韓日近世社會의 政治와 文化》, 韓日文化交流基金, 1988), 5쪽.
62) 鄭炳模, 앞의 책, 104~105쪽.

오르고 신윤복에 와서 주제나 화풍에서 더욱 발전하게 되었다. 풍속화의 주인공들은 대부분 서민들이었다. 김홍도는 서민들의 생활 속에서 재미있는 소재를 포착하여 해학과 정감이 넘치는 미의 세계로 구체화하였다. 소재는 기와이기·주막·빨래터·자리짜기·벼타작·점심·대장간·논갈이·서당·무동·씨름·길쌈·활쏘기 등 대부분 농민이나 수공업자와 같은 서민들의 일상생활이나 생업에 종사하는 모습을 소재로 하고 있다.63)

이처럼 김홍도는 민간의 통속적인 모습을 그렸는데 부녀자나 아이들도 일단 그의 畵券을 펼치기만 하면 입이 딱 벌어지고 고개를 끄덕이지 않는 이가 없었다고 한다.64) 그만큼 그의 그림은 서민들에게 공감이 가는 대상이었다.

단원이 서민들의 소탈한 삶의 모습을 그린 것과 달리 혜원은 풍류와 춘정에서 느끼는 애틋하고 솔직한 아름다움을 그렸다. 신윤복의 그림에는 남녀간의 애정이나 주막의 정경 등 서민사회의 모습을 소재로 하면서 애정이나 감정의 표현이 좀더 자유롭고 노골화되기에 이르른다. 김홍도와 신윤복과 같은 화원들에 의해 풍속화가 많이 그려진 것은 전에 비하여 일반적으로 서민들의 생활에 여유가 생기고 그에 따른 그림의 수요가 증대된 데에 기인하였다.65)

19세기 중반 이후 풍속화는 민간에서의 수요가 증가하고 실용화되어 생활 속에 깊이 뿌리박게 된다. 서민들이 어느 정도 구매력을 갖추게 되면서 이해하기 쉽고 친근감이 넘치는 풍속화를 선호하는 방향으로 나가게 되었다. 풍속화가 어느 신분계층까지 확산되었는가에 대해서 만족스러운 해답을 얻기는 힘든 실정이지만 19세기 한양의 거리풍경을 묘사한 〈한양가〉에 의하면 광통교 아래의 병풍전에는 병풍으로 꾸밀 耕織圖가 놓여 있다고 한 것으로 보아 경직도가 상품화되었음을 알 수 있다. 경직도는 원래 궁중 수요의 그림이었으나 이제는 누구나 경제력만 갖추면 구입할 수 있게 된 것이다. 종전처럼 필요에 의해서 그림을 주문하는 것이 아니라 시장에 나와 있는 것을 구입하는 상품생산으로의 전환이 이루어지고 있었다. 求禮 雲鳥樓 소장의 회화자료에서 밝혀진 바에 의하면, 지방의 사대부가에는 떠돌이화가가 제작한 것으로 보이는 민

63) 金元龍·安輝濬, 《新版 韓國美術史》(서울大 出版部, 1993), 297쪽.
64) 鄭炳模, 앞의 책, 26쪽.
65) 安輝濬, 앞의 글, 20~21쪽.

화풍의 풍속화가 포함되어 있다. 이처럼 어느 정도 경제적으로 여유가 있는 서민계층과 지방의 士人들이 새로운 수요계층으로 떠오르면서 회화의 수요층이 확산되어 풍속화의 저변확대가 이루어지고 있었다.[66]

서민들의 미술활동에서 빼놓을 수 없는 것이 민화의 유행이었다. 서민들의 회화라고 할 수 있는 민화는 18세기 이후에 성장한 서민문화의 다양한 면모를 잘 보여주고 있다. 농업생산의 증대, 수공업의 발전과 시장경제의 확대 등 경제적으로 성장한 서민들의 회화에 대한 욕구에 부응하기 위하여 제작되었다.[67] 민화는 일반대중에게 깊숙이 파고들어 새로운 장르로 발전하였다. 우리의 자연에서 볼 수 있고 주변에서 일어나는 모든 것이 그림의 대상이었고 소재나 표현방법에서 아무런 구애나 구속을 받지 않았기 때문에 그림의 내용이 수백을 넘고 종류도 수천을 헤아릴 정도로 다양하다.[68]

민화는 화원에 의해 그려진 고급민화도 있었지만 대부분의 전형적인 민화는 떠돌이 서민출신의 화가들이 서민들을 위하여 그린 것이다. 민화를 그린 사람들은 이름 없는 화공들이었다. 시골 장터를 떠돌아다니면서 가죽에 물감으로 革筆畵를 그리고 인두를 불에 달구어 烙畵를 나무나 종이에 그려준 유랑화공 같은 무리들이었다.[69]

민화는 그림의 양식이 도식화되어 실용적 목적에 따라서 집안 또는 환경을 장식하는 데 잘 어울리는 그림이다. 집 안팎의 장식과 민속에 의한 관습에 따라 사용되고 생활화되었던 것이다. 이 점은 옛날 사람들이 집을 짓거나 이사한 뒤에 무당들이 와서 부른 成造歌의 黃帝풀이 중에서 그림에 관계된 부분이 있고 수영들놀음이나 봉산탈춤 등 민속극에도 방안에 붙인 그림에 대한 묘사가 있으며, 《東國歲時記》·《洌陽歲時記》·《京都雜志》에 나오는 그림에 관한 대목 등에서 잘 알 수 있다.[70] 李圭景의 《五洲衍文長箋散稿》에 의하면 이른바 俗畵가 여염집 병풍·족자 또는 벽에 널리 걸리거나 붙여졌으며 그러한 그림들은 틀에 박은 듯 유형이 고정되어 있다고 했다.[71]

---

66) 鄭炳模, 앞의 책, 153~155쪽.
67) 金元龍·安輝濬, 앞의 책, 318~319쪽.
68) 정양모, 〈18세기의 민간예술〉(《18世紀의 韓國美術》, 國立中央博物館, 1993).
69) 金哲淳, 〈民畵란 무엇인가〉(《韓國民畵》, 中央日報, 1979), 184쪽.
70) 金哲淳, 위의 글, 185~186쪽.
71) 金鎬然, 《韓國의 民畵》(열화당, 1982), 19~20쪽.

18세기 후반에 성행한 풍속화와 19세기에 유행한 민화에 속화라는 호칭이 붙은 것은 속화를 민간의 회화로 인식하고 있었음을 의미한다. 이전에는 민간의 회화가 하나의 장르로 호칭될 만큼 성장하지 못하였으나 후기에는 구체적으로 지칭하는 개념으로 발전할 정도로 성장하였음을 말해 준다.72)

이처럼 민화는 서민들의 생활과 깊은 연관을 맺으면서 서민들의 생활상·생각·미의식 등을 반영하였다. 민화는 정통회화를 구하기 어려운 서민대중들의 회화적 욕구를 충족시켜 주기 위하여 활발하게 제작되었던 것으로 주제와 표현기법 등은 정통회화를 많이 참조하면서 인물화·풍속화·산수화·영모화·화조화·문자화 등 폭넓은 주제들을 다루었다.

이상에서 언급한 바와 같이 문학과 미술에서 서민들의 활동은 창작 주체로서 혹은 향유층으로서 그 어느 시기보다 활발하였다. 이는 서민들의 경제적인 성장과 사회신분의 변화 등 조선 후기에 있었던 사회경제적인 변화와 관련하여 예술에 대한 인식의 변화와 무관하지 않은 것이다. 경제적으로 여유가 생기고 신분상승이 가능해진 서민들은 예술을 창작하고 감상할 수 있는 여유를 갖게 되었다. 이러한 변화는 총체적으로 서민층이 성장한 결과라고 할 수 있다.

〈崔珍玉〉

5. 노비신분층의 동향과 변화

1) 노비 존재양태의 변화

조선 후기에 들어와 노비제에도 큰 변화가 일어났다. 그것은 노비제가 유지되고 있던 사회경제구조가 바뀐 데서 연유한 것이다.

노비는 그들의 소유주에 따라 국가기관이나 개인에게 예속되어 노동력을 강제로 징발당하고 있었으나, 조선 후기에 들어와서는 점차 노동력 제공의무에서 벗어나고 있었다. 예컨대 공노비의 選上·立役이 폐지되고 身貢을 납부하는 경제적 부담을 지는 형태로 전환되었으며, 또 신공의 일부도 감액에 따른 급대를 통하여 전결 등에 전가되어 조세화되어 가고 있었다. 이러한 변화는 良

72) 鄭炳模, 앞의 책, 31쪽.

役에 있어서의 조세화과정과 궤를 같이하여 나타났다. 즉 군역이 번상·입역에서 代立→放軍收布→軍布收納으로 이행된 것이나, 요역이 노동력의 직접 징발체제에서 雇立制로 바뀌면서 역부담 의무자에게 물납을 통하여 경제적 부담을 지우는 현상과 동일한 양상으로 전개되고 있었다. 이러한 변화의 배경에는 말할 것도 없이 사회경제구조의 변화가 그 근저에 깔려 있었다.

조선시대의 노비는 그들의 사회경제적 존재양태에 따라 크게 세 가지 유형으로 구분할 수가 있다. 첫째 率居·仰役(사노비)이나 선상·입역(공노비)의 형태로 노동력을 직접 수탈당하는 자, 둘째 外居하면서 상전의 토지(사노비)나 국가기관의 토지(공노비)를 경작하여 신분적·경제적으로 예속되어 있는 자, 셋째 외거하여 상전이나 소속관사의 경제기반과 관계없이 생활해 가면서 신공만을 납부하는 자, 즉 신분적으로만 예속되어 있는 자 등이 있다. 이러한 유형 가운데 조선 전기에는 첫째와 둘째의 유형이 대종을 이루었으나, 조선 후기에는 셋째의 유형이 우세해졌다.

조선왕조에 있어서 노비도 다른 신분층과 마찬가지로 재산을 소유할 수가 있어서 전답과 같은 토지뿐만 아니라 노비까지 소유한 자들도 있었다. 재산을 소유한 노비는 신분적으로는 소유주에게 예속되어 있었으나, 경제적으로는 소유주나 소속관사의 예속에서 벗어나 보다 자유로운 위치에서 경제활동을 영위할 수 있었을 것이다.

조선 후기에는 상품화폐경제의 진전과 농업생산력의 발전으로 계층분화가 심화되어 한편에서는 '無土不農之民', 즉 토지에서 유리된 자들도 많이 있었지만, 다른 한편으로는 농업경영의 합리화와 廣作을 통해서 부를 축적한 자들도 있었다. 노비신분층도 이러한 변화에 예외일 수는 없어서 일부이기는 하지만 경제적으로 독립하여 상당한 규모의 토지를 소유하고 있는 자들도 나타났다. 조선 후기 노비제의 붕괴는 이러한 경제적 변화와 밀접히 관련되어 진행되었다.

조선시대에 노비들이 소유한 재산은 노비에게 자녀가 있으면 자녀에게 상속되지만, 자녀가 없는 경우에는 공노비인 경우 국가기관에, 사노비인 경우 소유주에게 그 소유권이 귀속되도록 규정하고 있었다.[1] 이러한 법규에 따라 내

---

1) 《經國大典》 권 5, 刑典 公賤.

수사를 비롯한 각 궁방에서는 자녀가 없이 죽은 無後奴婢의 재산을 속공하고 그 토지만을 대상으로 별도로 전답안을 작성하고 있었는데, 이러한 전답안은 일반적으로 《內需司無後奴婢某記上田畓打量成冊》이라 명명되었다.

조선 후기에 있어서 무후노비 재산의 속공은 궁방전 확대요인의 하나로 언급될 정도로[2] 상당한 양에 달했던 것 같다. 무후노비의 재산이 무시할 수 없는 규모였음은 조선 후기에 국가에서 노비추쇄사업을 실시하면서 도망 또는 隱漏奴婢뿐만 아니라 무후노비의 재산도 빠짐없이 추쇄하고 있었던 것에서도 잘 드러난다.

원래 노비가 소유한 전답이나 노비 등의 재산을 상전이 차지하는 경우 그 재산은 '奴某記上田畓'이나 '奴某記上奴婢'라고 표기되고 있었다. 기상전답을 중심으로 노비의 토지소유 상황을 살펴보면 공사노비를 막론하고 상당한 정도의 재산을 소유하고 있는 자들이 있었다.

內奴婢의 경우 《무후노비기상전답타량성책》을 분석하면, 자료의 한정에도 불구하고 토지를 소유하고 있던 자들이 함경도와 경기도를 제외하고 거의 전국적으로 분포하고 있다. 물론 현재 밝혀진 지역 이외의 곳에서도 내노비가 거주했으며, 이들 중에서도 토지를 소유하고 있던 자가 많이 있었을 것이다.

내노비의 토지소유 내용은 계층분화가 심하여 최하 2負 2束을 소유한 자에서부터 최고 9結 6束의 광대한 토지를 소유한 자에 이르기까지 아주 다양하였다. 이들이 소유한 실제 경작면적에 따라 계층분화를 살펴보면, 전체 69명 가운데 25부 미만 22명, 25부 이상~50부 미만 13명, 50부 이상~1결 미만 19명, 1결 이상~5결 미만 14명, 5결 이상 1명으로, 25부 미만의 토지를 소유한 자가 가장 많았다. 그러나 1결 이상의 토지를 소유한 자도 15명(22%)이나 되어 일반 군현의 양안을 분석한 결과와는 큰 차이를 보이고 있다. 그러나 이들이 소유하고 있는 토지에는 밭이 많고 陳田의 비율이 아주 높았던 점을 감안하면 농업소득에 있어서는 일반 양인농민보다 결코 우위에 있지만은 않았던 것으로 보인다. 이러한 점을 감안하여도 69명의 내노비 가운데 49

2) 和田一郎, 《朝鮮土地制度及地稅制度調査報告書》(朝鮮總督府, 1920), 155쪽.
安秉珆, 〈17·18世紀朝鮮宮房田の構造と展開〉(《朝鮮社會の構造と日本帝國主義》, 龍溪書舍, 1977), 15쪽.

명(70%)은 자신의 소유토지만으로는 먹고살기가 힘들었을 것으로 보이며, 10명(14%)은 생산성이 높은 논을 많이 소유하고 있어 부의 축적이 가능한 부농으로 간주될 수 있었다.[3] 이들은 내수사로부터 경제적 예속관계에서 벗어나 신분적으로만 예속되어 있었다. 조선 후기에 있어서 이들 내노비는 전기와는 달리 궁방전의 경작이나 관리에 동원되지 않았으며, 독자적으로 경제생활을 영위하면서 내수사에 대해서는 신공만을 바치고 살아가고 있었다.

조건 후기의 고문서자료에서 확인된 '기상전답'을 소유한 사노비의 토지소유 경향을 살펴보면, 전체적으로 소유규모가 적어 50부 미만의 토지를 소유하고 있던 노비가 대부분이지만, 1결 이상의 토지를 소유하고 있는 자들도 있었다.[4] 이 정도의 토지를 소유한 노비는 양인 또는 양반 못지 않을 정도의 재산소유자였음은 의심의 여지가 없을 것이다. '기상전답'의 소유주로 확인된 노비는 대부분 그들의 전체적인 토지소유의 규모가 밝혀지지 않았다. 전체적인 소유규모가 밝혀진다면 이들 가운데에는 더 많은 토지를 소유한 자도 있었을 것이다.

조선 후기 노비신분층의 재산취득 방법으로는 일반 양인신분층과 마찬가지로 개간·상속·매득을 상정할 수 있다. 조선 후기 고문서자료에 의하면 사노비의 재산취득 방법으로는 상속과 매득이 중요한 기능을 했으며, 개간은 노비의 재산취득에 있어서 별로 중요한 수단이 못되었던 것으로 보인다. 그것은 개간을 할 때는 관으로부터 立案을 발급 받아 소유권을 확보하여야 했는데, 노비신분으로는 그것이 거의 불가능했기 때문이다.

노비신분층의 재산취득에서 중요한 구실을 했던 상속은 특히 양반의 孼子女들에게 많은 재산소유를 가능하게 했다. 이러한 면에서 많은 토지를 소유하고 있는 노비는 양반의 얼자녀였을 것으로 보인다. 노비의 자녀가 상속받은 재산 가운데 규모가 작은 경우는 대체로 노비의 아버지나 할아버지대에 매득한 토지가 많았을 것이다. 실제로 이들 토지 가운데에는 아버지대에 매득한 토지도 상당수 있었다.

---

3) 全炯澤, 《朝鮮後期 奴婢身分研究》(一潮閣, 1989), 28~30쪽 참조

4) 全炯澤, 〈朝鮮後期 奴婢의 土地所有-'記上田畓'을 중심으로-〉(《韓國史研究》 71, 1990), 67~76쪽.

매득에 있어서는 토지규모가 작지만, 많은 노비들이 이를 이용하여 재산을 형성하고 있었다. 이렇게 볼 때 노비신분층이 재산을 취득하는 일반적인 방법은 상속보다는 매득이 아니었나 생각된다. 물론 노비신분층이 토지를 매입하기 위해서는 그 값을 치를 수 있을 만큼의 부를 축적해야 했을 것이다. 이것은 조선 후기의 사회경제적 변화에서 가능했을 것이다.

이렇게 하여 조선 후기로 올수록 노비의 재산 소유경향은 늘어나고 있었지만, 노비신분층은 그들 자신이 남의 재산으로 소유되고 있었으므로 그 소유권에는 일정한 한계가 있었다. 그렇다고는 하여도 노비신분층의 재산소유경향의 증가는 일부이기는 하지만 노비들로 하여금 신분의 질곡에서 벗어날 수 있는 계기를 만들어 주었다.

이와 같이 조선 후기에 들어와 일부이기는 하지만 노비 가운데서 경제적 부를 축적한 자들이 나타났다는 것은 노비제 변동에 있어서 대단히 중요한 사실로 주목할 필요가 있다. 신분적 예속관계가 유지되기 위해서는 경제적 예속관계의 유지가 필요한데, 이들은 이미 경제적 예속관계에서 벗어나고 있었기 때문이다. 나라에서는 납속책 등을 통하여 이들을 신분적 예속관계에서 벗어날 수 있게 해주었는데, 이러한 면에서 노비신분층의 경제적 성장이 조선 후기의 노비신분 변동에 한 배경이 될 수 있었다.

고문서 분석을 통하여 조선 후기 노비신분층의 존재양태를 살펴보면 조선 전기의 그것과는 사뭇 달라지고 있었다.

조선 후기의 주요 노비소유계층인 양반들의 노비소유 경향을 살펴보면 조선 전기에는 솔거·앙역노비의 비율이 압도적으로 높았으나, 조선 후기에는 외거노비의 비율이 압도적으로 높아지고 있음을 볼 수 있다.5) 이러한 외거노비 비율의 증가는 노비소유주의 농업경영과 밀접한 관계를 맺고 있었다. 즉 조선 전기에서 후기로 감에 따라 농장경영에 부역노동을 주로 제공하던 솔거·앙역노비의 비중이 격감하는 대신 並作半收에 기초한 佃戶로서의 외거노비의 비중이 더욱 증대되었기 때문으로 보인다. 또 조선 전기에는 외거노비의 상당수가 상전의 전답을 경작하여 생활해 가고 있었으나, 조선 후기에는 상전의 전답 이외에 자기 자신의 전답이나 제3자의 전답을 경작하면서 생활하고

5) 金容晩, 〈朝鮮後期 奴婢에 關한 一硏究〉(《嶠南史學》 2, 嶺南大, 1986), 11쪽.

있는 노비가 늘어나고 있어, 점차 소유주로부터 경제적으로 독립하게 되고 신분적으로만 예속되는 경향이 증가하고 있었던 것으로 나타났다. 그것은 앞에서 살펴본 바와 같이 노비의 재산소유 경향이 조선 후기에 증가하고 있을 뿐만 아니라, 사노비 거주지와 상전이 소유한 토지의 소재지가 거의 일치하지 않은 경향과 노비들이 상전의 토지를 경작하고 바친 賭地額이 다른 소작인과 거의 차이가 없었던 것으로 미루어서도 알 수 있다.[6] 이는 외거노비가 상전이 아닌 다른 사람 소유의 토지나 자신의 토지를 주로 경작하고 있었음을 반증하는 것이다. 조선 후기에는 이러한 노비가 점차 늘어나면서 이들 노비에 대한 상전의 지배력이 약화되었다. 따라서 노비들의 끈질긴 도망에 대해서도 사실상 추쇄가 지극히 어려웠으며, 추쇄를 실시하는 경우에도 겨우 도망지역을 확인하는 데 그치는 일이 많았다. 말하자면 노비소유주의 노비통제에 한계성이 드러났고, 이제 노비의 거주지를 상전이 자의로 결정할 수 없는 상황이 되고 말았던 것이다.

실제로 조선 후기에 작성된 고문서를 보면 추쇄에 의하여 還現된 도망노비의 대부분이 외거노비로 존재하고 있었다. 또한 매득한 노비들의 대부분이 외거노비로 존속하고 있었으며, 방매한 노비들 역시 외거노비가 대부분이었다. 추쇄한 노비나 매득한 노비를 외거의 형태로 소유하고 있었던 것은 방매한 노비가 대부분 외거노비였던 것과 아울러 노비들의 가족구성이나 경제기반을 해치지 않고 노비소유를 재편한 조선 후기 노비소유의 경향을 반영한 것으로 이해된다.

조선 후기의 노비들은 대체로 가족단위로 같은 거주형태를 취하고 있었다. 이것도 노비들이 가족단위로 거주하면서 생활하고 있던 현실의 반영으로 생각된다. 이와 같이 조선 후기의 노비는 가족을 생활단위로 하여 독립적인 생활기반을 갖고 상전으로부터의 경제적 예속상태에서 벗어나 신분적으로만 예속되어 신공만을 바치면서 살아가고 있는 자들이 주류를 이루고 있었다. 이러한 상황에서 상전의 노비에 대한 지배력은 약화될 수밖에 없었을 것이다. 이것 또한 조선 후기 노비제 변동의 한 배경이 되기에 충분하였다.

---

6) 全炯澤, 앞의 책, 67~72쪽.

2) 노비정책의 전환

(1) 선상·입역의 폐지와 고립제의 실시

조선 후기에 이르러 노비신분층의 존재양태가 바뀌게 된 것은 노비제를 유지하고 있던 사회경제구조가 변화하였기 때문이다. 주지하다시피 조선 후기에는 농업생산력의 향상과 상공업의 발전 등으로 농민층 내부에 계층분화가 촉진되어 많은 농민이 토지에서 유리되어 갔으며, 인구의 도시유입이 증가되어 갔다. 이러한 변화과정에서 국가나 노비소유주는 노비의 노동력을 직접 이용하기 보다는 계층분화로 창출된 '무토불농지민'을 이용하는 것이 유리하였을 것이다.

또 노비의 입장에서도 노동생산성이 높아진 상황에서 선상·입역이나 솔거·앙역의 형태로 노동력을 징발당하여 자기 가호의 생산력이 파괴되는 것보다는 자기 경리를 계속 유지하면서 될 수 있는 한 많은 잉여생산물을 집적하여 그 중의 일부를 선상·입역이나 앙역·솔거의 대가로 지불하는 편이 유리하였을 것이다. 이러한 사회경제구조의 변화에 대응하여 노비노동이 고용노동으로 대체되어 갔다. 이와 같은 상황에서 노비의 부담은 선상·입역(공노비)이나 솔거·앙역(사노비)을 통한 노동력 제공에서 신공납부라는 경제적 부담으로 이행되어 고립제가 전개되어 갔다.

공노비에 있어서 노비노동력의 동원이 선상·입역에서 고립제로 이행되어 간 것은 대체로 인조 때를 전후하여 시작되어, 조선 후기에는 광범위하게 전개되었다. 그것은 원래 선상·입역 자체가 고역이어서 노비들이 이를 기피한 데다가 조선 후기에 들어와 농업생산력의 증가로 토지생산성을 계속 유지시키고 대신 농민의 계층분화로 창출된 토지에서 유리된 유휴노동력을 고용하는 것이 국가나 노비 모두에게 유리하게 전개되었기 때문이다.

선상·입역을 기초로 하는 공노비의 동원체제는 처음부터 그 자체에 모순점을 갖고 있었다. 그것은 외방에서 선상되는 奴의 경우 2명의 奉足을 지급하도록 규정하고 있었으나, 이마저 제대로 지급되지 않은 데다가 선상기간의 경비를 자담하도록 되어 있는 것이었다. 따라서 노비들은 이러한 모순 점에다 선상·입역 자체가 고역이어서 이미 조선 초기부터 이를 적극적으로 모면하려하였다.

노비들의 선상·입역에 대한 冒避는 먼저 대립으로 나타났다. 대립은 선상·입역노비에게 특별한 사유가 있는 경우에만 허가할 수 있도록 되어 있었으나, 이미 16세기부터 노비들은 고역인 선상·입역을 기피하고 있었으며, 관리들 역시 代立價를 노려 사사로이 대립을 인정해 주고 있었다. 선상·입역노비의 대립가는 1개월에 면포 2필로 규정되어 있어 한 번의 입역기간인 6개월에는 12필이 필요하므로 과중한 부담으로 선상대립가를 치르고 나면 패가를 면하는 자가 거의 없을 정도로 그 폐해가 컸다.[7]

이러한 모순점을 안고 있던 공노비의 선상·입역제는 임진왜란을 겪고난 뒤 많은 노비의 도망과 유산으로 그나마도 유지되지 못하고 17세기에는 사실상 전면 폐지되었다. 그리하여 중앙관사에서조차 노비가 남아 있지 않아 노비의 역을 상번군사나 공물주인이 대신하고 있는 실정이었다.[8] 노비의 역을 공물주인이 대신했다는 말은 공물주인이 직접 그 일을 대신한 것이 아니라 貢價를 받아 노비의 역을 대신할 사람을 고용하여 대역시킨 것을 의미한 것으로 보인다. 이것은 결국 선상제가 제대로 실시되지 못하고 공노비의 노동력 동원이 고용노동으로 대체되었음을 뜻한다. 영조 22년(1746)에 편찬된 《續大典》에는 여러 관청의 差備奴와 跟隨奴에 대하여 "大典(《經國大典》)에서는 모두 공노비를 選上·立役시킨다고 되어 있으나, 지금은 京人을 뽑아 쓰고 매달 삭료를 지급한다"고 되어 있다. 이로써 조선 전기 공노비의 선상·입역으로 충원되었던 중앙 각사의 근수노와 차비노가 후기에 들어와서는 도성에 거주하는 사람이 삭료를 받고 고립되는 고립제로 전환되었음을 알 수 있다.

선상·입역노비 대신 삭료를 주고 고용노동력을 이용하는 현상은 내수사를 비롯한 궁방에 있어서도 마찬가지였다. 내수사의 경비를 기록한 장부인 《內需司各房上下冊》에는 入役奴子를 비롯한 여러 명목의 노비에게 삭료가 지급되고 있는 것을 볼 수 있다. 이들은 노비신분이기는 하지만 선상·입역하는 노비와는 달리 달마다 급료를 받고 입역하고 있는 자들이어서 그 성격이 아주

7) 《宣祖修正實錄》 권 8, 선조 7년 정월 정축.
8) 柳馨遠, 《磻溪隨錄》 권 26, 續篇 下.

다른 것이다.

공노비 노동력의 동원이 선상·입역에서 고립제로 바뀌게 된 데에는 노비의 모피도 한 요인이 되었으나, 국가 역시 이들을 선상·입역시키는 대신 토지에서 유리된 유휴노동력을 고용하는 쪽이 더 유리했기 때문이었을 것이다. 노비도 가족이 있었고, 이들의 대부분이 농업에 종사하고 있었는데 노비가족의 중심이 되는 자를 6개월이나 선상·입역시키는 것은 노비가족의 농업생산력을 파괴하여 이들의 생계유지를 어렵게 하였을 뿐만 아니라, 국가의 입장에서도 이로 인하여 노비의 노동력을 제대로 동원할 수 없는 지경에 이르렀던 것으로 보인다. 또한 국가의 입장에서는 토지에서 유리된 무전농민들을 고용하여 그들에게 살아갈 방도를 마련해 주는 것도 사회의 안정을 위해서 필요하였을 것이다. 이러한 상황에서 국가는 공노비에게 선상·입역하는 의무를 면제하여 주고 대신 신공납부의 의무만을 지워 생업에 전념케 하여 농업생산력을 안정적으로 유지시키려는 의도도 있었던 것으로 보인다.

고립되어 이전의 선상·입역노비가 맡았던 역을 대행한 자들의 신분에 대하여《속대전》에는 '京人'이라고만 기록하여 그 신분을 밝히지는 않았으나, 대부분 노비였던 것 같다. 그것은 17세기 이후 양역에서 고립제가 발달하면서 양인층이 담당하던 직종에 노비신분층이 대거 고립되고 있어서 노비들이 담당하던 역에 양인층이 고립하려 들지는 않았을 것으로 생각되기 때문이다. 실제로 노비가 書吏나 使令이 된 경우도 있었으며, 양인의 요역부담에서 큰 비중을 차지하던 토목공사에서도 募立制가 실시된 후 많은 노비신분층이 고용되고 있었다.[9)]

이러한 사회현실에서 노비의 선상·입역으로 유지되던 직종에 고립제가 실시된다 하여도 양인층의 응모는 사실상 기대하기 어려웠으며 결국은 노비층이 전담하는 직종이 될 수밖에 없었다. 그러나 같은 노비신분층이라 하더라도 이 경우는 '給價雇立'이라는 면에서 선상·입역된 노비와는 그 성격에서 근본적으로 달랐다.

고립되어 노비의 직역을 대행하고 있는 자들에게 지급된 雇價는 '戶料兵布'로 호조나 병조에서 지급하는 것이 원칙이었으나, 米布를 관장하는 아문에서

9) 尹用出, 〈17·18세기의 募立制와 募軍〉(《釜山史學》 8, 1984).

는 스스로 마련하여 지급하고 있었다. 이 밖에 노비의 신공이나 균역청·선혜청 등의 재원이 전용되기도 하였다. 이리하여 종래 선상·입역의 형태로 신역을 부담하던 공노비는 이제 신공만을 바치고, 국가에서는 이들로부터 거두어들인 신공을 비롯한 여러 재원을 동원하여 다른 노동력을 고용하고 노비의 일을 대신하게 하였던 것이다. 따라서 조선 후기에 와서는 공노비의 신역도 부분적으로 조세화된 셈이어서 신역의 조세화현상이 노비신분층에 있어서도 이루어지고 있었음을 볼 수 있다.

(2) 신공의 감액

조선 후기에 들어와 공노비의 선상·입역이 폐지됨에 따라 이들은 이제 신공납부의 의무만을 지게 되는 납공노비로 바뀌었다. 말하자면 선상·입역의 의무에서 납공의 의무로 신역부담의 형태가 전환된 것이다. 선상·입역의 의무를 지고 있는 노비가 납공의 의무만을 지게 된 것은 양역의 부담이 직접적인 번상·입역 대신 경제적 의무인 군포의 납부로 바뀌는 軍丁收布의 경우와 그 궤를 같이하여 나타났다. 이것은 중세사회에 있어서의 부역제 일반이 무너져가는 과정에서 나타난 현상이었다. 또한 도성에 거주하는 사람의 일부가 고용되어 노비가 하던 일을 대행하게 되었다는 것은 조선 후기에 고용노동이 일반화하는 사회경제구조의 변화와도 일치하는 것이다.

납공노비의 부담은 원래 1년에 奴는 면포 2필, 婢는 1필 반을 각각 그들의 소속에 따라 각기 司贍寺나 尙衣院·養賢庫 등에 바치도록 되어 있었으나, 현종 8년(1667)과 영조 31년(1755)에 각각 반 필씩 감액된 뒤 영조 50년에 비의 신공을 완전히 없앰으로써 노만이 良丁과 같이 1필의 신공을 바치게 되어 신공에 관한 한 양인과 노비의 부담이 동일하게 되었다. 신공 감액조처는 공노비뿐만 아니라 사노비에게도 동일하게 적용되었다.

노비의 신공을 감액하여 준 것은 노비의 부담이 과중하여 노비들이 이를 면하기 위하여 도망하거나 모피하는 현상이 만연하여 이들의 부담을 덜어줌으로써 이를 막아보기 위함이었다. 특히 영조 31년의 감공조처는 균역법이 실시된 직후에 단행된 것으로 양역변통으로 양인의 부담이 경감된 후 노비의 부담이 상대적으로 더 무겁게 되자 다시 양역변통의 예에 따라 노비의 부담을 덜어주려고 한 것이었다.

노비신공의 감액으로 노비를 소유하고 있던 관청에서는 그만큼 수입이 줄어들기 마련이었다. 따라서 정부에서는 이를 일반재정에서 보전하여 주지 않으면 안되었다. 그리하여 정부에서는 중앙 각사의 노비는 상의원과 성균관소속 노비를 제외하고는 모두 호조에 이속시키고, 이속시킨 인원의 신공에 해당하는 양은 호조에서, 감액된 신공에 해당하는 양은 균역청의 재원으로 각각 감액된 액수만큼 급대해 주도록 조처하였다.[10] 내노비의 감공액도 궁별로 감액된 신공액만큼을 균역청의 재원으로 급대하도록 조처하였다. 또 婢貢혁파에 대한 급대는 賑穀 150만 석을 떼어주어 그 耗穀으로 충당하도록 하였다.[11] 이렇게 감액된 노비신공을 국가의 다른 재원으로 급대해 줌으로써 노비신공의 일부가 일반조세로 전가된 셈이다.

노비신공의 감액과 비공의 혁파로 노비신분층의 공식적인 부담이 양인과 다름이 없게 되어 국가로서 볼 때는 노비나 양인이 수취대상으로서는 동일하게 되었지만, 재정적인 면에서는 감공에 따른 급대량의 증가로 국가의 부담은 오히려 증가하고 있었다. 이것도 국가재정에 압박을 가하여 노비제의 변통을 불가피하게 만들었다.

(3) 추쇄정책의 전환

조선 후기에 들어와 노비의 도망이 급격히 증가하고 있었는데, 이것도 사회경제구조의 변화와 무관하지 않았다. 즉 노비들이 도망하여 생계를 유지할 수 있는 여건이 성숙되어 있었기 때문이었다. 이 결과 조선 후기에 들어와서는 노비인구가 격감하게 되었다. 기존의 연구에 의하면 대구지방의 경우 숙종 16년(1690)부터 철종 9년(1858)까지 168년 동안 노비호가 37.1%에서 1.5%로 급격히 감소하였던 것으로 나타났다.[12] 이러한 경향은 다른 지역에 있어서도 마찬가지였다.

이와 같이 조선 후기에 노비인구가 격감하자 국가에서는 도망노비의 추쇄

10) 《內寺奴婢減貢給代事目》(서울大 奎章閣圖書 No. 17203) 참조.
11) 《承政院日記》 1,349책, 영조 50년 3월 14일.
12) 四方博, 〈李朝人口に關する身分階級別的觀察〉(《朝鮮經濟の硏究》 3, 1938).

를 실시하였다. 전국적으로 노비추쇄사업을 실시한 것은 효종 6년(1655)의 일이었다. 그 당시 중앙 각사의 노비안에 올라 있는 노비는 19만여 명이나 되었으나 이 가운데 신공을 거둘 수 있는 노비는 겨우 27,000여 명에 불과한 실정이었다.13) 이에 국가에서는 도망·은루노비를 추쇄하여 북벌정책을 추진하는 과정에서 필요한 군비확충을 위한 재원과 인적 자원을 확보하려 하였다. 이러한 목적에서 추쇄사업이 추진되었기 때문에 효종은 특별히 推刷都監을 설치하고 추쇄어사를 파견함과 동시에 각 지방수령들의 추쇄사업을 독려하는 등 실효를 거두기 위하여 여러 가지로 노력하였다.

그러나 이 추쇄사업은 효종 8년 6월에 마무리되었는데, 결과적으로 별로 성과를 거두지 못하였다. 《推刷都監儀軌》를 통하여 이 때의 추쇄실태를 살펴보면 元奴婢가 추쇄 전에 200,515명이었는데, 추쇄 후에는 92,759명으로 대폭 줄어들었으며, 원노비에서 탈이 생긴 노비를 뺀 實奴婢에 있어서는 추쇄 전에 69,306명이었으나, 추쇄 후에는 79,992명으로 10,686명이 증가하였다. 또 실노비에서 弱奴婢·舟師奴 등의 신공면제 대상자를 뺀 貢奴婢는 추쇄 전에 32,132명이었는데, 추쇄 후에는 37,976명으로 5,844명이 증가하였다. 전체적으로 볼 때 공노비의 증가분인 5,844명이 이번의 추쇄사업으로 새로이 추쇄한 노비라 할 수 있으나, 이것도 반드시 정확하다고는 할 수가 없다. 이는 추쇄 후에 작성된 노비안에는 추쇄 전에 작성된 노비안에 올라 있던 자들이 다수 중복되어 포함되어 있기 때문이다.

이 때의 노비추쇄사업이 정부의 강력한 지원과 막대한 노력 및 시간을 들여 추진되었음에도 불구하고 별다른 성과를 거두지 못하고 실패한 것은 이미 당시 노비의 존재양태가 종래와 같은 법제적인 조처만으로는 유지될 수 없을 정도로 다양하게 변화되어 있었던 데에 기인하였다. 말하자면 조선 후기의 사회경제적 변화에 수반하여 나타난 노비신분층의 동요현상을 고식적인 법제적 장치로서는 이제 더 이상 지탱할 수 없을 만큼 그 변화의 폭이 넓었던 것이다. 추쇄는 원래 노비의 예속성이 강한 단계에서 유용한 파악 수단이었으나, 이동성이 강할 뿐만 아니라 경제적으로 독립하여 신분적으로만 예속되어 있는 상태에서는 적절히 기능할 수 없게 된 것이다.

13) 《孝宗實錄》 권 14, 효종 6년 정월 임자.

이러한 상황 아래 국가에서는 도망·은루노비의 추쇄만으로는 노비제의 유지가 힘들게 되자, 전술한 바와 같이 신공을 감액하여 주기도 하고 면천·속량의 길을 넓혀 주었을 뿐만 아니라 '奴良妻所生從母從良法'을 실시하였다. 이처럼 노비신분층에 대한 국가의 정책대응은 노비신분층의 사회경제적 존재양태의 변화를 추인해 주는 방향에서 실시되었다.

공노비의 추쇄는 원래 중앙 각사에서 추쇄관을 파견하여 추쇄하도록 되어 있었는데, 추쇄관의 작폐가 심해지자 그 대책으로 영조 4년(1728)부터는 寺奴婢의 추쇄에 한하여 임시로 추쇄관을 파견하는 대신 감사나 수령으로 하여금 추쇄하게 하였다가, 같은 왕 21년에 영남에 比摠法을 실시하고 이어서 같은 왕 41년에는 兩湖로 이를 확대시켜 실시함으로써 완전히 지방관에게 일임하였다. 또한 內奴婢의 추쇄에 있어서도 정조 2년(1778)에 비총법을 확대 실시함으로써 모든 공노비의 추쇄는 지방관의 책임하에 실시하는 방향으로 전환되었다.

비총법은 도내의 노비수를 일정하게 고정시키고 각 고을의 노비출생자의 다과에 따라 노비의 수를 조정하되 도내 전체의 신공을 내야 할 노비수에는 변동이 없도록 하는 것이었다. 그러나 조선 후기에 이르러 도망 등으로 노비가 급격히 감소하고 있는데도 비총법체제에서는 노비수가 일정하게 고정되어 있어, 남아 있는 노비의 부담은 더욱 무거워질 수밖에 없었다. 따라서 이러한 상황은 노비의 도망이나 은루를 더욱 심화시킬 수밖에 없었다.

결과적으로 추쇄관의 폐지와 비총법의 실시는 노비신분층에 대한 법제적인 구속력을 약화시키는 길과를 가져와 이들은 보다 용이하게 노비신분에서 빠져나갈 수 있게 되었다. 따라서 이제 노비제는 재검토되지 않으면 안되었다.

(4) '노양처소생종모종량법'의 실시

조선 후기에 들어와 양역을 담당할 인구가 부족하게 되자, 국가에서는 노비의 신분적 규제를 완화하여 이들의 일부를 제도적으로 양인화하려는 움직임이 나타나 법제화하였는데, 이것이 '奴良妻所生從母從良法'이다. 원래 노비의 신분 결정은 종모법이어서 어머니의 신분을 따르도록 되어 있었으나, 노비와 양인이 혼인한 경우에는 예외적으로 '一賤則賤'의 규정이 적용되어 노와 비 사이의 소생은 물론이고 노비와 양인과의 소생도 무조건 노비신분이 되도록 되어 있었다. 이러한 상황에서 노양처소생종모종량법은 이들 중 노와 양녀가 혼인하여 낳은 소생을 어머니의 신분을 따라 양인신분으로 하여 이들에게 양역을 지울 목적으로 실시된 것이었다.

노양처소생종모종량법은 栗谷 李珥가 선조 때에 처음 그 실시를 주장하였으나, 그 때는 실시되지 못하였다. 그 후 현종 10년(1669)에 宋時烈이 이 법의 실시를 강력히 주장하여 처음 실시되었다. 그러나 이 법은 이후 집권세력 사이의 정치적 입장으로 서인(노론)의 집권기간에는 실시되었으나, 남인의 집권기간에는 폐지되는 악순환을 거듭하다가 영조 7년에야 영구히 하나의 법령으로 제도화되었다. 《속대전》에 보이는 바와 같이 그것은 현종 10년에 처음 실시되었다가, 숙종 원년(1675)에 還賤으로 결정되었으며, 같은 왕 7년에 다시 종량으로 결정되었다가, 15년에 다시 환천으로 환원되었고, 영조 7년에 이르러 종량의 규정이 고정되었던 것이다.

이 법의 실시와 폐지과정에 나타난 논의를 보면 서인(노론)은 국가재정 내지는 良丁의 확보라고 하는 현실적인 면에서 이 법의 실시를 강력히 주장하였고, 남인은 '奴主之分'이라고 하는 유교적인 명분론을 중시하여 이 법의 실시를 반대하였다.

서인(노론)이 이 법의 실시를 강력히 추진한 것은 이들이 제도개혁을 통하여 현실사회의 모순을 시정해 보려는 실천면을 중시하는 정치사상을 가졌던 율곡 이이의 학풍을 계승하였기 때문이며, 반면 남인은 명분과 이념 등 정신면을 중히 여기는 退溪 李滉의 학풍을 계승하였으므로 명분론을 내세워 이 법의 실시를 반대하였다.

사회경제적 처지에 있어서도 서인은 畿湖地方에 근거를 가진 대토지소유자들이어서 노비노동력을 동원하기보다는 부재지주로서 전호에 의한 소작경영이나 고용노동력의 동원으로 토지를 경영하고 있는 자들이 많았으며, 반면에 남인은 영남지방과 경기 일부에 토착적 기반을 가진 비교적 중소지주적 기반을 가진 자들이 많아 아직까지도 토지경영을 노비노동력에 의존하고 있었던 자들이 많았던 것으로 보인다.

이러한 정치집단 사이의 정치적 계보상, 학통상, 사회경제적 차이에 더하여 서인은 국가정치의 실권을 장악하고 있었기 때문에 국가의 입장에서 이 법의 실시를 끈질기게 추진하였던 것으로 보인다. 따라서 영조 이후 서인의 일파인, 특히 송시열을 계승한 노론의 영구집권이 가능하게 되면서부터는 이 법도 그대로 존속될 수 있었다.

노양처소생종모종량법의 실시로 양인과 노비가 결혼하여 낳은 소생이 양인으로 되어 양역을 담당하였다. 그러나 노와 양녀 사이에 낳은 소생을 어머니의 신분을 따라 양인신분으로 인정한 본래의 의도가 양역인구의 확보라는 국가재정적인 고려에서였기 때문에, 국가의 필요에 따라서는 이 법이 특수한 직역에 입속할 인구의 부족을 타개하는 수단으로 변칙적으로 운용되기도 하였다. 土卒과 驛奴의 경우가 그러하였다.

토졸은 함경도 茂山 이북의 각 鎭堡에 입역하고 있었는데, 부족한 토졸을 보충하기 위하여 토졸과 공사천 사이의 소생 중 여자는 어머니의 역을 따르도록 했으나, 남자는 아버지의 역을 따르게 하여 노비안에서 뺀 뒤 토졸로 입역하게 하였다.[14] 이 경우에는 종부법이 적용되었으며, 이들의 신분은 양인으로 신분상승이 이루어지고 있었다.

역노 소생의 신분귀속에 대하여 《속대전》에서는 "驛奴가 공사천에 장가들어 낳은 소생은 남자는 아버지의 역을 따르고 여자는 어머니의 역을 따르며, 양처와의 사이에 낳은 소생은 驛役을 자원하는 경우에는 從良의 예에 따라 驛吏로 승격시켜 역에 입속시킨다"고 규정하고 있다. 그러나 정조 때에는 이들 소생 중에 역역을 자원하는 자들이 거의 없자 역노양처소생을 이들의 의사와는 관계없이 모두 역역에 입속시키고 역리로의 승진만을 인정하도록 하였다.[15]

이와 같이 노양처소생종모종량법이 본래 양역인구의 부족을 타개하기 위한 목적에서 이루어졌기 때문에 반드시 양역이 아니라도 특수직역에 입속할 인구가 부족되는 사태에 직면하여서는 그 직역에 입속할 인구의 확보를 위하여 이 법의 규정이 변형되어 적용되는 것은 당연하다 하겠다. 그러나 이 경우에도 그들의 신분은 양인으로 간주되었다.

---

14) 《備邊司謄錄》 118책, 영조 22년 8월 3일.
《承政院日記》 1,629책, 정조 11년 7월 4일.

15) 《承政院日記》 1,687책, 정조 15년 4월 30일.

노비의 신분귀속에 있어서 노인 아버지의 신분에 따라 노비로 된 자들이 노양처소생종모종량법이 실시된 지 50여 년이 지난 정조년간에 작성된 호구자료에도 기재되고 있는 것으로 보아 이 법이 실제 지방양반들 사이에 제대로 지켜지기까지는 어느 정도의 시일이 필요했던 것 같다. 그렇다고 하여도 영조 이후 노와 양녀와의 결혼이 더욱 성행했던 것은 역시 노비들이 이 법으로 그 소생을 간단히 면천시킬 수 있었기 때문이었다. 따라서 이 법의 실시는 조선사회의 엄격한 신분제도를 크게 변질시켜 노비와 양인과의 간격이 그리 명확하지 않을 정도로 변화되어 신분질서의 해이를 초래하였다.

3) 노비의 신분상승운동

조선 후기에는 상민의 신분상승운동과 병행하여 노비신분층의 신분상승운동도 활발히 전개되었다. 조선 후기 노비신분층의 신분상승운동은 합법적인 신분상승운동과 비합법적인 신분상승운동 등 두 가지 방향에서 전개되었다.

당시 국가에서는 노비신분층의 존재양태의 변화에 대응하여 노비정책을 바꿀 수밖에 없었는데, 이 과정에서 노비신분층의 합법적 신분상승의 길도 넓혀주지 않을 수 없었다. 그리하여 조선 후기에는 이전의 시기에 비하여 免賤·贖良의 길이 확대되었으며, 노비신분층에 가해지고 있던 신분적 제약도 상당히 완화되어 갔다. 이와 더불어 노비신분층의 신분상승을 위한 노력도 활발히 전개되어 합법적으로 면천·속량이 불가능한 경우에는 도망이나 신분모칭 등의 비합법적인 방법으로 노비신분에서 벗어나려 하고 있었다.

노비신분층이 합법적으로 신분상승을 도모할 수 있는 방법으로는 納粟策(納粟免賤), 軍功免賤, 功勞免賤, 代口贖身 등이 제도화되어 있었다.

납속책은 임진왜란 때 국가재정의 고갈과 군량미 부족을 보충하려는 데서 널리 시행되었고, 후기에 들어와서도 흉년에 진휼정책의 일환으로 賑資를 보충하기 위해 널리 실시되었다. 원래 국가에서 납속책을 실시하게 된 것은 국가재정난의 타개를 위한 것이었으므로 노비신분층을 그 대상에서 제외할 필요는 없었다. 따라서 재력이 있는 노비는 누구나 납속책에 따라 면천을 허가받는 납속면천에 의하여 신분상승을 도모할 수 있었다. 납속면천은 일찍이 성종 때에도 실시된 적이 있었으나, 그것은 특수한 예에 불과하였고 광범위하게 실시된 것은 임진왜란 후의 일이었다.

조선 후기의 奴婢贖良價는 米 160석에 이른 경우도 있었으나,[16] 후기로 올수록 낮아져 숙종 때에는 연령에 따라 10~50석으로 낮아졌다.[17] 더욱이 영조 때에는 납속면천과 아울러 納錢免賤까지 실시하였다. 《속대전》에는 "工匠代給奴의 속량가는 錢文으로 100냥 이상 받지 못한다. 사노비의 속량가도 이와 같다"고 규정되어 있다. 이 당시 전문 100냥은 포 50필에 해당하기 때문에 납전속량을 원하는 노비는 한꺼번에 25년치의 신공을 바쳐야 속량될 수 있었다. 이 액수는 숙종 때의 납속속량가와 비슷한 수준이다.

이와 같이 노비의 납속속량가가 현실화되자 많은 노비들이 면천·속량되어 양인으로 상승하기가 쉬워졌다. 납속면천이나 납가(전)면천이 광범위하게 행해짐에 따라 노비신분층은 '役重名賤' 한 사회의 최하층으로부터 합법적으로 벗어날 수 있었기 때문에, 노비의 입장에서 보면 아주 편리한 신분상승의 한 방편이어서, 재력이 있는 자들은 면천을 꾀하게 되었다. 이에 따라 부유한 노비는 거의 다 면천되고, 빈한하고 의지할 곳 없는 노비만이 남게 되었다.

軍功免賤은 원래 양역이었던 군역에 공사천을 입속시키면서 군역의 의무가 없는 이들의 입속을 권장하기 위하여 실시되었다. 조선 후기에는 束伍軍·牙兵·吏奴隊 등 노비들이 입속하는 군대가 설치되어 많은 노비신분층이 이러한 병종에 입속하고 있었다. 그러나 노비신분층의 군역입속은 신공과 군역이라고 하는 이중의 부담으로 고역이 너무 심하여 노비신분층의 자발적인 입속을 기대하기가 힘들었다. 여기에서 위정자들이 노비신분층의 자발적인 군역입속을 장려하기 위하여 착안한 것이 군공에 대한 免賤論賞이었다.

이 군공면천은 임진왜란 때에 대대적으로 실시된 바 있었는데, 이 때 마련된 〈軍功事目〉에는 적 1명의 목을 베면 면천하도록 규정되어 있었다.[18] 그 후에도 반란을 진압하거나, 역적을 포획하거나, 참수하는 등의 군공을 세우는 경우 그에 대한 보상으로 공로의 다과에 따라 면천·면역 등의 포상이 수시로

16) 《新補受敎輯錄》, 禮典 惠恤.
17) 《肅宗實錄》 권 61, 숙종 44년 정월 임자.
18) 《宣祖實錄》 권 51, 선조 27년 5월 갑신.

실시되었다. 영조 4년(1728) 李麟佐의 亂이 일어났을 때, 조정에서는 이를 진압하는데 노비신분층의 참여의식을 고취하기 위하여 "적의 괴수를 참수하여 가져오면 공사천은 부모처자와 함께 면천·속량시킨다"[19]는 격문을 내걸고 반란의 진압에 노비신분층을 이용하였다. 이에 따라 이인좌의 난을 진압한 후 논공행상을 실시할 때에 마련한 〈軍功加抄別單〉에는 반란의 진압에 공을 세운 노비들이 다수 포함되어 면천되었다.[20]

또 공사천을 군역에 입속시킨 후 이들에게 무술의 연마를 권장하여 국가가 위급할 때에 대비하기 위하여 武才를 試取하고 그 성적이 우수한 자에게 면천을 허가하기에 이르렀다. 노비의 무재를 시취하여 성적이 우수한 자에게 면천을 허가하니 이들에게 있어서 무술의 연마는 면천하는 첩경이 되었다. 공사천의 무재를 시취하는 공사천 무과는 임진왜란 때에 처음 실시되었다가 바로 폐지된 바 있었다.[21] 그러나 후기에 들어와 노비의 군역입속이 늘어남에 따라 공사천 중 특수한 군종에 입역하고 있는 자들 가운데 무재가 뛰어난 자를 시취하여 면천시키도록 하는 규정이 마련되고 법제화되었다.《속대전》규정에는 親騎衛나 別武士에 입속한 노비는 都試에 응시하여 沒技者나 居首者가 되면 면천하도록 되었는데, 실제로 이 규정에 따라 거수자나 몰기자는 면천되었다.

노비신분층은 군역에 입속하지 않더라도 다른 공로로도 면천이 가능하였다.《속대전》에 "明火賊 5명 이상을 잡아들인 공사천은 면천한다"고 되어 있듯이 도적을 잡으면 면천될 수 있었다. 그러나 犯越人을 잡아들이는 경우에는 1명만 잡아들여도 면천을 허가 받았다.[22] 또 정조 22년(1798) 함경도 定平府에서 대화재가 났을 때 인명을 구한 노비들이 면천된 일도 있었다.[23] 이처럼 조선 후기에는 노비신분층이 공로에 의하여 면천을 허가 받는 것이 그렇게 어려운 일만은 아니었다.

조선왕조는 유교정치를 표방하였으므로 유교에서 강조하는 인륜을 중요시하

19)《英祖實錄》권 17, 영조 4년 4월 신사.
20)《英祖實錄》권 22, 영조 5년 4월 경진.
21) 平木實,《朝鮮後期奴婢制硏究》(知識産業社, 1982), 159~165쪽.
22)《承政院日記》776책, 영조 10년 3월 20일.
23)《備邊司謄錄》190책, 정조 24년 윤 4월 12일.

여 충효 등의 덕행을 실천한 자들에게는 특별한 은전을 베풀고 포상함으로써 그러한 덕행을 장려하는 일이 거의 전시대를 통하여 행해지고 있었다. 노비들도 이러한 국가시책에서 제외될 이유는 없었고, 따라서 이들이 유교적 덕행을 실천하는 경우에는 국가에서 이들을 포상하였기 때문에 노비들 가운데에는 그 덕행의 정도에 따라 면천을 허가 받은 자들도 있었다. 이인좌의 난 때 兵使 李鳳祥과 함께 순절한 기생 洪霖을 묻어준 청주영기 海月은 그 일로 면천됨과 동시에 給復을 받았다.[24] 또한 홍림의 아들도 절의를 지킨 사람의 아들이라 하여 면천되었다.

이외에도 부유한 노비들은 자기 대신 다른 노비를 매입하여 충당하고 자신은 면천되는 代口贖身에 의해서도 쉽게 면천될 수 있었다. 이 경우에 문제가 되는 것은 돈이나 재산이었다. 대구속신의 제도는 신분제도가 동요하는 가운데 국가에서 필요한 최소한의 노비를 확보하려는 당국의 의도에서 만들어졌다. 이 제도는 주로 大王姓자손이나 사족의 천첩소생, 양인을 모칭하여 과거에 합격한 자들의 면천을 위한 편법으로 이용되었다.

조선 후기에 노비신분층은 이러한 합법적인 방법 외에 이것이 불가능할 경우에는 비합법적인 방법을 통하여 신분을 상승시켜 갔다. 노비신분층의 비합법적인 신분상승의 방법으로는 도망과 신분모칭이 주로 이용되었다. 도망의 경우 그 자체로는 신분상승이 바로 이루어지는 것이 아니겠지만, 도망하여 그들이 신분을 모칭하였을 것임은 더 말할 것도 없으므로 도망도 결국은 비합법적인 신분상승의 통로의 하나로 기능하였다.

조선 후기에는 도망노비가 급증하여 이것이 노비제 붕괴의 가장 큰 요인이 되었으며, 그 당시 노비도망현상은 노비해방운동으로 파악되기도 한다.[25] 실제로 그 때에 노비의 도망이 만연하였음은 영조 8년(1732) 좌의정 趙文命이 "근래 公私賤으로 은닉하는 자들이 도처에 있다"[26]고 한 말로 미루어 알 수 있다.

이러한 노비의 도망은 유민의 발생과 무관하지 않았다. 특히 흉년이 들면

---

24) 《英祖實錄》 권 28, 영조 6년 12월 갑인.
25) 鄭奭鍾, 《朝鮮後期社會變動硏究》(一潮閣, 1983), 287쪽.
26) 《承政院日記》 749책, 영조 8년 9월 5일.

전국 각지에서 많은 유민이 발생하는데 그들 유민의 무리 중에는 공사천들도 다수 포함되어 있었다. 이들 유민들은 새로 거주하는 곳에서 호적에 새로 등재할 때 4祖名을 기재하도록 되어 있었는데, 공사천들은 어머니의 이름이나 소속관사·소유주를 기재하지 않고 신분을 숨김으로써,[27] 쉽게 소속관사나 상전의 지배에서 벗어날 수 있었다.

은닉하거나 도망한 노비들은 사노비의 경우 솔거노비에서 보다는 외거노비 중에서 많았으며, 특히 강변읍에서 더욱 심하였다. 외거노비는 상전과 떨어져 살고 있어서 상전의 감독의 손길이 제대로 미치지 않았던 관계로 그만큼 쉽게 도망할 수 있었을 것이며, 강변읍은 교통이 편리하여 어느 곳으로나 쉽게 도망할 수 있었기 때문이다. 이러한 추세에 따라 노비의 도망과 은루가 가속화하여 성균관노비의 경우 영조 5년부터 같은 왕 8년까지 겨우 3년 사이에 2,500여 명이나 줄어들었다.[28] 四學노비도 상황은 마찬가지여서 영조 15년 侍讀官 趙明履에 의하면 원래 수천 명에 이르던 노비가 30년 사이에 거의 다 도망하고 100명도 남지 않았다고 한다.[29]

이와 같이 조선 후기에 노비의 도망·은루가 극심해진 것은 당시의 농업 생산력의 발전, 상공업의 발달, 광산의 개발, 도시의 성장, 고용노동의 발전 등 사회경제구조의 변화로 노비들이 도망하여 신분을 감추고 생활해 나갈 수 있는 여건이 마련되어 있었기 때문이었다. 도망노비들이 몸을 숨기고 살아갈 수 있는 곳으로는 섬이나 광산·목장 또는 상업이 발달한 도시 등이 있었다. 또한 서북지방도 도망노비들이 모여드는 곳의 하나였다. 도망노비들이 섬으로 많이 모여들었던 것은 영조 27년(1751) 湖南均稅使 李㻐가 한 말에서 미루어 알 수 있다.

> 섬에는 사람들이 많이 살고 있는데, 먹고 살기가 육지보다 낫다.… 대개 섬에 사는 사람들은 죄를 저지르고 도피한 자가 아니면, 私奴로서 도망하여 숨어든 자들이다(《英祖實錄》 권 73, 영조 27년 2월 기축).

이와 같이 섬은 도망노비의 淵藪였다. 조선 후기에 섬은 궁방이나 각 사에

27) 《顯宗改修實錄》 권 14, 현종 7년 3월 병술.
28) 《承政院日記》 749책, 영조 8년 9월 2일.
29) 《備邊司謄錄》 105책, 영조 15년 11월 11일.

절수되어 어장이 설치된 곳이 많았는데, 궁방이나 각 사에서는 이를 보호하기 위하여 推奴를 금지했기 때문에 도망노비들이 많이 투속하였던 것이다.

서북지방의 변방으로도 도망노비들이 많이 모여들고 있어서 정조 8년(1784) 寧邊·孟山·江界·三水·甲山으로 왕래하는 요충에 자리한 長津柵에는 해마다 逋吏나 叛主奴 등의 죄를 짓고 도망한 무리들이 모여들어 유입인구가 3,000여 호에 이르고 있었다.[30] 서북지방은 추노가 금지된 지역이었는데다가 장진은 교통의 요지여서 생계를 유지해 가는데 별다른 어려움이 없는 지역이어서 가능하였을 것이다.

도망노비는 이 밖에도 국가에서 국방상의 요충지에 인구의 유입을 늘리기 위하여 추노를 금지한 곳으로 몰려들기도 하였다. 北關에서는 사노비라 하더라도 그의 상전이 마음대로 잡아가지 못하도록 되어 있었다. 이로 말미암아 私賤叛主者들이 서북지방으로 몰려들 뿐만 아니라, 모리배들이 양인이나 남의 노비를 유인하여 몰래 파는 현상까지도 벌어졌다.[31] 도망노비 중에는 이 밖에 추쇄가 곤란한 깊은 산속으로 숨어드는 자도 있었으며, 절에 들어가 중이 되는 자도 있었다.

도망노비들은 새로운 정착지에서 이 당시 널리 발달하고 있던 고용노동으로 자신의 노동력을 판매하거나, 장시 등에서 상업에 종사하면서 생계를 유지할 수 있었다. 이 때 고용노동은 거의 모든 부면에서 일반화되고 있었다. 먼저 중앙에서는 종래 양인의 부역동원으로 유지되던 각종 군역이나 신역, 공노비의 선상·입역으로 운영되던 중앙 각사의 노비노동은 물론이고, 皁隷나 궐내 각처의 掖隷까지도 雇軍 즉 고용노동력으로 충원되고 있었으며, 국가에서 실시하는 각종 토목공사에서도 광범위하게 모립되고 있었다. 이러한 사회적 추세에 따라 고용노동은 도성에서는 물론이고 광산촌·수공업장뿐만 아니라 지방도시나 포구·농촌 등지에서까지 널리 이용되었다.

도망한 노비들은 신분을 모칭하여 노비신분에서 벗어나려 했을 것이다. 노비들이 도망하거나 유리하여 신분을 감추고 換父易祖하여 양인신분을 모칭하는 현상이 조선 후기에 들어와 증가하고 있었다. 도망한 노비들은 남의 족보

30) 《備邊司謄錄》 167책, 정조 8년 11월 11일.
31) 《承政院日記》 783책, 영조 10년 7월 5일.

에 모록하여 신분을 속이는 경우도 있었으며, 姓을 갖추고 감영에 議送을 제출하는 등의 행위를 통하여 양인을 칭하는 현상도 나타나고 있었다.[32] 노비들이 구체적으로 신분을 모칭하여 노비신분에서 벗어나려 할 경우에는 호적이나 족보를 위조하는 방법 외에도 면천·속량 후 補充隊에의 입속·去官규정을 이용하여 보충대 입안을 위조하거나 노양처소생종모종량법이 실시된 이후에 출생한 것처럼 속이는 방법이 이용되기도 하였다.

이 때 도망한 노비의 후손들은 양인을 모칭하는데 그치지 않고 幼學이나 宗班, 또는 勳族 등 양반의 후예임을 모칭하는 자들도 적지 않았다. 순조 24년(1824) 경상도 禮安縣에 사는 黃流贊 등 13명은 본래 사천이었는데, 환부역조하여 平海君의 자손임을 모칭하고 충의위에 입속한 바 있었다.[33]

노비들 중에는 신분모칭에 그치지 않고 나아가 과거에 급제하여 출사하는 자까지도 있었다.

> 할아버지와 아버지가 생원시나 진사시에 합격한 자로서 그 자손이 양인을 모칭한 자는 양인이 되는 것을 허락하고, 아버지가 생원시나 진사시에 합격한 자로서 그 아들이 양인을 모칭한 자나 할아버지와 아버지가 隱漏하여 양인을 모칭하고 과거에 합격하지 않았다 하더라도 그 손자로서 생원이나 진사시에 합격한 자는 代口贖身을 허락한다(《續大典》 권 5, 刑典 公賤).

이 규정은 효종 6년(1655) 전국적으로 공노비추쇄사업을 실시할 때 처음 마련된 것으로, 이것이 《속대전》에 법제화되었다. 실제로 효종 때의 추쇄과정에서 노비가 양인신분을 모칭하여 과거에 합격한 자들의 자손이 추쇄대상이 되었는데, 이 규정이 적용된 경우가 상당수 있었다. 이 규정의 적용에는 자수가 전제가 되었다.

이러한 사회분위기와 병행하여 사회경제의 진전으로 피지배층의 자각이 늘어감에 따라 노비신분층은 그들의 상전이나 지배층에 항거하여 신분상승을 도모하였다. 노비 중에서는 상전에게 적극적으로 저항하는 자들이 늘어나고 있어서 일부 가난하고 세력이 없는 노비소유주들은 노비들의 저항으로 推奴나 收貢을 제대로 실시하지 못하고 있기도 하였다.

---

32) 《承政院日記》 697책, 영조 5년 11월 22일.

33) 《各樣論報謄書》, 갑신 11월 25일(여강출판사 영인본, 1987), 508쪽.

노비신분층의 반항은 단순히 신공납부의 기피나 도망에 그치지 않고 심한 경우 상전이나 상전의 가족을 살해하는 일까지도 흔히 일어나고 있었다. 숙종년간에는 사노들이 殺主契를 조직하여 상전을 살해하고 노비신분에서 벗어나려 하고 있었다.[34] 이러한 현상은 영조년간에도 계속되어 할아버지와 아버지·아들 3대가 한꺼번에 노비에게 살해당한 일까지 있었다.[35]

노비 중에는 도망하여 도적의 무리에 가담하거나 반란에 가담하여 지배체제에 적극적으로 항거하는 자들까지 나타났다. 이러한 움직임이 아직은 체제변혁운동으로까지 발전하지는 못하였지만 신분제의 해체에 영향을 미친 바는 적지 않았을 것이다. 이러한 움직임도 그들의 신분상승 욕구와 전혀 무관한 것이 아니었다. 이와 같은 현상은 어느 경우를 막론하고 조선사회의 신분구조를 크게 변질시켰다. 이러한 추세는 역사의 진전과 더불어 더욱 광범위하게 전개되어 갔다.

4) 내시노비의 혁파

조선 후기에 노비신분층이 동요하는 가운데 노비의 사회경제적 존재양태의 변화에 대응하여 국가에서는 정책적으로 선공의 감액, 추쇄관의 폐지와 比摠法의 실시, 면천·속량의 확대 등을 추진하였다. 이러한 정책은 영조년간에 집중적으로 실시되었다. 그러나 노비신분층의 동요는 정조년간 이후에 더욱 심화되어 갔다.

정조대 노비의 감축이 극심하게 된 데에는 신역의 과중보다는 오히려 노비신분층의 자각이 촉진되어 '역중명천'한 노비라고 하는 신분 자체를 싫어하여 노비신분에서 벗어나려는 데에 있었다. 즉 신역이 고되고 벅차서보다는 신분적 차별에서 받는 고통을 참지 못하여 도망하거나 은루하는 노비가 급속히 증가하였던 것이다. 이러한 사정은 정조 8년(1784) 洪忠監司 金文淳의 지적에 잘 나타나 있다.

> 노비들이 처자를 이끌고 도망하여 아버지와 할아버지의 이름을 바꾸는 등 간계를

34) 鄭奭鍾, 앞의 책, 23~26쪽.
35) 《備邊司謄錄》 104책, 영조 14년 12월 26일.

> 다하는데, 한 사람이 행하면 모든 사람이 동정한다. 이러한 일이 모든 고을에 다 마찬가지이니 어찌 노비수가 줄지 않겠는가. 이러한 일이 일어나는 것은 신공의 마련이 어려워서가 아니라 노비라는 천한 명칭에서 벗어나기가 어렵기 때문이다(《備邊司謄錄》 167책, 정조 8년 10월 29일).

과중한 부담을 피하려는 경우이거나 노비라는 미천한 명칭을 싫어하여 노비신분 자체를 벗어버리기 위한 경우이거나 간에, 노비의 감축이 증가하면 할수록 비총법으로 신공을 내야 할 노비수가 고정되어 있는 상황 아래에서는 族徵·隣徵·黃口侵徵이나 白骨徵布 등의 폐단이 나타날 수밖에 없었다. 여기에다 서리 등의 중간관리층의 농간까지 겹쳐 남아 있는 노비들의 부담은 더 무거워지기 마련이었다.

실제로 정조 14년 경상도 咸陽에서는 노비안에 올라 있는 200여 명의 노비가 아기[岳只]·조이[助是] 등의 같은 이름으로 되어 있었으며, 실제 거주 여부나 부모의 이름은 기재하지 않고 대신에 일가 친척만을 세대의 원근을 따지지 않고 기록하고 있었다. 이에 따라 실제로 존재하는 노비는 한 사람이 7, 8명의 身布를 부담하게 되어 일단 寺奴案에 기재되면 결혼도 못하고 홀아비나 과부가 될 수밖에 없는 실정이었다. 이러한 노비안을 근거로 신공을 거둠으로써 逃故白徵의 폐가 극심하여 심지어는 죽은 아들의 무덤을 파서 시체를 지고 와 호소하는 일까지도 벌어졌다.[36] 이것은 실제로 노비의 감축은 심하였는데도 비총법으로 신공을 거두어야 할 노비의 수가 고정되어 있었기 때문에 나타난 현상이었다.

경주부의 경우에도 상황은 마찬가지여서 노비안에 기재된 노비 5,116명 가운데 도망했거나 죽은 사람, 실제로 존재하지 않은 거짓이름으로 되어 있는 사람이 2,081명이 되었으며, 여기에 거지가 되어 떠돌아다니는 사람이 156명이나 되어 이들을 제외한 2,879명이 도내에 흩어져 살고 있었으나, 이들 중에도 일정한 거처가 없는 사람이 244명이나 되어 전체 5,116명의 노비 가운데 2,881명이 인징이나 족징에 의한 납포자였다. 또 도내에 흩어져 살고는 있지만 거처가 일정하지 않아 신공을 거둘 수 없는 자들의 身布도 족징·인징으로 거두어들였으므로 실제 족징·인징의 수는 기록보다 훨씬 많았다. 이런 상황에서

36) 《正祖實錄》 권 30, 정조 14년 4월 정사.

가난한 노비들이 자신의 신포도 마련하지 못한 데다가 隣族의 몫까지 대납하게 되어 이들 또한 유리하여 거지가 될 수밖에 없었다. 이러한 일이 되풀이됨으로써 노비가 날로 감축되어 노비안은 한낱 빈 장부에 불과할 뿐이었다.[37] 이러한 현상은 軍威縣이나 綾州牧의 경우에도 마찬가지였다. 군위현의 경우에는 노비안에 오른 노비 162명 가운데 실제 거주하는 노비는 14명에 불과하였으며,[38] 능주목의 경우에는 노비안에 오른 노비 가운데 100세 이상 되어 이미 죽은 사람을 제외하면 대부분이 거짓으로 지어 올린 이름으로 실제로 본인이 신포를 바치는 사람은 10명 중 한두 명도 안되는 실정이었다.[39]

이것은 어느 일부 지역에만 한정된 현상이 아니어서 노비신공으로 재정을 꾸려가는 관서에서는 심각한 재정부족에 맞닥뜨렸다. 상의원은 2,100여 명이나 되던 노비가 거의 다 도망치고 400여 명만이 남아 재정부족으로 모양을 갖출 수가 없는 형편이었다.[40] 성균관도 사정은 마찬가지여서 추쇄관을 혁파한 후 노비의 도망이나 사망은 날로 늘어가는 반면에 출생은 전혀 보고되지 않아 신공의 수납량이 해마다 줄어들어 노비감축에 따른 재정부족에 직면하고 있었다.[41] 영조 31년(1755) 노비신공을 감액할 때 다른 중앙 관사의 寺奴婢를 이속받고 급대를 맡은 호조의 사정은 더욱 심각하였다. 감공이 실시된지 4년밖에 안된 영조 35년에 호조에서 지급해야 할 각사노비 이속원수에 대한 급대량이 布 31同이었는데, 거두어들이는 신공량은 겨우 10여 동에 불과하여 이미 20여 동의 결손을 보고 있었다.[42]

이와 같이 비총법을 실시한 후 노비수가 급격히 감소하였으며, 남아 있는 노비들도 부유한 노비나 세력있는 노비는 모두 면천되고 거지와 같이 의지할 곳 없는 노비들이 대부분이었다. 따라서 이들은 자신들의 신공조차 마련하기 어려운 처지에 놓여 있었기 때문에 실제로 이들에게 신공을 거두는 것이 불가능한 형편이었다. 이에 따라 노비의 신공으로 유지되던 각사의 재정이 부족하

37) 《承政院日記》 1,798책, 정조 22년 10월 11일.
38) 《承政院日記》 1,802책, 정조 22년 12월 17일.
39) 《正祖實錄》 권 49, 정조 22년 9월 갑술.
40) 《備邊司謄錄》 182책, 정조 18년 9월 16일.
41) 《承政院日記》 1,267책, 영조 43년 5월 15일.
42) 《備邊司謄錄》 136책, 영조 35년 정월 16일.

게 되어 국가로서는 이제 노비제 자체를 고려하지 않을 수 없었다. 그 결과 정조 후반에 이르면 노비제 폐지론까지 대두하게 되었다.

국가의 입장에서는 현실적인 여건으로 보아도 양역이나 노비신공이 다같이 1필이었기 때문에 이들을 구태여 노비라는 명칭으로 묶어둘 필요는 없었을 것이다. 차라리 노비를 양인으로 풀어줌으로써 名賤에서 오는 도망이나 은루를 방지함과 아울러 은루노비의 출현을 기대할 수 있어 오히려 국가로서는 재정부족을 타개할 수 있는 방편이 될 수도 있었던 것이다. 더욱이 당시는 면천·속량의 확대, 노양처소생종모종량법의 실시, 노비의 군역차정 등 일련의 노비정책으로 노비의 양인으로의 신분상승이 이전보다 쉬워져 양인과 노비와의 신분적 차이가 많이 좁혀져 있었다. 이러한 시대적 배경에서 정조 후반기에는 위정자들 사이에 국가재정과 밀접한 관계가 있는 內寺奴婢혁파론이 제기되었다.

이 당시 노비제를 개혁하려는 논의의 초점은 주로 내시노비의 폐를 제거하는 데에 있었다. 내시노비의 폐를 제거하자는 데는 이론이 있을 수 없었지만 이를 개혁하려는 구체적인 방법에는 대체로 두 가지 방향으로 논의가 전개되었다. 하나는 내시노비 자체를 혁파하여 양역으로 전환하자는 쪽이었으며, 다른 하나는 이와 반대로 내시노비 자체는 그대로 두고 실제 운용의 묘를 살려 말폐만을 제거해 보자는 쪽이었다. 내시노비혁파론자들은 대체로 다음과 같은 논거로서 주장하였다.[43]

① 奴나 양민이 다 같은 백성인 동시에, 奴가 내는 베나 양인이 내는 베가 똑같은 베로서 국가의 需用에 쓰이는 것은 동일하다.

② 내시노비혁파 이외의 개혁은 결국 말폐만을 제거하는 것이 되어 또 다른 폐단을 야기시킨다.

③ 노비를 양인으로 풀어줌으로써 이름이 천한 데서 오는 도망과 은루가 없어지고, 출생자가 날로 늘며, 도망한 자나 은루한 자가 다시 나타남으로써 인구가 해마다 증가하여 오히려 국가재정상으로도 이익이 된다.

④ 백성들에게는 노비에 연루될 염려가 없어지고, 국가에는 貢額이 감축될 염려가 없어 공사 모두 편하다.

⑤ 내시노비혁파 반대론자들의 주장인 명분이란 것도, 箕子가 처음 노비제를 실

43) 全炯澤, 앞의 책, 232~233쪽.

시한 것은 절도를 규제하기 위한 것이었지 자손 대대로 노비를 삼으려 했던 것이 아니므로 노비제폐지가 옛법에 어긋나는 것은 아니다.

경주부윤 吳鼎源은 노비를 혁파하고 비총수를 良丁으로 메우면 양정의 부족을 가중시킨다는 반론에 대하여 다음과 같이 구체적인 대안까지 제시하였다.

노비가 가장 많은 경주부의 경우에도 5,116명의 노비를 혁파하고 양정으로 메울 때 필요한 양정 실수는 600명에 불과한데, 노비혁파로 양정이 될 자가 300명이 있으므로 나머지 300명을 각 마을에 배정하면 한 마을당 1명에 불과하여 아주 작은 마을에서도 별 문제점이 없다(《承政院日記》 1,798책, 정조 22년 10월 11일).

내시노비혁파를 주장한 인사들은 대부분이 노론계였다. 그런데 내시노비혁파론에 대한 반론도 만만치 않았다. 내시노비혁파를 반대하는 자들의 논거는 이와 반대되는 입장에서 전개하고 있다. 첫째, 양정 자체도 부족한 터에 노비를 혁파하고 이를 양정으로 메꾸는 것은 양정의 부족을 가중시켜 백성을 소요시킨다. 둘째, 내시노비를 혁파하면 사노비들이 이를 본받게 되어 叛主의 폐가 일어난다. 셋째, 조선 전래의 成憲을 문란케 하여 명분을 흐리게 한다는 것이었다.

이들 내시노비혁파에 반대한 인사들은 대부분이 정치적으로 莊獻世子의 불행에 동정하였던 時派에 속하였으며, 그 중에서도 노양처소생종모종량법의 실시에 반대의 입장을 고수하였던 남인계가 많았다. 이러한 정치적 정세로 정조 자신이 노비신분층에 대하여 깊은 이해와 동정을 가지고 있으면서도 이들과 정치적으로 견해를 같이하게 되어 명분론에 동조하여 내시노비혁파를 반대하였던 것으로 보인다.

정조는 蕩平策을 실시하여 남인을 중용하였을 뿐만 아니라 그의 아버지 장헌세자와의 관계로 시파를 옹호하는 입장에서 남인 시파인 蔡濟恭을 영의정으로 발탁하였다. 실제로 채제공은 정조 14년(1790) 좌의정으로 있을 때 咸陽査正御史 崔顯重이 시노비를 혁파하여 寺保로 개칭하자고 주장한데 대하여, 양민에 폐해가 미친다는 이유로 이를 반대한 일이 있었다.[44] 따라서 정조가 살아있고 정조의 두호를 받는 남인 시파의 영수인 채제공이 영상의 자리에 있는

44) 《承政院日記》 1,676책, 정조 14년 4월 14일.

한 노론 벽파 인사들의 주장인 내시노비혁파론이 받아들여지기는 어려운 일이었다.

그러나 정조가 죽고 노론 벽파 일색으로 정부가 구성되자 사태는 일변하여 그 이듬해인 순조 원년(1801) 정월에 곧바로 내시노비를 혁파하여 이들의 신분을 양인으로 상승시켰다.[45] 이 때 양인신분으로 전환된 노비신분층은 내수사를 비롯한 각 궁방의 내노비 36,974명과 중앙 각사의 시노비 29,093명 등 모두 66,067명이었다. 이 숫자는 그 당시 실제로 존재했던 내시노비의 실수효가 아니라 비총법에 정해진 신공을 수납해야 할 수에 불과한 것으로, 실제로는 이보다 훨씬 적은 인원만이 존재하고 있었던 것으로 생각된다. 내시노비혁파로 못 받게 된 내수사 및 각 사의 노비신공에 대한 급대는 壯勇營에서 맡도록 하였다.[46]

내시노비를 혁파한 뒤에도 중앙 관사의 공노비가 아주 없어진 것은 아니었다. 내시노비혁파 전에 호조에 소속시켜 寺奴의 예에 따라 신공을 거두던 적몰노비 가운데 지방고을에 거주하는 노비는 해당 고을의 관노비로, 중앙에 거주하는 노비는 형조에 이속시켜 부리도록 하여 형조에는 내시노비혁파 후에도 노비가 소속되어 있었던 것이다.[47] 그러나 이 때 형조에 소속된 노비와 이전의 내시노비는 '使役'과 '收貢'이라는 면에서 기본적으로 차이가 있었다.

18세기에 들어와 노비의 감소가 격증한 것은 공노비뿐만이 아니라 사노비에 있어서도 마찬가지였다. 공노비에 대한 여러 가지 시책 — 예컨대 노비신공의 감액, 노양처소생종모종량법의 실시 등 — 이 사노비에게까지 적용되었던 까닭으로 내시노비혁파는 언젠가는 노비제 자체의 폐지를 암시하는 것이었고, 이미 중세적인 신분제도 붕괴의 한 단서를 마련했다는 데에서 내시노비혁파의 의의를 찾아볼 수 있다. 그러나 이것은 또한 정부에 의한 것이었으며, 국가의 통제하에 있던 노비에 국한된 것이었기 때문에 사회경제사적 의미에서는 그만큼 제약성을 가질 수밖에 없다.

한편 같은 공노비이면서도 내시노비를 제외한 역노비와 지방의 영·진이나

45)《純祖實錄》권 2, 순조 원년 정월 을사.
46)《承政院日記》1,832책, 순조 원년 정월 28일.
47)《承政院日記》1,841책, 순조 원년 9월 20일.

각 고을의 관아 및 향교에 소속되어 있는 노비는 공노비혁파의 대상에서 제외되었다. 각 고을의 관노비가 혁파에서 제외된 것은 이들이 중앙 각사나 내수사에 신분적으로만 예속되어 신공만을 납부하고 있던 내시노비와는 달리 입역으로 그들의 임무를 이행하고 있었기 때문이다. 그러나 이들도 고종 23년(1886)에 이르러 사노비와 더불어 신분세습제가 폐지되어 자기 한 몸에 한하여 사역되다가,[48] 고종 31년 갑오개혁이 실시되면서 신분제도가 폐지되어 제도상으로 완전히 사라지게 되었다.[49]

노비제의 폐지는 역사적으로 대단히 큰 의미를 갖는다. 그것은 단순히 신분사적으로 천민해방을 의미하는 것에 그치는 것이 아니라 신분제의 폐지를 의미하며, 동시에 신분제를 바탕으로 성립된 중세봉건사회의 해체를 의미하기 때문이다. 따라서 신분사적으로 본다면 조선 후기는 한국 중세사회의 마지막단계에 해당한다 할 것이다.

〈全炯澤〉

48) 《承政院日記》, 고종 23년 정월 2일.
49) 《高宗實錄》 권 32, 고종 31년 6월 28일.

Ⅱ. 향촌사회의 변동

1. 친족과 촌락구조의 변화
2. 지방행정체제의 변화
3. 호구정책의 강화
4. 향촌자치체계의 변화
5. 계의 성행과 발전

Ⅱ. 향촌사회의 변동

1. 친족과 촌락구조의 변화

1) 친족·문중조직의 변화

조선 후기의 향촌사회구조는 여러 측면에서 변화의 양상을 보여주고 있었다. 그 중에서 여기에 다루게 될 촌락과 친족조직은 향촌사회의 가장 기초단위이자 말단구조였고, 이들 역시 이 시기에 괄목할 만한 변화를 보여주고 있었다.

일제시대의 식민사학자들은 조선시대의 가족제도나 상속제도가 대체로 부계친족을 중심으로 하는 중국의 종법제도와 같은 형태로서 그것이 조선시대 온기간 동안 일반적이었던 것으로 파악하였다.[1] 그러나 17세기 중엽 이후부터는 본질적으로 다른 모습으로 변화되었음이 1970년대 이후 이루어진 일련의 사회사연구에 의해 밝혀졌다.[2] 대체로 조선 후기 친족체계 변화의 주된 골격은 내외친이 망라되는 양계친족에서 嫡長子 중심의 부계친족으로 특징지워지며, 이는 제사상속 및 분재상에서 장자우대의 경향, 족보에서 친족의 수록범위 축소, 입양제도의 변화, 그리고 동족마을의 형성 등으로 예증되었다. 부연하면 지금은 대체로 17세기 중엽을 분기점으로 하여 부계친족 중심의 문중 결속력이 강화되고 이를 통해 새로운 가족 및 친족과 결합된 모습이 정착되어 간 것으로 보는 쪽이다. 그러나 이러한 변화가 왜 일어났으며 변화의 요인이

---

1) 善生永助, 《朝鮮の聚落》(朝鮮總督府 中樞院, 1933)과 《李朝の財産相續法》(朝鮮總督府 中樞院, 1936) 등이 대표적인 연구이다. 이들 연구에서는 男女差別·同姓不婚·異姓不養·長子奉祀·大家族制 등이 조선시대에 같은 모습으로 지켜졌다고 보았다.

2) 崔在錫, 〈朝鮮時代 相續制에 관한 硏究〉(《歷史學報》 53·54, 1972).
———, 〈朝鮮時代의 族譜와 同族組織〉(《歷史學報》 81, 1979).
———, 〈朝鮮時代 門中의 形成〉(《韓國學報》 32, 1983).
———, 〈17세기 親族構造의 變化〉(《정신문화연구》 24, 1985).
李光奎, 〈李朝時代의 財産相續〉(《韓國學報》 3, 1976).
金容晩, 〈朝鮮時代 均分相續制에 관한 一硏究〉(《大丘史學》 23, 1983).

무엇이었는지, 또 조선 후기의 향촌사회구조 변화와 친족의식 변화가 어떻게 선후로 연결되는지에 관한 因果의 해명은 아직 불분명한 상태이다.[3)]

한편 이와 같이 17세기 중엽 이후 서서히 나타나기 시작한 친족체계의 변화가 보다 구체적인 모습으로 드러나는 것은 18세기 이후이다. 그리고 그 모습을 문중활동이라는 새로운 사회현상을 통하여 확인할 수가 있다. '門中'은 친족 사이의 결속범위나 친소관계를 결정하는 용어로, 실제 조선 후기의 향촌사회구조 속에서 이 같은 문중적인 조직의 모습은 매우 다양한 형태로 구체화되었다. 더욱이 이들이 단순한 친족 내적인 결속만으로 그치지 않고, 그 결집된 힘을 사회구조 속에 강하게 투영시키려 하였다. 족적인 결합의 범위와 친소관계를 새로운 종법질서로 재편하려던 움직임을 17세기 중엽 이후에서 볼 수 있었다면, 18세기 이후의 친족결속력과 친족조직(문중조직)은 일종의 단위 사회세력으로 존재(기능)하고 있었던 것이다. 이러한 변화는 결국 여러 형태의 사회사적 및 경제적인 현상들과도 밀접히 연결되고, 이에 따라 문중활동의 제양상도 이 시기 향촌사회구조 변동에 직접·간접으로 많은 영향을 미치고 있었다.

(1) '문중'의식의 형성

가족 및 친족제도로 반영되는 문중의 범위와 성격은 조선 전기와 조선 후기

---

3) 이와 관련하여 李樹健은 주자학(가례)의 보급과 진전 속도의 차이가 친족체계의 변화에 크게 작용하였음을 지적하고, 金容晩도 이를 적극 수용하였다(李樹健, 〈朝鮮前期의 社會變動과 相續制度〉, 《歷史學報》 129, 1991).
한편 鄭勝謨는 이와 다른 시각에서 이같은 문중의식의 변화가 가문의 수적 팽창과 불균등 발전(분화)에 기인하는 것으로 보고 있다. 그는 족적 결합이 이루어지기 위하여는 여러 대에 걸친 재생산과정이 선행되어야 하기 때문에 임란 이후에 族結合이 갑자기 이루어진다고 보는 견해는 문제가 있음을 지적하고, 조선 후기 주요 성씨들의 유대가 그 이전의 개인적·가문적 차원의 횡적 유대에서 성씨 또는 종족 중심의 종적 유대로 바뀜과 동시에 친족의 유대도 집단을 앞세운 종적인 관계의 강조로 처가·외가를 통한 개인적인 횡적 유대가 제약받게 된 것으로 이해한다(鄭勝謨, 〈鄕村社會 支配勢力의 形成과 組織化 過程〉, 東洋學學術會議발표요지, 1989).
또 崔在錫은 '이것은 다른 사회적·정치적 문제와 관련되며, 특히 조선 중기 이후 서인의 발달이나 정치집단(당파)간의 갈등 격차와 밀접한 관계, 한편으로는 임란 이후의 사회적 궁핍을 극복하기 위한 사회의 집단화 현상의 결과라고 간주' 할 수도 있음을 지적하였다(崔在錫, 위의 글, 1979, 79쪽).

가 크게 다르다. 조선 전기의 가족 및 친족제도는 상속이나 제사관행을 통해서 확인되듯이, 중국의 종법체계와는 차이가 있었다. 조선 전기는 고려의 불교의례와 비종법적인 친족체제가 성리학의 보급과정을 통하여 점차 성리학적 禮制로 개혁되어 가는 과도기였다. 이러한 과도기적인 성격을 가장 잘 보여주는 것이 혼인에 있어서의 男歸女家婚이다. 그리고 이러한 혼인관습은 단순한 혼인의 습속으로 그치는 것이 아니고, 친족의 인식범위나 제사 및 재산의 상속 등 여러 사회관습에 작용하여 부처·자녀·친손과 외손을 동일시하는 '兩系親族=非父系親族體系'를 존속하게 하였다.

그런데 이러한 친족 및 종법의식은 사족들의 성리학 이해가 심화되고, 《朱子家禮》가 적극적으로 보급되면서 점차 변모하여 갔다. 더욱이 양란 이후 체제유지를 위하여 집권사족들이 예론을 중시한 경향은 이러한 변화를 가속화시켰다. 바로 이러한 사회사상적 배경에 기초하면서 조선 전기의 가족 및 친족의식은 17세기 중엽을 분기점으로 부계친족 중심의 문중결속과 이를 통한 전면적인 친족결합 모습의 재편을 이루었던 것으로 보여진다. 이제까지 밝혀진 부계친족 중심의 친족의식은 제사상속 및 분재상에서 남녀차등 및 장자우대의 경향, 족보에서 보여지는 여계친족 수록범위의 축소, 입양제도의 일반화 등으로 요약된다. 아울러 이러한 가족 및 친족의식의 변화는 향촌단위의 사회구조상에도 반영되어 족계나 문중조직의 발달, 동계나 문중서원의 발달, 동족마을의 형성이라는 조선 후기 문중활동의 기반이 되었다.[4]

조선 후기에 가족 및 친족에 대한 관념상에서 나타나는 커다란 변화는 우선 남귀여가혼의 관습이 사라져 갔다는 점이다. 이는 모계친족과의 상관이 점차 축소됨을 의미하는 것으로서, 조선 후기까지도 유제가 부분적으로 남기는 하지만, 17세기 후반에는 壻留婦家의 기간이 1년 또는 반년 정도로 단축되었고 이후 가부장적인 부계친족제가 더욱 일반화되면서 점차 해소되어 갔다. 이러한 부계친족 중심의 친족의식은 친족범위를 축소시켜 족보의 기록범위와 기록방식도 변하게 만들었다. 조선 후기의 족보들은 조선 전기의 족보와 분명히

4) 李海濬, 〈朝鮮後期 門中書院 發達의 推移〉(《擇窩許善道先生停年紀念 韓國史學論叢》, 一潮閣, 1991).
———, 〈朝鮮後期 門中活動의 社會史的 背景〉(《東洋學》 23, 檀國大, 1993).

구별되는 특징을 보여준다. 즉 조선 전기의 족보는 부계를 기준으로 하면서 동시에 '父－子系'와 '父－女系'가 동일한 체계와 비중으로 기재되었다. 그러나 조선 후기의 족보에서는 외손의 수록범위 축소, 자녀의 기록순서가 나이순에서 先男後女로, 嫡庶를 구분하면서 입양자가 증가하는 등의 변화양상이 구체적이고 일반적으로 발견된다. 17세기 후반 이후 간행되는 부계친족 중심의 족보들은 대부분이 '詳內略外'를 표방하면서, 그리고 여계는 사위와 그 외손1대에 한정하여 기록하는 경향이 일반적이다.[5] 이러한 17세기 중엽 이후의 변화는 점차 가속화하여 대체로 18세기 중엽에 이르면 보편화된 것으로 보여진다. 이는 입양결정이 부계친족과 모계친족간의 합의에 의해 이루어지는 경향을 통하여 잘 살필 수 있다. 즉 입양과정에서 부변과 모변의 양변합의 비중은 광해군 10년(1618) 96%, 인조 13년(1635) 100%, 숙종 3년(1677) 69%, 숙종 34년 23%, 숙종 43년 2.9%로 나타난다.[6] 이를 보면 17세기 전반기만하여도 부변과 모변의 합의가 거의 일반적으로 이루어졌지만, 이후 점차 감소되는 추세를 보이다가 18세기 전반 이후는 거의 처변이 제거되어 부계친족 중심으로 고정되는 양상을 살필 수 있다.

부계친족 중심의 친족체계는 재산과 제사의 상속에 있어서도 커다란 변화를 일으켰다. 내외친을 망라하는 조선 전기의 친족관념하에서는 재산상속에서 자녀는 균분이었을 뿐만 아니라 분재되는 재산의 유래도 부변·처변·모변 등으로 엄격하게 구분하는 것이 일반적이었다. 그러나 적장자를 중심으로 하는 친족체계 아래서 17세기 중엽 이후는 장자우대, 남녀차등이라는 경향이 일반화되어 갔다.[7] 이를 통해서 조선 전기의 균분제는 17세기 중엽부터 차츰 무너

5) 친족의 결속력과 그 범위를 살피는 데는 行列의 사용도 주목된다. 이를 文化柳氏의 사례를 통해 보면 1340～1640년대(13～15세) 형제사용에서, 1430～1640년대(16～20세) 형제·4촌·6촌까지의 行列 사용이 일반적이었으나(이는 조상제사가 증조부모까지였던 이 시기의 제사관행과도 관련된다고 생각됨), 대체로 17세기 중후반에 해당되는 22세부터는 8촌까지의 항렬 사용이 일반화된 것을 볼 수 있다. 이는 우리가 흔히 고조부모 이하를 '堂內'로 부르는 것과 일치하며, 이후의 시기에는 10촌·14촌으로 확대되어 고종 원년(1864)의 족보에서는 완전한 대동항렬이 사용되기에 이른다.

6) 崔在錫, 〈朝鮮時代 養子制와 親族組織〉(《歷史學報》 86, 1980).

7) 崔在錫, 앞의 글(1972). 이와 함께 재산의 소유 계기도 전과 같은 모변이나 처변의 구분이 사라지고 다만 '傳來財産'으로 단일화하는 현상이 나타난다. 崔在

져 장자우대나 남녀차등 분배의 모습이 나타나기 시작하고 18세기 중엽 이후가 되면 균분상속은 거의 사라지고 대체로 장자우대와 남녀차등의 분재가 일반화되었음을 확인할 수 있다.8)

그러면 조선 전기의 균분상속제가 어떠한 이유로 17세기 후반 이후는 점차 차등상속의 경향으로 변화된 것일까. 이에 대해서는 여러 측면의 가능성을 생각하여 볼 수 있다. 조선 전기의 사회적 배경하에서 발생했던 균분상속제가 17세기 이후 해소되고 차등제로 변화하는 배경은, 균분상속제가 오랜 기간 동안 시행되면서 결국 사족들의 가산분할을 초래하고 대부분의 사족들로 하여금 세대가 내려갈수록 빈곤화와 생산력 저하를 맞게 했으며, 이것이 결국 차등상속의 한 원인이 되도록 만들었을 것이다. 즉 재산의 자녀균분은 15세기 상황에서는 사족들의 재산확대의 수단과 과정으로 긍정적인 작용을 하지만 실제 균분상속의 지속은 사족의 재산소유를 영세화시켜 17세기 이후는 그 장애의 요인이 될 수도 있었던 것이다. 그리하여 이에 대한 반대현상으로 차등상속이 나타날 수도 있었다고 보는 것이다.9)

이와 더불어 재산의 균분상속이 차등상속으로 변화되는 요인으로는 장자중심의 가부장제에 입각한 종법질서의 강화를 들 수 있다. 부계친족 중심의

錫의 분석에 의하면 분재의 시기별 변화는 다음의 표와 같이 나타난다. 이러한 현상은 균분상속의 기본틀이 무너지고 있음과 균분상속이 지켜지지 않으면서 처변재산의 감소를 반영하는 현상으로 보여진다.

〈분재기에 나타난 노비 및 (토지)분재의 시기별 통계〉

구　　분	1500~1649	1650~1749	1750~1850	계	비율(%)
균 분	21(21)	22(19)	0(4)	43(44)	66(52)
장 남 우 대	1(1)	8(4)	0(1)	9(6)	14(　7)
남 녀 차 별	0(1)	2(1)	0(8)	2(10)	3(12)
남자균분·여자차별	0(0)	4(5)	1(5)	5(10)	8(12)
장남우대·여자차별	0(0)	0(2)	2(1)	2(3)	3(　3)
장남 아닌 자 우대	2(3)	2(6)	0(3)	4(12)	6(14)
계	24(26)	38(37)	3(22)	65(85)	100(100)

8) 그러나 이는 제사상속의 문제와 결부되는 문제, 즉 제사를 윤회로 하느냐 장자가 맡느냐에 따라 장자의 분배량은 달리 계상될 수도 있다.

9) 조선 전기의 사회적인 배경에서 발생했던 균분상속제가 17세기 이후 해소되는데는 성리학적 윤리의 보급과 예학의 발달, 이에 따른 조상숭배와 동족관념의 강화, 田民의 세분화 및 재산의 영세화가 고려되었다고 보는 견해도 있다 (金容晩, 앞의 글 및 李樹健, 앞의 글).

가부장적인 종법윤리의 보급은 宗家 및 장자를 중심으로 하는 친족의식과 사회경제적 토대를 중시하도록 만들었을 것으로 보여진다. 또 가족수의 팽창으로 인한 자기 제어와 분별의 필요성이 발생한다면 장자 중심의 종가를 우선 보존하고 선택하게 되는 것은 당연한 것이다. 더욱이 모든 친족이 균등한 발전을 이룰 수 있다면 이러한 문제는 고려의 여지가 없을지 모르나, 친족간의 경제적 편차가 발생하고 가문의 사회경제적 토대가 위협받게 된다면 당연히 종가와 장자만이라도 선택적으로 경제적인 토대를 보존할 수 있도록 하였을 것이다. 그런가 하면 양란 이후의 사회경제적 변화과정에서 사족들간의 경제력 편차가 더욱 확대(분화)됨으로써 과거와 같은 가문간의 유대와 호혜적인 공유개념으로 균분상속이 유지되기 어려웠었다는 점도 간과할 수 없을 것이다. 이러한 과정과 필요에 따라 장자우대의 상속제나 종가 중심의 재산집적 및 유지를 꾀하는 사회적 관행들을 일반화시켰을 가능성이 적지 않다고 생각된다. 조선 후기의 문중기반과 조직은 이러한 상황에 대한 양반사족의 대응방식이었다고 할 것이다.

한편 仁祖反正을 계기로 한 정국의 변화도 주요한 전환점이 되었다. 인조반정으로 정권을 잡은 서인세력은 훈척세력 및 대북정권을 배척하는 과정에서 대외적으로 崇明排清의 대의명분과 함께 대내적으로는 綱常 우선의 예법질서를 정치이념으로 채택하였다. 이에 따라 禮制 역시 종래의 부부·부모·자녀라는 수평관계에서 父－夫－子를 중심한 가부장적 수직간계로 재편성됨으로써 夫婦·父子·君臣·嫡庶·主奴·長幼의 철저한 상하·주종관계를 채택하였다. 이러한 지배이념의 변화야말로 친족 및 종법체계를 새롭게 변화시키는 또 다른 배경이 되었다고 보여진다.[10] 이에 따라 喪葬禮와 상속제, 입후봉사문제, 족보편찬, 동족촌락 등의 변화가 이루어지고 동성혼 금지, 異姓不養制 정착, 자녀차등분재, 輪廻奉祀에서 장자봉사로의 변화와 함께 유교의례의 보급으로 '봉제사 접빈객'의 사조가 일반화되면서 奉祀條의 증가와 장자봉사로 인한 장자상속분의 증가가 17세기 후반 이후 정착되었다고 생각된다.

제사상속의 문제도 이러한 변화와 그 궤를 같이한다. 조선 전기에서 17세기말까지는 윤회와 장자봉사가 공존하다가 18세기 초엽부터는 윤회봉사가

10) 李海濬, 앞의 글(1993).

사라져 갔다. 아울러 조선 전기 가묘와 조상제사에 관한 법제적 정비과정 속에서 보듯이 몇 대를 봉사하느냐의 문제도 4대봉사가 아니었다. 예컨대 《經國大典》에 따르더라도 6품 이상은 3대, 7품 이하는 2대, 서인은 부모만 제사토록 되어 있었고 李彦迪의 《奉先雜儀》나, 李珥의 《擊蒙要訣》에서조차 3대봉사를 일반관례로 기록하였다. 그러나 17세기 중엽 이후의 예서들에서는 4대봉사와 《주자가례》와 같은 사당제를 일반적으로 채택하였다.[11] 이는 17세기 이후에 이르러서야 사족들도 《주자가례》에 입각한 의례체계를 완전히 이해하였고, 이를 시행할 만한 사회경제적인 배경이 마련되었음을 말해주는 일면이라고 보아도 좋을 것이다.[12]

(2) 문중활동의 전개양상

조선 후기, 특히 17세기 중엽 이후를 분기점으로 조선 전기와는 다른 친족의식이 일반화됨에 따라 그러한 기초단위조직들이 모여 이루어지는 향촌사회의 조직과 구조도 변화되기에 이른다. 즉 향촌사회에서 문중조직이 활성화되자 족계의 조직이나 족보의 편찬, 동족마을의 형성발달, 문중서원·사우의 건립과 같은 다양한 문중활동들이 전개되는 배경이 되었다. 이러한 문중활동의 기본적 모체는 역시 인적인 조직으로서 族契(花樹契·門中契)의 마련과 동족마을의 형성일 것이다. 족계는 선영의 수호와 봉제사를 원활하게 수행하기 위한 목적으로 조직되어 문중결속력의 강화나 문중재산의 형성 등 경제적인 기반을 마련하는 구심체였고, 그것을 가능하게 하는 기초적 기반이 바로 지연과 혈연으로 얽혀진 동족마을이었다. 조선 후기의 문중활동은 결국 족적인 기반인 족계 및 동족마을과 향촌사회조직인 서원·사우를 구심점으로 하면서 여러 형태의 문중활동들을 병렬적, 혹은 순차적으로 이루어냈다.

그런데 문제는 이같은 조선 후기 문중이 지니는 의미와 그 결속의 범위정도를 어느 선으로 규정할 것이냐 하는 점이다. 왜냐하면 지금까지는 사용하는

11) 인조 10년(1632) 申湜(1551~1623)에 의하여 《家禮諺解》가 간행되면서 나타난 현상으로 파악되고 있다.
張哲洙, 《祠堂의 歷史와 位置에 관한 硏究》(文化財硏究所, 1990).
高英津, 《朝鮮中期 禮說과 禮書》(서울大 博士學位論文, 1992).

12) 鄭勝謨, 〈喪·葬制度의 歷史와 社會的 機能〉(《韓國의 喪葬禮》, 국립민속박물관, 1990).

쪽의 입장에 따라 편차가 매우 컸기 때문이다. 예컨대 문중의 범위가 작게는 堂內家族의 의미로 쓰여질 수도 있고, 크게는 姓과 本을 같이 하는 동족 전체(오늘날의 대동보 범위)를 의미할 수도 있다. 이처럼 문중활동의 주체나 그 범위가 다양하게 적용됨으로써 그 연구결과로 나타나는 사회사적 성격 또한 많은 편차와 혼란을 가져올 가능성이 있다는 것이다.[13] 그러나 조선 후기의 문중활동은 그 내용상 향촌사회에서 특정 성씨집단(家門)을 중심으로 이루어지고, 활동의 구체적 적용장 역시 동족마을이나 몇 개의 동족마을이 연계되어 이루어내는 향촌(군현)단위였다. 또 문중조직이 기대하는 바나 조직강화의 목적, 활동내용 역시 향촌사회에서 이루어지고 있었다. 따라서 문중과 문중활동의 범위는, 첫째 몇 개의 당내가족이 연계된 혈연·생활공동체적인 동족마을의 문중활동과, 둘째 군현단위의 지역적 배경과 그 사회적 기반에서 자신들의 족적인 지위를 확보하기 위하여 入鄕祖·中始祖·派祖를 정점으로 군현내 隣親的 여러 동족마을의 조직들이 집중적으로 모여들고 맺어지는 향촌사회구조와 직결되는 문중활동으로 제한하는 것이 좋을 것이다.[14] 그리고 내용적으로 첫째의 경우는 문중활동이 촌락공동체 조직의 성격 및 운영문제와의 연관[15] 속에서 파악할 필요가 있고, 둘째의 경우는 향촌사회의 지배구조나 역학관계와 보다 크게 연계하여 그 결속력의 편차나 위상문제[16]를 중점적으로 파악하여야 한다고 생각된다.

조선 후기의 일반적인 문중활동 양상을 몇 개의 커다란 유형으로 나누어 보면 대체로 ①족계창립 ②종가와 사당건립 ③서당(정사)과 학계마련 ④樓亭과 齋室건립 ⑤서원·사우건립과 운영 ⑥족보와 선조문집이 발간 ⑦旌閭포장

13) '門中'의 범위를 만약 유서가 보다 오랜 16~17세기의 堂內家族의 활동(종가나 사당)이나 19세기 중후반이나 일제시기에 집중적으로 재결속되는 양상을 보이는 大宗中과 같은 전국적인 규모의 동족조직의 활동(대동보, 시조추숭)까지로 확대할 경우, 조선 후기의 사회변화과정에서 생성되었고 기능하였던 '門中'의 시대적 동인 성격도 불분명해질 우려가 있다.

14) 李海濬, 《朝鮮後期 門中書院 硏究》(國民大 博士學位論文, 1993).

15) 예를 들면 '同族集團 : 異姓親族', '宗孫 : 支孫', '族契 : 大同契(村契)', '門中財産 : 村落財産', '齋室 : 書堂' 등과 같은 비교구도가 그것이다.

16) 이와 관련된 비교구도로는 대소문중(계파별)편차, 타성과의 관계, 향권주도나 영향력의 문제, 정치적(당색)인 활동문제, 서원·사우건립 등 향촌활동이 주목될 수 있을 것이다.

과 추증 등이 있다.[17)]

이러한 조선 후기 문중활동의 가장 기본적 조직이 바로 족계(화수계·문중계)이다. 족계는 선영의 수호와 봉제사를 원활히 수행하기 위한 목적으로 문중의 공동재산 형성과 밀접하게 연결되어 있어 위에서 든 모든 활동들이 이를 토대로 병렬적, 혹은 순차적으로 이루어지게 된다. 그리고 이 과정에서 각 가문의 상징적 배출인물(顯祖)의 유무, 문중활동이 집중되는 시기를 주도한 인물의 성격과 위상(정치·학문·향촌활동), 사회경제적 지위와 기반에 따라 시기별 및 활동내용상의 차이가 나타나게 마련이다.[18)]

그러면 조선 후기 향촌사회에서 경쟁적으로 일어나는 이러한 문중활동의 양상(경향)을 계열화하여 보자. 그 기초는 역시 ① 가문지위를 현양할 구체적인 현조의 존재, ② 문중활동이 이루어지는 시기의 사회분위기와 주도인물의 역량(향촌활동·정치력·연속성)이 있어야 가능했다. 이러한 조건이 갖추어진 경우라도 이를 가능하게 하는 ③ 인적·조직적·경제적 기반이 없으면 불가능하였으며, 그런 의미에서 최근까지도 계속되는 문중활동들은 시사하는 바가 크다. 이를 시기별 특징과 비교하면서 구도화하면 대체로 다음과 같이 일반화할 수 있다.

첫째, 顯祖의 행적이나 유적을 중심으로 문중활동을 전개하는 경우
둘째, 시기별 향촌사회구조의 변화와 경쟁적 문중활동과 연계되는 경우
셋째, 동족의 인적·조직적 기반을 주된 근거로 문중활동을 전개하는 경우

첫째, 현조의 행적이나 유적을 중심으로 문중활동을 전개하는 경로로는 ① 행적 재평가(추숭·정려·신원·추증) ② 유적의 현창(유허비·신도비·행장·누정·재실·정사·영당) ③ 향촌사회 및 국가인정(서원·사우건립) ④ 문중권위의 홍보(파보·족보·문집[世稿·實記]간행)로 연결된다. 이 과정에서 각 시기별로 주도한 인물의 활동범위나 지위, 동족의 경제력, 인적 조직력이 주요 인자가 된다.

둘째, 시기별 향촌사회구조의 변화와 경쟁적 문중활동과 연계되는 경로로는

17) 李海濬, 앞의 글(1993).
18) 이러한 지역적 문중활동의 상황과 특정가문의 문중결속의 모습, 그 결과 각 가문별 사회적 권위의 유지와 경제외적 강제의 창출과정이 이 시기의 향촌사회구조를 밝히는 주된 관심의 대상일 수 있다.

모두 일률적인 것은 아니나 대체적으로 ① 15~16세기 : 내외친족(족계 · 내외보), 사족결사체(향약계 · 동계 · 누정), ②16~17세기 : 부계친족, 족계(동계 · 문중계), 종가 · 선영 · 재실 · 서당, ③ 17~19세기 : 족보(파보) · 정려 · 서원(사우) · 문집, ④18~19세기 : 대동보 · 세고 · 실기간행 등을 들 수 있을 것이다. 특히 향촌단위 사회에서 이루어지는 문중활동의 궁극적인 귀착점으로 주목되는 서원(사우)의 건립활동도 이와 관련하여 주목된다. 문중을 중심한 서원 · 사우의 건립과정은 시기별로 볼 때, 16세기~17세기 초반에는 국가적 도학자나 충절인의 제향이 일반적이고 문중은 영당이나 사당(재실)을 건립하는 것이 일반적이다. 그러나 17세기 후반~18세기 후반에는 서원보다 사우건립이 증가하고, 국가적+문중적 인물의 제향이 증가되어 결국 서원을 남설하는 주된 요인이 된다. 이 시기에 문중결속력이 미약한 2~3개의 가문이 협력하여 서원 · 사우를 건립하거나, 遠祖(始祖 · 中始祖)를 추배하여 제향하는 경향도 엿보인다. 18세기 후반~19세기 이후는 문중별, 혹은 파별로 서원 · 사우가 분립되는 양상을 보이면서 제향인도 다수가 추배되는 경향을 보여준다.

셋째, 동족의 인적 · 조직적인 기반을 주된 근거로 하는 경우도 생각할 수 있다. 초기 동족적 결속력이나 향촌사회에서의 지위가 강고하지 못한 상태에서는 결사체적 사족계나 내외친족이 망라되는 족계를 조직하였다가 동족마을로 성장하면서 동성동족적인 족계(화수계 · 문중계)를 마련하여 동족적 기반을 강화한다. 그리하며 선영수호를 위한 규약이나 경제적 기반으로 노비 · 전답 · 산림을 마련하고 재실 · 종가 · 문중서당 같은 관련기구를 갖추기도 하고, 그들의 축적된 권위와 기반을 향촌사회에 투영시키는 활동, 예컨대 동족연대 및 선조 현창을 위한 족보(파보) · 행장 · 비석건립, 나아가 정려 포장이나 서원 · 사우의 건립활동을 벌여나간다.

물론 이러한 문중세력의 성장과정은 각 가문별로 상징적 배출인물의 유무, 문중활동을 주도하는 인물의 지역적 위상(정치 · 학문 · 문중활동), 사회경제적 지위와 기반, 그리고 이를 가능하게 하는 지역의 사회분위기에 따라 차이가 나타난다. 이를 향촌사회의 구조변화와 연결하여 각 시기별로 추이를 살펴본다면 대체로 다음과 같이 이해할 수 있다. 즉 15~16세기에는 친족체계상으로 내외친족이 망라되는 족계나 이념적 · 사상적으로 동질성을 강조하는 사족의 결사체들이 향촌사회에서 일반화되었다. 이는 고려말 이래의 토성이족에 대한 사족의 상대적 지위확보나, 성리학적 이념을 바탕으로 지방통제에 사족들을 이용하려는 중앙정부의 이해와 결부되어 留鄕所·社倉·鄕約 등의 자치적 기구들이 갖춰지고 기능했던 것과 연관된다. 사족들은 군현 단위의 유향소나 향규(향안)조직에 가담하기도 하고, 학문적 성향이나 학연을 모체로 하는 同榜契·師友契·詩契 등을 조직하여 상대적 구별과 지위를 보장받으려 하였다. 그런가 하면 지연적인 기반 위에서 서재나 정사를 지어 講學을 통한 학연을 만들기도 하고 또는 정자나 누각을 통한 詩情의 교환과 현실에 대한 의논도 하였다. 이렇게 사족결사체의 결성과 운용은 이에 참여하는 개인의 능력이나 활동이 가문의 지위형성에 결과적으로 영향을 미쳤으나, 조선 후기와 같은 정도의 영향력이나 활용은 불가능하였다.

그러나 사족지배체제가 국가의 통치이념이나 제도상으로 고착되는 16세기 후반 이후 17세기에는 우선《주자가례》에 입각한 예제가 보급됨에 따라 친족의식이 적장자를 중심으로 하는 부계친족체계로 정착되고, 세대가 내려오면서 가문의 인적 확대의 결과로 小宗적인 가계의 형성도 이루어졌다. 이는 다시 몇 개의 소종을 연결하는 계파나 동족마을의 형성을 가능하게 함으로써 족계(동계·문중계), 종가·선영·재실·서당 등 족적 기반에 토대를 둔 여러 기구들이 만들어지게 하였다. 그러나 이 시기에는 아직 경쟁적인 문중성향이 필요할 만큼 사족들의 사회적 지위가 불안하지도 않았고, 또한 그것을 용납할 만큼 사회의 공론과 의식도 해이되지 않았다. 이 시기의 서원조직이 본연의 '士者藏修'와 '先賢奉祀'라는 기능을 수행하면서 사족들의 공적 기구로 향론의 중심이 될 수 있었던 것은 바로 그런 사회분위기가 지속되고 있었기 때문이다.

그러나 양란 이후 급격한 사회경제적 변화는 향촌사회에서 더욱 심각한 현실로 다가왔다. 물론 이에 대하여 사족들은 그 나름대로 기존의 사족지위와 이념을 재확립하려는 노력을 다각도로 모색하고, 조정의 관인들도 대응책에 부심하였다. 16세기 이래 확립된 사족 지위는 양란 이후 급격한 사회경제적 변화와 함께 점차 위축되었고, 특히 양반신분층의 급격한 증가로 인한 양반권위의 축소와 자체 분열현상은 종래와 같은 사족들의 향촌지배를 불가능하게 만들었다. 조선 전기의 토향적 성격이 강했던 사족 가운데 많은 세력들이 양란의 와중에서 기반을 상실하였을 뿐 아니라, 그 복구과정에서 기득권을 지키려는 성씨들간에도 이해의 대립으로 인한 갈등이 표출되는 경우가 적지 않았다. 이렇게 점차 사족 중심의 향촌지배체제가 이완되고 새로운 향촌세력의 대두로 사족들이 누리던 지위가 도전을 받게 되자, 사족들은 이전과는 다른 형태로 자신들의 지위와 기득권을 유지하려 하였다. 이제 사족들은 과거의 향안·향규·향약 등과 같은 一鄕의 지배보다는 혈연적인 족계를 만들어 문중의 결속력을 확보하기도 하고, 혹은 지연과 혈연(동족)적인 촌락을 중심으로 자기방어를 모색하였다. 각 문중별로 족적인 기반과 유대, 조직을 강화하는 수단으로 족보(파보)를 간행하기도 하고, 동족마을을 중심으로 하는 동성동족적인 족계(화수계·문중계)를 조직하여 입향조나 계파시조, 혹은 현조의 묘소와 제각을 건립하기도 하였다. 선영수호를 위한 규약이나 경제적 기반으로 노비·전답·산림이 마련되며, 재실·종가·문중서당 같은 관련기구들은 바로 이 같은 사회적 배경 속에서 활발하게 건립·운영된 것들이었다.

이같은 현실대응의 방안으로 마련되고 축적된 문중의 권위는 그 기반과 배경을 달리하는 문중간의 상대적 경쟁을 유발시키고, 향촌사회의 변화과정에서 우위권을 확보하기 위한 여러 형태의 문중활동, 예컨대 선조현창을 위한 족보(파보)·행장편찬, 비석건립, 나아가 정려나 서원·사우건립 등을 통해 문중의 지위를 홍보하고 그 기능을 확대하고자 하였다. 특히 서원·사우의 건립과 이를 통한 가문의 결속, 선조의 추숭은 다른 어느 활동보다도 주목되었다. 서원·사우의 건립은 향촌단위 사회에서 이루어지는 문중활동의 궁극적 귀착점이었던 것이다. 문중 중심의 서원·사우 건립과정을 시기별로 볼 때, 16~17세기 초반까지만 하여도 공론을 바탕으로 도학자나 儒賢, 또는 국난 때 충절인이 아니면, 각 가문이 원하는 형태로의 서원건립은 어려웠다. 그리하여 각 가문은 家廟를 확장하는 선에서 그들 현조의 영당이나 사당을 마련하거나, 혹은 그의 활동근거지나 묘역에 제각을 겸하는 재실을 건립하는 것이 일반적이었다. 이들은 후대에 문중의 역량이 보다 완비되고 사회 분위기가 유리하여졌을 때 서원·사우로의 건립유서로 이용되었다.

그러나 17세기 후반 이후 특히 숙종대를 분기점으로 당파적 서원의 건립이 확산되면서 제향인물의 기준이 모호해지고, 道學·유현을 제향하던 서원보다는 氣節이나 行誼를 실현한 인물들이 대거 제향되는 사우의 건립이 일반화되는 추이 속에서 시조나 원조·입향조·파조·중시조·현조 등 문중인물의 제향도 보다 쉬워졌다. 바로 이러한 경향은 갑자기 문중서원을 늘어나게 만들었고, 결국 이는 곧 조선 후기 서원남설의 주요 요인이 되었던 것이다. 18세기에 들어와서 향촌사회에 문중기반을 마련한 문중세력들은 거의 빠짐없이 경쟁적으로 서원이나 사우를 건립하였고, 만약 그와 같은 조건이 마련되지 못한 경우에는 비슷한 조건의 몇 개의 문중이 합력하여 서원을 건립하거나, 기존의 서원에 추배하고 제향하는 길을 모색함으로써 서원을 통한 향촌사회에의 영향력 행사와 참여를 꾀하였다.

2) 동족마을의 발달과 촌락조직의 변화

(1) 동족마을의 발달

조선 후기의 촌락의 변화상을 살피는 데는 조선 후기에 일반화의 추이를 보여주는 동족마을의 형성과 발전을 주목하게 된다. 물론 이제까지 많은 연구가 이루어진 동족마을은 대체로 班村인 경우가 많고, 그 때문에 일반 民村이나 役村의 동족적인 기반에 대하여는 크게 주목하지 못하고 있는 실정이다. 그러나 양반가문의 동족기반 강화와 그로 인한 동족마을 형성은 조선 후기 전체적인 촌락구성이나 촌락간의 관계에 커다란 변화를 일으키는 또 다른 요인이 되었다고 볼 수 있다. 동족마을은 친족적인 연대가 강한 반면 다른 성씨나 동족이 아닌 경우에 대하여는 폐쇄적인 성향이 강하였으므로 동족마을이 일반화되었다면, 이 역시 조선 후기 향촌사회에서 촌락구성의 모습을 크게 변화시킬 수 있는 요인이었을 것이기 때문이다.

동족마을은 동성마을, 혹은 씨족마을로 불려지면서 사회학·인류학분야에서 많은 연구가 이루어져왔다. 동족마을은 대체로 하나의 지배적인 同姓同族集團이 특정마을의 주도권을 가지고 집단적으로 살아온 마을을 말하지만, 어떤 시각에서 보느냐에 따라 그 성격이 다양하게 정의되고 있다.[19] 그러나 각각 다르

19) 동족마을이란 ①동일한 선조, 동성동본자가 한 마을에 집단거주(善生永助, 앞의 책), ②동조·동족의식을 기본으로 집합적 행동을 통하여 결속된 지연적 생활공동체, 즉 단지 동족의식에 기초한 靜的 共存態에 그치지 않고 선조제사, 친목,

게 정의할지라도 동족마을의 형성배경이 대체로 적장자 중심의 가부장적 宗法體系의 진전에 기반하고 있다는 점에는 일치하는 경향이다. 조선 전기의 친족체계가 새로운 종법질서의 정착으로 가부장적인 부계친족체계로 일반화되자 촌락의 주도집단 구성도 이에 따라 달라질 수밖에 없다는 논의가 바로 그것이다.[20] 그리고 조선 전기의 내외친족 관념과 이에 따른 자녀균분제 아래서 각 마을의 구성원들은 성씨는 다르지만 내외손 인척으로 동거하면서 가재와 전답, 산림과 水澤·墓山 등을 공유하는 서로 협조적 관계를 유지할 수 있었다고 보는 것이다.[21]

조선 전기 散村들이 점차 성씨를 주축으로 하는 혈연적 集村으로 새롭게 변모하게 되는데는 조선 건국 이래 사족들의 이거와 정착과정이 연관되어 있었다. 여말선초의 전환기에 사족들은 妻鄕이나 外鄕 등 연고지를 따라, 혹은 鄕·所·部曲 등 행정편제상 중앙정부의 통제가 철저하지 않은 지역을 확보하여, 자신들의 새로운 정착지로 선정하였다. 이들은 대개 입향조나 낙향조로 불려지는 이거사족으로서 이후 동족의 확대와 조직화과정을 통하여 그 지역의 후손들에 의하여 派祖나 중시조로 추앙을 받았다.

16세기 이후 이들은 본격적으로 진행된 川防(洑)의 개발을 통해 농지를 확대해 갔으며 또 수전농과 이앙법의 발달에 힘입어 사회경제적 지배력을 확보하게 되었다. 농지가 평야 저지대로 확산되고 집약농법에 근거한 소농민경영의 생산방식으로 생산력이 증대되자, 이를 주도했던 재지사족들의 사회경제적인

경제적 협동, 자위자강의 기능을 다하기 위해 지연의 이해를 갖고 집합적 행동을 하는 생활공동체(金斗憲, 《韓國家族制度硏究》, 서울大 出版部, 1969), ③ 마을에 존재하는 비교적 다수의 동성동본자들이 조직체를 갖거나 집단행동을 취하는 마을(崔在錫, 《韓國農村社會硏究》, 一志社, 1975), ④ 촌락내의 조직과 씨족조직이 일치하거나, 지배적 영향력이 일치할 때, 수적 위세나 선조의 권위가 존속되는 경우 그 자손들의 사회적·경제적 권위가 보장되는 마을(鄭震英, 〈朝鮮後期 同姓마을의 形成과 社會的 機能〉, 《韓國史論》 21, 國史編纂委員會, 1991) 등이다.

한편 이러한 동족마을의 일반적 성격에 대하여, 崔協은 동성마을이 대체로 이동이 없고 폐쇄적인데 반하여 비동성 마을(잡성마을·각성마을)은 개방적이며, 평등성이 보인다고 비교를 하는가 하면, 李光奎는 친족을 X축으로, 공동체를 Y축으로 하는 구성을 가지고 있다고 정리하기도 하였다.

20) 李樹健, 〈良洞의 歷史的 考察〉(《良佐洞硏究》, 嶺南大 民族文化硏究所, 1990).

21) 조선 전기의 마을은 대체로 내외친족이 동거하면서 소수의 사족(양반호)과 다수의 평·천민호로 구성되는 모습이 일반적이었다고 생각된다.

지위가 향상되었고, 그들이 주축이 된 새로 생긴 촌락들은 급속하게 성장하였다. 촌락공동체적 생산방식의 도입이 촌락발전과 맥을 같이하고 있었던 것이다. 대체로 이러한 과정에서 경제력과 인력동원 능력을 지닐 유력사족층은 그 중심적 역할을 하게 마련이었고, 결국 이를 주도하는 사족들의 사회적 위상도 강화되었다. 그런데 17세기 후반 이후 이러한 사족들의 독점적 지위가 도전받게 되자, 사족가문들은 족적인 결속력의 강화를 도모하였고, 이것이 바로 조선 후기에 나타난 문중활동이었던 것이다.

그러나 16~17세기 전반에도 사족들의 사회경제적 지위가 유지되었다고는 하지만, 족적 규모의 지속적인 팽창 속에서 특수하게 경제력을 계속 확대해 간 일부의 경우를 제외한다면, 장기간의 균분상속제 시행으로 말미암아 사족들은 가산이 분할되는 결과를 초래하였고, 생산력이 저하되고 생활이 궁핍해지는 요인으로 작용하였다. 즉 조선 전기 내외친족이 동일시되는 친족관념하에서 재산의 자녀균분은 사족들이 재산확대의 수단과 과정으로 긍정적인 작용을 하지만, 계속적인 균분상속의 시행은 사족의 재산소유를 영세화시키는 결과가 될 수도 있었던 것이다. 결국 17세기 중엽 이후의 차등상속은 이에 대한 대응현상이었을 가능성을 배제할 수 없다. 그리고 이러한 상황 아래서 조선 전기에 2~3개의 이성친족이 동거하면서 혈연과 지연에 근거한 동족적 유대를 유지할 수 있었던 것과는 기본적으로 다른 마을의 구성과 운영방식을 채택하지 않을 수 없게 되었다. 이와 같이 동성동족의 族統과 경제적 근거가 중심이 되어 형성된 동족마을은 종가를 중심으로 하는 결속력과 이를 통한 사회경제적 특권의 유지와 존속을 도모하게 마련이었다. 따라서 이들 동족마을은 조선 후기 다양한 문중조직과 활동의 중심체 내지는 기초단위로서 존재하였고, 이를 통한 특정 성씨의 마을내 주도권은 더욱 강화되었다. 이 과정에서 이전 시기처럼 이해를 같이하던 이성친족이나 방계친족의 지위가 감소되었고, 이들이 점차 마을조직에서 이탈함으로써 보다 완전한 동성동족마을의 인상을 갖추게 되었다.

결국 동족마을의 형성은 가부장적 종법질서의 일반화 경향과 일정한 관련을 가지기도 하지만, 다른 한편으로는 족적 기반의 확대와 이에 따른 대응방식으로 형성되었을 가능성도 크다. 동족마을의 형성시기에 대하여는 막연하게나마 지금까지 17세기 후반 이후로 보아왔다. 그러나 이는 각 가문의 족적 기반이나 그들이 향촌사회에서 차지하는 지위와 배경에 따라 많은 편차가 있으므로 일률적으로 말할 수는 없다.

1930년대 한 조사에 의하면 당시 전국적으로 동족마을이 모두 1만 5천여 개소가 존재하고 있었으며, 이는 전체 마을의 3분의 1 정도를 점유하는 것이다. 이 가운데 저명한 동족마을 1,685개를 형성시기별로 보면, 500년 이상 207개소, 300~500년 646개소, 100~300년 351개소, 100년 미만 23개소, 그 밖에 불명한 곳이 458개소로 나타나고 있다.[22] 이 자료를 통해서 보면 대체로 300~500년전, 즉 15~17세기에 동족마을이 집중적으로 형성된 것처럼 보여진다. 그러나 엄밀한 의미로 볼 때 이러한 동족마을의 형성시기는 문제가 많다. 왜냐하면 동족적 기능을 발휘하거나 동족적 기반이 확보된 연대는 이와 매우 다를 수 있기 때문이다.

실제로 현지조사를 통해 이러한 통계상의 동족마을 형성시기는 대개 현재의 동족마을 주민의 직계혈조로서 특정한 인물이 처음으로 입향하는 시기를 代數(대개 1代 30년)로 소급하여 추정하는 수준이었음을 확인할 수 있었다. 따라서 위의 통계는 동족마을의 형성기반을 마련한 선조나 입향시조의 정착기로 보는 것이 사실에 가깝다. 즉 이 통계는 촌락의 분화나 이주경향을 살필 수 있는 자료는 될 수 있지만, 그것을 바로 동족마을 형성시기로 이해할 수는 없다. 가문별로 사회경제적 지위나 기반확대의 과정에서 편차가 있기 때문에 일률적으로 말할 수 없으나, 장흥 傍村의 사례를 보면 長興魏氏의 입향시기는 1510년대 전후이다. 그러나 실제 이들의 문중활동은 18세기 중엽 이후 본격화되고, 촌락내에서 주도권을 갖는 시기는 빨라야 1734년 어간을 소급할 수 없음이 자료로 확인된다.[23] 다시 말하면 동족마을에서 문중기반이 작용할 수 있는 상대적 지위의 인정과 보장, 인물의 배출, 족원의 증가 등이 가능하려면 위의 '유서 마련 시기'보다 적어도 2세기(혹은 5~6代 이상) 정도가 지나야 실질적으로 동족기반이 확보될 수 있는 것이 아닌가 보여진다. 따라서 일괄 적용에 문제는 있으나 앞의 통계를 150~200년 정도 내려 시기를 잡는다면 동족마을의 형성

---

22) 善生永助, 앞의 책.

23) 李海濬, 〈朝鮮後期 長興 傍村의 村落文書〉(《邊太燮博士華甲紀念 史學論叢》, 1985).
——, 앞의 글(1993).

시기는 대체로 맞을 것으로 보여진다.

결국 동족마을의 형성은 문중활동이 보편화되는 시기와 연관시켜 이해할 수 있지만, 이는 17세기 중엽 이후에 나타나는 가부장적인 친족관념의 폭넓은 정착과 진전의 결과로 시차를 두고 이해하여야 할 것이다.[24] 부연하면 조선 전기의 사족의 이거와 정착으로 이루어진 새로운 사족촌락의 발생, 그리고 이를 사회경제적으로 뒷받침하는 농지의 확대과정, 여기에 더하여 친족 및 가족제도의 변화가 연계되면서 1~2세기의 시차를 두고 동족마을이 발달하였다고 볼 수 있다. 그리고 이제 조선 후기의 이들 동족마을은 족계조직의 모체로서 다양한 문중활동의 기초단위이자 중심처로 기능하였다. 그것은 우선 동족마을이 종가를 중심으로 족적인 전통이나 경제적 기반을 대표할 뿐만 아니라, 문중의 활동 목적이 '顯祖의 追崇과 그 권위의 재활용'에 있었다는 점을 염두에 둘 때 동족마을의 족적 전통과 유서는 다른 어느 것보다 먼저 선택될 수밖에 없었기 때문이다. 그리하여 동족마을의 기반이 형성되면서 (혹은 형성 과도기에 그 결집력을 확보하는 수단으로써) 문중활동은 다양한 형태로 전개될 수 있었던 것이다.

(2) 촌락조직의 성격변화

동족마을의 발달과 함께 조선 후기 촌락의 변화모습은 촌락민조직의 성격변화와 촌락의 분화과정을 통해서도 확인이 가능하다. 조선 후기의 촌락변화는 인구의 증가나 생산력의 발전, 그리고 이와 더불어 진행된 농지의 확대문제가 매우 중요한 배경이었다고 보여진다.[25] 그런데 이러한 사회경제적인 변화와 함께 촌락 자체의 성장기반으로서 촌락민조직에 대하여도 주목하지 않을 수 없다.

조선 전기 사족 중심의 지배질서가 확립되면서 생활공동체적 기반을 가졌던 대부분의 촌락조직들은 지주제적 강제와 향약질서의 강요로 그 기반이 사족들의 통제구조하에 귀속되었던 것으로 파악된다. 향약의 실시 논의와 함께 그 하부단위로의 활용이 거론되는 '鄉村結契'류의 촌락민조직들은 고려말 이래의 자

---

24) 물론 이 경우도 양반사족가문의 경우에 한정되는 논의이고, 특수민촌(역원이나 장인촌)을 제외한 일반민촌의 경우 동족마을의 형성은 훨씬 후대에나 가능했다고 보여진다.

25) 李海濬, 〈朝鮮後期 村落構造 變化의 背景〉(《韓國文化》 14, 서울大 韓國文化硏究所, 1993).

연촌적인 香徒와 계통을 같이하는 것들이었다. 대체로 이들 조선 전기의 향도 조직들은 조직범위가 말단 자연촌락을 단위로 하고 있고, 구성원도 7~9인에서 100인 혹은 40~50호 정도의 常賤民으로 하였다. 또한 이들이 주체가 되어 행하는 행사들도 공동노역이나 마을의 잡역, 그리고 무속적 전통이 가미된 마을제사(淫祀 ; 堂祭·洞祭), 관혼상제의 공유와 그 부조가 주된 것이었다. 그리고 몇몇의 사례에서 보여지는 것처럼 정례화, 혹은 정기적인 행사의 모습도 지녔다.[26]

이들 鄕徒·淫祀·洞隣契 등 香徒類(村契類)의 기층촌락민 조직들은 대개 사족들의 동계(동약)조직의 하부단위로 편제되어 갔던 조직인데, 이처럼 기층민들의 촌락조직을 상하합계의 형태로 포섭하려던 16~17세기 사족들의 동계조직은 본질적으로 사족 중심의 향촌재편을 목적으로 하면서, 수령권의 촌락(혹은 사족지배력)에 대한 통제를 방어하려는 것이었다. 그리고 이들 16~17세기 상하합계 조직은 본질적으로 상하민간의 목적과 이해가 다른 상태에서 상위조직인 上契에 의해 주도되게 마련이었고, 이미 기본적인 한계를 드러낸 사족들의 기존의 특권과 영향력을 강요하는 형태였다고 할 수 있다. 따라서 사족들의 편입요구에 대한 촌락조직들의 반발양상도 부분적으로 확인된다.[27]

그러나 이와는 반대의 측면에서 당시 일정한 수준의 자체 성장과정을 겪고 있던 촌락기층민들은 상하합계의 동계운영에서 자신들이 참여하는 폭을 훨씬 확대하였을 가능성을 엿볼 수 있고, 그러한 경험의 축적을 통해 계층적 자기인식의 분위기도 성숙되었을 것으로 보여진다. 즉 촌락기층민들은 그들대로 제한된 당시의 사회구조 속에서나마 현실에 대한 인식과 대응의 방향을 일정하게 모색하고 있었으니, 두레발생과 농업기술상의 변화와 연결에 대한 논의는 그런 관점에서 시사하는 바가 크다.[28] 이앙법은 이전의 직파법에 비해 노

26) 李海濬, 〈朝鮮時代 香徒와 村契類 村落組織〉(《역사민속학》 창간호, 1991).

27) 李海濬, 〈朝鮮後期 洞契·洞約과 村落共同體組織의 性格〉(《조선후기 향약연구》, 民音社, 1990). 16~18세기의 洞契(洞約)구조 속에서 확인되는 촌락조직들, 예컨대 영암 鳩林의 四山香徒(1565년)나 안동 河回의 小契(1584년·1618년), 태인 古縣里의 各契(1666년), 영암 花樹亭의 村契(17세기 후반), 의령의 香徒(1692년), 영천 望亭의 私契(1735년), 영암 永保亭의 各村契(1772년) 등은 洞契類 조직의 하부에 엄연히 존재하던 기층민들의 촌락조직 모습을 보여주는 예이다.

28) 李泰鎭, 〈17, 18世紀 香徒組織의 分化와 두레 發生〉(《震檀學報》 67, 1989).

동력을 5분의 4 정도로 감소시킬 뿐만 아니라 광작도 가능하게 하였다. 이는 생산량의 증가를 가져옴은 물론, 경제적·시간적 여유는 공동노동조직의 운영기반을 충실하게 할 수 있었다. 여기에 더하여 두레조직은 기본적으로 지주층의 참여와 간섭을 배제하여 자작·소작농민을 성원으로 했던 까닭에 신분제적 강제나 지배층의 모순강요, 법외의 침탈이 가중되었을 경우 이를 벗어나려는 공동적 대응과 자체 결속을 모색할 수 있었을 것은 자명하다. 여기에 생산력과 연관된 경제기반이 확보되었을 때 그 기능은 더욱 강화되었을 것이고, 이들이 명실상부하게 기층촌락민의 입장을 대표하는 조직으로 부상하였을 가능성은 쉽게 추측된다. 18세기 중엽 이후 상하합계형태의 동계조직에서 下契가 없어지는 현상도 두레조직의 위상강화나 반발과도 어느 정도 연관된 것이었다.

한편 여러 곳의 자연촌을 아우르는 사족들의 동계조직은 기층촌락민들의 조직('촌계류')과 비교할 때 조직의 목적과 성격이 전혀 다른 것이었다. 동계조직의 하부단위로서 존재했던 촌계조직들은 기층민의 조직으로 그들의 생활문화적인 기반 위에서 자연마을 단위로 존속되어 온 것으로, 현재까지도 전승되는 동제·당제(당산제)류가 바로 촌계류 촌락조직의 잔영이다. 물론 현존양상으로만 보면 일부 유교식의 축문이나 제의가 부가되기는 하였지만, 이는 촌계류조직이 복잡하게 경험했던 지배조직과의 접합과정을 보여주는 흔적일 것이다.[29] 그리고 실제 촌락의 운영이나 구성상 촌계류조직이 본래 담당한 영역은 동제로 대표되는 마을의 민속적 제의와 공동노역(잡역 ; 울역)이나 동린적인 상장부조였다. 노동조직으로서의 두레조직도 16~17세기에는 이들 촌계류조직과 긴밀한 관계 속에서 혹은 그 예하의 청장년조직으로 구성되어 있었다고 보여진다.

그러나 동계조직과 촌계조직의 일정한 역할분담은 18세기 이후 사족지배력의 이완현상과 함께 진전되는 촌락의 발전, 특히 분화의 과정에서 변모되어갔다. 촌락들이 자연촌단위로 분화되는 상황에서 사족들의 동계조직은 관념적 형태로 남거나 형해화되어, 그 영향력의 범위가 이른바 本洞(本里) 혹은

---

29) 이에 대하여 金龍德은 약간 다른 의미로 洞契와·村契를 해석하고 있다(金龍德, 〈洞契考〉, 《斗溪李丙燾博士九旬紀念 韓國史學論叢》, 1987 및 〈朝鮮後期의 地方自治－鄕廳과 村契－〉, 《國史館論叢》 3, 國史編纂委員會, 1989).

사족들만의 상호부조적 역할로 한정되었다. 자연촌단위에서는 촌계류 조직들이 오히려 실제적인 촌락운영을 담당했다고 보여진다. 그리고 이 과정에서 동제(당제)도 큰 당이나 작은 당으로 분화, 혹은 아예 다른 당산을 새로 마련하여 독립하고,[30] 노동조직으로서의 두레도 마찬가지로 자연촌의 구조에 맞게 재편되었다.[31] 상장부조의 기능면에서도 이러한 촌락분화와 관련된 사실은 추적이 가능하다. 예컨대 洞物(상여·혼례도구)이나 동답의 분리운영, 서당의 분립 같은 변화가 그러한 상황을 말해 준다.

결국 촌락의 분화과정을 겪으면서 마을의 운영과 조직체계도 과거 '동계-촌계'간의 연결구조보다는 '촌계-동회·동제조직', '두레-생산조직', 기타 '상장부조조직들(목적계류)'간의 연결과 상대적 역할분담이 오히려 문제된 상태로 변해 갔을 것이다. 특히 19세기 이후 민중의식의 성장과 사회모순의 증대는 노동조직으로서 계층적 이해를 반영하는 두레조직의 역할과 주도력을 보다 강화시켜, 촌계류조직이 지녔던 기존의 영향력을 대부분 확보할 수 있었다.

촌락의 분화를 촉진시킨 또 다른 외적 배경으로 정부의 향촌통제방식의 변화가 일으키는 촌락의 변화상도 주목할 필요가 있다. 즉 사족지배체제가 한계에 직면하면서 중앙정부가 추진했던 面里制나 공동납체제 같은 통치방식의 변화가 바로 그것이다. 이 역시 촌락의 구성 및 운영체계를 전면적으로 급전시키는 요인이었던 것이다. 재지사족들에 의한 향권의 확보라는 측면에서 16세기 사족의 향촌지배는 일단 자율성을 지녔다고 할 수 있다. 16세기 이래 사족들은 향촌사회에서의 부세운영과 향임층에 대한 인사권을 쥐고 향규·향약 등의 향촌규약을 만들어 향리와 일반민들을 그들의 지배하에 붙잡아 둘 수 있었다. 이처럼 향촌사회에서 사족들이 향권을 장악할 수 있었던 것은 '鄕會'로 대표되는 그들 중심의 합의체적 향촌권력기구를 가지고 있었기 때문이었다. 그들은 향회를 통해 향임을 선출·통제하였고 '향규'를 만들어 吏胥와 하층민들을 통제하였고, 위로는 관권과 일정하게 타협하면서 자신들의 특권을 유지할

---

30) 李揆大, 〈19세기 洞契와 洞役〉(《조선후기 향약연구》, 民音社, 1990).

31) 두레조직의 성격을 이해할 때 그것이 철저하게 마을단위로 조직되고 있었음은 수많은 사례로써 검증이 되며(주강현, 〈두레 共同勞動의 史的 檢討와 生産文化〉《노동과 굿》, 학민사, 1989), 두레의 분화과정은 형제두레나 두레기·세배드리기 같은 잔존민속으로서도 충분히 확인된다.

수 있었다.

그러나 18세기의 조선사회에서 그같은 기본적인 구조는 변질되고 있었다. 즉 사족들의 물적 토대가 취약해지고 새로운 계층이 경제력을 바탕으로 성장하여 사족들과 경쟁적 위치에 서게 되자, 중앙정부 및 그 대행자로서의 수령은 이른바 新鄕세력을 끌어들여 궁극적으로는 사족지배권을 약화시키면서 관주도적 통제를 강화하고자 하였다. 그리하여 기존의 사족들에 의한 향회의 권위는 사라지고 심한 경우는 수령의 부세자문기구로 전락하는 현상까지 생겨났다. 국가의 향촌통제와 부세정책이 변화되면서 대지주, 혹은 중소지주 등으로 분기를 이룬 재지사족들로서는 과거와 같은 공동이해('鄕中公論'의 형성)와 一鄕의 지배를 관철하기 어려웠다. 이에 재지사족들은 과거와 같은 향안·향규·향약 등을 통한 1향의 지배보다는 혈연적인 족계나 동계(洞約), 혹은 촌락기반을 매개로 하는 하층민과의 유대 속에 자기방어를 모색하고자 하는 상하합계 형태의 동계를 발전시키게 되었다.[32] 상하합계는 양란 이후의 사회경제적 변화와 함께 사족지배제제가 동요함에 따라 대응형태로 나타난 것이다. 이것은 사족층이 촌락사회내에서의 상하민질서를 재확립하려는 의도를 표출한 것인 동시에, 한편으로 보면 하층민을 기반으로 하는 그들의 사회경제적 지위가 도전받고 있음을 드러낸 것이다. 이 시기 재지사족들의 향권에 대한 집요함이 사라지고 향안질서가 형해화되는 것, 그리고 친족결속력 강화를 배경으로 확대되는 문중활동, 그 문중 권위의 상징으로 문중서원·사우가 남설되는 현상은 이같은 향촌사회구조, 사족지배구조의 변모를 반영하는 것이었다.

그러나 중앙정부에 의해 추진되는 일련의 촌락 직접통제방식은 사족들의 간여를 배제한 채 서서히 진행되어 갔다. 이 과정에서 사족들이 중심이 된 동계·동약조직들은 부세단위로 전락하는 이른바 공동납체제로 전환되었다.[33] 조선 후기 부세체계의 두드러진 특징은 부세가 토지를 중심으로 일원화되는 추이와 총액제(공동납제)를 채택하고 있었다는 점, 그리고 그 최말단의 부세단위로서 촌락을 염두에 두고 있었다는 점이다. 17세기 이후 부분적인 시행을

32) 朴京夏, 〈倭亂直後의 鄕約에 대한 硏究〉(《中央史論》 5, 中央大, 1987).
33) 金仁杰, 〈朝鮮後期 鄕村社會 統制策의 危機〉(《震檀學報》 58, 1984).
———, 〈朝鮮後期村落組織의 變貌와 1862年 農民抗爭의 組織基盤〉(《震檀學報》 67, 1989).

거쳐 18세기에 이르러 전국적인 실시가 이루어진 大同法과 18세기 중엽의 均役法, 그리고 田稅에서의 比摠制와 軍役에서의 郡摠制(里定制), 還穀에서의 里還制 등은 그 구체적인 내용이었다.[34] 이러한 공동납의 강화는 종래 유지되어 왔던 사회체제를 기반으로 하고 있었음에도 변화된 현실을 충실히 포용하지 못하였기 때문에 향촌사회 내부세력간의 갈등심화와 부세의 단위가 되는 촌락질서 자체를 크게 변화시켰다. 이정법도 공동납의 한 방식으로 국가의 양역을 촌락에 부여한 것이다. 이러한 제도가 성립하게 된 이면에는 이정법이 동원되어야 했던 현실적 배경이 있었고, 촌락의 구성면에서 이를 수용할 만한 촌락발전이 있었다고 보아야 할 것이다.[35]

사족지배질서의 해체현상과 촌락통제방식의 개편은 이미 자체적인 변화를 겪고 있던 촌락들을 더욱 빠른 속도로 변화시켰던 것이다. 조선 후기 촌락사회의 분화현상은 바로 이러한 내외적인 변화를 배경으로 이루어졌다. 조선 후기에 일반화되는 分洞·分村의 문제는 당시 수령들이 직면한 주요 업무로 부각되어 牧民書에서도 분동의 처리문제가 하나의 항목으로 나타날 정도였다.[36] 촌락의 분화는 외적으로는 촌락의 수적 증가를 말하여 주는 것이지만, 내적으로 보면 각각의 촌락들이 지녔던 공동체적 기반과 촌락주도 세력의 변모와 밀접하게 연결되어 있었다.[37] 지명에서 上○○·下○○·內○○·外○○·元○○·舊○○·新○○·本○○ 등으로 지명 앞에 그 관계가 붙여진 경우는 예외없이 촌락분화의 흔적이라고 보아도 좋다. 이러한 촌락의 분화와 분동의 과정을 앞의 촌락변화 요인들과 관련시켜 살펴보면, ①산곡이나 계곡의 마을들이 저지대 평지의 농지를 넓히면서 경작인들의 마을이 생겨나는 경우, ②동족기반을 가진 마을에서 분가나 농지가 있는 인근지역으로 이주과정을 거쳐 신생

---

34) 金仁杰, 〈朝鮮後期 鄕村社會 權力構造 變動에 대한 試論〉(《韓國史論》 19, 서울大 國史學科, 1988).
———, 〈民狀을 통해 본 19世紀 前半 鄕村社會問題〉(《韓國史論》 23, 서울大 國史學科, 1990).
高錫珪, 〈19세기 前半 鄕村社會 支配構造의 性格〉(《外大史學》 2, 1989).

35) 金俊亨, 〈18세기 里定法의 展開〉(《震檀學報》 58, 1984).

36) 《七事問答》, 文狀 28條.

37) 鄭震英, 〈18·19세기 士族의 村落支配와 그 해체과정〉(《조선후기 향약연구》, 民音社, 1990).
李瑛大, 앞의 글.

되는 경우, ③ 그리고 賦稅(洞役)문제나 마을주도권을 둘러싼 갈등으로 분동하는 경우 등, 매우 다양한 모습이었다고 생각된다.

〈李海濬〉

2. 지방행정체제의 변화

1) 중앙통제적 지방제도의 강화

(1) 감영체제의 발전

양란 이후 정부는 체제붕괴의 위기의식 속에서 다각도의 국가재건 방안을 모색하였다. 사상적으로는 성리학적 규범을 강화하여 공적 질서의 회복과 거듭된 패전으로 실추된 권위를 만회하려 하였다. 그러나 조선사회가 농업을 기반으로 했던 점에서 농경지의 황폐화, 인구의 유리·감소라는 인적·물적 토대의 상실이 더욱더 커다란 문제가 되었다. 이에 따라 기저로부터 흔들리는 조선사회를 복원하기 위해서 다각적인 노력이 기울여졌다. 생산력 복원책으로서 陳田과 신전개간, 대대적인 감면·감세조치가 시행되었고, 농업노동력이자 부세부담자인 양민의 확보를 위해 호적작성, 號牌(紙牌)·軍籍사업, 奴婢推刷 및 奴婢從良法 등이 시행되었다. 또한 부세제도 개혁의 일환으로 양전사업과 大同法이 전국적으로 실시되었다. 이어 별도로 국가재정의 확보 방안으로 둔전의 확대, 納粟策의 추진, 기저의 유통경제의 발달에 대응한 상공업정책, 화폐주조사업 등이 시행되었다.

그런데 위와 같은 여러 정책이 시행되는 곳은 향촌사회이며 시혜의 당사자는 농민들이었다. 따라서 이러한 정책이 지속적이고 효율적으로 시행되기 위해서는 통치와 수취의 하부단위인 향촌사회의 제도적 정비가 수반되어야만 했다. 이에 따라 정부는 국가재건을 위한 법제의 완성으로써 지방제도 및 행정에 관한 새로운 조치를 취해 나가지 않을 수 없었다.[1]

물론 제도적으로나 외양적인 면에서 큰 변화는 없었고 조선 전기《經國大典》

1) 吳永敎,《朝鮮後期 鄕村支配政策의 轉換－17세기 國家再造와 관련하여－》(延世大 博士學位論文, 1992), 32쪽.

적인 체제의 틀이 조선 말기까지 기본적으로 유지되고 있었다. 그러나 뒤에 언급되듯이 감영체제의 강화 및 수령권의 강화로 특징지워지는 중앙정부의 제반 통제책의 전개와 향촌사회 내에서의 자연촌의 발전과 농민층의 점차적인 성장, 이에 수반된 기존 재지사족의 향촌지배의 약화로 지방제도의 실질적 운영질서는 새로운 모순구조를 잉태하면서도 지방제도의 체계화를 지향함과 함께 피라미드식 중앙통제체제의 강화의 성격을 띠어 갔다.

우선 중앙과 군현 사이의 매개적 역할을 하는 道制의 변천에 대해서 살펴보자. 도의 장관인 觀察使의 권한과 기능은 이미 고려 말부터 강화되어 왔다. 고려시대에는 감사의 직함이 말해 주듯이 임기 6개월의 按察使의 역할은 관내 수령의 치읍을 주로 안찰·염찰하는데 있었지만, 고려말 威化島回軍 이후 李成桂가 실권을 장악하고 안찰사를 都觀察黜陟使로 개칭하면서 감사의 권능이 한 도의 행정·군사·사법을 포괄한 도정 전반을 관찰하고 수령의 근무성적의 고과와 포폄을 행하는 것으로 강화되었던 것이다.[2)]

그러나 조선 전기에는 전국이 8도체제하에 있으면서도 도에 따라 감영과 감사의 직제에 차이가 있었다. 평안·함경도는 양계지방이란 특수사정으로 인해 처음부터 임기 2년으로 '率眷兼尹'(가솔을 거느리고 부임하여 감영소재 읍의 수령을 겸하는 것)한 데 비하여 이남 6도는 도에 따라 약간의 차이는 있으나 처음에는 임기 1년에 '單身到界'하여 감영에 별도의 읍관을 둔 채 임기 동안 계속 도내 여러 읍을 순력했던 것이다.[3)] 宣化堂·澄淸閣과 같은 상설 관아시설은 필요 없었고 다만 감사가 도내 제읍을 순력하는 과정에서 부유하고 넉넉한 界首官이 主營 또는 留營으로 존재하면서 도내 각종 공사집행의 중심지, 進上封上, 監試 및 도내 각종 公簿의 보관소(監庫)로서의 기능을 가진 데 불과하였다. 조선 전기의 감사는 수령의 도임과는 다르게 그 道界에 발을 디디면 곧 해당 도의 감사로서의 직무가 시작되므로 감사의 부임을 '到界'라 하였다. 따라서 신구 감사의 교대는 수령처럼 관아에서 이루어지는 것이 아니라 도 계지점에서 이루어졌다.[4)]

2) 李樹健,《朝鮮時代 地方行政史》(民音社, 1989), 201쪽.
3) 李樹健, 위의 책, 189~190쪽.
4) 李樹健, 위의 책, 47~48쪽.

물론 세종·중종·선조대에 걸쳐 감사의 久任과 겸윤·겸목문제가 조정에서 누차 거론되어 한때 양계감사와 동일한 제도를 실시한 적도 있었으나 그러한 시기는 모두 잠시였다. 양란을 겪고 난 이후 급격하게 달라져 가는 향촌사회를 안정된 지배체제 내에 끌어들이기 위한 정부의 새로운 시도가 자주 이루어지면서 감사의 구임과 겸관문제가 더욱 절실하게 논의되었다. 그 결과 영조 30년대에 접어들면서 이남 6도도 약간의 시간적 선후의 차이는 있었지만 양계와 동일한 감영과 감사직제를 갖게 됨으로써 비로소 8도는 명실상부하게 일체화된 도제가 확립되었던 것이다.[5)]

이남 5도의 대구·전주·공주·원주·해주가 각기 해당 도의 감영소재 읍으로 감영의 기존시설을 모방하여 19세기 이후와 같은 규모를 17세기부터 갖추어 갔던 것이다. 그래서 각 도의 감영마다 명나라의 布政司를 모방하여 감사의 근무처를 布政堂, 그 문을 포정문이라 명명하였고, 감사의 기능이 '承流宣化'·'澄淸'에 있다는 데서 선화당·징청각과 같은 감영의 대표적인 건물들이 갖추어지게 되었다. 이러한 감사의 관아를 비롯하여 都事·中軍·檢律·審藥 등 관원의 집무실, 營吏·營奴婢의 거처, 각종 창고 등이 설치되었다.[6)]

물론 이러한 보좌기구들은 이미 감사의 권능이 강화되기 시작하던 고려 말부터 점차 갖추어져 가고 있었다. 도가 행정구역으로 정착되고 관찰사가 도의 장관으로서 수령에 대한 규찰과 도내 제반행정을 처결하게 되면서, 관찰사를 보좌하고 행정실무를 담당할 사무기구의 설치가 필요하였다. 그리하여 도관찰출척사가 처음 파견되던 고려의 창왕 원년(1388)에 이미 감영기구가 설치되었고 그 이후 어느 정도 구조적 변화를 거쳐 《경국대전》의 완성으로 감영기구는 관찰사의 보좌관격인 도사·판관·심약·검률과 행정실무를 담당하는 영리로 그 구조적 고착을 보게 되었다.

도사는 여말 이래 經歷과 함께 首領官으로 통칭되던 관찰사의 보좌관으로서 세조 12년(1466) 경력이 혁파된 이후에도 조선 말기까지 각 도에 한 사람씩 배

5) 李樹健, 위의 책, 187~192쪽.
충청도와 경상도는 영조 34년(1758)에 각각 公州와 大丘에, 전라도는 영조 35년 全州에, 강원도와 황해도는 영조 36년 原州와 海洲에 감영을 설치함으로써 감영체제가 이루어졌다. 경기도는 漢城 주위라는 특수성으로 인해 다른 도와는 달랐다.

6) 李樹健, 위의 책, 231~233쪽.

치되어 여러 가지 중요한 직임을 담당하였다. 도사는 관찰사의 직임을 보좌할 뿐만 아니라 조선 전기에는 관찰사와 수령들의 불법을 규찰하여 直啓論彈하는 外臺로서의 기능을 담당하였던 것으로 생각되며, 감사의 유고시에는 감사의 직임을 대행하기도 하였다.[7)]

그러나 명종 이후부터 사정은 달라져서 도사의 지위는 불안해지고 신분은 잘 보장되지 않아서 사소한 과오나 조그마한 사건으로도 징계를 받아 파직되는 예가 많았다. 특히 후기에 올수록 징계로 인한 교체가 많아짐에 따라 辭遞로 인한 퇴임도 급속히 증가하였다. 그것은 무엇보다도 8도 감사가 17세기 이후부터 양계와 같이 솔권겸윤함에 따라 도사는 감사와 판관의 중간에 끼이게 되었고 또 감영체제가 종전의 行營에서 留營으로 바뀜에 따라 도사의 기능이 위축되었기 때문이다. 더구나 17세기 이래 도사가 담당하고 주관하는 사무는 점차 상관인 감사에게 침식되어, 도사는 유명무실한 빈자리나 다름없어 앉아 하는 일이 별로 없었다.[8)] 언제부터인가 도신과 수령을 탄핵하던 외대로서의 기능은 상실하고 관찰사의 속관으로서 감영에 기식하는 한 직으로 전락하게 되었던 것이다. 이러한 변화와 함께 도사들이 부임을 기피하는 일도 많아져서 정부는 엄벌로 다스릴 것을 거듭 천명하기도 하는 등 대책에 부심하였지만, 이러한 추세는 이후 계속되었다.[9)]

판관은 조선 전기에는 府·大都護府·牧과 일부 도호부 등 대읍에 설치되어 각각 감사와 수령을 보좌하던 종5품 관직이었다. 그 뒤 冗官이라는 이유로 모두 혁파되었으나 관찰사의 구임법의 실시와 함께 관찰사의 겸목이 전국에 확대 실시되면서, 판관은 관찰사를 대신하여 관찰사가 겸직하는 읍의 행정을 맡아 수행하던 관찰사의 보좌관적 지위를 확고히 하게 된 것이다.[10)]

이러한 보좌관 이외에 감영에는 일찍부터 행정실무를 담당하는 영리와 영노비가 있었다. 상설관아를 갖지 않았던 고려시대의 안찰사 밑에도 영리가 존재했었다. 영리는 감사가 순력할 때 향도 내지는 안내자로서 또는 감사의 명령을 받아 수령의 치읍과 민정을 염탐하는 역할도 맡았다. 영리의 존재상태와

---

7) 李義權, 〈朝鮮後期의 觀察使와 그 統治機能〉(《全北史學》 9, 1985), 103쪽.
8) 李樹健, 앞의 책, 223쪽.
9) 李義權, 앞의 글, 103~104쪽.
10) 李義權, 위의 글, 105쪽.

기능은 도제의 변천에 따라 경기·양계 및 남부 5도가 서로 달랐다. 감사가 후기처럼 감영소재 읍관을 겸하고 있을 때는 서울의 京邸吏와 같이 각 영문에 파견된 營邸吏가 있었지만, 전기의 이남 6도 감사는 각 읍의 戶長層에서 차출된 영리만이 존재했던 것이다.

영리의 인원수는 영노비와 함께 각 도와 시기에 따라 서로 달랐지만, 대체로 전기에 비해 후기로 올수록 증가했다. 영노비는 감사가 감영의 소재읍관을 겸임하지 않을 때는 필요성이 별로 없다가 양계감사부터 솔권겸윤하게 되자 군현의 관노비처럼 확보되기 시작했다. 후기로 올수록 감영의 기구와 시설이 커짐에 따라 감영노비도 계속 늘어갔다.11)

조선 후기로 내려오면서 관찰사의 통치행태가 순력에서 유영으로 변화해 갔던 것은 관찰사의 기능이 外憲的인 규찰기능보다 方伯的 기능, 즉 행정장관으로서의 기능이 더욱 중시되어 갔던 것12)으로 파악할 수 있을 것이며, 결국 중앙과 지방군현을 연결시켜 주는 중간기구의 확실한 정착으로서 지방행정제도의 발전을 의미하는 것으로도 볼 수 있다.

이와 같은 감영체제의 발전과 함께 나타나는 현상으로서 주목되는 것은 감사에 임용되는 관리의 품계가 낮아지는 경향을 보인다는 점이다. 원래 감사의 법정품계가 종2품이기 때문에 거기에 상당하는 관인이 감사에 선임되는 것이 원칙이지만, 실제 각 도 감사의 관품을 조사해 보면 종2품을 중심으로 그 이상인 정2품 이상과 그 이하인 정3품이 많은데, 이럴 때는 京官職과 마찬가지로 行守法이 적용되었다. 대체로 조선 초기에는 종2품 이상이 많이 임용되었고 중기에는 법정의 관품대로 종2품이 주류를 이루다가 후기에는 정3품 通政이 감사로 임명되는 경우가 많아졌다. 경기·경상·평안도와 같이 국가가 매우 중시하는 도에는 정2품 이상이 선임되었고 황해·강원도와 같은 작은 도에는 종2품 이하가 임명되는 경우가 많았다.13)

이것은 감영체제의 안정된 발전으로 인하여 굳이 이전처럼 수령과 지방토착세력을 위압하기 위해 높은 품계의 관리를 감사로 파견해야 할 필요성이 적어졌다는 점도 있었을 것이다. 그러나 한편으로는 수령에 대한 감사의 殿最기능

11) 李樹健, 앞의 책, 225~229쪽.
12) 李義權, 앞의 글, 112쪽.
13) 李樹健, 앞의 책, 195~196쪽.

이 유명무실화된 데 따른 빈번한 어사의 파견, 八道句管堂上制와 같은 지방 군현에 대한 중앙정부의 직접적인 통제기능의 강화조치에서 기인되기도 하였던 것으로 생각되고 있다.

(2) 수령권의 강화와 사족지배질서의 약화

수령지위의 강화책은 이미 조선 초기부터 대대적인 군현제 정비와 함께 태종 6년(1406)의 留鄕所 혁파 논의, 그리고 동왕 11년의 鄕愿推劾法과 세종 초기 部民告訴禁止法의 제정 등을 통해 지속적으로 추구되어 왔지만,[14] 임란 이후 이러한 조치는 새로운 차원에서 추구되었다. 정부는 체제붕괴의 위기를 타개하기 위해 생산기반의 복원, 양역의 확보, 그리고 안정적인 국가재정체계의 수립을 목표로 국가를 재건하려는 제반정책을 강구하였다. 특히 정부는 중앙집권적 체제확립을 목표로 향촌정책을 보다 치밀하게 수행하고자 했다.

17세기 정부는 향촌의 사정과도 관련해서 우선 향촌지배정책의 한 축을 수령제운영의 강화에 두고, 이에 따라 신중한 수령선택과 그 임무수행을 감독・감시하는 처벌장치의 강화조치를 빈번하게 취해 나갔다.[15]

이러한 관 주도의 향촌통제책은 특히 숙종대에 들어오면서 본격적으로 추진되기 시작하였다. 숙종은 지방사회의 문제를 해결하는 데에는 수령의 역할이 특히 중요하다고 생각하여, 수령의 數遞를 경고하고 대간들로 하여금 수령에 대한 탄핵을 신중히 하라고 강조하였다.[16] 한편 수령을 통제하기 위해서 왕의 측근인 侍從之臣을 어사로 파견하는 것이 가장 주효할 것이라고 판단하여, 지속적으로 암행어사 및 각종 어사를 지방에 내려보냈다.

어사의 파견도 아무래도 한계가 있기 때문에 숙종 34년(1708) 2월 숙종이 '代柱帖' 을 만들어 항시 옆에 두고 보겠다고 할 정도였는데, 이것은 중요한 의미를 지닌다고 생각된다. 대주첩은 감사나 어사들에 의해 높이 평가된 수령의 명단을 의미하는 바, 이는 곧 어사들이 제대로 임무를 수행하는가 하는 점을 감시하는 기능을 하는 것으로서 그 모두를 왕의 통제 아래 두겠다는 뜻을 내

---

14) 李樹健, 위의 책, 243~244쪽.

15) 吳永敎, 앞의 책, 47~48쪽.

16) 金仁杰,《朝鮮後期 鄕村社會變動에 관한 硏究－18, 19세기 '鄕權'담당층의 변화를 중심으로》(서울大 博士學位論文, 1991), 114~117쪽.

포하는 것이었다.[17]

이러한 조치에 이어 숙종 39년에는 비변사에서 八道句管堂上·有司堂上制를 마련함으로써 관 주도의 향촌통제책의 기본구조가 이루어졌던 것으로 보인다. 8도구관당상·유사당상제는 비변사에서 당상관으로 하여금 각 도에서 올라오는 공문 및 각종 공사를 원활하게 처리하기 위해 고안된 것으로서, 각 도를 맡는 구관당상을 두고 유사당상 4인으로 하여금 구관당상을 도와 각각 2개도씩을 담당하도록 한 것이다. 《續大典》 이후의 '외관격식'조에 수령이 임지에 부임하기 전에 '시원임대신·6조판서·군문대장·사헌부와 사간원 관원, 이조銓郎' 외에 비변사의 '본도구관당상'을 찾아보도록 하는 규정을 마련한 것은 구관당상과 지방관들과의 관계를 이해하는 데 시사하는 바가 크다. 8도구관당상을 둔 것은 지방관들을 감사에게만 맡겨 두지 않고 비변사에서 직접 통제하고자 한 것으로, 향촌사회에 대한 중앙정부의 직접적인 통제의 강화라는 특징을 잘 보여준다.[18]

영조대에 들어서도 왕권강화책을 모색하는 가운데 '京外久任之法' 을 다시 강조하고 수령의 '立碑生祠'를 금지시키며 수령의 천법을 강화하여 정식화시켰으며, 이어 어사를 파견하여 감독기한을 무제한 부여하는 한편 〈久任節目〉을 반포하고 비변사의 유사당상 외에 그간 제대로 기능하지 못했던 구관당상제를 신칙하여 영조 10년(1734) 정월 備局堂上 가운데 8도구관당상을 다시 임명하는 등의 조치를 취해 나갔다. 그의 정책은 기본적으로 숙종대에 제시되었던 것을 완성한다는 의미를 지니는 것이었다.[19]

이와 함께 정부는 수령강화정책에서 한 걸음 더 나아가 구체적으로 생산의 현장이자 통치의 객체인 향촌사회의 민에 대한 통치조직을 정비하고 운영직임을 확정하는 데 노력을 기울였다. 바로 공적 사회제도로서 面里制와 五家作統制를 수립하고 향촌에 대한 체계적이고 지속적인 지배를 도모하였다. 동시에 재지사족에 대한 통제책이 강력히 시행되었다. 營將制의 실시, 書院濫設 금지조치 등과 함께 전통적인 재지세력의 권력기구인 유향소(또는 향소)의 기능을 국가가 장악하려 했던 것이다.

---

17) 金仁杰, 위의 책, 114~116쪽.
18) 金仁杰, 위의 책, 121쪽.
19) 金仁杰, 위의 책, 125쪽.

임란 이전 조선왕조는 집권체제의 확립을 목표로 고유한 위상과 운동논리를 지닌 향촌내의 여러 사회조직에 주목하여 이를 정비하고 활용하려 하였다. 국가권력과 대응되는 재지사족들도 여러 사회조직을 활용하여 향촌사회의 운영에 깊숙이 관여하고 자신들의 계급지배를 관철하려 했다. 그 가운데 한 기구가 중앙의 京在所와 일정한 연계를 지니면서 재지품관층이 군현을 단위로 조직하였던 유향소였다.

조선왕조가 중앙집권적 통치체제의 수립을 위한 제반정책을 적극적으로 시행한 결과, 향리를 비롯한 기존 지방세력은 점차 약화되어 수령의 행정실무자적 지위로 전락되어 갔다. 이를 대신해서 유향소를 중심으로 한 재지사족층이 점차 성장하여 새롭게 향촌지배질서를 구축해 나가면서 수령에 대한 영향력을 행사하고 있었다. 이 때문에 유향소는 중앙권력의 집권화시책에 반한다고 해서 몇 차례 혁파되었다가 결국은 다시 부활되었다. 이 과정에서 유향소의 지방분권적 요소는 상당히 약화되었지만, 경재소와 재지사족과 복합적으로 연계되면서 그 나름의 기능을 하고 있었다. 경재소와 유향소는 구성원이나 소재지 또는 기능상에서 볼 때 별도의 기구로 여겨지나, 유향소에 대해 '分京在所'라 표현하는 것처럼 서로 동반적이며 상하관계를 유지하는 기구로 볼 수 있다.[20] 경재소와 유향소는 중앙집권적 체제를 확립하고자 하는 국가의 의지와 재지세력의 자치력 제고의 절충기관으로서 조선 전기 이래 경향에 존재하며 각각 역사적 소임을 다하고 있었던 것이다.

재지사족은 한편으로는 경재소와 연결되면서, 향안을 모체로 한 향회를 통해 유향소를 장악하고 그 지역의 부세운영과 인사권을 통해 吏民통제를 수행하였다. 이 밖에도 향교·서원을 장악하여 鄕論을 주도하였고 군현 전체적으로 향약을 실시하거나 또는 각 동리별로 생산공동체의 질서유지를 위한 동계·동약을 하부조직으로 갖추고 있었다. 이들 제조직과 규약은 병렬적이고 상호보완적으로, 그리고 종횡으로 연결되어 있었다. 이로써 재지사족은 중앙집권화의 와중에서도 농민층의 지속적인 저항에도 불구하고, 수령권과 일정한 타협을 이루면서 그들의 전체적인 이해를 관철시켜 나아갔다.[21]

---

20) 吳永敎, 앞의 책, 34~35쪽.

21) 鄭震英, 〈16, 17세기 재지사족의 향촌지배와 그 성격〉(《역사와 현실》 3, 1990), 112쪽.

그런데 선조 36년(1603) 전후 국가기구의 정비과정에서 경재소가 혁파되면서 분소인 유향소의 지위에도 커다란 변화가 나타났다. 유향소는 거듭된 치폐과정에서 자치기능이 점차 약화되고 있던 바, 이제 임면권자가 경재소에서 수령으로 바뀌면서 수령에의 예속도 쉽게 연결될 수 있었다. 한편 향소는 軍役差定을 비롯한 군무에 종사하고 있었는데, 효종년간의 〈營將事目〉의 반포 이후 영장에 의한 향소 처벌이 행해졌고, 이에 따라 향임(향소의 직임)의 지위가 낮아지는 상황이 초래되었다. 향소가 군현통치의 보조업무에만 종사하고 수령권에 대응되는 자치기구로서의 면모가 약화되어 갈 수밖에 없었다.[22)]

따라서 사족들은 향임을 기피하고 재지사족이 아닌 새로운 계층들이 거기에 참여하게 되며, 그 결과 향소는 사족들의 강력한 지배로부터 벗어나게 되었다. 향소의 이탈은 이를 통하여 장악하였던 부세권의 상실을 의미하는 것이며, 이는 사족들의 지배력을 무기력하게 만드는 요인으로 작용하였다.

이에 대응하는 사족들이 향약실시·읍지편찬·鄕案重修 등을 통하여 16세기 이래의 지배체제로 복귀하려고 했으나, 그러한 노력은 별다른 실효를 거둘 수 없었다. 현실적으로는 전통적인 지배력이 강고하였던 일부 지역에서만, 그것도 관권의 지원을 바탕으로 해서야 비로소 가능하였다. 향약실시에 있어서는, 17세기 전반에는 자치력이 전보다 약화되고 거기에 관권의 개입이 서서히 이루어지고 있었지만, 그 여맥은 그대로 유지되고 있었다. 그러나 17세기 후반 이후로는 향약기구가 보유하는 자치력은 급속히 약화되면서 향약은 형해화되기 시작하였다. 향약의 주도권이 수령에게로 완전히 귀속됨에 따라 사족의 입장보다는 수령의 입장이 강하게 반영되는 추세로 나아가게 된 것이다. 수령들은 사족들이 향촌사회에서 장악하고 있었던 부세권을 매개로 향약을 수령의 부세책납기구로 변질시켜 버렸다.[23)]

이러한 가운데서도 17세기에 재지사족들은 새로운 권력기구라 할 서원의 건립 등을 통해 자신의 세력기반을 공고히 해 나가는 한편, 수령권과의 타협이 전제된 것이기는 하나, 향안의 복구와 향회의 장악을 통해 어느 정도까지는 이민을 통제하고 부역체계에까지 일정한 영향력을 행사할 수 있었다. 그러나

22) 吳永敎, 앞의 책, 243~245쪽.

23) 韓相權, 〈16, 17세기 鄕約의 機構와 性格〉(《震檀學報》 58, 1984), 67~68쪽.

이러한 영향력도 18세기 중반에 접어들면서(숙종대 후반에서 영조대 전반에 이르는 시기) 향안에의 입록이 급증하는 현상과 향안追入이 종식되거나 향안이 풀어 헤쳐지는 현상으로 상징되듯이 크게 동요하게 되었다.[24]

이러한 변화에 대비해서 주목되는 것은 향리조직과 기능의 강화라는 점이다. 임란 이후 사회변화에 대응해서 수취제도와 그 운영방식이 점차 변화해 갔다. 광해군대에서 숙종대에 걸쳐 점차적으로 확대 실시된 대동법, 영조 36년(1760)부터 실시된 比摠法, 還穀의 점차적인 부세화, 군역에서의 里定法과 均役法 실시, 17세기 말 이후 일부 부세의 금납화 등이 그것이다.[25] 중앙정부의 관 주도 향촌통제책 강화와 함께 이러한 변화는 지방행정에 있어서 새로운 직무와 기구의 강화를 필요로 했다. 수령을 보좌하면서 직접 지방행정의 실무를 맡고 있는 향리의 조직과 직임이 늘어나고 강화되는 것은 필연적인 것이었다.

조선 초기부터 정부의 중앙집권화 노력으로 향리는 점차 지방의 토착지배세력으로서의 성격이 약화되고 수령의 지방행정의 실무자로 변질되어 가는 한편, 향리조직체계에 있어서도 변화가 생겨났다. 6房이 향리집단의 핵심조직으로 점차 자리잡아 가면서 향리는 호장층·6방층·色吏層의 세 계층으로 위계질서가 형성되었다.[26]

그러나 후기로 오면서 호장층은 향리들을 대표하는 명예적인 존재로 점차 그 기능이 약화되고 그의 근무처인 邑司도 노비관리나 雉鷄柴炭조달에 관련된 잡무를 담당하는 하나의 직임으로 변질되었다.[27] 그 대신 행정의 실무를 직접 수행하는 6방을 비롯한 아전들이 집무하는 관청인 作廳이 이서집단의 중심기구로 자리잡게 되었다.

---

24) 金仁杰, 〈朝鮮後期 鄕村社會構造의 變動〉(《邊太燮博士華甲紀念 史學論叢》, 知識産業社, 1985), 778~780쪽.

25) 大同法과 比摠法에 대해서는 金玉根, 《朝鮮王朝財政史硏究》(一潮閣, 1984) 참조.
還穀의 부세화에 대해서는 오일주, 〈朝鮮後期 國家財政과 還穀의 賦稅的 機能 강화〉(延世大 碩士學位論文, 1984) 참조.
均役法에 대해서는 鄭演植, 〈17·18세기 良役均一化政策의 推移〉(《韓國史論》 13, 서울大 國史學科, 1985) 참조.
부세의 금납화에 대해서는 方基中, 〈17·18세기 前半 金納租稅의 성립과 전개〉(《東方學志》 45, 1984) 참조.

26) 李成茂, 〈朝鮮初期의 鄕吏〉(歷史學會 編, 《韓國史論文選集》(Ⅳ), 一潮閣, 1976), 68쪽.

27) 李樹健, 앞의 책, 304~305쪽.

그런데 이러한 6방 중심의 향리조직도 조선 후기 사회변화 및 정부의 새로운 향촌통제책이나 수취제도의 개혁조치에 대응해서 많은 변화가 일어났다. 수령이 지방행정을 직접 수행한다고 하는 성격 때문에 수령권이 강하되는데 따라 향리의 기능도 강화되어 갈 수밖에 없었다. 또한 본래 6방에 속한 업무가 기능적 필요성에 의해서 특화되거나 조선 후기 제도의 변화에 대응해서 새로이 성립된 직임이 독자적이고 중요한 기능을 지닌 '色'으로 발전해 가는 경우가 많아졌다. 承發·軍器色·田稅色·歲抄色·戶籍色이나 大同色·均役色·訓練色·御營色·束伍色·禁衛色·雇馬色 등이 그것이다.[28] 지역에 따라서는 刑吏廳·戶房所·工房所 등 6방별로 별도의 청사를 가지는 경우도 있었고, 특수한 분야의 직임의 확장·분화 등 행정의 분화에 따라 이서집단과 관련된 기구(청사)의 분화·별설(書員廳·戶籍廳·通引廳 등)이 현저해졌다.[29]

이러한 추세 속에 조선 후기에 오면 호장, 6방임, 기타 色吏의 계층적 범주는, 현실적 위계관계를 나타내는 '層'이라는 성격이 점차 약화되고, 각 직임이 갖는 현실적인 힘이 그 위치를 결정하는 구조로 변화되었다. 특히 承發·都書員·大同色·邑倉色 등의 직임은 이방을 제외한 다른 6방임들에 결코 뒤지지 않는 위치에 있었다고 한다. 이러한 현상은 조선 후기의 향리집단의 '신분적' 성격이 약화되고 '기능적' 성격이 강화되는 추세와 관련이 있다.[30] 향리의 기능강화에 수반된 경제적 이권 때문에 조선 후기 사회변화의 추이 속에서 원래 향리가 아니었던 사들이 향리의 직임을 얻기 위한 노력이 전개되는 것은 필연적이었다. 결국 기존의 향리층과 새로운 假吏層간에, 그리고 계층내부에서 향리직임을 둘러싼 갈등·경쟁체제가 격화되어 가면서 새로운 계층분화가 이루어지고 향리의 계층적 성격도 점차 변질되어 갔다.[31]

한편 향리기능의 강화현상과는 반대로, 재지사족층의 이해를 대변해서 향리를 규찰하며 향풍교화를 담당해 왔던 향소의 향임층이 조선 후기에 들어와 점차 '役人化'하면서 향리집단에 의해 수행되던 행정적인 실무를 함께 수행하게

28) 金弼東, 〈朝鮮後期 地方吏胥集團의 組織構造(上)〉(《韓國學報》 28, 1982), 107~108쪽.
29) 金弼東, 위의 글, 100~101쪽.
30) 金弼東, 위의 글, 110~111쪽.
31) 金弼東, 〈朝鮮後期 地方吏胥集團의 組織構造(下)〉(《韓國學報》 29, 1982), 109~111쪽.

되었다. 그러나 향리집단의 향임층에 대한 기술적 우위 때문에 업무의 중심은 향리집단에게 주어질 수밖에 없었다고 생각된다.[32] 물론 향소의 座首·別監 등 향임들도 직무분장을 통해 행정에 참여하였지만,[33] 복잡화되어 가는 업무체계를 몇 명의 향임이 통할하는 것은 무리였을 것이다.

이와 같이 종래 향촌사회에 영향력을 행사해 오던 재지사족층이 점차 지방행정 및 수취구조에서 배제되고, 새로운 계층에 의해 침투되고 있던 향소와 향리집단이 19세기에 가면 수령권 강화와 맞물려 새로운 수탈구조, 즉 '守令－吏·鄕 수탈구조'를 형성하면서, 농민뿐만 아니라 잔약한 재지사족조차 그러한 수탈의 대상에 포괄되는 현상이 나타났다.[34]

2) 면리제의 발전과 촌락운영질서의 변화

(1) 면리제의 발전

조선 전기에는 고려 후기 이래의 자연촌락의 성장과 중앙집권화의 진행에 의해 중앙권력이 군현의 하부단위인 촌락에까지도 개입하게 되면서 면리제라는 촌락운영체제가 형성되었다. 그러나 조선 전기의 면리제는 여러 가지 취약점을 지니고 있었다.

《경국대전》에 5戶를 1統으로 하고 5統을 1里로 하여 각각 統主와 里正을 둔다고 규정하고 있듯이 里가 자연촌락의 규모의 다양성과는 관계없이 5통을 기준으로 하는, 다시 말하면 五家統의 확대편제로서 나타났다. 그러나 실제로 향촌단위로 운용되는 리는 이와 달랐다. 자연촌락이 그대로 리로 되는 경우도 있었지만, 많은 경우 여러 개의 촌락을 묶어서 리로 운영하는 형태를 취하고 있었다. 이것은 자연촌이 고려 후기 이래 성장해 왔다고 하지만, 아직도 독자적 기능을 수행할 수 있을 만큼 자연촌 성장이 일반화되어 있지 않았다는

32) 金弼東, 위의 글, 116쪽.

33) 金龍德, 《鄕廳硏究》(韓國硏究院, 1978), 89~94쪽. 羅州牧의 직무분장의 예를 들어보면 座首(1인)－大小事務(都檢察), 兵房別監(1인)－捉虎·捕盜 및 타국인 剽到 관련사항, 工房別監(1인)－도로·교량의 修治 신칙, 官廳都監(1인)－대소 享祀祭物의 看檢, 雇馬都監(1인)－轎·馬 검찰, 그리고 各倉監官(5인)－각 倉의 捧稅 등이다.

34) 高錫珪, 〈19세기 前半 鄕村社會 支配構造의 性格－'守令吏鄕 수탈구조'를 중심으로－〉(《外大史學》 2, 1989).

것에 기인한다.[35)]

그리고 몇 개의 리를 묶어 面으로 한다고 했지만, 실제로 면도 읍치를 중심으로 해서 사방을 동·서·남·북 4개의 면으로 나누는 형태를 취하고 있었다. 군현의 크기에 관계없이, 심지어는 규모가 아주 영세한 속현·향·부곡까지도 4개의 면으로 분할되는 불균등한 모습을 보이고 있었다. 또한 군현 밑에 直村化되지 않고, 향리와 유향소가 존재하여 독자적인 운영체제를 보이는 속현·향·부곡 등의 任內도 상당히 존재하고 있어서, 면리제의 일관된 운영체계를 갖추기 어려웠다.[36)]

이러한 면리편제는 조선 후기로 넘어오면서 새롭게 편제되었다. 그 이전부터 점차적으로 진행되어 오던 자연촌의 성장추세는 16세기 이후 본격화되는 川防(洑)과 堰田의 개발 등으로 농경지역이 평야저지로 확산되고 집약적 소농경제가 발달해 가면서 급속화되어 갔다. 물론 이러한 추세가 임란으로 인해 잠시 둔화되고 후퇴하는 현상까지 보이기는 하지만, 號牌法 시행 등에 의한 철저한 호구파악, 새로운 둔전경영 등 토지개간정책과 유민부담의 경감조치 등 국가의 인민에 대한 적극적인 안집책으로 인해 현종·숙종대에 가면 상당한 정도로 진척된 모습을 보이기에 이른다. 이 과정에서 수 개의 촌을 묶은 큰 규모의 里가 분리되어 개별적인 자연촌락이 독자적인 리로서 기능해 갈 수 있게 되고, 이러한 향촌사회의 변화를 국가에서 인정하는 향촌정책이 시행됨으로써 새로운 면리편제가 이루어졌다. 숙종대의 〈五家統事目〉이 이러한 면리편제의 단초적인 양상을 보여주고 있다.[37)]

이 〈오가통사목〉에서는 조선 전기와 마찬가지로 인구의 토지에의 안집·긴박을 위한 통의 기능을 강조하고 있지만, 이전과는 달리 리의 독자성과 다양성을 인정하고 있다. 즉 무조건 5통을 1리로 편제하는 것이 아니라 5가통 편제를 하고 남은 나머지 호는 다른 里에 넘기지 않고 따로 통을 형성해서 해당 里에 배속시킴으로써 里 자체로서 완결시키는 방법을 쓰고 있다. 그리고 리를 小里(5~10통의 리), 中里(11~20통의 리), 大里(21~30통의 리)로 나누어 이

35) 金俊亨, 〈18세기 里定法의 전개-村落의 기능 강화와 관련하여〉(《震檀學報》 58, 1984), 75~76쪽.

36) 李樹健, 〈直村考〉(《大丘史學》 15·16, 1978), 332쪽.

37) 金俊亨, 앞의 글, 77~80쪽.

의 규모에 따라 다양성을 그대로 인정해 주고 있다.[38]

면의 편제도 변화된 모습을 보였다. 동서남북 4개의 방위면이 보다 많은 면으로 세분화되어 나타나거나 방위면의 체제가 해체되고 그 밑에 편제되어 있던 里들이 면으로 승격되는 모습을 보였다. 安東의 府東面·府南面 등이 東先面·東後面·南先面·南後面 등으로 나누어진다든지, 蔚山의 東面農所里·南面溫陽里·南面靑良里·西面凡西里 등이 위에 배치되어 있던 방위면의 틀은 사라지고 農所面·溫陽面·靑良面·凡西面으로 바뀐 것[39]이 그 예이다. 정조대의 《戶口總數》에 의하면, 대체로 호구가 많고 지역이 넓은 읍은 20개 이상의 면으로 분리되는 경향을 보이고, 작은 읍(대개 현)은 4~8개의 면으로 구성되어 있는 경우가 대부분이다. 이와 함께 16세기 중반 단계까지 끈질기게 남아있던 속현과 향·부곡 등의 임내도 결국 직촌화되어 새로운 면리편제에 흡수되어 버린다. 대개 속현이나 향·부곡 등이 1개의 면으로 편성되고 있지만 속현의 규모가 클 때에는 여러 개의 면으로 분리되어 직촌화되어 가는 경우도 있었다.[40]

그러나 정조대까지만 해도 새로운 면리편제의 양상이 지역에 따라 다양하게 나타나고 있고, 아직도 규모가 작아 독자적인 기능을 수행하지 못해 인근의 대촌에 부속되어 있는 소촌도 상당히 존재했던 것으로 보인다. 물론 그 이후 전국적인 리의 숫자가 증가해 가는 것으로 보아 이러한 소촌들도 생산력 발전과 인구증가에 따라 점차 독자적인 리로 독립해 가지 않았나 생각된다.[41]

이러한 새로운 면리제의 발전에 따라 면리의 운영을 담당하는 직임에도 변화와 발전의 양상이 나타났다. 원래 군현의 하부 행정단위인 각 면과 리의 면리임들은 수령의 지휘·감독하에서 향리와 유향소의 중간단계를 거쳐 면리행정을 수행해 가는 위치에 있었다. 초기 《실록》에는 면리임으로 勸農·里正·里長·方別監·監考·色掌 등의 용어가 나타나고 있다. 호구·군역파악, 권농, 관개·수리시설의 감독, 유이민 단속, 捕盜, 賑濟 등의 업무수행에서 이러한 면리임의 용례가 나오고 있지만, 그러한 직임이 체계화되어 있지는 않았

38) 《備邊司謄錄》 31책, 숙종 원년 9월 26일.
39) 李樹健, 앞의 책, 141~143쪽.
40) 金俊亨, 〈朝鮮後期 面里制의 性格〉(서울大 碩士學位論文, 1982), 12~13쪽.
41) 金俊亨, 위의 글, 27~28쪽.

던 것 같다. 이후《경국대전》에 면에는 권농관, 리에는 이정, 통에는 통주를 둔다는 규정이 마련되었으나, 면리의 일관된 체계가 서있지 않았기 때문에 16세기 말까지는 미숙한 운영체제의 형태를 띨 수밖에 없었다.[42]

이러한 면리임은 조선 후기로 오면서 면리의 새로운 지역적 편제가 이루어지고 면리기구의 기능이 강화되는 것에 따라서 그 호칭이 변하고, 직임 자체도 분화되고 다양화될 뿐만 아니라 면리임간의 지휘체계도 잡혀가게 되었다. 우선 면임의 호칭을 보면 적극적인 향촌통제책이 이루어지기 시작하는 숙종 원년(1675)의 〈오가통사목〉에서는 '都尹'·'副尹'이라 해서 면내의 모든 일을 총괄하는 일반면임이 규정되고 이들의 직임이 매우 강조되었다. 그리고 숙종 후반에 가면 면내의 모든 일을 총괄하는 정·부의 일반면임의 칭호가 '風憲'·'尊位'·'約正' 등 지역에 따라 매우 다양하게 나타났다. 이외에 특수업무만을 전담하는 '戶籍有司'·'檢督'·'都將' 등의 특수 면임들도 나타났다.

里任의 명칭을 보면, 숙종 초에 里正 이외에 '里有司'가 일반직임으로서 증설되지만, 숙종 37년의 〈良役變通節目〉에서는 '上尊位'·'副尊位'·'有司'로 바뀌면서 리의 역할이 강조되고 그 담당자도 더 늘어나는 현상을 보이는 한편 지역에 따라 '幕將' 등과 같은 특수직임까지 나타나는 경우도 있다. 이러한 면리의 직임은 후대로 오면서 점차 늘어 오히려 그것이 폐단으로 지적되는 경우까지 생겼다.[43]

아무튼 조선 후기에 오면 지역 또는 시기에 따라 면리운영체제가 다양하게 전개되고 있어 일률적으로 이야기할 수는 없지만, 정조대에 평안도관찰사였던 洪良浩가 지은《牧民大方》에 제시된 면리임의 종류와 직능은 이 당시의 면리운영체제를 이해하는 데 도움이 될 것이다. 그것을 소개해 보면 다음과 같다.[44]

① 面 任

○ 風憲 : 勸農監官을 겸하며 면내의 文報·風化·禁令·勸農 등 모든 일을 총괄하고 지휘 감독한다.

○ 副憲(約正) : 풍헌의 직을 보좌하면서 이 밖에 差役에 관한 일을 별도로 담당한다.

○ 檢督 : 면내의 檢納·推捉 등의 일을 담당한다.

---

42) 李樹健, 앞의 책, 337~338쪽.

43) 金俊亨, 앞의 글(1982), 35~40쪽.

44)《朝鮮民政資料》, 牧民大方 什伍相聯之制.

- o 都將 : 면내의 巡警·禁令 등의 일을 담당한다.
- o 訓長 : 면내의 勸講·考課 등의 일을 담당한다.
- o 鄕約正 : 향약을 실시하는 경우에 향약 糾正의 일을 맡는다.

② 里 任

- o 里監 : 勸農有司를 겸하며 里內의 文報·風化·勸農 등 모든 일을 총괄한다.
- o 里正 : 里內의 檢納·差役·推捉 등의 일을 담당한다.
- o 譏察將 : 里內의 巡警·禁令 등의 일을 담당한다.

(2) 촌락운영질서의 변화

조선 전기에는 대대적인 군현제 개편과 함께 수령권 강화 및 면리제 시행 등으로 중앙집권화가 진척되었다고 하지만, 철저한 중앙통제가 어려운 향촌사회 내의 여러 가지 조건이 아직은 많이 존재하고 있었다. 면리제라고 하는 새로운 촌락운영질서를 시행해 나갈 수 있을 만큼 자연촌의 성장이 충분히 이루어져 있는 것도 아니었고, 군현제의 정비도 아직 미비한 부분들이 상당히 존재하고 있었다. 많이 약화되었다고는 하지만 아직도 향리층이 토착세력으로서 그 나름대로의 영향력을 미치고 있었고, 또한 이에 대신해서 새로운 향촌지배 질서를 구축해 나가고 있던 재지품관층, 즉 재지사족층의 중앙집권화 시책에 대한 반발도 무시할 수 없는 것이었다. 유향소의 치폐의 반복이 상징해 주듯이 정부는 중앙집권화를 지향하면서도 당시의 향촌사회의 조건상, 그리고 유교적 지배이데올로기를 공유하고 있고 그들의 계층적 이해를 대변한다고 하는 속성을 지니고 있는 이상, 재지사족층과 타협할 수밖에 없었다. 그들의 발호를 억제하면서도 그들을 매개로 향촌질서와 집권기반을 안정시켜 나가려고 했던 것이다.

이것은 조선 전기 면리제 운영에 있어서도 그대로 드러났다 국가는 권농관이나 이정 등 면리임을 가급적 재지사족층에서 선임하려 했다. '閑良品官廉幹者를 택해서 권농관으로 삼는'[45]다거나 '里正長을 有職有識者로 택차'[46]한다는 것 등은 그 좋은 예이다. 그 이외에 방별감 등의 특수직임은 호별로 돌아가면서 맡는 경우도 있었고 里正長의 직임을 사족이 기피하는 예도 있었지만, 그것이 심각한 문제가 될 정도는 아니었던 것 같다.

---

45) 《太祖實錄》 권 8, 태조 4년 7월 신유.

46) 《世宗實錄》 권 2, 세종 원년 9월 정해.

실제로 조선 전기에는 면리제 운영에 있어서 취약점이 드러나고 있었기 때문에 재지사족들은 이와는 별도로 새로운 향촌운영질서로서 향약을 통한 지배를 실현시켜 나가고 있었다.[47] 그들은 향약실시의 하부단위라 할 수 있는 자연촌락을 여러 개 묶은 일정영역에 대한 동약·동계의 운영을 통해 촌락민의 재생산구조를 장악하고 여기에 상하 신분질서를 문란케 하는 자를 벌칙규정에 의해 다스림으로써 그들의 촌락지배를 관철할 수 있었다.

그러나 조선 후기로 들어와 생산력이 발전하고 상품경제가 발전함에 따라 향촌사회내에도 여러 가지 변화가 생겨났다. 임란 이후 벼농사의 발달, 18세기 이후 일반화되어 가는 稻麥二毛作 등으로 촌락단위로 강화되는 두레 등의 공동노동조직[48]은 자연촌의 자율성을 제고시킬 뿐만 아니라 농민들의 입지를 강화시켜 주는 역할을 하였다. 임란을 계기로 격화되고 있던 농민층의 국가와 재지사족의 통제로부터의 이탈현상은 상품경제의 발전, 이를 바탕으로 한 일반 서민층의 부의 축적, 잇따른 정국변화 속에서 재지사족의 향촌지배의 경제적·사회적 기반의 약화 등으로 더욱 가속화되었다.

이에 대응해서 조정에서는 농민들의 안집과 그들로부터의 안정된 부세확보를 위한 새로운 향촌통제정책을 실시해 나감과 동시에, 부세정책에 있어서도 새로운 대책을 세우기에 부심하였다. 17세기 이후 점차 전국적으로 널리 실시되는 대동법, 양역의 안정된 확보를 위한 숙종대 후반의 이정법, 전세에서의 비총법, 환곡의 점차적인 부세화, 일부 부세의 금납화, 지방재정의 충당을 위한 각종 잡역의 출현과 民庫 등 새로운 수탈방식의 등장 등이 그것이었다. 이러한 새로운 부세정책의 특징으로서 주목되는 점은 부세수취의 고리대적 운영방식의 확산과 함께 부세의 안정된 확보를 위한 전제로서 부세납부가 각 리별로 공동연대책임의 경향이 급격히 강화되었다는 것이다. 그 대표적인 것이 〈양역변통절목〉에서 제시된 이정법이었다.

이정법은 閑丁收括의 기능을 촌락에 맡겨서 농민층 사이의 자체적인 규제에 의해 안정된 양역부과를 강제하는 조치로써 나온 것이었다. 이 제도는 그 이후

47) 朴鎭愚, 〈朝鮮初期 面里制와 村落支配의 强化〉(《韓國史論》 20, 서울大 國史學科, 1986), 119~120쪽.
48) 李泰鎭, 〈17·8세기 香徒組織의 分化와 두레의 발생〉(《震檀學報》 67, 1989), 25~27쪽.

한동안은 제대로 실시되지 않아 영조대에 다시 신칙되기도 하였지만 후대로 갈수록 각 군현의 자율적인 운영에 의해 점차 확산되어 갔던 것으로 보인다.49) 그런데 이러한 리별 연대책임제는 양역뿐만 아니라 다른 부세의 운영에도 점차 확산되어 갔다. 정도의 차이는 있지만, 전정에서의 面摠·里摠, 환곡에서의 里還, 각종 잡역에서의 民庫적인 운영이나 契房·除役村의 존재 등이 그것이었다.50)

이러한 리별 연대책임제는 조선 후기에 들어오면서 진행되었던 정부의 향촌통제책과 맞물려 나타나기 때문에 자연히 그 매개체로서 면리제의 기능은 강화될 수밖에 없었고, 그 임무를 수행하는 면리임의 기능도 강화될 뿐만 아니라 국가나 수령으로부터 여러 가지 침책을 받을 수 있는 가능성이 많아졌다.

원래 면임은 군현 내 官司體系의 吏卒과는 구별되며 재지세력에 의해 임용되는 임장으로 분류되는 직임이었다. 이들 면임에 대해서는 조직상의 수반인 향소가 인사권을 행사했으나 후대로 내려올수록 수령권에 귀속되는 경향이 있었다. 아울러 면임과 동임은 '各社之官·各洞之長' 내지 '官家之輔翼·官家의 手足耳目'이라는 표현처럼 수령을 대신하는 존재이자 통치를 보좌하는 직임으로 규정되었다. 특히 향소의 직임이 官任化되어 수령의 침책을 받는 위치로 전락되고 면리제의 기능이 활성화되어 부세수취의 행정사무에 관한 일체의 업무가 면리기구를 중심으로 수행됨으로써 향소의 면리임에 대한 장악기능은 점차 취약해졌다. 반면 각종 행정업무의 주된 실무자가 군현내 6방관속이라는 점에서 면리임의 업무는 상급기관인 향소보다 수령권과 직결된 이서들과의 결합이 보다 두드러졌다.51)

수령이나 이서들의 감독이나 침책을 받는 위치로 전락한 면리임의 직임을 재지사족층이 기피하는 것은 필연적인 현상이었다. 따라서 국가는 이에 대한 대책에 부심하였다. 숙종 원년의 〈오가통사목〉에서는 면리임을 모두 재지사족층에서 선발해야 한다는 것을 다시 강조하고 회피하는 자에 대한 처벌조항까지 마련하고 수령의 침책도 규제하는 조치를 취하고 있다.

---

49) 金俊亨, 앞의 글(1984), 95쪽.
50) 김선경, 〈조선후기의 조세수취와 面·里운영〉(延世大 碩士學位論文, 1984), 53쪽.
51) 吳永敎, 앞의 책, 183쪽.

> 지금 郡邑 가운데 鄕品은 진실로 선택하기가 어렵고 이른바 里正도 매양 庶孼과 賤類로서 차정하기 때문에 수령이 만일 골라서 정하려고 하면 사람들이 대부분 피하기를 꾀하니, 앞으로 里正과 面尹은 반드시 모두 한 고을에서 명망이 있는 자로서 한다. 비록 일찍이 문과의 蔭職을 지낸 자라 하더라도 차임할 수 있으며, 만약 피하기를 꾀하는 자가 있으면 徒配의 律로 논한다(《備邊司謄錄》 31책, 숙종 원년 9월 26일).

그러나 면리임의 수세행정에서 조금이라도 착오가 생기면 笞刑을 가하거나 욕을 보이는 등 수령들의 침책이 여전하여 사족들의 기피현상이 계속 나타났다. 그래서 숙종 37년 〈양역변통절목〉에서는 존위를 上·副尊位로 구분하여 里 단위의 閑丁望報와 관련된 실무는 부존위 이하가 담당하고 사족출신의 상존위는 단지 그것을 검찰·신칙케 함으로써 사족출신의 이임에 대한 수령의 침책을 보다 완화하는 방법을 강구하고 있다.[52]

그런데 여기에서 또 하나 주목되는 것은 부존위 이하 유사 등은 中庶나 평민들로 차정하고 있다는 점이다. 물론 앞에서도 언급되었듯이 면리임에 중서나 천류들이 선임되어 활동하고 있었던 것은 사실이지만, 국가에서는 그것을 인정하려하지 않았다. 그런데 이 절목에서는 그것을 공식적으로 인정하고 있는 것이다.

이러한 것은 면임차정에 있어서도 마찬가지로 적용되었다. 숙종 초만 해도 都尹·副尹을 모두 양반층으로 임명해야 한다는 것이 중앙정부의 입장이었지만, 영조대에 오면 달라지고 있다. 울산을 예로 들면 상위 면임인 풍헌은 그대로 '幼學'이라 해서 양반층이 차지하고 있으나, 부면임인 약정은 '業武'라 해서 일반 서민층에서 상승해 오는 새로운 계층이나 중간계층이 담당하였다.[53] 이러한 현상은 조선 후기에 나오는 지방관아 문서나 민정서에서도 일반화되어 나타나고 있다. 예컨대 정조대의 《목민대방》에는 풍헌은 '鄕品中識文字有風力者' 로 택정하고 副憲(약정)은 '閑散中庶中勤幹識字解事者' 로, 里監은 '里內鄕品中庶中識文字有風力者' 로, 이정은 '庶民中勤幹解事者' 로 임명할 것을 제의하였다.

이처럼 조선 후기에 와서는 중앙정부가 향촌통제책의 강화를 통해 재지사족의 지배력을 통제하면서도 향촌사회의 안정된 질서를 유지하기 위해 재지사족층을 제도적인 틀 안으로 끌어들이려 하지만, 재지사족층은 이러한 통제의 틀을 벗어나려 하였다. 대신에 종래의 동약·동계를 매개로 자기 주변의 여러

52) 《備邊司謄錄》 63책, 숙종 37년 12월 26일.
53) 金俊亨, 앞의 글(1982), 69쪽.

촌락을 아우르는 사적 지배질서를 유지해 가려고 노력하였다. 그러나 그것도 일반농민의 저항과 관권의 침투로 그 성격이 변질되어 잡역 등 부세충당을 위한 기능에 흡수되어 버리는 추세를 보이고 있었다.[54]

이러한 상황을 틈타 경제력을 바탕으로 밑에서부터 상승해 오는 새로운 서민계층들이 이 면리제 운영에 참여하게 되었다. 사실 서민층의 입장에서는 면리임의 직임을 수행함으로써 여러 가지 이점을 얻을 수 있었다. 우선 역이 면제되는 등 여러 가지 특전이 주어졌을 뿐만 아니라 직임의 수행과정에서 다른 농민으로부터 중간수탈을 통해 더욱더 경제적 부를 축적하고 신분적 지위를 상승시켜 갈 수 있는 기회가 주어지기 때문이었다.[55]

이러한 현상은 향촌사회에서 기존의 사족지배체제가 서서히 붕괴되어 가고 있던 상황을 배경으로 해서 나타난 것이지만, 그러한 붕괴를 더욱 촉진시키는 기능도 하게 되었다. 물론 면리기구 운영에 새롭게 참여해 오는 계층은 19세기 이후 구조화되는 '수령－이·향 수탈구조'에 편입되어 농민수탈을 가중시키는 역할도 하였다. 그러나 이들의 면리기구 참여는 재지사족층의 지배권약화 경향과는 반대로 이미 농업생산력의 발전과 두레 등 동리별 공동노동조직의 강화를 바탕으로 해서 촌락에서의 발언권을 강화시켜 오던 농민층의 지위를 보다 높여 주는 역할을 하였던 것도 사실이다. 동약을 매개로 사족의 지배를 지속시켜 나가려는 사족층의 의도에 반발해서 농민을 비롯한 다른 계층이 分洞을 요구한 사례는 그 현상을 잘 보여준다.[56] 또한 이정법이 일반화되어 가면서, 양반층은 그 부담에서 면제되었으므로 가장 봉건적인 특성이 강한 軍役稅의 동리별 부담에 재지사족층도 부분적으로나마 참여할 수 밖에 없었던 경우나, 서북지방에서의 '軍布契'와 같이 어떤 신분인가에 관계없이 모두 똑같이 군역세 충당을 위한 계 운영에 출자하는 경우도[57] 그와 같은 변화상을 잘 보여준다고 하겠다.

〈金俊亨〉

54) 金仁杰, 앞의 글(1985), 787~788쪽.
55) 金俊亨, 앞의 글(1982), 71쪽.
56) 鄭震英, 〈朝鮮後期 鄕約의 一考察－夫仁洞 洞約을 중심으로〉(《民族文化論叢》 23, 1982) 참조.
57) 金俊亨, 앞의 글(1984), 91~94쪽.

3. 호구정책의 강화

1) 누적·탈역호구의 증가

조선 후기의 '戶口成籍', 즉 각 군현의 戶籍大帳의 작성에서 현안을 이루었던 것은 漏籍·脫役戶口의 방지 내지 색출문제였다. 이것은 당시의 〈戶籍事目〉이나 〈五家作統事目〉이 뒤에서 기술하는 바와 같이, 무엇보다도 이 문제에 초점을 맞추어 마련되고 있는 데서도 익히 살필 수 있다. 그런데 이러한 현안은 조선 후기에 이르러 비로소 드러난 것이 아니었다. 시기에 따라 그 정도에 차이가 있기는 하였으나, 조선 초기부터 줄곧 거론되어 온 현안의 하나였던 것이다.1)

조선왕조는 일찍부터 王道政治의 구현을 위해서, 또 그에 수반되는 제반 사회·경제적 시책을 수행하기 위해 호적제도의 정비에 노력하였다. 행정구역단위로 生民之數를 파악한다는 기본적인 목적 이외에도 徵兵調役·人物溯考·身分辨別·流亡抑制·相保相守 등의 기능을 아울러 수행할 수 있는 호구성적의

---

1) 조선시대의 漏籍·脫役의 실태를 주제로 한 논문은 아직 보이지 않으나, 이와 관련되는 분야의 연구에서는 그 실대기 부분적으로나마 많이 언급되이 있다. 이들을 일일이 소개하기는 번거로워 생략하지만, 이 글의 적지 않은 부분이 이들 연구에 힘입은 것임을 밝혀 둔다. 그리고 이 항목은 戶口政策에 관계되는 것이므로 주로 戶口成籍의 전개를 중심으로 하여 기술하기로 한다. 조선왕조의 호구성적, 곧 호적제도 전반에 대해서는 다음의 연구들이 있다.

渡邊業志, 〈朝鮮に於ける戶籍制の變遷(1)~(6)〉(《戶籍》 4-6·7·8·9·11·12, 1944~1945).

有井智德, 〈李朝初期の戶籍法について〉(《朝鮮學報》 39·40, 朝鮮學會, 1966).

金載珍, 《韓國의 戶口와 經濟發展》(博英社, 1967).

李樹健, 〈朝鮮初期 戶口硏究〉(《嶺南大 論文集(人文社會篇)》 5, 1972).

崔弘基, 《韓國戶籍制度史硏究》(서울大 出版部, 1975).

武田幸男, 《學習院大學藏朝鮮戶籍大帳の基礎的硏究》(日本 學習院大 東洋文化硏究所, 1983).

韓榮國, 〈朝鮮王朝 戶籍의 基礎的 硏究〉(《韓國史學》 6, 韓國精神文化硏究院, 1985).

李榮薰, 《朝鮮後期社會經濟史》(한길사, 1988).

全炅穆, 〈19세기 말에 작성된 南原 屯德坊의 戶籍中草와 그 성격〉(《古文書硏究》 3, 韓國古文書學會, 1992).

제도가 필요하였던 것이다. 그리하여 그 어느 제도보다도 일찍이 세종 10년(1428)경에 《經國大典》에 규정되어 있는 바와 같은 호적제도를 확립시켰다. 고려의 遺制를 적지 않게 답습한 것이기는 하였지만, 3년(子·卯·午·酉의 式年)마다 각 지방관아의 담당 色吏와 面·里任들이 관내 家戶의 家口主(戶主)로부터 소정의 규식, 즉 호주의 職役·姓名·年甲·本貫·四祖와 동거인(妻·子·婦·女·婿·奴·婢·雇工 따위)의 성명·연갑·직역·부모 등을 기재하는 '戶口式'에 따른 신고서(戶口單子)를 2통씩 수납·확인하여 수령에게 납부하면, 수령이 이를 前式年의 호적과 대조·확인한 뒤 1통은 호주에게 돌려주고 1통은 戶籍色에 내려서 그 식년의 새로운 호적대장, 곧 각 면·리의 戶口成籍冊을 작성하게 하는 제도였다. 그리고 이를 2부 整寫하여 1부는 관찰사영에, 1부는 호조에 보고하게 함으로써 각 군현별 가호수와 각종 인구수는 물론, 각 도 및 전국의 호·구수와 그 구성양상을 파악하고자 한 것이었다.

그러나 이러한 호구성적법은 징병조역과 직결되었기 때문에 제정 당시부터 정상적으로 시행이 되지 못하였다. 정부에서는 이 법제의 정상적 시행을 위해 부단히 노력하였지만, 당시의 사회·경제적 여건과 실정이 정상적인 수용을 거부하였던 것이다. 징병조역의 기층을 이루는 대다수의 농민들이 경제적으로 열악한 처지에 놓여 있었기 때문에 징병조역을 가능한 한 회피하고 경감하고자 누적을 자행하였고, 수령들도 이를 묵인하면서 제한된 호·구만을 등록·보고하는 것을 상례로 삼았던 것이다.[2] 세종 때 정부당국자들의 표현에 따르면, 실제 호·구수의 10~20% 또는 30~40% 정도가 작성되는데 불과하였다.[3]

그런데 왕조의 쇄신을 표방하고 등극한 세조는 7년(1461)에 이른바 嚴法的인 호구성적을 감행하였다. 모든 가호와 그에 거주하는 인구를 하나도 빠짐없이 등록하도록 한 것이다. 그 결과, 정부는 건국 반세기여 만에 처음으로 실제 수효에 가까운 호·구수를 파악하는 데 성공하였다. 하지만 그 이듬해에

2) 《世祖實錄》 권 25, 세조 7년 7월 임술.

3) 《世宗實錄》 권 88, 세종 22년 2월 병진.
《世宗實錄地理志》 권 148, 京畿道.
세조 7년의 嚴法的인 호구성적에서 종전보다 5~7배의 軍戶를 얻게 되었다는 梁誠之의 말(《世祖實錄》 권 34, 세조 10년 8월 임오)에서도 이러한 실정은 짐작할 수 있다.

이를 토대로 새 軍籍을 작성하기 시작하자, 군역을 감당하기 어려웠던 수많은 良役人口들이 도망하기도 하고, 출가하여 승려가 되기도 하고, 향교에 투입하기도 하고, 勢家에 투탁하기도 하여 군적의 작성을 중단하지 않을 수 없게 되었다. 어느 관료의 보고에 따르면, 이 때 출가하여 승려가 된 사람만도 143,000여 명에 이르렀고, 또 이로부터 10년 동안에 40~50만 명을 헤아리는 사람들이 속속 승려가 되는 정도였다.[4] 당시 인구의 10~15%에 달하는 사람들이 군역을 피하여 승려가 된 것이다.[5]

그리하여 성종 원년(1470)에는 號牌法을 폐지하고 군적을 개수하여 농민의 동요를 진정시켜 갔다. 그리고 그에 따라서 호구의 성적도 세조 때와는 달리 寬法的인 방법, 즉 수령이 일부 호·구를 적절히 누적한 채 정부에 보고하는 것을 묵인하는 방법으로[6] 점차 전환시켜 간 것으로 보인다. 16세기의 호구통계로 유일하게 나타나고 있는 중종 14년(1519)·26년·38년의 호·구수들이 약 80만 호에 400만 구 내외를[7] 이루고 있는 것은 바로 이를 뜻한다고 하겠다. 이미 반세기 전인 세조 7년의 호·구수와 거의 동일하게 나타나고 있는 것이다.[8]

---

4) 《成宗實錄》 권 68, 성종 7년 6월 병자 都承旨 玄碩圭의 上奏.
이와 같은 양역인구들의 이탈을 방지하기 위하여 세조 13년에 號牌法을 다시 시행하였지만 소기의 성과를 거두지 못하였다.

5) 梁誠之의 기록에 따르면, 세조 7년의 호구조사로 호적에 등록된 총 호구수는 약 70만 호에 400만 명으로 나타난다(《訥齋集》 권 14, 奏議). 그런데 이 무렵의 실제 인구수는 오늘날 570만 명(韓永愚, 〈朝鮮前期 戶口總數에 대하여〉, 《인구와 생활환경》, 서울대 인구 및 발전문제연구소, 1977), 또는 760만 명(權泰煥·愼鏞廈, 〈朝鮮王朝時代 人口推定에 관한 一試論〉, 《東亞文化》 14, 서울大 東亞文化硏究所, 1977)으로 추정되고 있다.

6) 丁若鏞, 《牧民心書》(권 15, 戶籍條)에는 "覈法은 1구 1호도 누락없이 호적에 등록되는 엄중한 법이고, 寬法은 마을에서 호구를 사사로이 작성하고 官府에서는 都總만을 기록하는 관대한 법"이라고 하였다.

7) 구체적인 호구수는 다음과 같다.

연 대	호 수	구 수	전 거
중종 14년	754,146	3,745,481	《中宗實錄》 권 37, 중종 14년 12월 기사
중종 26년	-	3,965,253	《中宗實錄》 권 72, 중종 26년 12월 기유
중종 38년	836,669	4,162,021	《中宗實錄》 권 101, 중종 38년 12월 기해

8) 주 5) 참조. 그런데 오늘날의 연구에서는 중종대의 인구가 다음과 같이 추정되고 있다.

조선왕조의 호구성적은 이같이 하여 15세기 말부터는 관법적 방법으로 이루어져 갔다. 제도상으로는 오가작통제와 호패법을 수반하면서 철저한 핵법적 성적을 지향하고 있었지만, 地主·佃戶制의 확대·강화, 對民收取의 증대·문란 등이 징병조역의 기층을 이루는 농민의 처지를 날로 열악하게 하여 그와 직결되었던 호구성적을 관법적으로 행하지 않을 수 없게 하였다.

그런데 임진·병자의 두 전란은 이러한 관법적 호구성적에마저 어려움을 가져왔다. 전란으로 인하여 인구가 크게 감소된 데다가 면역과 유망·투탁의 인구가 급격히 늘어났기 때문이다. 전란 중 納粟·軍功에 따른 면역인구도 적지 않았지만, 이미 15세기 말부터 전개되어 온 番上代立과 放軍收布의 혹심한 피해가 호적대장의 소실을 틈탄 冒錄의 성행, 지방관아의 통제력 약화에 따라 부정과 도망·투탁의 증대 등을 격렬하게 전개시켜 갔던 것이다. '國家再造論'이 거론되던 당시 사회에서, 또 전력증강과 재정확대로 인적·물적 자원의 확보·증대가 시급하였던 당시 정부에서 결코 방치할 수 없는 현실이었다.

그리하여 大同法을 비롯한 여러 개혁책들이 실시되는 가운데 호패법과 오가작통법이 다시금 강화·시행되었고, 호구성적의 세세한 규칙들도 한층 강화·보완되어 갔다. 숙종 40년(1714)에 마련된 그 해(甲午式)의 호구성적 시행세칙 〈戶籍事目〉을 보면, 많은 조목이 누적과 탈역의 방지·처벌규정들로 나타나고 있고, 처벌의 형량도 한층 무거워지고 있는 것을 살필 수 있다.[9)]

하지만 이와 같은 규제 일변도의 호구성적 시행세칙이나 양역인구 확보책들로는 소기의 성과를 거둘 수 없었다. 농민의 경제적 안정이 여전히 이루어지지 못하고 있었을 뿐 아니라, 두 전란을 치르면서 의식이 성장한 농민들은 더 이상 양반이나 중인이 지지 않는 군역을 홀로 담당하지 않으려 하는 분위기마저

연 대	한영우의 앞의 글	권태환·신용하의 앞의 글
중종 14년(1519)	721만	1,047만
중종 26년(1531)	758만	1,108만
중종 38년(1543)	794만	1,163만

9) 〈戶籍事目〉 27개 조 중 16개 조목이 누적과 탈역에 관한 것으로 나타나고 있다(제4~13, 18~20, 22·23·25조). 그리고 누적자에 대해서는 호주뿐 아니라 統首·別文書·別有司·面任·里任·監考 등 성적작업 관련자까지도 '杖一百徒二年'의 무거운 처벌로 규정하고 있다(제4조).

형성되고 있었기 때문이다.[10] 더욱이 이 시기에 잇따랐던 흉년과 전염병은[11] 호구성적의 강화책을 거의 쓸모 없게 하고 있었다. 두 전란 후 정부와 민간에서 추진하였던 갖가지 복구노력에도 불구하고, 이미 18세기 초에 향촌사회 곳곳은 다음과 같은 기사를 보일 정도로 쇠락하고 있었던 것이다.

- ○ (1705년) 2월에 경상도에서는 39,000여 명의 농민이 고향을 등지고 떠났는데 3월에 또 다시 14,000여 명이 떠났다(《肅宗實錄》 권 41, 숙종 31년 2월 을유·3월 임인).
- ○ 1710년(지난해) 가을부터 봄까지 전라도 바닷가 7개 고을에서는 제 고장을 떠난 流民이 부지기수인데 務安에서만도 5천 호 가운데 2천여 호가 유리하였다(《備邊司謄錄》 61책, 숙종 37년 2월 20일).
- ○ (1717년) 봄에 충청도에서는 10만여 명의 농민들이 제 고장을 떠났다(《肅宗實錄》 권 59, 숙종 43년 3월 계해).

농촌사회가 이처럼 '十室九空'이라고 표현될[12] 정도로 퇴락하자, 기존의 징병조역 방법으로는 군사와 군포를 확보하기 어렵게 되었다. 이에 정부에서는 중앙과 지방의 각종 양역수를 조정·축소하는 한편, 거기서 확정된 군액을 각 군현에 배정하여 수령의 책임 아래 군포를 수납·확보하는 里定法을 숙종 38년(1712)부터 제정·실시하였다.[13] 각 군현에 배분된 군액 정수를 수령이 관내 각 里에 적절히 분정하고 그에 해당하는 군포를 각 리에서 공동으로 책납하도록 한 것이다. 이것은 각 촌락에 양역부과의 일부 기능을 맡겨서 촌락민들의 자체적인 규제 속에 안정된 양역제 운영을 이루어 보고자 한 것으로서, 당시 촌락들이 농업생산력의 발전으로 크게 성장하고 있었고, 또 그러한 가운데 농민층 중심의 촌락이 양반지배질서에서 벗어나 독자적 기능을 갖추어 가고 있었던 데서 마련된 것이었다.[14]

그러나 이정법은 정부의 의도대로 시행되지 못하였다. 그 이유는 분명히 알

---

10) 柳壽垣, 《迂書》 권 1, 總論 四民.

11) 林松山, 《佛敎福祉(Ⅱ) : 災難救濟史》(法水出版社, 1985), 災難項目別 年表 참조.

12) 《肅宗實錄》 권 59, 숙종 43년 정월 병진.

13) 金俊亨, 〈18세기 里定法의 展開-村落의 기능강화와 관련하여-〉(《震檀學報》 58, 1984). 里定法의 실시와 전개에 대해서는 주로 이 논문에 의거한다.

14) 金俊亨, 위의 글.
그러나 이정법이 시행 당초부터 운영의 난맥상을 이룬 것으로 보면, 위와 같은 배경에서 보다는 탈역과 피역의 증대로 말미암아 양역제 운영의 한계에 봉착한 정부가 향촌의 실정 여하를 불문하고, 우선 재정의 확보·안정을 취하기 위해 그

수 없으나, 실시 초기부터 운영의 난맥상을 드러냈던 것이다. 우선 이정법은 군액의 불공평한 분정에서 농민들의 불평을 사고 있었다. 그런데 일단 배분된 군액은 오히려 恒定化되어 갔다. 뿐만 아니라 각 군현에서는 사정에 따라 이정법을 시행하기도 하고 시행하지 않기도 하였다. 군현과 시기에 따라 농민의 부담이 크게 달라져 갔음은 물론이다. 이에 농민들은 부담이 가벼운 고을을 찾아 널리 이동하게 되었고, 그에 따라 누적과 탈역도 한층 증대되었다. '軍多民少'의 고을이 점점 증가되고, 그에 따른 군액 충당의 폐단, 곧 疊役·白骨徵布·黃口簽丁·族徵·隣徵과 같은 폐단이 크게 만연되었다. 그리고 이러한 폐단의 만연은 잔존하는 농민들마저 점차 유망·탈역하게 하여 그 폐단을 더욱 심화시켜 갔다.

하지만 정부에서는 이를 시정할 뚜렷한 대책을 갖지 못하고 있었다. 오직 수령의 '善治'에 기대할 뿐이었고, 또 군액의 재조정을 시도하고 재정의 감축을 강구하는 정도였다. 그리하여 영조 26년(1750)에 그 동안의 조정·감축 등을 바탕으로 하여 均役法을 제정·실시하였으나, '군다민소'를 해소하거나 그 폐단을 없애지는 못하였다. 군포를 1필로 반감하는 조치가 누적과 탈역을 어느 정도 둔화시킬 수는 있었어도, 이미 虛額化된 군액이나 관행화된 폐단들을 복원하거나 해소시킬 수는 없었던 것이다. 더욱이 이 시기의 경제발전은 농민층을 양극화시켜 일부는 면역의 길로, 다른 일부는 피역의 길로 매진하게 하였던 것이다.

19세기에 들어서면 거의 모든 군현이 이정제 아래 '군다민소'를 이루면서 각기 나름대로의 관행으로 군액을 해결하는 실상을 보이게 되었다. 한 里의 上族(양반)·下族(평민)이 모두 고르게 돈을 모아서 그 이자로 군포를 마련하여 납부하는 軍布契가 운영되고 있었는가 하면, 상·하족이 모두 戶布를 고르게 내어 군포를 납부하는 호포제도 운영되고 있었다. 또 군포의 부족분을 모든 가호 또는 전답에 고르게 배분해서 충당하는 戶斂이나 結斂 등의 관행도 나타나고 있었다. 지역적 차이가 있기는 했어도 이제는 군포가 양역인구만의 부담이 아닌 것으로 바뀌고 있었던 것이다. 뒷날 전국에 한결같이 시행되는 戶布

관리와 책임을 수령과 촌락에 전가하여 버린 것으로도 생각된다. 양역제 운영에 한계를 가져오게 한 탈역·피역의 책임이 전적으로 지방관아와 촌락에 있다고 보았기 때문이다.

〈표 1〉 大邱·蔚山·丹城 주민의 신분별 구성비

(단위 : %)

연도	구분	大邱府			蔚山府			丹城縣			
		班	常	奴	班	常	奴	班	中	常	奴
1678	戶							13.6	4.2	35.5	46.7
1690	戶	9.2	53.7	37.1							
	口	7.4	49.5	43.1							
1717	戶							19.1	8.7	46.3	25.9
1729	戶	18.7	54.6	26.6	26.3	59.8	13.9				
	口	14.8	52.8	32.4	19.4	49.6	31.0				
1759	戶							24.4	10.6	47.3	17.6
1765	戶				41.0	57.0	2.0				
	口				32.1	50.8	17.1				
1783	戶	37.5	57.5	5.0							
	口	31.9	52.2	15.9							
1786	戶							31.4	16.4	44.6	7.7
1804	戶				53.5	45.6	0.9				
	口				43.7	33.9	22.4				
1858	戶	70.3	28.2	1.5							
	口	48.6	20.1	31.3							
1867	戶				65.5	34.0	0.6				
	口				67.1	18.3	14.7				

* 大邱府 : 四方博, 〈李朝人口に關する身分階級別的觀察〉(《京城帝大法學會論集》 10 : 朝鮮經濟の硏究 3, 岩波書店, 1938).
蔚山府 : 鄭奭鍾, 〈朝鮮後期 社會身分의 崩壞〉(《十九世紀의 韓國社會》, 成均館大 大東文化硏究院, 1972).
丹城縣 : 李俊九, 〈朝鮮後期 兩班身分移動에 관한 硏究(下)〉(《歷史學報》 97, 1983).

法(고종 8년 ; 1871)도 이같은 관행과 분위기에서 가능했다고 보겠다.

17·18세기에 전개된 양역인구의 누적과 유망·탈역의 증대는 결국 19세기 초·중엽에 이르러 위와 같은 양역제 운영의 변화·변형을 가져왔다. 그리고 그러한 속에서 호구성적도 징병조역과는 거의 무관하게 전개되었다. 이정법의 실패로 말미암아 정부에서는 다시금 핵법적인 호구성적을 독려했지만, 일선

현장에서는 이 시기의 정치·사회기강의 문란과 맞물리면서 한층 허술한 호적대장을 작성하였던 것이다. 신분의 확인을 위해 양반·중서층들이 거의 빠짐없이 성적되고 소유권의 보장을 위해 노비들이 대체로 등재된 반면에 양역의 호·구들은 '守令七事'의 하나인 '戶口增'을 채우는 수준에서 적절히 조정·등재되는 실상을 보였던 것이다. 오늘날 18·19세기에 공식적으로 파악된 호구수, 즉 각 군현의 호적대장에 기초하여 정부에서 집계한 호구수가 그 완전성에 있어 40%에 불과한 것으로 이해되고 있는 것도[15] 이 때문이며, 또 현존하는 몇몇 군현의 호적대장이 주민의 신분별 구성비를 앞의 〈표 1〉과 같이 나타내고 있는 것도 그 주된 원인이[16] 여기에 있었다고 하겠다. 전답을 改量하면 할수록 實結이 감소되어 갔듯이, 호구성적도 시행하면 할수록 호적대장상의 양역인구는 줄어들기만 하였던 것이다.

2) 오가작통법의 시행

위와 같은 누적·탈역의 증대와 농촌의 불안·동요를 극복하기 위해서 조선 후기의 위정자들이 채택한 방책은 주로 五家作統法과 號牌法의 강화·실시였다. 그런데 그 중에서도 오가작통법은 당시 지식층들이 추구하여 마지않던 三代의 유제라는 점에서, 또 이미 선왕들이 시행한 바 있고 《경국대전》에도 규정되어 있다는 점에서 가장 선호하고 우선하였던 방책이었다.[17]

---

15) 權泰煥·愼鏞廈, 앞의 글. 그런데 《度支志》(정조 10년, 朴一源 編) 內篇 總要條에는 丙午式의 호·구수가 172만 호에 733만 구이나, 누락된 호·구를 고려하면 200여만 호에 1,000만 구쯤 추정하고 있다. 참고로 위의 글에서 1786년 추정인구수 1,836만 명과 격차를 보이고 있다.

16) 조선 후기의 향촌사회 주민의 신분별 구성비가 〈표 1〉과 같이 변동을 보인 데에는 양반인구의 자연증가를 주축으로 한 양반계층 자체의 양적 팽창에 보다 근원적인 원인이 있었다는 견해도 있다(鄭勝謨, 〈朝鮮後期 丹城縣의 身分構成比 變化와 그 動因－특히 兩班戶 增加現象과 관련하여－〉, 《泰東古典硏究》 9, 1993).

17) 오가작통법에 대해서는 다음의 연구들이 있다.
申正熙, 〈五家作統法小考〉(《大丘史學》 12·13, 1977).
李能和, 〈五家作統法의 沿革〉(《李能和全集 續集》, 永信아카데미 韓國學硏究所, 1978).
吳永敎, 〈朝鮮後期 五家作統制의 構造와 展開〉(《東方學志》 73, 延世大 國學硏究院, 1991).
——, 〈19세기 사회변동과 五家作統制의 전개과정〉(《學林》 12·13, 延世大 史學會, 1991).

일정한 수의 가호를 단위로 하여 隣保조직을 편성·운영하자는 건의는 조선 초기부터 제기되고 있었다. 태종 6년(1406)에는 '鄕舍里長之法'이, 이어 다음해에는 '隣保正長之法'이 건의된 바 있었고, 세종 10년(1428)에는 漢城府가 《周禮》의 鄕遂制와 唐의 隣保法들을 거론하면서 比里制의 실시를 건의한 바 있었다. 한성부내 각 坊의 하부조직으로서 5家를 1比로, 100家를 1里로 편성하여 比長과 里正을 두고, 城底 각 面에는 30가를 1리로 편성하여 勸農을 둠으로써 "相保相守 以成禮俗"하게 하자는 것이었다.

그러나 이들 건의는 모두 논의로만 그쳤을 뿐, 그 어느 하나도 실시되지 못하였다. 그리고 세종 32년 정월에도 梁誠之가 備邊 10策의 하나로 5가를 小統으로, 10가를 1統으로 편제하여 호구성적을 강화하자고 건의하였지만, 역시 시행되지 못하였다.

그런데 문종 즉위(1450) 이후 단종 2년(1454)에 이르는 그 어느 시기에 오가작통제는 전격적으로 제정·시행되었다. 단종 3년 정월에 강도·절도의 방지책으로써 이들을 은닉하는 경우 그 가호가 속한 통 전체를 변방으로 이주시키는 조치가 내려지고 있고, 이어 그 해(세조 원년 ; 1455) 9월에는 세조가 같은 조치를 다시금 확인하면서 추가로 統主에게 貯水灌漑의 조정업무를 맡기고 있는 기록들이 보이기 때문이다. 성종 16년(1485)에 반포된 《經國大典》에서 규정하고 있는 다음과 같은 조문이 바로 이 오가작통제의 조직을 보여주는 것이라고 하겠다.

> 서울과 지방 모두에 5가를 1통으로 하고 통에는 統主를 둔다. 그리고 지방에는 5통마다 里正을, 面마다 勸農官을 두고, 서울에는 1坊마다 管領을 둔다(《經國大典》 권 2, 戶典 戶籍).

그러나 그 목적이나 기능에 대해서는 규정하고 있지 않아 알 수가 없다. 다만 그것이 호적조에 나타나고 있는 것으로 보아서 호구의 파악, 유민의 방지, 균역의 확보 등을 주목적으로 하고, 그에 더하여 신분의 분별, 재난의 구조, 도적의 방지, 鄕風의 교정 등도 수행하도록 하였을 것으로 생각된다. 다시 말해서 조선왕조의 군현제가 지녔던 對民지배의 한계를 극복하기 위한 여러

鄭震英, 〈조선 후기 국가의 對村落支配와 그 한계〉(《嶠南史學》 4, 嶺南大 國史學會, 1994).

기능이 갖추어졌을 것으로 여겨진다.

오가작통법은 이같이 하여 15세기 중엽에 조선왕조 행정 말단의 法定 인보조직으로 성립하게 되었다. 그러나 이 제도는 그 법적인 위상과는 달리, 향촌현장에서는 제대로 실시·운영되지 못했던 것으로 나타난다. 실시 당초에는 어떠하였는지 살필 길이 없으나, 성종 말엽 이후로는 법규대로 시행되지 못하고 지역과 수령에 따라 설행되기도 하고 폐지되기도 하였으며, 또 양반사족이 작통에서 제외되기도 하고 10가로 작통·운영되기도 하였다.[18] 이것은 무엇보다도 오가작통법이 井田制를 바탕으로 하였던 周代의 향수제와는 달리, 일정한 경제적 기반과 연계됨이 없이 다양한 존재양태를 이루고 있는 향촌 가호들을 무조건 5가 단위로 편제하고 운영하고자 한 데에 원인하지 않았나 생각되고 있다. 그리고 이와 함께 당시 사회가 양반 위주의 신분제 사회였음에도 불구하고 구성가호의 신분적 상이를 고려하지 않았다는 점과,[19] 혈연 및 생산관계로 일정한 유대를 맺고 있는 촌락의 질서·관행들과 조화를 이루지 못하였다는 점 등이 그 원인을 이루었을 것으로 지적되고 있다.

그리하여 오가작통제는 그 상부조직으로 마련된 面里制가 당시의 실정에 맞지 않아 17세기에 이르도록 정비·시행되지 못했던 것처럼, 숙종 원년(1675)에 이르러 다시 정비·강행될 때까지 제대로 시행되지 못하였다.

16세기 말에 일어난 임진왜란은 이미 흔들리고 있던 조선의 지배체제 전반에 커다란 동요를 가져왔다. 그리고 이러한 동요는 뒤이은 병자호란으로 더욱 확대·연장되었다. 조선의 지식인과 위정자들은 '國家再造'로 표현할 정도로 심각한 반응을 보였다. 그러나 실제 정치에서는 근본적인 대응책보다는 부세제도의 개선 등을 통해 우선 농민의 안정과 재정의 확보를 도모하는 임시적이

---

18) 숙종 원년(1675) 이전의 호적대장 중에는 作統이 찾아지지 않는다. 다만 광해군 원년(1609)과 현종 13년의 〈蔚山府戶籍大帳〉에서 대체로 10호 간격으로 '統'字가 朱書되어 있는 것이 보일 뿐이다. 이로써 보면 숙종 원년 이전에도 군현에 따라서는 10家作統 등의 변형으로 작통법을 계속 시행하여 온 곳이 있었지 않았나 생각된다. 한편, 한성부에서는 군현의 경우와는 달리 오가작통이 계속적으로 시행되었으리라 여겨지는데, 현종 4년(1663)의 〈漢城北部戶籍大帳〉에는 작통의 흔적이 보이지 않는다.

19) 단종 3년(1455)에 강도·절도의 방지를 위해 범인을 은닉하는 가호가 있을 경우, 그 가호가 속한 統 전체를 徙邊하도록 조치 할 때는 사족(流品·蔭子弟)을 제외하고 작통하게 한 경우가 있었다(《端宗實錄》 권 13, 단종 3년 정월 을축).

고도 미봉적인 방법으로 대응하여 갔다. 그러한 속에서 무너진 사회기강·질서도 다시금 확립시켜 보고자 하였다

오가작통제는 이러한 추세 속에서 호패법·향약 등과 함께 또 다시 거론되기 시작하였다. 우선 강제적으로나마 농촌의 안정, 재정의 확보, 사회기강의 수립을 꾀하는 데 도움이 되는 적절한 제도로 인식되었기 때문이다. 그리하여 광해군 때 잠시 실시되었다가 폐지된 호패법이 인조 3년(1625)에 다시 강화·실시되자 이의 구속력을 더하기 위해 오가작통법의 시행이 거론되었다. 하지만 정묘호란으로 인하여 불과 2년 만에 호패법의 시행이 중단되자, 그 논의도 가라앉고 말았다. 그리고 인조의 지적대로 일정한 생업과 거처가 없어서 흩어지는 농민들에게 먼저 생계를 해결하여 주지 못하면서 구속적인 제도만을 강제해서는 효과를 얻을 수 없다는 인식 아래 이들 제도는 더 이상 거론되지 못하였다.

효종이 즉위하면서 표방·추진한 北伐정책은 양역인구의 확보와 함께 유민의 규제·방지를 다시금 시도하게 하였고, 그것은 다시 오가작통제와 호패법의 시행을 거론하게 하였다. 그리고 그 결과, 호패법보다 오가작통법의 시행이 우선은 적절하다는 데로 의견이 모아져 효종 9년(1658)에는 그 절목이 작성되기에 이르렀다. 하지만 연이은 흉년으로 그 실시는 연기되었고, 효종은 승하하고 말았다.

효종의 뒤를 이은 현종은 군비의 증강보다는 피폐한 농촌을 수습하는 데 주력하고자 하였다. 淸의 위치가 이미 확고해진 데다가 그들의 침입도 당분간은 없으리라고 본 까닭이었다. 곧 大同法의 설행을 확대하고 量田을 단계적으로 실시하는 한편, 부세부담의 균등을 기하면서 농민의 결집을 도모하기 위한 방법의 하나로 오가작통법과 함께 호패법·향약들을 다시금 거론하게 되었다. 그 결과, 현종 5년(1664)에 또 다시 오가작통법이 채택되어 〈五家統詳定節目〉을 제정하기에 이르렀다. 그러나 이번에도 흉년으로 인하여 실시되지 못하고 뒷날로 미루어졌다.

효종과 현종년간에 시도한 오가작통제의 실시는 숙종대로 이어졌다. 현종대에 이 제도의 실시를 적극 건의하였던 尹鑴가 숙종 원년(1675)에 戶籍式年을 맞이해서 또 다시 강력하게 건의하고 나섰던 것이다. 그의 노력은 마침내 그

해 9월에 〈五家統事目〉을 제정·반포하게 하였고, '乙卯式 戶口成籍'도 이에 의거하여 시행하기에 이르렀다. 그리하여 오랫동안 유명무실한 가운데 그 정비·시행이 논의되기만 하여 왔던 오가작통법은 숙종 원년에 비로소 전국에 일률적으로 실시하게 되었으니, 21개조로 이루어진 그 시행세칙(事目)은 대체로 다음과 같이 정리된다.[20)]

조직·편제

- 모든 民戶를 가구의 다과나 빈부에 관계없이 그 隣聚에 따라 5家로 1統을 만든다. 그리고 5가 가운데 지위와 나이가 있는 사람으로 統首를 삼아 통내의 일을 관장하게 한다(제1조).
- 5가로 作統하고 남는 집이 있으면 다른 面으로 넘기지 말고 남는 수대로 작통하여도 무방하다(제3조).
- 5통~10통의 里를 小里로, 11통~20통의 리를 中里로, 21통~30통의 리를 大里로 하고, 각 리에 里正과 里有司를 정하여 里內의 일을 관장하게 한다(제4조).
- 統·里는 면에 속하는데 각 면에는 都尹과 副尹 각 1인을 둔다. 리의 호구가 많은 순서대로 제1리, 제2리로 한다(제5조).
- 里正과 面尹은 반드시 그 고을에서 지위와 명망이 있는 사람으로 한다. 만약 이를 피하고자 하는 사람이 있으면 徒配의 律로 다스린다(제6조).
- 面尹은 里正을 거느리고 里正은 統首를 거느리는데 각기 3년에 교체한다. 면윤으로 공적이 많은 사람은 상부에 천거하여 상을 주도록 한다(제21조).

統牌·紙牌의 작성

- 각 통마다 가호의 순서대로 民戶의 이름을 한 장의 종이에 적거나 牌를 만들도록 한다. 統牌式은 다음과 같다(제7조).

  某邑　某面　第幾里　第幾統
  　　　某戶　某役
  　　　　:

- 그리고 각 戶 아래 거느리고 있는 男丁의 職役과 技藝 등을 적고, 부녀의 수와 가옥의 間數 등을 적는다(제8조).
- 季朔마다 각 통에서는 이 패를 조사하여 바로잡아 里任에게 보고하고, 이임은 이를 수령에게 보고한다. 만약 나이가 틀리거나 패에 올라 있지 않거나 役名이 거짓이면 〈戶籍事目〉에 의하여 논죄한다. 그리고 통내에 의심스러운 사람이 보이면 수시로 수령에게 보고하도록 한다(제9·15조).
- 통패에 등록되지 않은 사람은 民數에 들어 있지 않으니 살해되어도 살인죄로 묻지 않는다(제13조).

---

20) 《備邊司謄錄》 30책, 숙종 원년 9월 26일.

- 이사가 잦은 각종 匠人들은 거주지에 가까운 통에서 통패 끝에 올려 통수를 늘 검사하여 바로잡도록 한다(제12조).
- 16세 이상의 남정은 거주지와 역명·성명·나이 등을 종이에 적어서 이정과 이유사의 差銜과 官司의 印을 받아 출입할 때 지니고 다니도록 한다. 이것이 없는 사람은 관청에 들어갈 수도 없고 송사에 나아갈 수도 없다(제10조).
- 지금부터 戶口單子 머리에도 戶籍에서와 같이 某里·某統·第幾家를 적어 위조를 방지하도록 한다(제11조).

기능·권장

- 5가는 반드시 모여 살면서 서로 농사를 돕고 출입을 지키며 질병을 구한다(제2·17조).
- 통·리의 사람들은 서로 돕고 관리한다. 서로가 혼사와 상사를 돕고 환난을 걱정하며 착한 일을 권면하고 악한 일을 경계한다(제14조).
- 里에서 내를 치고 제방을 보수하고 길을 닦고 다리를 만드는 일이 있으면, 작은 것은 1리의 힘을 모으고, 큰 것은 1면의 힘을 모아 때를 놓치지 않도록 한다(제18조).
- 1면 중 여러 사람이 모이기 좋은 곳을 골라서 봄·가을로 모여 尊卑分等을 講信하고 부형들은 동리 자제들을 가르쳐 삼가도록 한다(제19조).
- 社에 倉이 있는 것은 古制이다. 각 리와 각 통에서는 가능한 한 財穀을 모으고 본 읍에서도 힘닿는 대로 도와서 常平의 제도를 행하도록 한다(제20조).
- 이제부터 모든 민호는 다른 읍으로 이사할 때 그 이유와 이사할 곳을 적어 관의 허락을 받은 후 옮기도록 한다(제16조).

숙종 원년에 실시된 오가작통법은 이처럼 5가를 단순히 작통하는 데만 그치지 않고, 조선 건국 이래로 논의·실시되어 왔던 다양한 향촌운영·통제책과 '均役除弊'의 방책들을 종합·수렴한 것이었다. 면리제와 유기적인 관계를 구축하면서 인보제와 향약이 추구하는 바를 널리 수용하였는가 하면, 한편으로는 호패법과 〈호적사목〉에서 추구하고 있는 누적·탈역의 방지와 이를 통한 균역 및 재정확보의 구현을 수렴하기도 한 것이었다. 한 마디로 말해서 조선의 향촌지배의 기본원리·제도가 모두 농축된 성격의 제도였다고 하겠다.

이러한 오가작통법은 이후 숙종 3년에 〈寬恤事目〉의 제정·반포를 통해 보완되고, 紙牌가 牙木牌로 환원되는 강화책들이 뒤따르기도 하였다. 그러나 당시의 사회·경제적 실정은 '균역제폐'를 이루지 못하게 하였을 뿐 아니라, 향촌의 통제도 이루지 못하게 하였다. 오가작통법은 도리어 탐관오리의 가렴주구를 돕는 혹독한 제도로 비판될 만큼 여러 가지 물의만을 일으켰던 것이다.

숙종 37년(1711)에는 〈良役變通節目〉이 마련되고 里定法이 시행되었지만, 오가작통제는 여전히 제 기능을 다하지 못하여 영조 5년(1729)에는 다시 〈五家統法申明舊制節目〉(10개조)이 반포될 지경에 이르렀다. 그러나 이러한 노력에도 불구하고 오가작통법은 날로 유명무실하여졌다. 영조 25년에는 좌의정 趙顯命이 오가통의 명목은 있으나 절목에 따라 거행하는 일은 없으니 진실로 개탄할 일이라고 상소할 정도였다.

하지만 당시 정부에서는 수령의 善政만을 당부할 뿐, 달리 대처할 방도를 지니지 못하였다. 자주 닥쳤던 기근과 전염병에다가 이속들의 가렴주구마저 겹쳐 농민의 유망·이동이 광범하게 전개되지 않을 수 없는 실정에서 오가작통이 지향했던 결속과 책임과 의무를 요구하는 것 자체가 무리였던 것이다.

오가작통법은 이후 정조 15년(1791)에 면·리임의 지위와 권한을 강화하는 〈尊位成冊〉으로 또 한 차례 보강되기는 하나, 끝내 법에서 정한 위상과 기능을 회복하지 못하고 유명 무실한 제도로 전락하고 말았다. 외척의 세도로 인하여 정치·사회기강의 문란이 한층 더하여 갔기 때문이다. 누적·탈역을 저지하고, 나아가 양역인구를 증대시켜서 균역을 이루어 보고자 하는 시도가 그 기반에서부터 좌절되었음은 부언할 필요가 없겠다.

그러나 오가작통제는 명목으로나마 꾸준히 존속되어 고종 때인 건양 원년(1896)에 새로운 호적제도가 실시될 때 十家作統으로 전변·수용되었다. 그리고 이에 이르는 과정에서 한때 천주교와 동학을 금압하고 그 교도를 색출하는 방편의 하나로 기능하기도 하였다.

3) 호패법의 강화

조선 후기에 양역인구의 확보와 농촌사회의 안정을 도모하기 위하여 논의되고 시행되었던 또 하나의 시책은 號牌法이었다.[21] 16세 이상의 모든 男丁에게 호패를 발급하여 지참하게 함으로써 신분의 확인과 아울러 모든 남정의 거

21) 號牌法에 대해서는 그와 관련된 분야의 연구에서 단편적으로 언급된 것은 많으나, 이를 주제로 한 연구로는 다음의 1편만이 보인다.
李光麟, 〈號牌考-그 實施變遷을 中心으로-〉(《庸齋白樂濬博士還甲紀念國學論叢》, 1955).

주지별·신분별 구성양태를 파악하고, 나아가 유망 및 피역의 방지, 징병조역의 관리 등에 기여하고자 한 것이었다.

그런데 이 제도 역시 조선 후기에 이르러 비로소 마련되고 시행된 것은 아니었다. 이미 태조 7년(1398)에 그 실시를 논의한 바가 있고, 태종 13년(1413)에는 처음으로 〈號牌事目〉을 제정·반포하여 3년간 실시한 바도 있었다. 그리고 이후 세종이 재위한 32년 동안에도 호구의 정확한 파악을 위하여 5차례나 그 시행이 논의되었지만, 실시되지 못하다가 세조 5년(1459)에 이르러 17개조의 사목을 새롭게 제정하여 10년 동안이나 강력하게 시행한 바 있었다.

그러나 이들 호패법은 모두 목적한 대로 성과를 거두지 못하였다. 시행 초기에는 대체로 성공하였으나, 불과 2·3년만에 누탈과 피역이 조장되어 오히려 농촌을 불안하게 하였고, 나아가 세조 때는 齊民 중 私賤이 열에 여덟·아홉이고 良民은 한·둘에 지나지 않는다고 표현될 정도로 역효과를 초래하고 있었던 것이다. 호패를 발급하기 위해서 호패안에 등록되면, 곧 군역을 지게 되었으므로 많은 양인들이 군역을 지지 않는 사천으로 투입하여 호패를 발급 받았기 때문이었다.

그리하여 성종 즉위년(1469)에는 호패법이 폐지되고, 대신 '許人陳告'의 법을 만들어 호패성적 때 사천으로 된 사람을 적발하는 조치를 취하기에 이르렀다. 여기서 호패법은 16세기에 전개된 군역제의 문란에도 불구하고, 임진왜란 후 급박한 상황을 맞기까지 더 이상 거론하지 못하게 되었다.

임진왜란 후 조선정부는 한동안 향촌의 복구·안정과 군비의 확충·강화라는 상반된 정책에 주력하지 않을 수 없었다. 淸의 흥기에 따른 동북아의 정세 변화로 향촌의 복구와 농민의 안정에만 주력할 수 없었기 때문이었다. 그리하여 광해군 2년(1610)에는 軍丁의 확보를 위한 호패법이 다시 실시되고, 이를 철저하게 시행하고 감독·관리할 號牌廳까지 설치하였다. 이것은 군정의 확보에만 주력하지 않고 농민의 안정에도 기여하겠다는 의지의 표현이기도 하였다.

그러나 호패발급에 따랐던 몇 가지 부작용은 호패법의 폐지 또는 실시의 연기를 논의하게 하였고, 이것은 광해군의 대청외교책과 맞물려 점차 정론화되어 갔다. 그리하여 이 법은 실시된 지 불과 2년 만인 광해군 4년 7월에 호패청의 건의에 따라 폐지되고 말았다. 그 동안 한가로이 노니는 무뢰배들이 성균관에 적을 두거나 훈도·유생을 칭하며 피역하는 폐해만을 낳았던 것이다.

그런데 反正을 통하여 즉위한 인조는 광해군과는 달리 강력한 친명배청정책을 폈다. 그리고 그에 따라 청의 침입에 대비하는 군비확충에 힘을 기울였다. 자연히 군적의 정비와 재정의 확보가 논의되지 않을 수 없었고, 이것은 다시 호패법의 실시로 귀결되었다. 그리하여 인조 3년(1625)에 다시 호패청을 설치하고, 지난날의 사목들은 보완·정비하여 새로운 사목을 마련하였으니, 조선왕조 호패법의 전형을 이룬 것으로 여겨지는 이《호패사목》35개조의 내용은 대체로 다음과 같았다.[22]

호패의 발급

- 男丁 15세 이상은 귀천과 역의 유무를 물론하고 종실·백관으로부터 공·사천에 이르기까지 모두 單子式에 따라 입적하고 호패를 발급받는다(제1조).
- 이 사목이 각 관에 도착한 후 15일 이내로 기한하여 單子를 받도록 한다. 그리고 받은 바 단자의 수와 남정의 수를 우선 관찰사에게 보고하고, 관찰사는 이를 모아 국왕에게 보고한다(제17조).
- 京·外의 朝官·守令·邊將과 현재 서울에서 관청에 근무하고 있는 사람은 모두 그 가호가 입적된 곳에서 호패를 발급 받는다(제23조).
- 이미 소속이 있는 京·外의 軍民은 그 역명·거주를 그대로 한다. 그러나 이제 새로 나타난 사람은 현재 거주하는 곳에서 입적하여 호패를 발급받는다(제3조).
- 승려는 度牒과 상고하여 호패를 발급받는다. 그 중 有役者는 유역인의 호패 양식에 따른다(제4조).
- 현재 上番 또는 赴防하고 있거나 공·사의 업무로 밖에 있는 사람은 집에 돌아온 후 2개월 이내에 호패를 발급받도록 한다. 군대에 있는 사람은 그 防戍處에서 軍中腰牌를 발급받는다(제5조).
- 兩界로 이주하여 온 사람은 사실대로 관에 고하면 죄를 묻지 않고 호패를 발급받는데, 作統 중에 들지 않으면 별도로 성책하였다가 정돈할 때 原籍으로 돌려보낸다(제8조).

호패의 종류

- 2품 이상은 牙牌를, 3품 이하 朝官有職者는 角牌를 사용한다. 전직 품관도 같다(제25조).
- 生員·進士는 方木牌(小)를 사용한다.[23] 이에는 단지 성명·생년·등과한 해를

22) 서울대학교 奎章閣 소장의《號牌事目》(奎章閣圖書 12344)에 의거한다.

23) 牌式에는 牙角牌·黃楊木牌·方木牌(小)·方木牌(大) 등 4종의 도형이 보인다.

쓴다(제27조).

- 忠義衛・內禁衛・兼司僕・羽林衛로 녹을 받는 사람은 方木牌(小)를 사용한다. 이에는 단지 성명・생년과 口傳 받은 해를 쓴다(제28조).
- 忠順衛・訓導・學生・校生・武學生・士族 중 閑良, 算員・吏文學官・錄事, 未經流品의 實職者, 內侍生徒・三醫司生徒・畵員・雜類 중 加設職, 司謁・寫字官・司鑰・典樂은 方木牌(小)를 사용한다. 이에는 단지 나이・거주지・疤記를 쓴다(제29조).
- 각종 군사 중 有廳有蔭者・庶孼・書吏・鄕吏는 方木牌(小)를 사용한다. 이에는 역명・용모・나이・疤記・거주지・신장 등을 單子대로 쓴다(제30조).
- 각종 軍兵 및 良丁・餘丁・公私賤은 方木牌(大)를 사용한다. 이에 쓰는 것은 위 제30조와 같다(제31조).

호패의 제작

- 호패에 찍는 도장은 서울에서는 漢城府의 小篆을, 지방에서는 각 邑號의 小篆을 사용하는데, 이들 도장은 모두 號牌廳에서 만들어 보낸다(제24조).
- 아・각패는 호조에서 貿用하는데, 종실과 현직 동・서반 正職에게는 호패청에서 만들어 주고, 堂下 前銜과 出身・雜職堂上 이하는 스스로 마련하여 호패청에 납부하면 낙인・분급한다(제26조).
- 疤記는 얼굴에 지적할 만한 것이 없더라도 사지 중에 표할 만한 흔적이 있으면 이를 실제대로 기록한다. 無疤로 기록해서는 안 된다. 신장은 束伍軍身長尺으로 쓴다(제33조).

호패의 개급

- 호패는 2식년마다 다시 발급한다. 그 사이에 용모가 바뀌어진 사람은 관에 고하여 다시 발급 받도록 한다(제20조).
- 호패를 분실・파손한 사람은 杖一百에 贖價를 징수하고 새 호패를 발급하여 준다(제21조).
- 호패를 받은 후 부득이 이사하는 사람은 그 이유를 관에 알리고 統主가 확인한 후에 공문을 발급 받아 이사간 部・邑에 즉시 제출하고 원하는 統籍에 등록한 다음, 전의 호패를 반납하고 새 호패를 받도록 한다. 2개월을 지연하면 杖 100, 5개월을 지연하면 謀避人의 죄로 논단한다(제6조).

작 통

- 京・外의 士・庶・大・小・主・客戶를 물론하고 5호로 1통을 만든다. 지방에서는 5통에 里正을 두고, 서울에서는 5통에 下有司를 둔다. 坊과 面에는 都有司를 두는데 반드시 有職品官이나 생원・진사 중에서 정한다. 하유사 이하는 도유사가 정하는데 사족집안일 경우에는 그 집의 奴로 대신 통주를 삼는다. 단자를 받아 성적할 때는 한결같이 거주 부근에 좇아 순서를 정하여 作統하고 字

이로 보면 生・進과 忠義衛 등의 受祿者는 方木牌(小)가 아니라 黃楊木牌가 아니었나 생각된다.

號의 배열은 成冊式[24]과 같이 한다(제2조).

ㅇ 成籍 후에 추가로 나타나거나 이사온 사람들은 입거하는 통의 제 6가~9가로 삼되 10가가 차면 두 통으로 나눈다. 이거하여 감축될 경우에는 5가가 모두 없어져야 그 통을 없앤다. 追入戶와 減縮戶의 수는 별도로 성적하여 연말마다 보고하도록 한다(제7조).

정 역

ㅇ 京·外의 양반자제로 業文·業武하여 향교에 들어가기를 원하면 武學者와 더불어 액수의 구애 없이 허락하되, 정해진 햇수를 수업해도 재능을 이루지 못하는 사람은 定役한다(제9조).

ㅇ 전토가 없어 사방으로 유이하는 사람에게도 군역을 지우는데, 이들은 餘丁으로 하여 정돈된 후부터 매년 布 1필씩 거둔다(제13조).

벌칙 및 부칙

ㅇ 호패를 위조한 사람이나 다른 사람의 호패를 지니고 다니는 사람은 목베어 죽인다. 이를 고발한 사람에게는 신역을 면제하여 준다(제15조).

ㅇ 호패 발급기한이 지난 후에는 호패가 없는 사람을 관문·나루터·장시·도로에서 검문·검색하여 잡아 가둔다(제19조).

ㅇ 피역·은루자와 호패를 받은 후에 공문 없이 이사하는 자는 온 집안을 변방으로 옮기게 하고, 통내에서 이를 즉시 고하지 않는 사람은 변방의 군사에 충당한다. 직역을 변조한 자는 杖一百하고 本役으로 돌린다. 누락자가 대읍에서는 20명 이상, 소읍에서는 10명 이상이면 수령을 영구히 서용하지 않도록 하고, 色吏는 온 집안을 변방으로 옮기게 한다(제2조).

ㅇ 京·外의 사대부로서 良丁을 숨기거나 양정을 억지로 천인으로 삼거나 다른 사람의 奴를 자기 노로 삼은 사람은, 다른 주인을 자기 주인으로 하거나 성명을 바꾸어 피역한 사람과 같이 그 자신과 主戶 온 집안을 모두 변방으로 옮기게 한다. 관직에 있는 사람일 경우에는 고하를 막론하고 杖一百에 충군한다. 그러나 자수하는 사람은 면죄한다(제12조).

ㅇ 앞서 도망했던 각종 軍民으로서 고향에 돌아온 사람에게 일족과 이웃 중 그가 도망했을 때 대납한 役價를 내놓으라고 하는 사람이 있으면 관에 알려 죄를 다스린다. 옛것은 일체 묻지 말고 입역하게 한다(제14조).

ㅇ 오는 병인년(인조 4 ; 1626) 정월 초하루부터 모두 호패를 차도록 한다. 호패가 없는 사람은 조사하여 참형에 처하고, 이를 고발한 사람에게는 신역을 면하게 해준다(제18조)

ㅇ 私賤으로 주인의 성명을 모르는 사람은… 주인이 나타날 때까지 餘丁으로 치부한다(제11조).

---

24) 京·外의 각 부·각 면에서는 단자를 받은 후 천자문을 써서 天字로부터 1자마다 5가로 1통을 만든다.

○ 죄를 짓고 도망하여 숨은 사람은 모두 자수하게 하되, 죄가 가벼운 사람은 면죄하여 주고 무거운 사람은 감해 준다(제10조).
○ 學案 및 都目은 서울에서는 10월 1일까지, 가까운 도에서는 10월 말일까지, 먼도에서는 11월 말일까지 일제히 올리도록 한다. 기한 안에 올리지 않으면 수령은 파직하고 色吏·監官은 杖 100에 변방으로 충군한다(제16조).
○ 호패를 발급받은 사람이 사망하면 그 호패를 관에 보내 태워버린다(제22조).
○ 병으로 폐인이 된 사람은 도목에 그 이름 아래 실태를 자세히 기록한다(제32조).
○ 學案과 都目은 성책하여 한 부는 備邊司에, 한 부는 당해 부 또는 군현에, 한 부는 한성부 또는 감영에 각각 비치한다(제34조).
○ 미진한 조건은 그때그때 맞추어 시행한다(제35조).
  * 單子式(14개조), 成冊式(1개조), 牌式(16개조)은 위의 사목과 중복되는 것이 많으므로 생략함.

인조 3년에 실시된 호패법은 불과 1년 동안에 226만여 丁을 성적하는 커다란 성과를 올렸다. 그러나 아직도 누적·잠닉한 사람이 많다는 보고에 따라 御史를 파견하여 가면서 이들의 색출에 노력하자, 민심은 더없이 어지러워졌다. 더욱이 이러한 가운데 정묘호란을 맞게 되면서 호패법은 또다시 폐지되고 말았다. 민심을 수습한다는 명목에서 취하여진 조치였다.

이후 호패법은 숙종 원년(1675)에 오가작통법에 편입되어 紙牌로 대행될 때까지 복설되지 못하였다. 효종 때 북벌정책과 관련하여 그 실시가 한때 논의되기도 하였으나, 오가작통법의 실시가 보다 효과적이라는 의견으로 귀결됨에 따라 논의에서 그치고 말았던 것이다. 그러다가 현종 말년에 이르러 明의 遺將 吳三桂의 부흥운동과 관련해서 군정확보 방안으로 다시 호패법을 택하게 되었지만 현종의 승하로 시행되지는 못하였다. 숙종 원년에 실시된 오가작통법이 호패(지패)를 수용하게 된 것도 이러한 연유에서였다.

숙종 원년 오가작통법에 포함되어 실시된 호패법은 이후 곧 지패가 인조 때와 같이 牙·木牌로 환원되어[25] 고종대에 이르기까지 지속되어 갔다. 그러나

25) 牙·木牌로의 개정은 숙종 3년과 11년에 각기 사대부와 상민으로 나뉘어 실시되었는데 그 종류는 다음과 같았다.
象牙牌 ; 東·西班 및 內官 2품 이상
角　牌 ; 3품 이하 및 雜科登第者
黃楊木牌 ; 生員·進士
小木牌 ; 雜職·士庶人·書吏·鄕吏
大木牌 ; 公私賤·假吏

오가작통법이 그러하였듯이 호패법 또한 유명무실함을 면하지 못하였다. 18·19세기 조선사회의 실정으로 말미암아 그것이 지녔던 가혹한 벌칙에도 불구하고 목적했던 漏丁의 방지 내지 색출이나 군정의 확보·증대에는 거의 기여하지 못하고 말았던 것이다.

〈韓榮國〉

4. 향촌자치체계의 변화

1) 조선 중기 사족중심 향촌자치체계의 구조와 붕괴

(1) 조선 중기 사족중심 향촌자치체계의 구조

'自治'라 함은 일정지역 또는 공공단체의 구성원이 자신들의 이해관계가 걸린 공공사무를 직접 처리하거나, 자신들이 선출한 기관들로 하여금 대신 처리하도록 하는 것으로서 '官治'의 대립개념으로 이해된다. 지방차원에서 본다면 자치는 구체적으로 주민자치가 실현될 수 있는 조건에서 성립이 가능한 것이다. 따라서 권력이 주민으로부터 나온다고 하는 의미를 갖는 이 자치체계는 근대적 대의제도가 발전한 근·현대사회에서나 상정할 수 있을 것이다.

우리 나라의 전근대사회에서도 유교의 '民本'이념을 발전할 수 있고, 조선후기에 茶山 丁若鏞의 〈湯論〉이라든지 〈原牧〉 등에서도 권력은 '民'으로부터 나온다는 혁명적 견해에 접할 수 있다. 다산은 "무릇 天子란 어떻게 해서 생긴 것인가. 하늘이 내려준 것인가. 그렇지 않다면 땅을 뚫고 올라온 것인가. 5家가 隣이 되어 다섯 가운데 長子를 뽑아 隣長으로 삼고, 5隣이 里가 되어 다섯 가운데 장자를 뽑아 長으로 삼으며, 또 5鄙가 縣이 되어 다섯 가운데 장자를 뽑아 縣長으로 삼고, 무릇 여러 현장이 같이 추대한 자가 諸侯가 되고, 제후들이 모두 같이 추대한 자가 天子가 되는 것이니 천자라는 것은 여러 사람이 뽑아서 만든 것이다"라고 하였다. 여러 사람이 뽑아줘야 무엇이든 될수 있고 그렇지 안으면 천자도 될 수 없다는 것이다. 그러므로 5가가 마땅치 않다고 생각하면 의논하여 인장을 바꾸고 25가가 의논하여 이장을 바꿀 수 있는 것이니, 모든 사람의 뜻에 맞지 않으면 천자까지 바꿀 수 있는 바, 9侯8

伯이 천자를 바꾸는 이치는 5가에서 인장을 바꾸고 25가에서 이장을 바꾸는 것과 마찬가지가 되는 셈이다.[1]

그런데 다산의 위와 같은 지적은 주민자치의 원리로서 주목할 수 있는 것이지만, 실제 그가 말하려는 의도는 천자나 國君, 牧民官, 심지어 里正 등이 민을 위해 있는 것이라는 점을 강조하기 위한 것이었고, 당시에 그 원리가 실현되었던 것은 아니다. 전근대사회의 정치의 주체는 지배신분층으로 제한되어 있었고, 중앙집권적 왕조국가체제 안에서 자치라는 것은 더욱 제한될 수밖에 없었기 때문이다.

조선왕조가 건국 초기 민본정치를 내세우면서 백성이 나라의 근본임을 표방하였고 역대 왕이나 지배층들 역시 민본의 기치를 내세웠지만, 실제 권력은 신분제와 지주제의 제약 속에서 지배계급과 국왕 사이의 역학관계에 의해 안배되었고, 그 권력의 원천인 백성에게 책임을 지는 정치체제는 성립될 수 없었다. 전근대사회에서 자치체계를 설정하기 어려웠던 것은 바로 그 때문이다.

한편 조선사회가 정치체제로서 중앙집권체제를 지향하였던 것도 자치체계를 설정하는 데 어려움을 준다. 조선 전기에 군현제가 확립되고 각 군현 내부는 面里制로 편제되어 수령권의 통제하에 일원적으로 편입되어 가고 있었다.[2] 고려시대에 지방관이 매우 제한적으로밖에 파견되지 못하던 데 비해, 조선시대에는 330여 개의 군현에 지방관이 파견되고 각 군현이 면리제로 운영되었다. 고려시대에 郡司나 邑司를 중심으로 향리들에 의해 장악되어 온 속현 등이 조선에 들어와 군현으로 승격되고, 각 任內가 면리로 재편되게 된 것은 국가권력이 일반 민을 보다 일원적으로 장악하게 됨을 보여주는 것으로서 중앙집권체제의 정비라는 차원에서 큰 진전이었다.

그런데 다른 전근대사회와 마찬가지로 조선시대에도 국가는 향촌사회의 일반민, 개별가호까지 완전히 그 수중에 장악할 수는 없었다. 수령이 각 군현에 파견되고 수령권 강화정책과 아울러 지방세력에 대한 견제조치가 지속적으로 취해지고 있었지만 수령의 지방통치에는 많은 한계가 있었다. 국가는 향촌사

1) 丁若鏞, 《與猶堂全書》 1, 詩文集, 湯論.
2) 李樹健, 《韓國 中世社會史硏究》(一潮閣, 1984).
———, 《朝鮮時代 地方行政史》(民音社, 1989).
李存熙, 《朝鮮時代 地方行政制度硏究》(一志社, 1990).

회에서 농민들의 생활안정책을 추구하고 한편으로는 세금을 걷어야 했는데, 이 때 특히 향촌지배기구 및 재지지배층의 통제하에 있던 향촌조직을 이용하지 않을 수 없었다. 바로 이 향촌지배기구가 향촌사회 '자치체계'의 중심기관이 되는 것이다.

물론 이 때의 '자치'는 근대 이후의 지방자치와는 일정한 차이가 있었다. 근·현대의 지방자치의 핵심 내용 가운데 하나가 주민이 자신들의 대표를 보통선거에 의해 선출하는 것이라고 한다면, 조선시대의 자치체계에서 그같은 점을 발견한다는 것은 불가능하다. 조선시대에는 중앙에서 파견된 관리(수령)를 정점으로 하는 행정체계 외에 군현 단위에서 '鄕憲'·'鄕先生' 같은 각 군현 지배층의 이해를 대변하는 직임과 이들이 주도하는 향촌사회 지배기구가 있었는데, 이들 직임을 맡은 사람은 그 고을의 사족연합체의 공론에 의해 추대되고 임기에도 특별한 제한이 없었다. 그리고 그 추천에 일반 민이 참여하는 것은 불가능하였던 만큼 그 자치는 지배층에 국한된 것이었다.

自山 安廓은 예로부터 관선이 아닌 민선 임원이 주도하는 자치제가 발달해 왔다고 보고, 그 가운데 특히 조선사회의 유향소를 주목하여 유향소 임원인 '鄕正을 택정함에는 民選에 의하여 官認하는 것'을 소개하였다.[3] 이어 자치조직으로서 鄕會·儒會·村會 등을 들어 설명하였다. 그는 여기에서 특히 향회가 군주독재정치를 견제하여 입헌군주제나 공화제와 다름없이 국태민안을 가능케 하는 기능을 행하였다고 보고, 귀족회의적 성격을 가졌던 유회와 민회 성격을 가진 향회의 두 가지가 통합되어 완전한 조직체를 이루었더라면 근대 대의제로 발전할 수 있었을 것임을 강조하였다.[4] 자산의 이와 같은 지적은 실증적인 면에서 부정확한 면이 있기는 하나 전근대의 자치전통을 강조한 것이었다. 그가 당시 향회를 민회로 본 것은 향회의 성격을 잘못 이해한 것으로 보이며, 신분제사회에서 촌회 역시 이중적 구조를 가지고 운영되었음을 주목할 필요가 있다. 아직 일반 민이 자치조직의 주체로 나서지는 못하고 있었다.

한편 위와 같은 이유 외에도 다음과 같은 두 가지 요인 때문에 조선시대의 자치성에는 한계가 있었다. 하나는 지방의 일반 주민들이 재지지배층의 일정한 예속하에 있었다는 점이고, 다른 하나는 지배층 중심의 자치가 용인되었다

---

3) 安 廓, 《朝鮮文明史》(滙東書館, 1923), 235~236쪽.

고 하더라도 그것은 국가적 차원의 중앙집권체제의 제약을 받고 있었다는 점이다.

따라서 조선 후기 향촌자치체계의 변화를 설명하기 위해서는 위와 같은 제약하에 있던 조선시대 향촌자치체계의 기본구조에 대한 이해가 필요하다. 우선 향촌자치체계가 중앙집권체제의 제약을 받고 있었다는 사실과 관련해 본다면, 조선 중기에 관의 행정체계와 병행하여 사족중심의 향촌자치체계가 상호보완·대립의 관계 속에서 병존하고 있었다는 점을 주목하게 된다. 조선 전기 중앙집권정책의 추진과정에서 '部民告訴禁止法' 등을 통해 지방세력에 대한 억압이 가해지고, 지방 품관세력의 집결소라 할 수 있는 유향소가 폐지되는 등의 사실에서 확인되듯이 중앙정부와 지방세력간의 갈등이 없지 않았다.[5] 그렇지만 16세기 지방세력의 정치·경제적 성장에 따라 국가도 재지지배신분층이었던 사족을 지방지배의 동반자로 삼게 되고, 재지사족 역시 국가권력에 협조하면서 자신들의 지위를 유지·강화해 나갔다. 그 결과로 나타난 것이 관의 행정체계와 사족자치체계의 병존현상이었던 것이다.

다음은 지방의 일반 주민들이 지배신분층의 예속하에 있었다는 점과 관련해서 보자. 일반 良人의 경우 건국 초기 국가적 차원에서 양인확보정책이 추진되는 가운데 국가의 국역편제 속에서 양인이 일원적으로 파악되게 되었고,[6] 천인을 제외한 양인의 사회적 진출 기회가 확대된 것은 조선사회가 도달한 발전의 측면을 반영한 것이었다. 그렇지만 당시 신분직역제 아래서 양반을 제외한 일반 양인의 경우 각종 역 부담에서 차별적 지위에 있었고, 그들의 사회적 상승에는 일정한 한계가 있었다.[7] 특히 16세기 지주제의 발전과 관련하여 일반 농민들은 향촌사회에서 지주제에 포섭되어 사회적 지위는 매우 열악하였고 그 가운데 상당수는 노비로 전락하고 있었다.[8] 그리고 양인 외에 노비, 특히

---

4) 安 廓, 위의 책, 237~238쪽.

5) 李泰鎭, 〈士林派의 留鄕所 復立運動〉(《震檀學報》 34·35, 1972·73 ; 《韓國社會史硏究》, 知識産業社, 1986).

6) 韓永愚, 《朝鮮前期 社會經濟硏究》(乙酉文化社, 1983).
劉承源, 《朝鮮前期 身分制硏究》(乙酉文化社, 1986).

7) 李成茂, 《朝鮮初期 兩班硏究》(一潮閣, 1980).

8) 金泰永, 《朝鮮前期 土地制度史硏究》(知識産業社, 1983).
李景植, 《朝鮮前期 土地制度硏究》(一潮閣, 1986).
鄭震英, 〈16세기 鄕村問題와 在地士族의 對應〉(《民族文化論叢》 7, 嶺南大, 1989).

사노비의 경우는 노비소유자층의 사적 소유물로서 적어도 순조 원년(1801) 內·寺奴婢革罷와 18~19세기 노비도망 등에 의해 노비해방이 적극적으로 이루어지기 전까지는 아무 권리가 없는 예속상태에 머물고 있었다.

조선 중기에 이들 기층민이 정치적 주체로 나설 수는 없었다. 그리고 이들이 주체가 되는 자치체계라 할 香徒나 촌계 등 최소한의 생활공동체로서의 기능을 유지하는 조직들의 경우도 그 기능은 지배층의 동약·동계 등에 포섭되어가는 경향을 보이고 있었다.[9] 역으로 보면 이 기층민조직이 독자적 발전을 보이기 이전까지는 국가는 사족이라는 향촌사회의 지배신분층을 매개로 공동체적 질서를 인정한 위에서 지방지배를 실현시켜 나갔던 것이라고 하겠다. 그렇기 때문에 조선시대의 향촌자치체계를 운위할 때 그것은 재지사족이 중심이 된 향촌자치체계가 그 대상이 된다.

그러면 이 때의 사족중심 향촌자치체계의 구조는 어떠한 것이었는가. 자치체계의 구조는 재지사족들이 군현단위에서 '鄕案'을 매개로 결속하고, 향안에 입록된 鄕員이 향회를 조직하여 향회를 통해 향촌사회 운영을 통제하는 구조를 갖고 있었다.[10] 향회의 운영규칙인 향규는 관권과의 일정한 타협을 전제로 한 것이며,[11] 기본적으로 재지사족의 자치규약으로서 향안의 입록규정, 향헌 및 향임 등 유향소 임원의 선출방식, 吏任의 선출과 吏民의 통제 등을 포함하고 있었다.[12] 결국 향규의 핵심적인 내용은 사족연합체가 사족들 자신의 결속에 기초하여 향촌지배기구의 인사권과 향촌사회의 부역조정권을 장악하는 것이라고 할 수 있다.

---

9) 鄭震英, 〈16세기 安東地方의 洞契〉(《嶠南史學》 창간호, 嶺南大, 1985).

10) 金仁杰, 〈朝鮮後期 鄕案의 성격변화와 在地士族〉(《金哲埈博士華甲紀念 史學論叢》, 知識産業社, 1983).

11) 세종 10년 유향소 복설과 함께 내려진 〈留鄕所作弊禁防節目〉을 조정이 제시한 향규로 보고, 이것이 성종대 《經國大典》의 '원악향리' 금제조목으로 법규화된 것을 들어 향규가 향원자치조직과 관계없이 정부로부터 일방적으로 제시된 규식이라고 주장한다(朴翼煥, 〈世宗代 朝廷이 제시한 鄕規考〉, 《李元淳敎授華甲紀念 史學論叢》, 1986).

12) 金龍德, 《鄕廳硏究》(韓國硏究院, 1978).
———, 〈鄕規硏究〉(《韓國史硏究》 54, 1986).
全炯澤, 〈17세기 潭陽의 鄕會와 鄕所〉(《韓國史硏究》 64, 1989).
金炫榮, 〈17세기 燕岐地方의 鄕規와 향촌사회구조〉(《韓國學報》 61, 一志社, 1990).

당시 향촌사회의 운영은 수령이 유향소(향청) 임원인 향임(座首·別監·監官 등)과 향리들의 도움을 받아 수행하고 있었다. 이 때 향임은 수령을 보좌하면서 향리들을 통제하고 있었는데, 향회가 바로 그 향임과 향리들에 대한 인사권을 행사함으로써 실질적인 군현단위의 향촌사회 운영권을 장악하고 있었다. 구체적으로 부세행정의 경우를 예로 든다면 납세는 '八結作夫制'로 운영되고 있었는데, 이는 각 군현의 공동체적 관계를 매개로 하는 것이지만, 그 운영을 향리와 향임층이 담당하고 있었고 재지사족이 그 조정의 역할을 하고 있었던 것이다. 조선 중기 향약(향규)의 핵심적인 내용에 '賦役均'이 포함되고 있던 것은 이같은 향촌사회의 운영구조를 반영한다.

위와 같은 사족중심의 향촌자치체계의 성립은 15~16세기 국가와 재지사족과의 타협의 산물이었다. 이 시기의 재지사족은 위로는 국가권력과의 마찰을 피하고 아래로는 향촌사회에서 족적 결합을 강화하는 한편 하층민들을 동약이나 동계의 형태로 흡수하여 통제할 수 있었으며, 이러한 조건 위에서 사족중심의 향촌자치체계를 갖출 수 있었던 것이다. 재지사족들이 '居鄕'의 자세로써 수령의 정치에 대해 잘잘못을 논하지 말고(勿言官政得失) 조세는 필히 남보다 먼저 바치라고 하였던 것(必先納租賦於下民)이 국가권력과의 원만한 관계설정을 위한 것이었다고 하면, 나이를 중히 여기며 모난 행동을 하지 말며 하민들을 구휼하는 데 진력하라고 강조한 것은 사족 내부의 결속 및 하층민 통제와 관련된 내용으로서 모두 정치적 성격을 지닌 것이었다.[13)]

그런데 이같은 조건하에서 18세기를 전후하여 일반 민들이 성장해 나오는 가운데 상대적으로 사족의 지위가 전보다 못해지게 되고, 사족 내부의 분열이 심화되면서 사족의 통제하에 있던 그보다 못한 층들의 도전이 활발해졌다. 이러한 상황에서 국가도 이제 더 이상 사족만을 지배의 동반자로 삼을 수 없게 되는데, 국가의 각종 통제책은 사족의 지위를 더욱 위협하는 것이 되어서 결국 사족중심의 향촌자치체계는 붕괴되어 나갔다.

한편 사족중심의 자치체계가 붕괴되고 그 자리를 차지하게 된 것은 수령－이향중심의 관 주도 향촌지배질서였다.[14)] 지방수령의 입장에서 사족중심의 자

13) 金仁杰, 〈조선후기 재지사족의 '거향관(居鄕觀)' 변화〉(《역사와 현실》 11, 1994).
14) 高錫珪, 《19세기 鄕村支配勢力의 변동과 農民抗爭의 양상》(서울大 博士學位論

치체계를 부정하고 관 주도의 향촌통제를 강화해 나가는 과정에서 吏鄕層(吏胥層과 鄕任層)의 지위가 상대적으로 강화되면서 이들 이향층이 기존의 사족으로부터 독립하여 자율성을 획득할 수 있었다. 그렇지만 이들은 독자적인 자치체계를 갖출 수 없었다. 이향층은 그 직위의 임면에 있어 수령의 절대적 통제하에 있었고, 수령의 이들에 대한 자의적 교체가 빈번하여 자체 재생산 구조를 확보할 수 없었던 것이다. 18세기까지만 하더라도 이향층은 관권의 비호하에 자신들의 지위를 향상시키고 기존 사족을 대신하여 향촌사회에서 향권에 접근할 수 있었지만, 19세기에 접어들면서 그들의 대부분은 오히려 관으로부터 수탈의 대상이 되어 관권과 대립적 위치에 놓이게 되었다. 이는 이향층이 스스로 자치체계를 수립할 수 없었던 한계를 잘 보여준 것이었다.

종래 사족의 자치권 행사기관이었던 향회가 조선 후기에 오면 관의 납세자문기관으로 변질되어 가고 그 가운데 향회를 통한 조세저항도 나타나게 되는데,[15] 자연 향회의 구성원이나 향회에서 다루는 내용도 이전과는 판이하게 달라져 가고 있었다. 종전 사족의 향권 실현기구로서의 기능이 부정되고 향회가 관의 납세자문기관적인 성격으로 변질된다는 것은 역으로 사족중심의 향촌자치체계의 붕괴를 잘 보여주는 것이라 하겠다. 이와 표리를 이루는 현상으로서 면리단위에서 하층민의 성장이 이루어지면서 사족의 통제하에 있던 동계(동약)에서 하층민들이 분리되어 나오는 현상, 즉 사족중심의 동계로부터 '下契'가 분리되는 현상도 주목된다.[16] 숙종 37년(1711) '里定法' 실시 조치와 함께 이후 국가의 면리제 운영체제가 정비되고 면리제의 기능이 강화되는 것과 짝하는 현상이었다.

(2) 조선 후기 사족중심 향촌자치체계의 붕괴

가. 향안파치와 향회의 부세자문기구화

조선 초·중기 향촌사회에는 사족중심의 향촌지배기구와 관의 행정기구가 병존하고 있었다. 守令－鄕吏(將校)－面里任으로 이어지는 관의 행정체계와

文, 1991).

15) 安秉旭, 〈朝鮮後期 自治와 抵抗組織으로서의 鄕會〉(《聖心女大論文集》 18, 1986).

16) 金仁杰, 〈朝鮮後期 鄕村社會統制策의 위기－洞契의 성격변화를 중심으로－〉(《震檀學報》 58, 1984).

병행하여 鄕會－留鄕所－洞契를 중심으로 하는 사족들의 자치기구(조직)가 성립하여 재지사족들의 이해를 대변하고 있었던 것이다. 초기 향회의 모습은 확인하기 어려우나 사족의 공론을 모으는 역할을 했을 것으로 보이며, 이 향회의 결정사항을 집행하는 것이 유향소였기 때문에 유향소가 재지지배층의 집결소로서 주목의 대상이 되어 왔다.

원래 이 유향소와 그 임원(향임)인 座首·別監 및 기타 監官들은 수령의 읍치를 보좌하는 직임이었고, 좌수 밑에 2명 또는 3~4명의 별감이 질청(作廳)과 將廳을 통할하면서 수령의 임무를 돕고 각종 지방문제를 해결하도록 되어 있어서 수령의 귀와 눈이 되는 것으로 이해되고 있었다.[17] 수령은 그 임기가 제한되어 있을 뿐만 아니라 그 지방의 사정에도 밝지 못하기 때문에 지방품관층의 눈치를 보아야 했고, 그 품관층 가운데서 선출된 향임들의 도움을 받고 있었던 것이다.

바로 이와 같은 조건을 이용하여 유향소 임원들은 그들 품관층의 이익을 대변하게 되고, 이 점이 경우에 따라서는 국가의 향촌지배정책과 배치되어 수령이 그들을 통제하기 어려운 문제를 일으키기도 하였다. 이러한 지방지배구조의 특성 때문에 수령과 품관층과의 마찰이 종종 문제되었고, 따라서 강력한 중앙집권책을 추구하던 태종 6년(1406)에는 수령권 침해라는 이유로 유향소가 혁파되기도 하였다.[18]

이후 집권적 향촌통제책이 추구되는 가운데 세종대에 이르면 部民告訴禁止法·留鄕所作弊禁防節目·守令久任法 등 법적 보완과 京在所제도의 정비를 통하여 중앙의 고관이 연고지의 유향소를 장악하게 하였다. 이로써 경재소가 유향소 임원과 지방의 품관층을 지원·감독하는 기능을 행사하도록 하였으니, 그 결과 재지품관층이 자기보호의 수단으로 수령권과 결탁하여 오히려 부민을 침학하는 부작용도 뒤따랐다. 태종대의 1차 유향소혁파 이유가 수령능멸이었다는 것과는 반대로, 세조 말에 행해진 2차 유향소혁파 이유가 수령과 유향소와의 결탁에 의한 부민침학에 있었던 것은[19] 바로 위와 같은 현실을 반영한

17) 金龍德, 앞의 책.
18) 《太宗實錄》 권 11, 태종 6년 6월 정사.
19) 李泰鎭, 앞의 글, 147~148쪽.

것이었다.

향촌사회에서 수령권이 강화될 수 있는 배경에는 건국 초라는 시대적 상황외에 향촌의 자치권 행사가 이족으로부터 사족으로 넘어가는 과도기였으며 그로 말미암아 재지세력간 힘의 평형상태가 깨지고 있었다는 점도 고려되어야 하겠다. 이후 성종대 이래 재지사족이 이족을 누르고 향촌사회에서의 독점적 우위를 누리게 되었을 때 더 이상 수령권 위주의 향촌통제책은 가능하지 않게 되었다.[20]

위와 같이 개국 초기에는 수령권과 유향소 품관들로 대표되는 재지지배층 사이에 상당한 마찰이 있었다. 그렇지만 조선 중기에는 적절한 타협이 이루어져 상호보완적 관계를 맺으면서 향촌사회 통제의 기능을 수행하게 되는 것이니, 이 때 향촌자치체계를 이끌었던 주도층은 재지사족이었다. 이들은 향안을 중심으로 결속하고, 향안의 구성원이 중심이 된 향회조직을 운영함으로써 그들 나름의 자치체계를 운영할 수 있었다.

따라서 향안의 정상적인 운영여부와 향회의 성격은 사족들이 중심이 된 자치체계의 변화의 핵심을 이룬다고 하겠으며, 그것이 어떻게 변화되어 나갔는가 하는 점은 향촌자치체계의 변화의 내용을 잘 보여주는 것이라고 하겠다. 그러므로 여기에서는 사족중심의 향촌자치체계의 붕괴를 鄕案罷置와 향회의 성격변화를 통해 확인하기로 한다.

향안은 유향소 품관들의 명단(座目)을 지칭하였던 것으로 보인다. 지금까지 알려진 향안으로 가장 오래된 것은 함흥의 〈成化五年己丑鄕座目〉 인데,[21] 이 좌목은 유향품관의 성명을 기재하였다. 이후 향안은 유향소의 구임원과 현임원은 물론 일반 향원을 포함하게 되었으며, 특히 16세 중엽 이후에는 일향의 공론에 의해 작성된 사족명단으로서의 성격을 갖게 되었다.[22] 그 명단을 '鄕案'이라고 하였던 것은 서울의 해당 경재소에 비치하였던 각 고을의 품관명단을 '京案'이라고 구분해서 불렀던 데서 비롯된 것으로 보인다. 順天 경재소에

---

20) 李海濬, 〈朝鮮前期 鄕村自治制〉(《國史館論叢》 9, 國史編纂委員會, 1989).

21) 《鄕憲》, 瓊鄕憲目序, 태조 7년 및 成化五年己丑鄕座目, 예종 원년.

22) 安東鄕案의 경우 16세기 중엽까지 향리출신이 기재되고 있다가 16세기 중엽을 전후하여 그들이 배제되고 있었다. 이같은 사실에 비추어 볼 때 향안은 16세기중엽 이후에 사족조직으로서의 성격이 확연해짐을 알 수 있다(鄭震英, 〈朝鮮後期 安東府 在地士族의 鄕村支配〉, 《大丘史學》 27, 1985 참조).

서 내린 지시 가운데 순천유향소에 문제를 일으켰던 인물들을 "경안에 다시 기록하였으니 향안에도 다시 기록할 것"[23]이라는 내용이 보이는데, 이는 '향안'이 '경안'과 대비되어 쓰여졌음을 보여준다.

이 향안은 지역에 따라 일정한 성격상 차이를 갖고 있었고 그 작성에 많은 문제들이 수반되기도 하였다. 그렇지만 삼남지방의 경우 재지사족 중심의 향촌질서가 잡혀지게 되는 16세기 후반에는 사족명단으로서의 성격을 분명히 하게 되었으며, 대부분 임란을 거치면서 소실되었음에도 불구하고 17세기에 들어서면서 거의 모든 지역에서 다시 만들어져 예전대로 그 기능을 회복하고 있었던 것으로 보인다.[24]

16~17세기의 향안에 이름이 오르기 위해서는 부·모·처족에 모두 신분적 흠이 없어야 한다는 데서 알 수 있듯이 향안조직은 신분적 폐쇄성을 갖고 있었고, 향안이 일향의 공론에 의해 작성되고 있었다는 점에서 그것은 재지사족의 신분적 권위의 상징이었다. 이 향안에 오른 향원들이 중심이 되어 향회를 구성하고, 이 향회가 향규를 만들어 사족 내부의 결속을 다지고 이민을 통제하고 있었으니 향안은 재지사족이 군현단위에서 자신들의 향촌지배를 실현하는 데 모체가 되는 것이었다.

그런데 이 향안에는 18세기 중엽을 전후하여 커다란 변화가 나타나고 있었다. 이후 대부분 지역에서 향안이 더 이상 추가로 작성되지 못하고 파치되었으며, 존속하는 경우라고 하더라도 그 성격은 이전과는 사뭇 다른 것이었다. 지금까지 향안이 작성되었음을 확인할 수 있는 지역 76개 가운데 그 입록현황을 파악할 수 있는 50개 지역의 경우를 볼 때, 우선 외형상으로 두드러진 특징을 발견하게 된다. 그것은 이 시기를 전후하여 대부분의 지역에서 향안입록이 중단되고 향안이 파치된다는 점이다.[25] 내용면에서 보면 18세기 중엽을 전후하여 상당수 지역의 향안에 입록하는 숫자가 급격히 증가하다가 더 이상 추가입록이 중단되었던 것이다.[26]

---

23) 柳希春, 《眉巖日記》, 선조 6년 10월 2일.
24) 鄭震英, 〈사족의 향촌 재건과 자치조직 정비〉(《한국사》 31, 국사편찬위원회, 1995).
25) 金炫榮, 〈조선시기 사족의 향촌지배연구와 자료〉(《조선시기사회사연구법》, 한국정신문화연구원, 1993), 167~170쪽.
26) 金仁杰, 앞의 글(1983).

한편 19세기까지 향안작성이 지속되는 경우라고 하더라도 庶孼의 입록을 놓고 대립이 일어나 결국 그 입록이 중단되는가 하면, 향안입록자 내부에 분열이 일어나 상당수 가문이 스스로 자신의 선대 성함을 향안에서 파내는 경우도 있었다. 그리고 서북지방의 경우 18세기 후반에 들어와 향안입록 자체가 매매의 대상이 되고, 그 입록을 둘러싸고 기존의 입록자인 '舊鄕'과 새로 들어가려고 하는 '新鄕'간에 대립하는 현상이 나타나기도 하였다. 위와 같은 현상은 군현단위에서의 사족분열로부터 비롯하였지만 국가의 향촌통제책 강화에서 비롯되기도 하고, 그 이면에는 향촌사회 내부에서 새로운 세력의 도전이 자리잡고 있었던 것으로 이해된다.

향안이 사족 내부의 분열에 의해 더 이상 만들어지지 못하게 되거나, 지속되는 경우라 하더라도 향안입록을 둘러싸고 '구향'과 '신향'간에 대립이 심화되는 상황에서는 사족의 공론에 의해 운영되어 오던 향회가 과거의 기능을 유지하기란 불가능하였다. 더욱이 서북지방 등과 같이 향안에 오르는 자격이나 향임자리가 수령에 의해 매매되는 경우에 있어서는 더 말할 나위도 없었다.

사족의 자치기구로서의 향회가 수령의 부세자문기관으로 변질되고 있던 모습은 영조 30년(1754) 湖南釐正使로 내려갔던 李成中이 조사를 마치고 올린 다음 보고의 내용 가운데 잘 드러난다.

> 이른바 향회라고 하는 것은 애당초 一鄕 士民의 공론에 따른 것이 아니고, 좌수·별감이라는 자들이 수령의 턱 아래 놀면서…통문을 돌려 불러 모은 것에 불과합니다. 그 향회에서는 혹은 관의 비용이 부족하다는 핑계로, 또는 民役을 마감해야 한다는 명목을 들어 제멋대로 가렴하고 손이 가는 대로 법을 만드니 일의 원통함이 이보다 심한 것이 없습니다(李成中, 《質菴遺稿》 권 1, 湖南釐正使書啓).

여기에서 당시 호남의 향회는 수령의 턱 아래서 노는 수령의 부세자문기구로 묘사되고 있다. 이러한 현상은 비단 호남에 국한된 것이 아니었다.

영남의 경우에도 향안에 오른 향원들이 중심이 되어 향론을 이끌고, 이 향회에서 향임을 차출하고 향내의 대소사를 결정하였던 과거의 향회는 찾아볼 수 없게 되었다. 영조 20년 밀양에서는 상하 수백 인이 돈을 모으고 무리를 지어(聚錢結黨) 骨董契라 이름하고, 이 골동계가 수령을 갈아치우고 향임을 마음대로 차출하는 등 폐단을 야기하다가 수령에 의해 타파된 사실은[27] 그간의 수령과 향회와의 갈등에서 수령의 우위가 확립되어 가는 것을 보여준다. 상주의 경우에 영조 22년(1746) 당시 수령이 향청의 추천에 의해 별감과 도감을 차출하였지만 차출된 자가 병을 칭탁하고 끝내 나가지 않았던 것은[28] 수령의 시녀화된 좌수·별감이 중심이 된 향회의 '향중공론'이 사족 내부에 통하지 않게 됨을 보여주는 것이었다. 사족의 공론이 모아지지 못하는 상황에서 향청의 향임추천은 제약받게 되고, 이어 향임차출에 있어서 수령의 자의적인 개입을 심화시켰다. 이제 삼남의 경우에도 서북과 마찬가지로 향임자리가 수령에 의해 매매되는 현상이 일반화되었다.

수령의 부세자문기관 이상의 의미를 갖지 못하게 된 향회가 어떠한 모습으로 운영되었는가 하는 점은 19세기 전반 永川의 향회사건에서 잘 볼 수 있다. 헌종 3년(1837) 영천에서 당시 수령은 隣徵·洞徵의 문제를 해결하기 위해 그곳 '老成之人'의 의견을 듣고자 향회를 소집했다.[29] 당시 군포의 상납 문제를 해결하고자 한 것이지만 정작 소집된 향회에서는 향교장의로 있던 柳某가 전세납부와 관련된 色吏의 양반침해를 문제삼아 분란이 야기되었다. 이에 수령은 다음과 같이 지시하였다.

> 금번의 이 향회는 學宮의 일인가 士林의 일인가…무릇 몇 수년 사이에 읍의 풍습이 점차 투박해지고 선비의 습속이 더욱 어그러져, 한 가지 일만 있으면 모이고 한 가지 명령만 내리면 모여 士類를 위협하고 민심을 소란케 한다. … 선동한 자나 따라 모인 자나 鄕品은 물론이고 진실로 爭任의 마음을 가진 자가 아니면 필경 戶首輩로서 王稅(田稅)를 끝내 거납하려는 자이니 어찌 한심스럽지 않은가. 향교掌議柳는 그 이름을 떼고 一鄕 중에서 근정한 자로서 대신시킨다. 그 밖에 모임에 모인 자는 모두 귀가하여 자기 업에 충실하고 큰 죄망에 걸리지 않도록 하라(《牒移》, 永川鄕會中下帖).

위 수령의 지시는 원래 향회가 수령의 부세자문을 목적으로 소집되었지만 향회에 모인 상당수의 인원이 전세납부와 관련된 양반침해를 문제삼음으로써 수령이 소기의 목적을 달성하지 못한 불만을 토로한 것이었다. 수령은 결국

27) 《承政院日記》 926책, 영조 17년 정월 8일.
28) 《商山錄》 乾, 爲牒報事(서울大 古5120－42 ; 《韓國地方史史料叢書》 3, 報牒篇, 驪江出版社, 387~389쪽).
29) 《牒移》, 惺齋文牒, 永川鄕會事下帖.

향회가 끝난 뒤에 다음과 같은 지시로 사태를 마무리 지었다.

> 금일 향회에 모인 자는 과연 어떤 사람들이며, 의논한 바는 과연 무엇인가. 모인 사람들이 부녀자도 아니고 의논이 향당의 미세한 일이 아님에도 불구하고 종일 회의하였으나 끝내 아무 것도 해결되지 않았다. 이 무슨 향례이며 민습인가. … 관에서는 100명의 군관을 내어 査正(軍布缺縮分의 충당)을 도왔고, 천금의 廩捧을 염출해서 (부족분을) 메웠으니, 여기서 내 도리는 다한 셈이다. …鄒魯之鄕이란 점을 생각치 않고, 義를 잊고 財를 중히 여김이 이같이 심할 수가 있는가. 필경에는 稟目을 올려 말하길, 혹자는 戶에서 충당하자고 하는가 하면 혹자는 結에서 충당하는 것이 가하다고 하고, 또 혹자는 호결이 모두 불가하다고 한다. 이것이 가위 報辭인가 농담인가. 심지어 혹자는 着啣을 하기도 하고 아니하기도 하니, 일의 성실치 못함이 극에 달했다. 관에서는 다시는 그러한 수모를 당하고 싶지 않다(《牒移》, 鄕會後下帖).

여기에는 군포의 부족부분을 충당하는 문제를 논의하기 위해 소집된 향회의 구성원이 수령의 요구에 응하지 않고 오히려 향회에서 자신들의 이해를 관철시키고 있음이 잘 드러나 있다.

위의 영천향회에 관한 기록에서는 향회의 참가자들이 鄕品·戶首(班民)·齋任 등 그 성격이 다양하며, 그들의 관심사도 이전 시기 향회의 그것과는 판이함을 알 수 있다. 이 향회는 과거 향안입록자가 중심이 되어 향내의 중대사를 결정하던 그런 향회가 아니라 수령의 부세자문기구로 변질된 향회 바로 그것이었다.

이상과 같이 18세기 중엽이 되면 재지사족의 공론에 의해 향안입록자를 선발하고 향임을 선출하며 吏民을 다스리는 등 향내의 대소사를 처리하던 기존의 향회는 수령의 부세자문기관이 되고 그 운영의 주체도 달라지고 있었다. 이같은 사실은 사족의 향권에서의 소외를 확연히 보여주는 것인 동시에 사족중심의 기존의 향촌자치체계가 붕괴되고 수령(관) 주도의 향촌지배질서가 새롭게 형성되어 가는 것을 의미하였다.

재지사족들은 조건의 변화에 상응하여 그들 나름의 대응책을 모색하였다. 문중중심의 족계의 강화, 동성촌락 확대 등이 그것이다. 이 시기 서원이 문중서원을 중심으로 발전해 간 것도 마찬가지 사실을 반영하는 것이었다.[30] 그렇

30) 李海濬, 《朝鮮後期 門中書院 硏究》(國民大 博士學位論文, 1994).

지만 사족들의 자구책으로 인해 향촌사회에서 그들의 권위가 부정되는 상태에까지 나아가지는 않았다고 하더라도 그 자구책이 향권에서 소외되어 가는 대세를 역전시킬 수는 없었다.

나. '하계'의 분리와 동계의 납세조직화

재지사족이 향촌사회에서 향권을 장악하고 그 나름의 자치적 향촌지배기구를 운영할 수 있었던 것은 군현단위의 향안이나 향회조직 외에 그들이 자신의 거주지에서 동계나 동약의 형태로 하층민들을 장악할 수 있었기 때문이었다. 그들은 향회－유향소조직을 통해 각 촌락을 全村的으로 지배하려 하였을 뿐만 아니라 그들 거주지에서 실질적으로 그 하부조직을 갖추어 나가고 있었다. 이 경우 동계는 유향소의 하부기구로서 기능하기도 하였다.

16세기에 들어오면 기존의 甲契나 양반관료조직 외에 향촌사회에서 족계나 동계가 새롭게 조직되고 있었다.[31] 이 때 동계는 족계적인 성격을 띠는 경우와 사족들이 기존의 촌락조직을 재편하는 경우, 또 일부에서는 기존의 하층민조직을 파괴하여 동계에 편입시키는 경우 등 다양한 형태로 존재하였는데, 당시 불안정한 소농경제의 약점을 보완하여 안정적 농촌경제·지주경제를 보장하고 그 위에서 재지사족 중심의 신분질서를 유지하기 위한 목적을 가진 것이었다. 16세기 동계 가운데는 栗谷 李珥가 해주 야두촌에서 시행했던 〈社倉契約束〉이 그 대표적인 예라고 할 수 있겠다. 사창곡을 마련하였던 목적은 당시 소농경제의 취약점을 보완해 주는 데 있었고, 그 바탕 위에서 위아래 사람간의 상하의 신분질서 확립을 목표로 하고 있었다.

조선 전기 이래 농업생산력이 발전하고 있었지만 소농경제는 항상적으로 밖으로부터 오는 각종 위험에 직면하고 있었다. 홍수·한발·전염병 등 천연재해를 비롯하여 화재나 각종 질병, 그 밖에도 혼인이나 장사를 지내는 문제 등은 토착해서 살아가고 있던 농민들에게 큰 부담이었다. 그 위에 지주제의 전개에 따른 지대의 문제, 그리고 각종 부역부담 등은 사회구조적인 성격을 띠고 압박하고 있어서 농민들 자력에 의해서만 해결하기 곤란한 것이었다.

그런데 이상의 문제들은 일차적으로 농민들의 생사에까지 미치는 심각한 것

31) 金弼東,《韓國社會組織史研究》(一潮閣, 1992).

이었지만, 동시에 향촌지배층에게도 해결해야 할 과제였다. 자신들의 사회경제적 기반을 유지하기 위해서는 농민들의 안정이 필수적이었기 때문이다. 따라서 사족들은 이른바 呂氏鄕約의 이념과 틀을 최대한 활용하여 각 동의 실정에 맞게 규약(동약)을 제정하고 동계를 운영하고 있었으니, 水火·盜賊·疾病·誣枉·婚喪·貧乏 등에 관련된 이른바 향약의 '患難相恤'조의 내용들은 바로 그들의 대응책을 보여주는 것이었다.

사족들이 이렇게 16세기 이후 동계를 조직하는 데 적극적이었던 이유는 비단 농촌경제의 안정만을 위한 것은 아니었다. 또 하나의 주요 목적은 바로 동계구성원에 대한 통제에 있었다. 실상 향약 4조목에서 '환난상휼'을 제외한 나머지 3조목은 사족 상호간의 관계설정 및 결속에 관한 것이고 '과실상규'조는 그 규약을 위반한 이들에 대한 처벌을 기록하고 있다. 특히 이 시기에는 여씨향약과는 달리 '하인'에 대한 처벌항목을 별도로 두고 있었는데, '과실상규'조의 핵심내용은 바로 하인에 대한 통제였다. 율곡의 〈사창계약속〉에서도 바로 이 과실상규조가 많은 분량으로 가장 상세하게 다루어졌다.[32] 이는 동계설립의 목적 가운데 중요한 한 부분이 바로 사족의 하인통제에 있음을 드러내준 것이었다.

동계에서는 각 임원 가운데 上員(士族)에게 과실상규의 문제를 처리하도록 하였고, 모든 동민이 참여하는 講信을 위한 집회 때 좌중에서 확인하도록 하였다. 그리고 이를 보다 효과적으로 운영하기 위하여 善籍과 惡籍을 만들어 그 대상자를 기록하는 한편 그들을 포상하고 규제하기도 하였으니, 이는 요컨대 사족중심의 상하 신분질서를 유지·강화하기 위한 것이었다. 그리고 동계에서는 이 점을 보다 분명히 하기 위하여 동 구성원의 명단(洞座目 : 洞案)을 작성하는 경우도 있었는데, 이 때 동안은 동원들의 신분구분의 상징이 되는 것이었다. 나아가 사족들은 위와 같은 구조를 갖는 동계를 자신의 거주지 중심으로 운영하는 데 그치지 않고 군현단위의 향약(향규)의 하부조직으로 기능하도록 구상하기도 하였다. 이 경우 동계는 사족중심의 자치체계에서 하부조직으로서의 성격을 가지게 되는 것이었다.

그런데 16, 17세기 모든 지역에서 사족이 중심이 된 동계가 성립되어 있었

32) 韓相權, 〈16, 17세기 鄕約의 機構와 性格〉(《震檀學報》 58, 1984).

던 것은 아니었다. 그리고 동계는 시대와 지역에 따라서, 또 각 동의 구성원과 그들이 처해 있던 사회경제적 조건에 따라 그 성립시기에 상당한 차이가 있었다. 대체로 사족이 중심이 된 동계가 성립되는 시기는 지주제가 발전하고 있던 16세기로 확인되고 있지만 경우에 따라서는 17세기 초에 비로소 성립되기도 하였고,[33] 17세기 중반에 가서야 '上·下契'를 갖춘 동계가 성립되기도 하였다.[34] 실제로 17세기의 동약의 실시기반은 다양하였고, 그 존속 여부에도 차이가 있었다.

17세기 중엽 李元禎이 경상도 星州 上枝洞의 동계결성에 대해 언급한 다음의 기록은 동계의 성격을 이해하는 데 도움을 준다.

> 上技村은 우리 李氏가 世居해온 곳이다. 간혹 이씨가 아니면서 거주하는 자가 있지만 이씨의 족친 아닌 경우가 없다. 鄕約案이 戊寅年(仁祖 16 ; 1638)에 이루어졌는데 그 때 내 선친께서 그 서문을 쓰신 바가 있었다. …그로부터 수십년 내에 門運이 불행하여 喪難이 이어져서, 案中의 長老들이 연이어 돌아가시매 德業의 권면함이나 過失을 규제함 또한 따라서 폐해지고 말았다. 지금 상하 인민으로 현재 거주하는 자를 보면 상당수가 元案에 기재되지 않은 자들임을 알 수 있다. 전체를 통할하여 규제하는 위엄이 없으면 떨어져 나가고 어그러지는 걱정이 있을 것이다. 里洞에 善俗厚風이 없어지고 渙散壞敗를 수습할 수 없음을 크게 걱정하여, 더불어 상의해서 이에 향약 외에 따로 동계를 만들어 申名約誓하고 列書姓名한다. 대략 呂氏의 절목을 따르고 舊案의 규례를 참작하였다(李元禎, 《歸巖先生文集》 권 4, 上枝洞契案序).

위에서는 주민들이 이사오고 가는 것이라든지 사망하는 경우 등에 따른 문제점들에 대한 새로운 통제책의 필요성만을 언급하고 있지만, 이는 당시 변동하고 있던 사회조건 속에서 재지사족에 의한 새로운 향촌사회 통제책의 하나로 동계가 기능하고 있었다는 점을 알 수 있게 해준다.

향약질서가 보편화된 것으로 인식되던 17세기 후반에도 향약은 전국적으로 실시될 수 없었다. 다음은 한성부에서 私契, 즉 香徒契를 혁파하고 향약으로 그 기능을 대치하는 문제에 대한 처리내용으로서 그 점을 보여준다.

> 대신의 啓에 따르면 私契를 혁파하여 그 폐단을 제거하고자 하는데…오늘날 香

33) 張經世, 《沙村集》, 洞中修契序.
34) 李徽逸, 《存齋集》 권 4, 梧村洞契序.

徒를 혁파하고 하나같이 鄕約之規로써 서로 送喪을 돕게 하는 것이 그 뜻은 진실로 좋습니다. 그렇지만 各坊各里에는 戶의 많고 적음이 있어(향약을) 두루 다 설치할 수는 없습니다. 또 각리에 사대부가 많고 서민호가 적은 경우에, 士夫의 喪에는 동리서민이 당연히 스스로 힘써 그것을 거행할 것입니다. 그러나 民庶의 상에 있어서는 사부가에서 비록 約法에 따라서 奴를 보내준다고 하지만, 그 중에 힘있고 사나운 노복은 반드시 약법을 따르지 않고 폐단을 일으킬 것이므로 제압하기 어려운 근심이 있습니다. 이것이 실로 백성들이 (향약을) 크게 불편하게 여겨 감당할 수 없다고 생각하는 것입니다. … 무릇 대신의 뜻도 이와 같으니 각방각리에서 향약으로써 서로 돕고자 하는 곳이 있다면 그에 따라 시행토록 하는 방법이 실제 사리에 합당할 것입니다(《承政院日記》 303책, 숙종 10년 3월 23일).

상당수 지역에서는 향약, 또는 동약이 실시되기도 하였지만 그렇지 않은 경우도 있었음을 알 수 있다. 이 경우 향도계와 같은 것이 그 기능을 담당하고 있었을 것이다.[35]

그러나 재지사족을 중심으로 하는 동계는 거의 보편적으로 인정되고 있었고, 그것은 상하 신분질서를 유지하고 부역체계를 운영하는 데 기본적인 것으로 이해되고 있었다. 숙종 27년(1701) 충청도 예산현감으로 있던 金榦이 각 동에 동계를 결성할 것을 지시한 다음의 기록이 그런 점을 이해하게 해준다.

그 동내에서 一契를 설립하여 지켜야 할 조목을 엄히 세우고 신의를 잘 가르쳐 綱紀를 유지하고 풍속을 순후하게 함은 呂氏鄕約의 遺意인 바, 근세 京外에 통행하는 恒規이다. … 동계라는 것은 무릇 한 동리의 위 아래사람을 함께 한 계로 묶는 것이니, 계중의 규약은 네 가지가 있다 正倫理·敦風俗·救患難·規過失, 이것이 그 대강이다. … 계중에는 三籍을 두는데, 하나에는 立約을 기록하고 다른 하나에는 契員(新入者隨入隨錄)을, 그리고 또 하나에는 契物(婚喪 및 그 밖의 일에 사용하는 종류들, 모두 年月을 기록하여 후에 참고한다)을 기록한다(金榦, 《厚齋集》 권 38, 頒示各面洞契約條).

위의 기록에 따르면 동계는 당시 서울이나 지방이나를 불문하고 모든 지역에서 행해지는 '恒規'로 파악된다. 그리고 동계의 목적은 상하 신분질서를 유지하고 동내 부역을 조정하는 데에 있었음도 알 수 있다.[36] 사족중심의 동계

35) 李海濬, 〈朝鮮時代 香徒의 變化樣相과 村契類 村落組織〉(《省谷論叢》 21, 1990).

36) 18·19세기 한 동계자료는 "大抵洞中作契之意 專在於齊上下 正風俗 均賦役" (《後考次(洞中立議)》)임을 명시하여 동계의 목적이 상하 신분질서의 확립을 통한 풍속의 교정과 부역의 균등한 부과에 있음을 밝히고 있다.

가 성립되어 있지 않은 지역의 경우라고 하더라도 그같은 체제가 유지되는 한에 있어서는 사족의 영향권에서 크게 벗어날 수는 없었을 것이다.

18세기 중엽을 전후하여 위와 같은 동계도 커다란 변모를 보인다. 그 변모양상은 동계의 규약과 좌목 및 동의 재정관계(洞物) 등을 포함하고 비교적 장기간에 걸쳐 운영되어 온 것으로 확인되는 5개의 동계(태인 고현동 동약, 영암구림 대동계, 밀양 구령동 동계, 풍기 백리동약, 북둔동 동약)의 검토에서 파악할 수 있는데,[37] 18세기를 전후하여 변화하는 모습의 가장 큰 특징은 다음의 두 가지로 요약된다.

첫째, 기존에 상·하계원, 즉 사족과 하인을 아우르던 동계가 18세기에 들어와 자체 모순에 의해 파기되던가 혹은 하계가 분리되면서 상계원들만의 조직으로서 성격이 변하고 있었다는 것이다. 물론 19세기 심지어 20세기까지도 그 명맥이 유지되는 경우도 있었으나, 그것은 이미 16~17세기의 동계의 성격과는 차이가 나는 것으로서 양반들 자신만의 이익을 추구하는 조직으로 변질된 것이었다. 동계가 변형된 형태라고 할 수 있는 19세기 중엽의 大同契가 몇몇 양반가문 인사들의 모임이 되며,[38] 18세기 이래의 洞物이 19세기에 들어와 族物로 인식되는 한편 하민들이 분동을 요구하고 있었던 것[39] 등의 예를 통해서도 그같은 점이 확인된다.

둘째, 洞穀이나 洞錢과 같은 동내 재정의 운영에 있어서 변화가 나타난다는 점이다. 16~17세기에는 주로 현물 수합에 의해 그 비용을 충당하였기 때문에 '取耗補用'은 큰 비중을 차지하는 것이 아니었다. 그런데 아직까지 기본원리로서 작용하고 있었던 것은 아니라고 하더라도, 17세기 말~18세기에 들어서면서 기본자금을 마련하여 취모보용하는 현상이 두드러졌고, 그 取殖의 주 대상이 '下人'에 국한되기도 하였다. 이는 동계가 하층민의 안정을 위한 것이 아니라 동내 각종 비용을 마련하기 위한 것이며 그 비용을 하층민에게 전가하고 있음을 보여준 것이었다. 즉 하층민의 안정 위에서 사족들의 사치·경

---

37) 金仁杰, 《조선후기 鄕村社會 변동에 관한 연구-18, 19세기 '鄕權' 담당층의 변화를 중심으로-》(서울大 博士學位論文, 1991), 75~102쪽.

38) 崔在律, 〈韓國農村의 鄕約契硏究-鳩林大同契의 사례를 중심으로-〉(《全南大論文集》 19, 1973).

39) 鄭震英, 〈18, 19세기 士族의 村落지배와 그 해체과정-大丘 夫人洞 洞約의 紛爭을 중심으로-〉(《조선후기 향약연구》, 民音社, 1990).

제적 안정을 유지하고자 하였던 기존 16~17세기 동계의 기본성격이 점차 변질되어 나갔던 실정을 반영하는 것이라고 하겠다.

위에서 볼 때 기존의 동계는 18~19세기에 들어와 더 이상 유지되지 못하거나 그 성격이 변질되지 않을 수 없게 됨을 알 수 있다. 이제 동계는 수취체계의 하부단위로서 납세단위로 바뀌어 나가게 되었다.[40] 이같은 사실을 이해하기 위해서는 숙종 37년(1711) 12월 〈良役變通節目〉의 반포에서 법제화된 '里定制' 실시를 전후하여 취해진 일련의 관 주도의 향촌통제책과 공동납 강화의 성격을 검토할 필요가 있다. 이정제는 전세에서의 比摠制, 환곡에서의 里還, 그리고 잡역세에서의 면·리단위 공동납 등과 관련을 갖는 것이었다.

그런데 당시 그같은 공동납은 아직까지 향촌사회의 지배층·유력자를 매개로 하지 않을 수 없었다. 이정제에서 군현단위로 부과되던 軍額을 면·리의 연대책임으로 맡기면서도 里의 운영을 '里內表著兩班'에서 선출한 '上尊位'에게 책임지우고 있었던 것은 그 한 단면이다.[41] 이것이 어느 정도 실효를 거두었는지는 의문이고, 실제로 관과 관련된 실제 업무는 '副尊位' 이하에게 책임지우고 있었기 때문에 그런 의도는 한계를 갖는 것이었다.

그렇지만 그같은 조처는 기존 향촌사회의 지배질서를 그대로 유지하는 가운데 동계조직을 부세제도 운영에 이용하려는 성격을 갖는다는 점이 주목되어야할 것이다. 면·리의 운영이 기존 동의 운영과 불가분의 관련이 있었음은 영조 23년(1747) 충청도 報恩郡守로 있었던 金弘得이 향약의 실시를 제언하면서 한 다음의 지시에서 알 수 있다.

> 무릇 里中에는 각기 洞規가 있을 터인데 서로 살펴 도와주는 법이 이것(鄕約)보다 더 후하면 구애될 필요가 없다. 만약 그와 같은 顧助規式이 없으면 이것으로써 법을 삼으라(《鄕約條目》, 영조 23년, 報恩).

이런 모습은 주로 18세기 수령에 의해 주도되었던 향약 일반에서도 나타나고 있었다.

즉 17세기 말부터 18세기 사이에 동계가 수취체계의 하부단위로 고정되어 나가게 된 데에는 관 주도의 지방정책, 그 핵심내용이 되는 부세 운영방식의

40) 金仁杰, 앞의 글(1984).

41) 《備邊司謄錄》 63책, 숙종 37년 12월 26일 良役變通節目.

변화가 일정한 영향을 미쳤다고 하겠다. 그리고 그에 따라 기존 사족중심의 향촌사회 운영원리도 부분적으로 수정되지 않을 수 없어서 국가의 향촌사회 통제책에 통합·변질되어 나갔던 것이다.

한때 국가의 향촌통제책에서 위와 같은 동계가 인정되고 수령도 그것을 적극적으로 통치의 한 수단으로 이용한 적이 있었다. 또 이정법을 매개로 하여 18세기에 재지사족들이 기존체제를 재강화하려 한 적도 있었다. 그러나 그렇게 됐을 때는 이미 향촌사회의 운영권이 사족의 손에서 떠난 뒤였다. 앞서 검토한 바와 같이 동계가 하계원들에 대한 수탈적인 기능을 행사하기 시작하는 단면이 노출되거나, 하계가 분리되고 중계에 대한 적절한 통제가 불가능해지면서 洞案에 더 이상 추록이 이루어지지 못하는 데서 기존의 동계가 그 의미를 상실해 갔던 사정을 알 수 있다. 결국 동계는 관의 수취체계의 하부구조로 재편되는 길을 걷게 되며 이 역시 사족중심의 향촌자치체계의 동요·붕괴를 의미하는 것이었다.

2) 관 주도 향촌지배질서의 성격

(1) 관 주도 향촌통제책의 강화

사족중심의 향촌자치체계가 동요·붕괴된 이후 향촌사회의 자치적 질서는 크게 제약되고 향촌사회의 운영은 관권에 예속되어 갔다. 여기에서 향촌자치체계를 대신하게 된 것은 관의 부세자문기관화 한 향회와 부세운영의 실무기간이었던 질청이었다. 그 결과 향촌사회의 운영에서 사족을 대신한 향임층과 이서층의 중간적인 역할도 크게 증대되었다. 그런데 이들 이향층이 독자적인 자치체계를 꾸리는 데는 한계가 있었다. 19세기에 들어와 이서층의 경우 그 내부에 일부 가문이 향리직을 독점하는 현상이 나타나는 경우에서[42] 볼 수 있듯이 이들은 나름대로 재생산구조를 확보하기 위하여 노력을 경주하였다. 그렇지만 이들에게 일을 맡기고 맡기지 않고서는 철저하게 수령에 의해 좌우되었기 때문에 이향층이 중심이 된 자치질서란 성립할 수가 없었다. 이러한 사실은 향촌사회 지배질서가 관에 철저히 예속되어 향촌자치체계가 크게 위축됨을 의미하였다.

---

42) 李勛相, 《朝鮮後期의 鄕吏》(一潮閣, 1990).

한편 이전까지 사족중심의 향촌자치체계의 보조역할을 하던 면리제가 관의 행정기구로서 본격적인 역할을 하게 되는 것도 위와 같은 향촌사회의 변화를 잘 보여주는 것이었다. 면리제는 조선 초기 관권위주의 향촌통제책이 강화되어 갔을 때 강조된 바 있었던 것인데,[43] 아직까지 자연촌까지를 아우르는 철저한 것이 되지는 못한 상태였고, 그것이 본격적으로 기능하게 되는 것은 18세기 숙종대에 이정법이 실시된 이후라고 할 것이다.[44]

여기에서 사족중심 자치체계의 붕괴는 일시에 진행된 것이 아니었다. 그렇게 되는 데는 17세기 이래 관으로부터의 꾸준한 견제, 특히 18세기 이후 관주도의 향촌통제 강화책이 중요한 작용을 하였다. 앞서 언급된 숙종 37년 〈양역변통절목〉과 함께 반포된 이정법, 이어 실시된 팔도구관당상제 등은 향촌사회에서 사족의 역할을 일정한 선에서 제한하고 향촌사회를 수령중심으로 다시 조직하며, 수령에 대한 중앙정부의 통제를 강화하는 내용이 그 핵심을 이루는 것이었다.

사실 사족중심의 향촌자치체계는 결코 완결적인 구조를 갖춘 것은 아니었다. 사회가 변화함에 따라 그것은 끊임없이 재확인되고 강화되지 않으면 안 되었다. 그리고 당시 사회모순을 야기시키는 주체 가운데의 하나가 바로 재지사족 자신들이었기 때문에 그들은 지속적 자기비판과 자신들의 결속을 강화시켜야 했다. 향약이나 향규가 관권과의 마찰을 극도로 자제할 것을 요구하고 吏民의 통제와 아울러 사족들 자신의 통제를 가장 중요한 문제로 강조하고 있었던 이유도 거기에 있었다. 다만 조선 중기에는 지방세력의 상대적 지위가 강화되고 중앙의 권력집단이 지방적 근거를 가지고 활동하고 있었기 때문에 위에서와 같은 사족중심의 자치체계가 인정되고 있었던 것이다.

그런데 위와 같은 상태에서 중앙권력과 지방세력간의 이해관계가 소원해지고 중앙의 지방에 대한 통제가 강화되는 것은 지방세력에게는 결정적인 타격이 되었다. 특히 일본과 청나라와의 커다란 전쟁을 치른 후 국가기반을 재강화하는 과정에서는 국가와 지배계급의 입장 사이에 첨예한 대립이 나타나기까

43) 朴鎭愚, 〈朝鮮初期 面里制와 村落支配의 강화〉(《韓國史論》 20, 서울大 國史學科, 1988).

44) 金俊亨, 〈18세기 里定法의 展開—村落의 기능강화와 관련하여—〉(《震檀學報》 58, 1984).

지 하였다. 지배계급의 입장을 대변하고 있던 관료들과의 대립에서 강한 반발을 보이고 있던 효종이 관료들의 비판에 대해서 "我國은 君弱臣强해서 만약 이같은 상황이 지속된다면 君이 되려는 사람이 없을 것"[45]이라고 지적한 것은 당시 지배계급과 국가권력과의 관계가 대립적인 국면에 직면하고 있었음을 시사해 준다.

이후 관 주도의 향촌통제책의 방향과 관련하여 효종의 입장이 주목된다. 효종은 사족이나 관리들과 상당부분에서 입장을 달리하고 있었는데, 효종 2년(1651) 南原幼學 丁浹의 향약시행 요청에 대한 처리에서 다음과 같은 비변사의 건의를 받아들여 향약을 일률적으로 시행할 필요가 없다고 보았다.

> 향약은 옛날 향숙의 법으로서 마땅히 권장하여 훈업의 방도로 삼을 필요는 있지만 이름을 향약이라고 부를 필요는 없다. 牧民官이 學校之政을 잘 수행하기만 하면 되는 것입니다(《孝宗實錄》 권 6, 효종 2년 4월 을해).

이어 올라온 副司果 閔鼎重의 장문의 時弊上疏에 향약실시 등의 건의가 포함되어 있었는데, 그 가운데서 효종은 오직 수령·감사의 擇任·久任문제에만 관심을 보였다고 하는 史臣의 비판이 있었다.[46] 이러한 사실은 사족이 중심이 된 자치체계가 관 주도의 향촌통제책과는 모순관계에 들어서고 있음을 보여주는 것이었다.

사실 감사와 수령을 통한 지방지배방식이라는 것은 지금까지의 중앙정부가 취한 향촌통제방식의 기본적 형태였고, 따라서 효종의 위와 같은 태도가 특별한 의미를 갖는 것이 아니라고 볼 수도 있다. 그렇지만 위 정협의 건의 내용이 향회를 통한 吏鄕의 통제뿐만 아니라 면단위에서까지 하민들을 사족의 수중에 장악하려 하는 것이었고, 또 그것이 17세기의 향촌사회에서 관행화된 체제였음을 고려한다면, 비변사의 뜻에 따라 효종이 그것을 거부한 것은 특별한 의미를 갖는다는 점을 알 수 있다. 즉 당시 정부는 사족중심의 향촌자치체계를 인정하려 하지 않았던 것이다. 다만 아직까지 향촌사회에서는 사족의 향촌지배를 대체할 만한 세력이 출현하지 못하고 있었고 국가에서도 그러한 한에서 사족의 이해를 부정할 수 없는 단계에 있었다고 하겠다.

---

45) 《孝宗實錄》 권 12, 효종 5년 3월 갑오.
46) 《孝宗實錄》 권 6, 효종 2년 6월 신해.

이같은 향촌사회의 지배구조에 하나의 새로운 형식을 부여한 것은 숙종이었다. '이정법'과 '팔도구관당상제'가 그 새로운 형식이었다. 숙종 역시 지방사회의 문제를 해결하는 데에는 감사나 수령의 역할이 특히 중요하며 이들을 통해서 문제를 해결하려 했던 데서는 기존의 왕들과 차이가 없었다. 그렇지만 수차의 禮訟에 의한 당인들의 분열이 심화되는 가운데 감사나 수령이 당인들과 깊이 연결되어 스스로 문제를 처리할 수 없는 것이 당시의 현실이었고,[47] 따라서 이들을 통제하는 데는 자신의 측근을 암행어사로 파견하여 감독하게 하는 것이 최상의 방법이라고 판단, 지속적으로 암행어사 및 각종 어사를 지방에 내려보내고 있었다. 숙종이 암행어사 파견에 적극적이었던 것은, 그가 즉위한 직후 수령문제에 대한 집중적 논의가 진행되는 가운데 당시의 수령직이 당인, 특히 대신들의 당세확장과 연결되어 있다는 史臣의 지적과[48] 관련된 것으로 보인다. 정권교체에 따른 행정의 공백을 메울 다른 방법이 없었던 상황에서는 어사파견이 가장 적절한 것이었을 것이다. 숙종은 감사나 수령이 당인들과 깊이 연결되어 있음을 일찍부터 알고 있었고, 따라서 그 문제를 해결하기 위해서는 왕의 측근인 侍從之臣을 십분 활용하지 않을 수 없었던 것이다.

그렇지만 어사의 파견으로 모든 문제를 해결할 수는 없는 것이었다. 우선 문제가 된 것은 잦은 어사의 파견이 가져오는 폐단이었다.[49] 빈번한 어사의 파견은 수령들로 하여금 어사의 눈만 피하면 된다는 생각을 갖게 하였고, 보다 적극적인 경우 어사에게 호평을 받기 위해서 어사에게 영향을 미칠 수 있는 갖가지 방법을 동원하기 때문에 오히려 이것이 민폐가 되었다. 또 어사의 잦은 파견은 어사들로 하여금 형식에 흐르게 하였고, 마찬가지로 이조나 병조의 관원들로 하여금 어사의 보고를 형식적으로 처리하게 만들었다. 이는 당초 어사를 파견하는 존재의의를 무색하게 하는 것이었다. 이제 어사들도 가능한 한 문제를 야기시키지 않는 범위 내에서 적절히 임무를 수행하면 그만이었다. 여기에서 숙종 34년(1708) 2월, 숙종이 '代柱帖'을 만들어 항시 옆에 두고

47) 《肅宗實錄》 권 2, 숙종 원년 정월 신유.
48) 《肅宗實錄》 권 4, 숙종 원년 9월 신축.
49) 《肅宗實錄》 권 27, 숙종 20년 10월 정미 및 권 32, 숙종 24년 7월 을해.

보겠다고 한 것은[50] 중요한 의미를 지녔다고 판단된다. 대주첩은 감사나 어사들에 의해 높이 평가된 수령의 명단을 의미하는 바, 이는 곧 어사들이 제대로 임무를 수행하는가 하는 점을 감시하는 기능을 한 것으로서 그 모두를 왕의 통제하에 두겠다는 뜻을 내포하는 것이었다.

그런데 또 다른 문제는 감사·수령 및 어사의 기능에 대한 국왕과 신료들의 입장이 불일치하는 데 따른 운영상의 혼란이었다. 당시 왕이나 집권관료들은 한결같이 수령들의 부패문제를 거론하고 있었고, 수령을 통제할 수 있는 방법으로는 어사를 파견하는 것이 필요하다고 하였다. 그런데 각각 그 주장하는 근본 목적이 반드시 일치하지는 않는 것이었다. 당시 중앙에서 크게 문제가 되었던 향촌사회의 문제와 관련해 본다면, 국왕은 어디까지나 감사·수령을 중심으로 문제를 해결하고자 했고 관료의 일부는 그 같은 왕의 태도에 비판적 태도를 보이고 있었다. 이 경우 언관 등 일부 관료들이 암행어사를 파견하자고 주장하였던 이면에는 관권을 이용하여 기존 사족지배질서에 제한을 가하고 있던 수령을 견제하려는 의도가 있었던 것이다. 이는 수령이 이향들과 결탁하여 사족의 지위를 위태롭게 하는 데 대한 우려를 내포한 것으로 이해된다.

따라서 숙종은 향촌사회의 변동에 따라 생기는 문제는 수령을 중심으로 해결하되 교화나 풍속에 관한 부분만은 사족에게 맡겨 그들의 반발을 무마하고, 기타 부세 등 행정에 관한 것은 면리임에 맡기는 것을 내용으로 하는 '이정법'을 제시하고, 이들 수령에 대해서는 중앙의 고관들이 책임지고 감독하도록 하는 '팔도구관당상제'를 도입하였던 것이다. 팔도구관당상·유사당상제는 備邊司 당상관으로 하여금 각 도에서 올라오는 공문 및 각종 공사의 처리를 원활하게 하기 위해 고안된 것으로서, 각 도를 맡는 당상관을 정하고 유사 당상 4인으로 하여금 구관당상을 도와 각각 2도씩을 담당하도록 하였다.[51] 《속대전》 이후 편찬된 《전률통보》의 外官格式조에 수령이 임지에 부임하기 전에 '시원임대신, 6조판서, 3군문대장, 사헌부와 사간원의 관원, 이조전랑' 외에 비변사의 본도구관당상을 찾아보도록 하는 규정을 마련한 것은[52] 지방관들이 새로이 구

50) 《肅宗實錄》 권 46, 숙종 34년 2월 계미.

51) 吳宗祿, 〈비변사의 조직과 직임〉(《조선정치사》 하, 청년사, 1990).
金仁杰, 앞의 책, 121~125쪽.

52) 《典律通補》 권 1, 吏典 外官格式.

관당상의 통제하에 들어가게 되었음을 보여주는 것이다. 팔도구관당상을 둔 것은 지방관들을 비변사에서 통제하고자 한 것으로 볼 수 있으며, 동시에 이 시기 향촌사회의 문제가 중앙에서도 크게 문제되고 있었다는 점을 보여준 것으로 이해할 수 있다.

여기서 남원인 崔是翁이 남원부사 李聖漢에 보낸 편지의 내용을 비교하는 것은 우리에게 많은 시사를 제공한다.

> 光海朝를 거친 이래 鄕風이 크게 어그러져 몰염치하고 문자도 모르는 우매한 무리들이 향청을 틀어잡고 있었는데, 癸亥(인조반정) 이후에도 역시 복구하지 못하고 있었습니다. 前輩들이 이것을 병으로 여겨 鄕約之規를 설립하여 朱子가 증손한 呂氏鄕約과 광산(광주) 선배들의 취지를 취하여 한 읍의 향약을 정하고, 또 각 리의 향약을 정해서 善惡勸懲之道를 보였습니다. 이 법이 행해진 지 이미 백여 년이 되었으니, 법이 오래되면 해이해지는 것은 괴이하다고 할 수 없습니다. … 兩廳(鄕廳·作廳)은 모두 鄕約之名이 자신들에 해를 끼친다고 증오하여 그것을 반드시 제거하려 하고…사대부 또한 그 중독을 꺼려서 시비에 끼어들려 하지 않으니 마침내 鄕所·胥吏가 聯名作契하는 지경에까지 이르렀습니다(崔是翁, 《東岡遺稿》 권 2, 與李地主聖漢).

최시옹은 숙종 38년(1712) 부사에게 보낸 편지에서 위와 같이 지적하면서 또 이렇게 쓰고 있었다.

> 奉公一節은 향약 중 하나의 일인데, 糴糶(환곡)과 부역의 포흠·적체가 과연 士夫와 양민에게 책임이 있는 것이겠습니까. 향풍이 어그러진 것을 여기서도 알 수 있습니다. 위 두 가지 문제는 향약 중의 大節로서 一番人이 심히 꺼려하는 바입니다. 그간에(향약을 실시하는 데서) 혹 사사로움에 끌린 바가 없지 않겠지만, 어찌 남의 말을 전혀 생각치 않고 오로지 사사로운 뜻만 행할 수가 있겠습니까. 지금 만약 復古(향약시행)의 뜻을 두고도 먼저 이 兩節(糴糶·賦役)을 제거하려 한다면, 이는 목구멍을 막고 음식을 먹지 못하게 하는 것이나 가라고 하면서 다리를 자르는 것과 같은 것입니다(崔是翁, 《東岡遺稿》 권 2, 與李地主聖漢).

위 최시옹의 두 가지 지적은 사족중심의 향촌지배체제가 이향들에 의해 부정되고, 당시 관에서 인정하는 향약이라고 하더라도 환곡이나 부역의 문제를 배제함으로써 향약 본연의 의미가 살아날 수 없음을 지적한 것이었다.

이는 바로 이 시기에 〈양역변통절목〉에 따라 이정법이 반포되었던 것과 관련되는 것으로, 이 〈절목〉은 흔히 교화로 표명되는 측면에서는 사부(사족 양반)를 끌어들이는 한편 행정적인 차원에서의 부세문제 등은 중간담당층에게 맡기고 있었다. 이런 조치는 당시 사족들의 영향력에 제한을 가하는 것이었고, 당시 수령이 중심이 되어 실시하고 있던 향약의 기본구조에도 그대로 반영되고 있다.

위에서 드러나는 바와 같이 관 주도의 향촌통제책은 그 이전 시기부터 지속적으로 추진되어 왔던 것이지만, 그 의미는 부세운영에 있어서 사족의 간여를 배제하고 그것을 수령이 직접 자신의 관리하에 두려고 하였다는 점에서 이전과는 질적으로 차이가 나는 것이었다. 이러한 정책은 숙종대 이후 꾸준히 추진되어 숙종 37년 '이정법'체제로 나타났으며, 위와 같은 일련의 정지작업 위에서 숙종 39년 비변사에서 팔도구관당상·유사당상제를 마련함으로써 일단 관 주도의 향촌통제책의 기본구도가 마련되었던 것으로 보인다. 어사의 파견은 그 보완책의 의미를 갖는 것이었다.

이상으로부터 당시 관이 주도하는 향촌통제책의 기본구조와 성격을 파악할 수 있게 된다. 그것은 아직까지 사족 개개인의 특권을 완전히 부정하는 것은 아니지만, 기존의 사족지배체제를 부정하고 사족들에 의해 장악되어 왔던 향권을 관의 통제하에 복속시키는 것이었다. 그리고 이는 중앙권력, 특히 각 도의 구관당상들의 책임하에 향촌사회를 통제하고자 한 것으로 파악된다.

위와 같은 정책수립의 배경이 되었던 것은 당시의 소농경제의 발전과 촌락기능의 강화라고 할 수 있다.[53] 그렇지만 보다 일차적으로는 재지사족들의 경제적 기반의 위축이라든지 재지사족만을 자신의 동반자로 삼을 수 없게 만든 조건이 정부로 하여금 그와 같은 결정을 내리도록 하였다고 하겠다. 이후 정부에 의해 취해진 일련의 정책강화 방향은 그 점을 보다 분명하게 보여주었다. 조선 후기 사족중심의 향촌사회 지배구조가 동요하고 관 주도의 향촌통제책이 자리를 잡아나가는 데에는 재지사족에 대한 끊임없는 견제와 수령권 강화의 방안이 모색되었던 것이다.

관 주도의 향촌통제책은 부세정책에 단적으로 반영되고 있었지만, 그것이 곧바로 사족들의 향권상실을 가져온 것은 아니었다 이정법체계에서도 사족을

53) 金俊亨, 앞의 글.

배제하지 않고 있었으며, 경상도 일부지방에서는 바로 〈양역변통절목〉에서 제시하는 틀을 이용하여 사족이 향권을 유지하고자 하는 노력이 있기도 하였다. 향청의 소임은 막중한 것이므로 교체할 때에는 향청에서 '班首'에게 고하고, 양반의 대표인 반수가 전체 향론을 물어서 수령에게 천망하고, 각 면리에서는 풍헌이나 이임같은 행정조직 외에 집강이나 상존위를 양반 가운데서 뽑아 이를 통해 풍속과 교화를 다스리도록 하였다는 것이다.[54]

그렇지만 이 시기에 전반전으로 사족이 향권을 상실해 나갔던 상황에서 부세행정을 포함한 한 고을의 전반적인 일에 대해 자신들의 영향력을 행사한다는 것은 불가능한 것이었다. 면리단위에서의 집강이나 상존위가 할 수 있는 일은 제한적이었고, 향론을 통해서 임명된 향임이라고 하더라도 그들의 재생산을 담보해 줄 제도적 장치가 해체된 상태에서는 그 역할이라는 것이 수령의 시녀역 이상이 되기 힘든 때문이었다. 이러한 상태에서는 결코 향임이 만족스러운 것이 되기 힘들었고, 그것은 사족으로서 향임을 기피하지 않는다고 하는 영남에서도 현실로 나타나고 있었다.

영조 21년(1745) 상주목사가 자신이 도임한 후 差帖을 내렸음에도 불구하고 향임을 기피한다고 하여 별감 趙學經 등 3인을 토호로 지목하여 처단해 줄 것을 감사에게 부탁하는 다음의 예가 18세기 중엽 당시의 사정을 보여준다.

> 각 읍에 향임을 두는 이유는 읍장(수령)을 도와 읍을 다스리는 데 있습니다. … 본주의 경우 儒·品을 막론하고 반드시 鄕望에 드는 자 중 합당한 사람을 차정하여 그로 하여금 읍의 일을 맡게 하는 것이 邑例입니다. 까닭에 목사가 도임한 후에 향청에 각별히 선택해 줄 것을 지시하고 그 望報에 따라 차출하였는데, 별감 趙學經은 帖을 받은 후에 병을 칭하여 여러 차례 사퇴하겠다고 呈訴하였습니다. … 그가 거만하게 집에 앉아 아들이나 조카, 또는 문인·족속을 칭하는 자들을 시켜 얼굴을 바꾸어 가며 소장을 올리게 하니, 반드시 그 말 가운데 거역하고 모욕하려는 뜻을 비치고자 하였습니다. 관민간의 分義에 있어 지극히 해괴한 일입니다. …이들

54) 曺夏瑋, 《笑菴先生文集》 권 2, 鄕約增定.
一. 功曹爲一邑亞官 其任不輕 每當遞時 曹司告于班首 廣詢鄕議薦報官司 若有圖點者 齊會論罰.
一. 各面執綱卽古之面約正也 宜令留鄕所 極擇儒品中可合者爲執綱 面內公事 則依近例委之風憲 而執綱則 只管風敎之事 小則自專 大則告官 外此切勿干涉.
一. 各里上尊位卽古之直月也 亦極擇儒品中加合者爲上尊位 而若無兩班之洞 則兼領於隣里上尊位 而其責任風敎之事 小則自專 大則議決于執綱.

토호가 완강하게 거역하는 풍습을 불가불 특별히 다스려 후일에 이같은 일이 없도록 해야 하겠기에 이와 같이 보고합니다. 위의 3인이 公任을 피하고 관령을 거역한 죄를 법에 따라 처리하여 풍습을 規正할 수 있도록 해주시기를 바랍니다(《商山錄》乾, 爲牒報事).

당시 상주목사는 감사에게 올리는 牒報에서, 별감 조학경과 별감 金守行, 書役都監 孫徵 등 3인을 관의 명령을 거역한 죄로 처벌할 것을 건의하고 있었다. 목사 자신은 그 지역에 내려오는 관행에 따라 향청의 추천을 토대로 위 3인에게 향임을 맡으라는 차첩을 보냈는데 그 가운데 특히 별감 조학경이 관을 모독하려는 뜻을 품고 영을 거역하였으니 엄벌에 처해야 하겠다는 것이다.

이미 이 시기에 오면 관권의 통제하에 있던 향임은 만족스럽게 생각되지 않았고 그것을 거부하던 이들이 토호로 지목되었다는 점을 위 조치에서 확인할 수 있는 것이다. 그리고 이들이 관권, 나아가 관권과 결탁하여 향권을 천단하고 있던 세력과 대립하고 있었다는 점도 확인할 수 있다. 이같이 관권 또는 관과 결탁한 세력의 향권천단에 불만을 가졌던 층이 토호로 지목되어 처벌의 대상이 되고 있던 데서, 기존의 향권을 장악해 왔던 세력과 관권과의 마찰이 이 시기에 와서 하나의 문제로 등장하고 있었음을 알게 된다.

그런데 점차 사족과 그 후예라고 할 수 있는 유림세력을 배제하면서 관권을 배경으로 새롭게 향권에 접근하고 있었던 층이 등장하고 있던 사실도 주목해야 할 것이다. 왜냐하면 이 시기에도 역시 수령은 지방의 지배세력을 행정에 동원하지 않을 수 없었는데, 사족이 관과 대립적인 위치에 놓이게 된 조건을 이용하여 사족을 대신해서 새로운 세력이 향권에 접근하여 사족중심의 자치체계를 부정하기 시작하였기 때문이다. 이들은 부세운영권을 장악하고 사족으로부터 독립을 시도하였으며, 대체로 수령의 힘을 배경으로 하고 있었기 때문에 자칫 재지사족의 이들에 대한 압박은 관권에 도전하는 것으로 받아들여져 심각한 문제로 되고 있었다.

18세기 관 주도의 향촌통제책이 강화되는 가운데 향권의 향배를 놓고 재지지배층 내부에는 심각한 갈등이 일어나고 있었는데, 그 과정에서 관권은 가급적 사족의 입김을 배제하고 그들을 견제하는 입장을 취하고 있었다. 그러므로 재지사족은 지방수령을 불만의 대상으로 삼게 되었고, 그 같은 불만은 지방관

스스로 해결하기 어려운 상태로까지 고조되었다. 여기에서 국가는 '鄕戰律'이라는 별도의 조치를 통해 수령을 지원하게 되었다. 《속대전》에까지 오른 향전률은 피차 관계없이 관련자를 모두 '杖一百流三千里'의 律에 처한다는 것으로 되어 있었는데, 그 주요 목적은 바로 관권을 뒤에 업은 향품층과 사족의 후예라 할 유림간의 향권을 둘러싼 대립을 금지하기 위한 것이었지만 그 견제의 대상이 된 것은 바로 사족이었다. 국가에서 향촌사회의 분란을 감사나 수령에 일임하지 않고 국가적 차원에서까지 법률로써 통제하지 않을 수 없었던 것은, 바로 향전을 통해 기존 재지사족들의 관권에 대한 위협이 드러나고 그것이 왕권강화에 저해되는 요인으로까지 비쳐졌기 때문이었다.

향촌사회의 재지사족들의 입장에서 보면 그들보다 신분이나 계급적 지위가 떨어지는 층들의 도전을 용납할 수 없는 것이었지만, 이 같은 상황변화에 대한 사족들의 반발은 이후 국가와 수령으로부터 향전률에 의한 처단의 대상이 되기에 이르렀다. 따라서 당시의 향전과 그에 대한 국가의 조치들을 검토하면 향촌자치체계의 변화의 내용과 그 성격을 보다 분명히 알 수 있게 된다.

(2) 사족에 대한 견제와 향전금지

'鄕戰'은 조선 후기, 특히 영조대 이후 체제를 위협하는 요인으로 간주되었던 각종 향촌사회 내부의 쟁단을 지칭하였던 것으로서 지배층 내부의 향권 쟁탈전적 성격이 강한 것이었다.

16~17세기에는 사족이 자신들의 결속을 바탕으로 향권을 장악하고 일향에 대한 지배권을 행사함으로써 군현단위에서 자신들의 이해를 관철시킬 수 있었지만, 18세기를 전후하여 관의 통제책이 강화되는 가운데 향권이 사족의 수중을 떠나 관권을 배경으로 한 이향층에 넘어감에 따라 향권의 의미도 사족의 일향지배권이란 의미를 상실하고 '향임층의 권한' 정도로 그 의미가 축소되는 변화가 일어났다.[55] 18세기 이후 향촌사회 내부에서는 위와 같은 조건의 변화를 배경으로 하여 향권을 둘러싼 각 사회세력간의 대립이 표출되고 있었는데, 영·정조대에 집중적으로 문제가 되고 영조 8년(1732)의 〈受教〉[56]에 근

55) 金仁杰, 앞의 책, 157~200쪽.

56) 《受教輯錄》 권 5, 刑典 推斷.

거하며 《속대전》[57]에까지 반영된 '향전'이 바로 그것이었다.

향전은 '鄕中爭端'[58] 즉 향촌사회 내부의 각종 분란을 지칭하는 것으로서 영·정조대에는 일반적으로 校·院任이나 향임을 차지하기 위한 분쟁을 의미하는 것으로 쓰여졌다. 그러나 그 내용을 검토하면 이 때 분쟁의 의미는 그렇게 단순한 것이 아니었음을 알 수 있다. 표출되는 양상도 다양하였고 그에 참여하는 자들의 성격도 지역에 따라, 또 시기에 따라 일정한 차이가 있었다. 여기에서 향전이 갖는 의미를 파악하기 위해서는 향전이 영·정조대에 집중적으로 거론되고 있었다는 점을 주목한 필요가 있을 것 같다. 왜냐하면 향중쟁단은 조선 전 시기를 통해 그칠 수 있는 성질의 것도 아닐 뿐만 아니라, 영조 8년 형조의 〈수교〉에 의해 제정된 향전률은 이 시기의 특수한 사정을 반영한다고 파악되었기 때문이다.

실제로 숙종·경종대에도 영조대 이후 향전으로 지목되었던 현상과 유사한 양상들이 있었지만, 같은 양상이라고 하더라도 그것이 향전으로 표현되지는 않았다. 이를테면 경종 원년(1721) 榮川의 士民 李台翊사건은 영조대에 향전으로 지목된 사건과 유사한 양상을 보여주고 있지만 당시 기록에 향전으로 표현되지는 않았다. 이 사건은 교체를 앞둔 군수가 환곡을 분급하려 한데서 발단이 되었다. 토민 이태익 등은 교체를 앞둔 수령이 환곡을 분급하려는 것에 불만을 품고 일향에 통문을 돌리고 새 군수가 도임한 후에 분급해도 늦지 않는다는 점을 들어 각 면으로 하여금 환곡을 받아가지 말 것을 알렸다. 환곡 분급날에 주민들이 그 통문 내용을 군수에게 알리고 환곡을 받아가려 하자, 이태익 등은 무뢰배들을 이끌고 창고뜰에 돌입하여 향임과 주민들을 내쫓았다. 그 모습이 마치 전쟁터와 같았다. 일향이 다 모였어도 누구하나 어찌하지 못하고 관속들도 위축되어 앞에 나가지 못하니 이같은 변은 예전에 없었던 일이었다.

위와 같은 사정을 경종에게 보고한 영의정 金昌集은 "근래 國綱이 해이해지고 民習이 흉패해져, 수령을 욕뵈는 일이 비단 泰仁과 懷仁 두 읍만이 아닌 것으로 알고 있는데, 이번에 또 榮川에서 이와 같은 일이 일어났다"는 점을

57) 《續大典》 권 5, 刑典 禁制.
58) 《正祖實錄》 권 32, 정조 15년 3월 기축.

지적하고 죄수들을 잡아 즉시 효수할 것을 건의하였다.[59] 그리고 또 몇 해 뒤인 경종 4년에는 조정에서 서원의 폐단이 논의되는 가운데 '無識士子들'이 이를 빙자하여 서로 다투어 서원이 '鬪鬨之場'이 되었다는 지적이 있었다.[60] 이 논의과정에서도 향전이란 표현은 보이지 않았다. 그 표현은 영조대 기록에서부터 나타나는 것으로 보인다.

향전의 한 전형을 보여주는 沔川鄕戰의 경우를 통해 향전의 성격을 살펴보기로 하자. 영조 7년(1731)에 있었던 면천향전은 면천유생들의 향교이건 움직임에서 발단이 되었는데, 면천유학 林泰(太)登 등의 상소에 의해 중앙에 알려졌다. 그들은 다음과 같은 내용의 상소를 올렸다.

> 근래 토호들이 향교를 빙자하여 수령을 쫓아내는 것이 고질적인 폐단인데, 본군유생 尹學海 등이 갑자기 聖廟(鄕校)를 옮기려는 계획을 세워 본군수 鄭潤先이 도임한 후 이건을 주장하였습니다. 潤先이 허락하지 않자 이들이 불만을 품고 수령을 욕하며, 禮山유생 成元 등에게 부탁하여 太學(成均館)에 통문을 돌리고 이곳 수령을 성토하도록 하니 윤선이 불안하여 말미를 얻어 상경하였습니다. 이에 감사가 엄히 다스리겠다는 狀文을 올리니, 학해의 무리들이 도망하고 나타나지를 않았습니다. 청컨대 학해가 土主(守令)를 무함한 죄를 엄히 다스리고, 윤선으로 하여금 돌아와 飢民을 보살피도록 해주십시오(《英祖實錄》 권 30, 영조 7년 9월 갑자).

상소를 올린 유학 임태등은 향임이었는데, 그는 유생들이 인근 유생과 같이 수령을 핍박하고 있는 점을 들어 그들을 처벌해 줄 것을 청하였다. 이에 영조는 감사에게 지시를 내려 수창자를 극변에 귀양보낼 것을 지시하였다. 선비의 풍습이 그래서는 안된다는 것이었다. 아직까지 이를 향전으로 지목하지는 않았다.

그런데 이 사건은 이른바 토호의 수령에 대한 저항이라는 성격을 갖는 것만이 아니었다. 위의 지시에 의해 충청우도 유학 金瀸 등 105인이 다시 상소하고, 이를 조정이 크게 문제삼는 과정에서 이것이 향전으로 파악되었다. 이 사건은 당시 군수 정윤선의 비호를 받고 있던 향품이 유림(유생)과 대립한 데서 비롯된 것이었다. 면천유생을 포함한 호서유생들의 상소는, 이 사건이 수령의 '護鄕·陷士', 즉 수령이 향임·향족을 비호하고 士(儒林·儒生)를 저해한 데

59) 《承政院日記》 531책, 경종 원년 6월 5일.
60) 《承政院日記》 562책, 경종 4년 정월 11일.

서 비롯된 것으로 파악하고 있었다. 영조는 유생들의 상소를 처리하는 과정에서 이 사건을 향전으로 지목하여, 소두를 유배시키고 그 소장을 들인 승지를 推考시켰다.[61]

이 면천향전에서 당시 향전이 기존의 향론을 주도했던 유림과 향권을 쥐고 있던 향족들간의 대립현상이었다는 점과, 향족·향품들은 관권의 비호 아래 유림·유생과 대립하고 있었다는 점을 알 수 있다. 이 때 단순히 유생들이 수령을 모해하는 것만을 향전이라고 하지는 않았다. 실제 이 곳 유생들은 감사가 '儒林辨誣事', 즉 유림 내부의 시비를 가지고 자신들을 향전으로 엮으려 한 데에 대해 부당하다고 강조하였다. 그러나 이러한 주장은 받아들여지지 않았다. 관 주도하에 향권을 통제하려는 정책과 배치되는 것이었기 때문이다. 면천향전과 관련하여 영조가 지금 외방의 향전이 고질적 폐단이라는 점을 들어 그 소장을 들인 승지를 견책한 사실은 향전금지 조치가 큰 정치적 의미를 갖는 것이었다는 점을 알게 한다. 즉 그 시기는 바로 영조 4년(1728)의 '戊申亂' 이후이고 李麟佐 등이 재지사족 및 향족을 끌어들여 거사했기 때문에, 정부에서는 사족을 개입시켜 그 난을 무마시키려 했으면서도[62] 그들 재지사족에 대한 견제를 게을리 할 수가 없었던 것이다.

구체적으로 재지지배층의 중앙정권에 대한 반발을 향전과 관련하여 이해하고 있었던 점은 안동의 金尙憲書院 건립을 둘러싼 재지세력간의 대립에서 확인할 수 있다.[63] 영조 14년 건립된 이 서원은 이 곳 남인들에 의해 부서졌는데, 영조 17년의 재건 움직임이 다시 큰 반발을 일으켰다. 당시 이러한 재지세력의 반발을 가리켜 감사 尹陽來가 "安東의 향권은 조정에서도 억누를 수가 없다"고 지적한 것,[64] 영조 21년 慶尙道審理使로 내려갔던 金尙迪이 "지금은 인심이 경박해져 점차 옛 같지가 않고, 土豪鄕戰이 고질적인 폐가 되었으며 독서인이 없어진지 오래 되었다"고 지적한 것[65] 등은 바로 탕평정국하에서 중

61) 《承政院日記》 730책, 영조 7년 9월 6일.

62) 《慶尙道戊申倡義事蹟》(奎章閣圖書 9739).

63) 鄭萬祚, 〈英祖 14年의 安東 金尙憲書院 建立是非－蕩平下 老·少論분쟁의 一端－〉(《韓國學硏究》 1, 同德女大, 1982).

64) 李樹健, 〈17, 18세기 安東地方 儒林의 政治·社會的 機能〉(《大丘史學》 30, 1986), 225~231쪽.

65) 《英祖實錄》 권 61, 영조 21년 5월 정축.

앙정권의 조치에 대한 재지세력의 반발을 향전률이란 명목으로 견제하였음을 이해하게 해준다.

여기에서 특히 주목되는 점은 위의 김상헌서원 건립시비가 기본적으로는 당시 중앙의 노·소론간의 대립과 연결된 안동사족 내부의 대립현상에서 비롯된 것으로서, 김상헌서원의 건립은 그 뜻이 '圖執鄕權'에 있는 것이었고 여기에 "軍保나 校生으로서 양반이 되고자 하는 자 또한 가세하여 다투어 붙으려 한다"고 하는 사실이다.[66] 즉 영남 남인들의 근거지인 안동에 서인세력을 부식시키고자 한 중앙권력의 의도를 배경으로 하여 기존 향론에서 배제되었던 층들이 양반이 되고자 하는 세력을 끌어들이면서 향권장악을 겨냥하고 있었던 것이다. 그러나 안동의 경우에는 위 '新論者'들의 움직임이 성공하지는 못하였다.

영남에서의 이러한 사정은 영조 23년 盈德鄕戰에서 더욱 분명히 확인할 수 있는데, 이 사건 역시 안동의 경우와 그 기본성격에서는 마찬가지였던 것으로 이해된다. 다만 영덕의 경우에는 향전이 있은 후 오히려 문제가 되었던 新安影堂[67]이 읍 근처로 옮겨졌는데, 이른바 신향들의 지위가 상대적으로 강했기 때문에 그 같은 결과가 가능했다는 점에서 안동의 경우와는 차이가 있었다.

이 문제에 관해 영조가, "이 獄事는 향전에서 나온 것인가"라고 묻자, 사건의 조사책임을 맡았던 어사 韓光肇가 답한 다음의 말은 당시 중앙에서 거론되었던 향전의 의미를 더욱 분명히 보여준다.

> 盈德의 古家大族은 모두 남인이며, 소위 新鄕은 모두 胥吏·品官之子이고 자칭 서인이라고 하는 자들입니다. 근래 서인이 향교를 주관하면서 舊鄕들과 서로 마찰을 빚더니, 朱子畵像이 비에 손상되자 신향배들이 혹 구향들의 성토를 두려워하여 남인들을 옭아맬 계획을 가지고 그(朱子와 尤庵) 화상을 숨기고… 말하기를, '남인들이 尤庵 宋時烈의 화상을 봉안하는 것을 꺼려하여 야음을 틈타 화상을 훔쳐갔다' 고 하였습니다. …당시 수령이 鎭營에 그 뜻을 알리자, 진영에서는 將校 譏捕를 내었는데 徐哥 성을 가진 장교는 과연 신향들의 청탁을 받은 자였습니다. 7인을 붙잡아 여러 해 동안 조사하는 가운데 刑問亂杖이 참혹하고 상당수가 매맞아 죽기도 하였습니다(《承政院日記》 1,017책, 영조 23년 6월 15일).

66) 鄭萬祚, 앞의 글.

67) 新安影堂에서는 朱子를 主享으로 모시고, 영조 6년(1730) 宋時烈을 追享하였다. 인조 6년(1628) 新安洞에서 출발하여 숙종 28년(1702) 본격 창건되었으며, 盈德鄕戰이 있던 바로 다음 해 邑村 근처로 옮겨졌다(《列邑院宇事蹟》·《盈寧勝覽》에는 '新安書院' 으로 등재되어 있다).

이른바 신향들은 모두 '吏胥品官之子', 즉 이향층으로서 자칭 서인이었으며, 이들이 향권을 주도하고 과거 대대로 남인이었던 '古家大族'인 구향들과 다투고 있었던 것이다. 여기서 구향은 호서에서의 '儒' 즉 유림에 해당하는 층이었다고 이해된다. 중앙에서 그들을 구향이라고 지칭했던 것은 신향과 대비시켜 설명한 데서 비롯된 것으로 보이지만, 이들이 이미 향반화하였던 점과 이 지역에서는 호서와 달리 儒·鄕이 현격하게 나뉘지 않은 전통 때문이었다고 판단된다. 이 영덕향전은 당론의 문제와 깊이 연결되면서, 향권장악을 둘러싼 신·구세력의 대립이 서원이나 사우를 둘러싸고 이루어지기도 하였던 영남향전의 단면을 보여준 것이었다.

호남의 경우도 예외는 아니었다. 영조 36년(1760) 새로 順天府使로 제수된 申大修를 대면한 자리에서 영조가, "순천에 향전이 있다고 하는데 너는 어떻게 처리할 것이냐"라고 묻자, 대수가 "마땅히 그 시비를 가려 처리하고 自斷할 수 없으면 감영에 보고하여 처리하겠습니다"라고 대답하니, 영조가 "너는 틀렸다. 향전은 두쪽 다 다스려야 한다. 어찌 시비가 있을 수 있느냐. 이 말 또한 黨心의 소치이다"라고 말한 뒤 신대수 파견을 철회시켰다.[68] 그런 후 영조는 "대수가 자못 재주가 있다고 하여 향전에 대해 물어 보았는데, 그가 시비를 가려 처리하겠다고 말한 것은 역시 당심에서 나온 것이다. 어찌 심하지 않은가"라고 심정을 피력하였다. 이는 향전을 당론과 연결하여 이해하고 있던 국왕의 입장을 보여준 것이었다.

그 점은 영조 38년 潭陽향전의 경우에서 자세히 파악할 수 있다. 담양의 향전은 향족(향품)간의 싸움에서 왕을 향한 '不道之說'이 드러나는 바람에 중앙에 알려진 것이다.[69] 이 사건은 남인으로 자처하던 좌수 李弘範에 대한 불만을 가지고 있던 자칭 노론 宋錫殷이 이홍범의 '二字(四字) 凶言'[70]을 고변함에 따라 문제가 된 것인데, 관련인들의 심문과정에서 대신들과 왕이 취한 태도에서 향전이 '黨色'의 문제와 관련되어 있었음을 확인하게 된다.

---

68) 《承政院日記》 1,188책, 영조 36년 12월 20일.

69) 《英祖實錄》 권 38, 영조 38년 7월 경진.

70) 담양향전 사건을 정부에서 戊申·乙亥餘孽의 행위로 파악했다는 점에서 '二字'·'四字' 凶言은 辛壬士禍(義理)와 연결된 것으로서 〈乙亥二月 日 逆賊尹志等推案〉에 나온 '奸臣滿朝'란 기록과 유사한 것으로 보인다.

즉 영조가 이홍범의 아들 能學에게, "너희 아비와 錫股은 同論이냐 異論이냐"고 묻자, 능학이 "下鄕品官이 어찌 色目이 있겠습니까마는 이 몸의 아비는 남인이고 석은은 노론입니다"라고 답변한 데 대해, "이 놈은 제 아비보다 더하구나, 생각하고 답하는 것이 수상하다"라고 말한 것, 또 이홍범이 남인이라고 말한 데 대해, "지금 남인이라고 말한 것을 들으니 그것이 향전에서 나온 것임을 가히 알 수 있다"라고 말한 것, 영조가 "乙亥 이후 黨이란 한 자는 오늘날 縉紳士夫도 감히 입에 올리지 못하거늘 미천한 鄕曲土班輩가 그 풍습을 뉘우치지 못하고 이와 같을 수가 있는가. 그 말을 생각건대 정신이 아득하다. 그 풍습을 징벌하기 위해서는 엄히 다스리지 않으면 안될 것이다"라고 하교한 것 등은[71] 향전이 재지양반층 내부의 당론분열과 깊이 연결되고 있었다는 것을 말하는 것이다.

향전이 당론과 연결되어 있었음은 18세기 목민서의 하나인《居官大要》에서 수령들에게 다음과 같이 경고하고 있는 것에서도 알 수 있다.

> 外邑의 향전은 마땅히 금지해야 할 것이다. 금지할 겨를이 없이 官長이 되는 자가 혹 그 色目에 따라 올리고 내리는 일이 없지 않은데, 어찌 한심한 일이 아니겠는가. …반드시 경중에 따라 양쪽의 首倡者를 먼저 다스려서 진정시키고 없애는 것을 위주로 하는 것이 가하다. 吏胥 중에서도 한쪽 당에 치우친 자가 있으니, 또한 마땅히 首吏를 엄칙하고 임명할 때에 어느 한쪽 사람을 치우쳐 쓰지 않는 것이 옳다(《居官大要》, 學校 ; 內藤吉之助 編,《朝鮮民政資料》, 267쪽).

이러한 사실은 향중의 쟁단이 왕권에 위협적인 요소로 전개되었던가, 또는 쟁단을 통해 왕권에 위협적인 요소가 드러나고 그것이 또한 쟁단을 심화시켜 나갔기 때문에 중앙에서 문제가 되었음을 알게 해준다.

그러나 향전을 금한 이후로도 그것은 그치지 않았고 향전의 폐는 날이 갈수록 심해져 갔으며, 그 향전의 내용은 재지사족 내부의 당론분열에 따른 쟁단으로 간주되었지만 실은 그런 것만은 아니었다. 향임이나 교·원임을 차지하고자 하는 자들간의 대립이 그것이었다. 실제 영조 7년 長城지방에서도, "당초 분열이 비록 偏黨을 칭하지만, 그 다투는 근원을 따지면 鄕堂(鄕任)·校宮(齋任)에 있음을 알 수 있으니, 이른바 편당은 본래 이름만 빌린 것일 뿐 제사

71) 《承政院日記》 1,208책, 영조 38년 7월 19일.

를 지내고 난 후에는 버려버리는 짚으로 만든 개에 불과한 것이다"72)라고 하여, 그 쟁단의 근원이 향임이나 유임자리를 둘러싼 자리다툼에 있음을 지적하고 있었다.

그렇기 때문에 향전을 빌미로 관권·수령권에 의한 향권천단의 소지가 마련되는 것이었고, 중앙정권에 대해 반발하는 재지사족 견제용으로 기능하던 '향전률'이 이제 수령의 사적 이익을 추구하는 데 이용되었던 것이다. 실제 향전은 그 양상이 각 지역·지방의 사정에 따라 여러 모양이었고 시기가 내려옴에 따라 그 성격도 달라지게 되었다.

여기서 향전이란 왕권강화에 저해되는 것으로 인식되었던 각종 향중쟁단으로서, 그 기본성격은 향권장악을 목적으로 한 신·구세력의 대립이라고 정의할 수 있겠다. 향전의 양상은 그것에 참여하는 주체의 측면에서 본다면, 기존 향권을 장악해 왔던 사족의 분열에 따른 그들 내부의 대립, 사족(儒林)과 향품(鄉族)과의 대립, 그리고 아직까지는 크게 부각되지 않고 있었지만 이들 지배층과 신분·계급적 성격이 다른 층들의 향권참여에 따른 구지배층들과의 대립 등으로 요약해 볼 수 있겠는데, 그 어느 경우든 기존의 향권을 장악하고 있던 구세력과 새로이 향권에 접근하고 있던 세력간의 대립이라는 성격을 갖는 것이었다.

한편 향전의 유형은 그 원인에 따라 여러 가지 형태로 나누어 볼 수 있지만,73) 앞에서 검토한 내용을 기초로 할 때 크게 두 가지 유형으로 구분된다. 하나는 기존에 향론을 주도하면서 향권을 장악해 왔던 구지배층과 관권의 비호 아래 실질적인 향권을 장악해 나가고 있던 세력간의 대립으로서 儒·鄉간의 대립, 즉 사족의 후예인 유림과 향품세력간의 대립이 그것이다. 영남의 경

72) 《長城鄉校誌》, 一鄉契約文.

73) 李樹健은 조선 후기 도처에서 발생한 '재지세력간의 각종 향권쟁탈전'인 鄉戰을 그 유형상 ㉠향안입록과 향청 임원의 선임문제를 둘러싸고 야기되는 경우, ㉡서원·祠廟의 配享·追享 및 位牌의 序次문제를 둘러싸고 야기되는 경우, ㉢향권과 관권과의 충돌에서 야기되는 경우, ㉣조상의 학통과 師友淵源문제, 문집간행과 문자상의 시비 등을 두고 야기되는 경우, ㉤전답·墓山의 소유와 사용권문제, 堤堰과 洑(川防)의 축조·수리·사용권을 둘러싸고 씨족·촌락간에 야기되는 분쟁, ㉥이상의 제문제와 무관하지 않지만 사회신분과 계층간의 대립과 갈등, 嫡庶와 士族·吏族간의 대립 분쟁에서 야기되는 향전 등으로 나누고 있다(李樹健, 앞의 책, 1989, 352~353쪽).

우 유·향의 분기가 현격하지 않았기 때문에 그것은 신·구향의 대립으로 표현되기도 하였다. 이는 초기 향전의 성격을 잘 보여주는 것이다. 향권이 사족의 수중에서 관권의 비호 아래 향품층으로 넘어가는 추세 속에서 나타난 향권쟁탈전이었기 때문에, 여기서 향전은 사족과 관권과의 마찰이란 의미를 갖게되는 것이다. 향전률은 바로 이 같은 향전에서 사족을 견제하고 관권을 뒷받침하고자 하는 목적을 가지고 제정된 것이었다.

다른 하나는 이미 과거 사족들에 의해 주도되던 넓은 의미의 향권이 사족의 수중으로부터 관권에 예속된 상황 아래서 생기는 좁은 의미에서의 향권, 즉 실질적인 향촌지배기구의 직임이 갖는 향권을 둘러싼 대립현상으로서, 유·향임을 차지하기 위한 신유·구유, 신향·구향간의 대립이 그것이다. 이러한 대립이 같은 향전으로 표현되는 것이 일반적이었지만, 그 각각을 '儒戰'과 '鄕戰'으로 구분하는 경우도 있었다. 이 두번째 유형의 향전이 18세기 후반 국가가 파악한 향전의 전형이었다. 삼남지방 가운데서는 향임에 나아가도 그것이 중앙관계 진출에 큰 장애가 되지 않았던 영남에서 두드러진 것으로 파악되며, 모두 토호향전으로 이해되었다. 호서지방의 경우 유림간의 대립으로, 신유·구유의 대립으로 표현되기도 했는데,[74] 이 경우 역시 수령을 얽어해치고자 하는 것으로 파악해 향전률로 다스려지고 문제를 일으킨 자 역시 토호로 규정되었다.

위의 두 가지 유형의 향전은 18세기 중반 이후 서로 중첩되어 나타나지만, 대체적인 추세는 첫번째 유형의 향전이 크게 위축되고 두번째 유형이 향전의 주류를 이루어 나갔다. 정조대 중앙에서 파악하고 있던 향전의 중심 내용도 바로 후자의 유형이었다.

결국 향촌사회 신구세력간의 대립은 기존 사족들이 누려 왔던 넓은 의미에서의 향권이 관권에 의해 부정되는 가운데, 관권 주도의 향촌정책 및 관의 비호하에 향권에 접근하고 있던 향품층에 대해 사족들이 반발하는 성격을 갖는 것으로 파악된다. 향전률의 목표는 바로 이러한 사족의 반발을 억제하기 위한 것이었다. 그러므로 향전의 원인은 사족 내부의 분열, 즉 향론의 분열에도 있는 것이었지만, 보다 큰 원인은 그들 재지사족에 대한 관권의 견제와 이를 이

74) 《正祖實錄》 권 34, 정조 16년 3월 계미.

용하여 향권에 접근하고 있던 세력들의 도전에서 찾아야 할 것이다. 이른바 '향품'·'신향'으로 표현되었던 층은 지역과 시기에 따라 차이가 있었다고 판단되지만, 이들은 구래의 사족의 통제에서 벗어나 관권의 비호하에 실질적인 향권을 장악해 나가면서 과거 사족들이 누렸던 지위까지를 요구하고 있었던 것이다. 마침내 새로 향권에 접근하고 있던 층들에 대한 기존 사족의 반발이라고 할 수 있는 유·향대립, 또는 구향과 신향의 대립은 관권에 의해 철저히 통제되고 관련자들은 처벌되었다. 주로 처벌된 대상은 문제를 일으킨 구세력이었다. 관 주도의 향촌통제책을 강화하는 가운데 기존 사족들이 향유하였던 향권은 장애요인이 되었고, 새로이 향권에 접근하고 있던 층들은 관권에 의해 비호되고 있었다는 점에서 볼 때, 사족의 이 같은 조건에 대한 반발은 관권에 저항한다는 의미를 갖는 것이었기 때문이다.

향전률은 이와 같은 재지사족의 견제를 위해 만들어진 것이었고, 초기 향전이 문제가 되었을 때 주로 그 대상이 된 것도 바로 위에서 검토한 바처럼 첫번째 유형의 향전이었다. 그러나 이런 유형의 향전은 이후에도 부분적으로 지속되었지만, 이제 18세기 후반에 접어들면서 그 의미를 상실해 갔다. 보다 직접적으로 향권을 장악하기 위한 유·향임을 둘러싼 대립으로 향전의 양상이 옮겨져 간 때문이었다. 정조 7년(1783) 〈暗行御史齎去事目〉에 실린 향전의 중심내용이 '爭任'이었다고 하는 사실이 그것을 뒷받침한다. 유·향임을 둘러싼 대립 역시 첫번째 유형과 관련하여 관권을 배경으로 하여 전개되는 것이었다는 점에서 이 시기 향전의 또 하나의 특징을 반영하는 것이었다. 이 같은 향임을 둘러싼 쟁단의 경우는 이제 향전으로 표현되면서도 점차 '賣鄕' 혹은 '賣任'의 현상으로 파악되는 변화를 발견하게 된다. 이러한 변화는 재지사족의 향촌자치체계의 붕괴와 짝하는 것이었고, 일면 자치체계의 붕괴를 가속화시키는 것이기도 하였음을 보여준 것이었다.

18세기 후반에 오면 위와 같은 정치적인 요인 위에 수령의 매향이 향전 발단의 요인으로 파악되기에 이른다. 이는 지방재정과 결부된 경제적인 요소가 깊이 개재되었던 것을 말하는 것으로서,[75] 여기서 더욱 주목되는 것은 그같은

75) 《正祖實錄》 권 29, 정조 14년 3월 갑진.

영조 50년(1774) 成川府使로 나갔던 任聖周는 西北에서 貨賂를 통해 鄕任으로 임

조건을 배경으로 하여 이제까지는 향임을 지낼 수 없었던 층들이 참여하게 되었다는 사실이다. 그것은 단순한 수령의 勒賣가 계기가 된 것으로 파악되어질 수만은 없는데 거기엔 경제력을 가지고 신분을 상승시켜 나갔던 세력들의 꾸준한 상급신분에의 도전이 있었던 것이다. 그런데 매향 등과 관련된 향전금지조항과 관련해서는 향전을 야기시킨 수령이 같이 처벌되었다. 이는 그와 같은 쟁단을 일으키는 주체의 하나가 바로 수령이었기 때문으로서, 첫번째 유형의 초기 향전에서 관권이 철저히 보호되고 있었던 것과 현격한 차이가 있는 것이었다.

향촌사회에서 벌어졌던 각종 쟁단들은 종래 지배신분층이라 할 수 있는 사족·유림들에 의해서 스스로 해결될 수 없었고, 문제는 또한 향촌사회 지배층내부의 분열에서만 비롯된 것이 아니라 전체 향촌사회의 분화, 그리고 중앙정국의 변화와 밀접히 관련된 것이기 때문에 매우 복잡한 것이었다. 우리는 그 과정에서 향권은 관권(수령권)과 밀착되어 전개되어 갔던 것을 살필 수 있었으니, 거기에는 경제적인 측면이 모두 반영된 것이었다.

이제까지 향론을 주도하며 향촌사회에서 지배세력으로서 기능을 다했던 사족의 향론은 수령과 수령의 비호를 받는 향임·이서층에게 향권이 넘어가는 추세에 적합한 것이 이미 아니었다. 영조대부터 심각해져 갔던 향전은 향권에서 소외되어 나갔던 사족(유림)과 왕권의 비호 아래 서서히 성장해 가던 품관층과의 불가피한 대립으로서, 그 대립이 일당전제 체제하에서 집권층의 보수화에 따라 빚어진 모순의 결과라 한다면, 그 종식은 향촌사회 내부에서 새로운 정치세력이 등장하기 전까지 양반지배층의 자율성 상실을 의미한다. 이것은 곧 왕권이 상대적으로 취약해지는 勢道政治期의 향촌사회 모습의 한 단면을 보여주는 것이라 하겠다.

위와 같은 변화 속에서 사족들의 반발이 일어나지 않을 수 없었으니, 그 반발은 자연 관권을 비판하는 성격을 갖는 것이었고, 따라서 이를 금지시키기 위하여 향전률이 제정되었던 것이라 할 수 있다. 여기서 주목되는 점은 이 향전금지조치와 함께 '黜鄕' 금지조치가 《속대전》에 실리고 있다는 점이다. 출향은

명되는 것이 百年痼弊라고 지적하였다(任聖周, 《鹿門先生文集》 권 25, 公移 鄉任變通節目).

사족들에 의해 주도되었던 향회의 최고 罰目으로서, 그것은 사족중심의 향촌지배체제에 저해되는 자들을 통제하기 위한 목적을 가진 것이었다. 이 향전률이 기존 사족들이 행사해 왔던 향권을 부정한다는 의미를 갖는 것이었음을 확인해 주는 내용이다. 이전 시기까지만 하더라도 중앙의 정치세력은 지방에 근거를 가지고 활동하고 있었고, 이러한 의미에서 지방세력 역시 일정한 자치적 영역을 확보하고 있었다는 점과 관련시켜 보았을 때, 18세기 중엽 이후 향전이 발생되고 그것이 관권에 의해 철저히 금기시되고 있었다는 사실은 사족의 향촌자치체계의 붕괴를 의미하는 것이었다.

이후 수령을 중심으로 지방통제책은 더욱 강화되었는데, 수령중심의 관주도통제책, 즉 왕권에 위협을 줄 수 있는 모든 사건은 철저히 금지되고 관련사회세력은 통제되었다. 영조는 향전에는 시비가 있을 수 없고 향전에서 시비를 가리려는 것 역시 당심에서 나온 것으로 여기고 있었으며, 그러한 당심은 농부가 잡초를 뽑아 없애듯 완전히 제거해야 할 것으로 생각해 각 도의 향전을 철저히 금지시켰다. 향전은 이후 조정에서 간섭할 필요가 없는 것이란 점이 표방되었고, 정조 역시 그 같은 정책을 계승하였다. 그러나 향전을 금한 이후로도 그것은 그치지 않았고, 향전의 폐는 날로 심해졌다. 심지어 향전률이란 명목하에 감사와 수령의 천단이 야기되기도 하였다.

수령을 중심으로 한 관 주도의 향촌통제책 자체가 이향층을 매개로 한 것이었는 바, 이향직에로의 진출이 수령에 의해 천단될 수밖에 없었던 것은 향촌자치구조의 취약성에 기인한 것이었다. 따라서 옛 지배층과 새롭게 향권에 도전하고 있던 세력간의 향권장악을 둘러싼 대립이 지속되는 한 향전은 확대·심화되어 갔다.

(3) 19세기 관 주도 향촌지배질서와 '이향'의 발호

18세기 중엽 이후 사족중심의 향촌자치체계가 붕괴되어 나가게 됨에 따라 향촌사회는 관의 보다 직접적인 통제하에 놓이게 되고, 면리제를 비롯한 관의 행정기구가 그 기능을 강화하게 되었다. 그리고 수령권을 견제하던 일단이 제거되어 보다 철저한 관 중심의 통치체제가 확립되어 나가게 되었다. 관 주도의 향촌통제책이 강화될 수 있었던 것은 재지사족의 지배기반이 위축되고 분열되는 가운데 그들이 중앙권력으로부터 배제되게 되었던 점과 아울러 기존에 향권에서 소외되고 있었던 세력과 새롭게 아래로부터 성장해 나오고 있었던 사회세력의 성장이 배경이 되고 있었다는 점을 고려해야 할 것이다.

이 시기에도 마찬가지로 수령은 향촌사회를 통제하는 데 있어 재지세력을 이용하지 않을 수 없었기 때문에, 사족의 향권을 부정함에 있어서 사족과의 대립적 위치에 있던 계층을 이용하게 되었다. 한편 기존의 향권에서 소외되고 있었던 층들은 수령권의 비호를 배경으로 하여 향권에 접근하면서 향권에의 접근을 통해 일정기간 자신의 지위상승을 도모할 수 있었던 것이라고 하겠다. 자연 그 과정에서 기존의 사족층과 새로이 향권에 접근하고 있던 사회세력간에는 마찰이 없을 수 없었고, 수령권을 배경으로 하여 새롭게 향권에 접근하고 있었던 세력 내부에서도 일정한 갈등이 일어나고 있었다.

이러한 향촌사회 내부에서의 신구세력간의 대립을 포함한 모든 갈등과 대립은 왕권강화에 저촉되는 것으로 판단되어 철저하게 부정되고 관권 위주의 향촌통제책이 일방적으로 강요되게 되었다. 18세기 중엽 정부에 의해 제정되어 《속대전》에까지 오른 향전률은 중앙권력에 대해 비판적이었던 사족의 견제를 위한 것이었다. 그리하여 관권의 통제하에 재편된 향촌사회의 권력구조는 일단 왕조권력에 비판적인 사회세력들의 힘을 크게 약화시키고 이들의 사적 지배력을 억제하는 데 어느 정도 성공을 거둘 수가 있었다.

그러나 위와 같은 향전률의 적용에 의한 향전 금지조치는 향촌사회에서 관권에 비판적인 세력들의 존재를 전적으로 부인하는 것이 되어서, 중앙권력의 수령에 대한 통제기능이 약화될 경우 수령과 그에 결탁한 세력들의 발호를 막을 수 있는 장치가 마련되지 않는 한 취약성을 드러낼 수밖에 없었다. 이 점은 우선 수령의 전횡이라는 문제로부터 터져 나오고 있었다. 영조 36년(1760) 司宰奉事 李存誠이 올린 다음과 같은 상소는 향촌사회에서의 비판세력의 부재에서 비롯된 수령의 전횡을 잘 지적한 것이다.

> 일찍이 수령을 보건대 스스로 한 읍을 전횡하여 다른 사람이 그 잘못을 교정할 수가 없다. 수령이 옳다고 하면 좌수 이하 모두 그렇다고 하고 좌수가 안된다고 하면 좌수 이하 또한 모두 안된다고 하니, 그리하여 어떤 이를 미워하여 죽이고자 하면 끝내 그를 죽이고 나서야 끝장을 보는 것이다. 이는 다른 이유가 아니다. 아래에

감히 간언하는 사람이 없어 자기 마음 내키는대로 하기 때문이다. 朝家에서 뒤에 소식을 들어도 해당 수령을 중한 죄로 다스리는 수밖에 없는데 그렇다고 죽은 사람을 살릴 수는 없는 법, 이미 그릇된 정사를 책임을 물을 수가 없는 것이니 조가에서 어쩔 수 없이 폐단을 고쳐야 한다(《備邊司謄錄》 139책, 영조 36년 10월 27일).

이와 같은 우려는 현실을 반영하는 것이었지만, 이후 더욱 심각한 것이 되고 있었다. 국가적 차원에서 각종 법전을 제정하고 형정운영의 개선을 꾀하였던 것이라든지,[76] 이 시기 각종 수령들의 지침서(목민서)들이 활발하게 만들어지고 있었던 것 등도 변화하는 현실을 잘 반영하는 것이었다.

수령의 전횡은 그것을 뒷받침하는 세력과의 결탁을 통하지 않으면 안되었던 것이고, 이를 뒷받침하는 것이 이향층이었으므로 수령의 전횡은 일면 이향층들의 발호로 나타났다. 18세기 후반 이후 연대기 및 지방관 지침서들에 본격적으로 나타나는 '奸鄕猾吏'의 문제는 그것을 단적으로 보여준다. 정부가 주목했던 이 간향활리의 발호와 그에 대한 제재조치는 위와 같은 향촌사회 권력구조내에서 수령권을 강화하는 가운데 개별 수령들이 이향층과 결탁하여 비리를 행하거나 그들의 농간에 놀아나지 않아야 한다는 점을 강조하기 위한 것이었다. 이 시기 빈번하게 파견되는 어사들에게 주는 '奉書'의 수령포폄 기준의 하나가 바로 수령의 '政委吏鄕' 여부, 즉 수령이 정사를 직접 돌보지 않고 이향층에게 맡기는가의 여부였다는 것이 그 점을 말하는 것이었다.[77]

18~19세기의 수령의 형태를 유형화하면 이향배들의 작간을 관정하여 민폐를 이정하거나, 자신이 주체가 되어 수탈을 자행하고자 하는 경우, 또는 이향배들이 하는 대로 따르는 경우 등 크게 세 가지로 나눌 수 있는데, 마지막 이향배들의 의견을 그대로 따르는 경우가 일반적이었고, 그렇지 않은 경우

76) 韓相權, 《朝鮮後期 訴寃制度硏究》(서울大 博士學位論文, 1994).

77) 숙종 34년 전국적으로 암행어사를 파견하면서 그 奉書에 政委下吏의 조건을 첨부한 것(《繡衣錄》, 平安道暗行御史 李縡新啓)이 그 예의 하나라고 할 수 있다. 여기에서는 '下吏'만 문제삼았지만, 어사들의 書啓에는 '政委鄕品(鄕任·奸鄕)'문제가 같이 보고되고 있다. 吏鄕층이 같이 거론된 경우는 정조 11년 경상도암행어사 李書九의 書啓('委屬於吏鄕者') 등에서와 같이, 정조대에 들어와서 빈번하게 보이는데, 吏鄕의 지위가 그만큼 동일시되어 나갔던 사정을 반영한다. 19세기에 가면 座首가 '首鄕'이란 명칭 위에 '吏鄕之首'란 칭호를 더 갖게 된 것은 이들 향임층의 향촌사회에서의 위상이 격하되고 있음을 잘 보여주는 것이다.

라 하더라도 이서·향임층을 완전히 배제할 수는 없었기 때문에 이들의 통제 및 조정이 수령에게는 아주 중요한 문제였다.[78] 당시 수령은 가능한 한 문제를 일으키지 않기 위해서는 이향층의 입장을 적절히 받아들이면서 그들을 통해 향촌문제를 해결할 수밖에 없었다. 이향층이 향권에 일정하게 참여할 수 있었던 것도 바로 그와 같은 조건 때문이었다.

수령이 향촌문제를 다룸에 있어 처리해야 할 대상은 이른바 '守令七事'였고, 거기에서의 문제는 시기에 따라 각각 차이가 있는 것이었지만, 그 중심은 부세수취와 관련된 것이었다. 이 부세문제의 원만한 해결을 위해서는 소농경제의 안정 및 생산성의 향상을 통한 담세력의 증대가 기본적으로 전제되어야하는 것인데, 현실적으로 그것이 일개 수령으로서 해결할 수 있는 것은 아니었고, 따라서 수령이 할 수 있는 영역이라는 것은 부세정책에 대한 향촌 내부 각 세력간의 이해관계를 조정하는 것에 국한되는 것이 아닐 수 없었다. 그것을 통해 재정을 확보하는 것이 핵심적 내용이었다. 수령이 기존의 사족주도의 향회를 부정하고 향회를 부세자문기구로 확보하면서 지방민들의 입장을 부분적으로나마 이를 통해 흡수하지 않을 수 없었던 이유가 거기에 있었다.

따라서 부세자문기구로서의 향회에는 항시 긴장관계가 존재할 수밖에 없었다. 향회의 구성원들은 아직까지 관권을 전적으로 부정할 수 없는 상황에서 자신의 존립기반이 크게 위협받지 않는 범위내에서는 관의 그와 같은 재정확보책의 도구로서 이용되었지만, 그것이 한계에 부딪쳤을 때 이 향회가 관권과 대립적 입장을 취하게 되는 것을 이해할 수 있게 된다.[79] 정부에서 '吏鄕의 발호' 문제를 크게 주목하였던 것은 그들이 바로 이 부세문제의 해결에 있어 중심적 역할을 수행하고 있었기 때문이었다고 볼 수 있다. 결국 여기에서 기본적으로 문제가 되는 것은 향촌사회에서의 담세력이 각종의 부세부담을 해결할 수 있는 것인가 하는 점과, 그 부세행정의 운영과정에서 각 계급들의 이해관계가 조정될 수 있는 것인가 하는 점이다.

그런데 이 시기에는 농민층 분해의 결과 향촌사회의 계급구성이 크게 변모하는 가운데 대다수의 농민층들이 농지로부터 유리하고 있었고, 그 가운데 성

78) 高錫珪, 〈19世紀 前半 鄕村社會勢力間 對立의 推移〉(《國史館論叢》 8, 1989).
79) 安秉旭, 앞의 글.

장하고 있었던 층들은 여러 가지 방법을 동원하여 봉건적 부담으로부터 빠져나가고 있었다.[80] 기존의 지배층 역시 그들이 누렸던 각종의 특권을 놓치려하지 않았고, 봉건정부 역시 그것을 전적으로 부정하지 않았다. 그리고 이런 조건하에서 최소한의 수입을 확보하기 위해 취해진 공동납적인 부세행정은 그 같은 현상을 더욱 가속화시키고 있었다. 이는 봉건적 부세운영원리를 청산하지 않은 위에서 그 부담만을 가중시키고 있던 정부의 부세정책의 위기적 상황을 초래하는 것이 아닐 수 없었다. 이러한 모순은 19세기 중엽 '民亂'이라는 형태로 사회 전면에 표출되었다.

그러면 사족중심의 향촌자치체계가 붕괴되고 대신 들어서게 된 지배질서는 어떠한 내용을 갖는 것인가. 19세기의 향촌사회 지배질서는 수령을 정점으로 하여 그를 보좌하는 이서와 향임층이 중심이 되는 구조를 핵심 내용으로 하고 있었다. 향임층의 임면이 전적으로 수령의 권한하에 놓이게 됨으로써 이향층의 권력 재생산기반이 매우 축소된 것이기는 하지만, 이향층 역시 그들 나름의 충원방식을 모색하고 있었고 부세운영 등에 있어서 그들이 행하는 독자적 역할 등으로 인해 이향층들의 군현단위에서의 영향력 역시 무시할 수 없는 것이었다.

게다가 당시 수령은 재임기간이 점점 짧아지고 있었고,[81] 그 실무능력에 있어 많은 한계가 있었으므로 읍의 행정은 거의 이서층에 전적으로 의존하는 것이 일반적 현상이었다. '壬戌民亂' 때 정부에서는 민란의 원인이 탐학한 수령의 침학과 간향활리의 주구에 기인한다고 보고 있었는데,[82] 문제의 해결을 위해 장령 鄭直東이 철종에게 올린 상소는 개혁의 방향으로 국가가 허물이 없는 사람을 신중히 선택하여 백성들이 따를 수 있도록 해서 침어의 폐단과 간활한 이서들의 사주를 끊음으로써 읍권이 오로지 수령으로부터 나오도록 하여 혜택이 백성들에게 돌아가도록 할 것을 건의하였다.[83] 이는 수령과 이향층의 결탁에 의한 민간침해가 일상적인 일로 되고 있었고, 그 가운데 행정권이 수령만

---

80) 金容燮, 〈朝鮮後期에 있어서의 身分制의 動搖와 農地所有〉(《朝鮮後期農業史研究》 I, 一潮閣, 1970).
81) 李羲權, 《朝鮮後期 地方統治行政研究》(全南大 博士學位論文, 1989).
82) 金炳始, 《龍湖閒錄》 13책, 又 5월 25일.
83) 金炳始, 《龍湖閒錄》 13책, 掌令鄭直東上疏.

이 아닌 이향층에 집중됨으로써 문제가 발생하고 있음을 말해 주는 것이었다. 이와 같은 향촌사회의 지배구조는 이른바 수령－이향지배체제라고도 할 수 있는 것이었다.[84]

이 수령－이향지배구조는 수령－감사－중앙세력가로 이어지는 중층적 권력구조 아래 그 수탈적 성격을 드러내었다. 그 지배구조 아래 수행된 부세운영은 잡세(상공세)·군정·환곡의 결렴화, 즉 都結을 주요 특징으로 하고 있었다. 군역이 軍摠制로 시행되자 농민은 피역하거나 歇役에 들어가고자 하였는데 요호부민층은 주로 피역을 도모하였다. 수령·이서·향임은 바로 이 점을 이용하여 사리를 채우고 부족분은 토지에 전가(도결)하고, 그 결과 호포법·군포법이 등장하기도 하였는데, 이것은 결과적으로 신분에 따른 차별적 운영을 부정하는 것이 되었다. 환곡운영에서도 공동납적인 환총제가 실시되어 이향층이 代錢·代捧制로 수입증대를 꾀하였으며, 환총제하에서 환곡의 수령을 피하는 층은 주로 요호층이었고 빈곤한 상민과 몰락양반이 환곡을 받아야 하는 추세였다. 이러한 상황에서 늘어가는 逋欠은 역시 도결화되어 결국 토지의 부담은 더욱 가중되는 추세에 놓이게 되었다.

이같이 수령－이향지배체제에서 총액제에 기반한 공동납은 담세의 불균등과 신분적 차별을 내재시켜 사회적 모순을 증폭시키고 신분제에 입각한 부세운영의 원리가 점차 경제력 위주의 운영으로 대체되는 진행을 보이고 있었다. 그리하여 그 속에서 반상을 구별하지 않는 '毋論班常'이라는 부세운영에서의 신분제적 원리를 벗어난 새로운 운영원리가 생겨나고 있던 것이 중요한 변화였다.

여전히 수령은 일반 민을 직접 파악할 수 없었고, 따라서 행정에 참여하는 층에게 일정한 특권을 부여하고 그들의 협조를 얻어낼 수밖에 없었다. 그런데 이들 행정보조층들의 지위는 매우 열악하여 행정에 참여하는 과정에서부터 그들은 일정한 대가를 내야 했으며, 그 대가가 부담할 수 있는 정도의 단계가 지나쳐 수탈적인 내용으로 바뀌어 갔다. 이 과정에서 이향층의 일부는 수령중심의 수탈체계에 문제를 제기하기도 하였지만 아직 대부분은 그 수탈체계에 편승하여 모순을 증폭시켜 나갔다. 수령을 대신해서 새로이 향권에 참여하고 있

---

84) 高錫珪, 앞의 책.

었던 이향층들의 발호가 또 다른 사회문제로 드러나게 되었던 것이다. 이향의 발호는 이들 새롭게 성장해 온 계층을 관직체계로 흡수할 수 있는 새로운 관료제 운영원리의 성립을 요구하는 것이었지만, 이러한 문제를 해결할 수 없었던 조선 후기 관 주도의 향촌질서는 항상적 위기에 직면하고 있었다.

〈金仁杰〉

5. 계의 성행과 발전

1) 조선 초·중기의 계

契는 우리 나라의 독특한 사회제도요 조직형태이다. 계에 비견할 만한 제도나 조직이 다른 문명권에도 없었던 것은 아니지만, 계처럼 전근대 사회구조 속에 포괄적으로 뿌리내리고 있었던 것은 없다. 따라서 계는 우리 나라 전통사회의 특질을 이해하는 데 중요한 단서가 될 수 있는 조직형태이다.

그 동안 계는 전근대사회에서 성행했던 조직형태라는 점 때문에 흔히 '공동체'로 규정되어 왔지만,[1] 최근에는 조직 구조적 특성에서 볼 때 공동체라기보다는 오히려 결사체적인 것으로 파악해야 한다는 견해가 나오고 있다.[2] 그것은 다양한 형태와 내용의 계를 공통적으로 아우르는 중심원리는 구성원들간에 목적을 달성하고자 하는 약속에 있고, 계가 성립되는 계기 또한 대부분 자연발생적인 것이 아니라 구성원들에 의한 의도적 결성에 있었기 때문이다.[3] 또한 그 동안 계의 殖利的 요소가 강조되어 왔으나 조선 중기 이전의 계에서는 식리활동을 찾아볼 수 없고 조선 후기에 나타나는 식리활동도 계활동의 수단이지 목적은 아니었다는 점에 유의할 필요가 있다.

계는 한국인의 사회생활의 오랜 전통 속에서 서서히 발전해 온 사회제도였기 때문에 그 정확한 기원을 알 수가 없다. 문헌상으로 확인되는 최초의 계는 12세기 중엽 고려 의종 연간 庾資諒이 동료들과 함께 조직한 '文武契'로 알려

1) 金三守,《韓國社會經濟史硏究》(博英社, 1964 ; 개정판, 1974) 참조.
2) 金弼東,《韓國社會組織史硏究－契組織의 構造的 特性과 歷史的 變動》(一潮閣, 1992), 제3부의 결론부분 참조.
3) 金弼東, 위의 책, 89쪽.

지고 있다.[4] 그러나 당시 유자량이 16세의 소년이었다는 점을 감안한면 이 때 계가 성인들간에 어느 정도 유행하고 있었을 것으로 추정할 수 있고, 따라서 계가 성립된 시기를 좀더 올려 잡을 수도 있을 것이다. 이러한 '社交契'의 사례는 고려 중·후기에 걸쳐 몇 가지 더 찾아볼 수 있으며,[5] 특히 고려 말엽에는 계가 상당히 성행하고 있었음을 확인할 수 있다.[6] 다만 이 시기 계의 종류는 어디까지나 지배층 내지 儒者들 사이의 사교계로 한정되어 있었던 것으로 생각된다. 그러나 사교계는 이후 다른 여러 종류의 계들이 그것으로부터 파생·분화되어 감에 따라 계의 원형으로서의 의의를 갖게 된다.[7]

조선 초까지 주로 사교계의 형태로 존재해 왔던 계는 15세기 중엽에 이르면서 새로운 종류의 계로 분화되기 시작하는데, '族契'와 '洞契'가 그것이다. 양자는 모두 그 구성원이 일정한 범위의 친족집단 성원이나 같은 지역에 거주하는 사람들로 한정되었다는 데 기본적인 특징이 있다. 초기의 족계와 동계는 아직 서로 명확하게 분화되지 않았다. 왜냐하면 조선 전기에는 아직 父系 친족집단으로서의 宗族(宗中)이 성립되지 않았기 때문이다. 따라서 족계라 하더라도 거기에는 해당지역의 內外親(특히 女壻와 外孫)을 구성원으로 포괄하는 경우가 많았다. 이 때문에 당시의 족계는 동시에 동계의 성격을 지녔던 것이다.[8] 물론 이 무렵부터 가장 오래된 계의 형태인 사교계 자체도 다양한 형태와 범위로의 발전을 보여주고 있었다.[9]

이 시기에 족계와 동계가 새롭게 출현하게 된 것은 한편으로는 조선의 건국을 전후하여 거주지의 이동이 활발해지고, 다른 한편으로는 주자학의 수용으로

---

4) 《高麗史》 권 99, 列傳 12, 庾應圭 附 資諒.
權文海, 《大東韻府群玉》 권 14, 契.

5) 金弼東, 앞의 책, 제2부 2장 참조.

6) 이 점에 관해서는 李詹의 문집인 《雙梅堂集》에 수록된 8통의 契文들이 주목된다.
鄭求福, 〈雙梅堂 李詹의 歷史敍述〉(《東亞硏究》 17, 西江大, 1989).
金弼東, 위의 책, 제4부 2장.

7) 金弼東, 위의 책, 제4부 2장 참조.

8) 족계 겸 동계의 모습을 전형적으로 보여주는 초기 사례로는 15세기 중엽 金克一이 里中人들과 더불어 만든 '睦族契'가 있다. 목족계에 대해서는 權文海의 앞의 책을 참조하였다.

9) 사교계는 학문적 동료나 동향인, 그중에서도 동년배들 사이에서 결성된 '甲契'가 가장 많았지만, 과거에 함께 합격했거나('榜會'), 같은 관청에서 근무하는 사람들('廳契' 또는 '僚契') 사이에서도 결성되었으며, 정치적 행동을 같이 하는 사람들 사이에서도 결성되곤 했다(金弼東, 앞의 책, 제4부 2장).

家禮·宗法·鄕約 등 향당도덕에 대한 이해를 가질 수 있었기 때문이다. 새로운 거주지에 정착한 유자들 즉 士林派는 자신들의 정착기반을 다지기 위해 우선 친족집단 내부의 결속을 다지고 나아가 촌락수준의 결속을 도모할 필요가 있었으며, 동시에 자신들의 새로운 윤리관을 실천할 제도를 모색하게 되었는데, 그 결과가 족계와 동계로 나타나게 되었던 것이다.[10] 이 때문에 족계와 동계에서는 우선적으로 구성원간의 정신적·정서적 유대 즉 친목의 도모가 강조되면서, 이를 보장할 수 있는 구체적인 장치로 吉凶扶助의 내용을 포함하고 있었다.

그러나 이후 족계와 동계는 뚜렷이 분화되어 나름의 중요한 사회적 기능을 수행해 가게 된다. 즉 초기의 족계는 16세기 말부터 점차 길흉부조보다는 祖先奉祀의 기능이 상대적으로 강화되는 '宗契'의 모습으로 구체화되면서 종중·종족의 형성에 중요한 디딤돌로 작용하게 되었다. 한편 동계는 마을의 하층민들에 대한 신분적 지배·통제의 기구로서의 성격을 좀더 분명하게 드러내게 되었다. 이러한 변화는 16세기 후반부터 17세기 전반에 이르는 기간 동안 뚜렷하게 나타났다. 그 가장 두드러진 모습은 동계를 上契와 下契의 중층적 구조로 조직화한 것이다 상계란 양반(사족집단)으로 구성되는 계의 부분이고, 하계는 하인(상민과 노비)으로 구성되는 계의 부분이다. 원래 동계에서 하인은 계의 구성원으로 직접 포함되지 않았다. 하인집단을 계원으로 포섭하게 된 것은 이들을 일정하게 대우하여 공동체의 '통합'을 꾀하면서, 동계의 틀속에서 이들을 보다 효과적으로 통제·지배하기 위한 것이었다. 이런 상·하계의 중층적 구조가 처음으로 확인되는 것은 栗谷 李珥가 만든 〈社倉契約束〉이며, 이는 임진왜란 이후 향촌사회의 재건과정에서 보편화되었다.[11]

---

10) 鄭震英, 〈16세기 安東地方의 洞契〉(《嶠南史學》 창간호, 嶺南大, 1985).
金武鎭, 〈朝鮮中期 士族層의 動向과 鄕約의 性格〉(《韓國史硏究》 55, 1986).
金弼東, 위의 책, 제4부 2장.

11) 그런데 '사창계약속'에서 상계와 하계란 용어가 정착된 것은 아니고 다만 내용적으로 사족과 하인에 대한 구별이 규정되고 있을 뿐이다. 상·하계의 구조와 그 의미에 대해서는 다음의 연구가 참고되는데 서로 해석이 약간 다르다.
金弼東, 위의 책, 151~157쪽.
朴景夏, 〈倭亂 직후의 鄕約에 관한 硏究-高坪洞洞契를 중심으로〉(《中央史論》 5, 中央大, 1987).

2) 조선 후기 계의 성행

조선 후기에 들어오면서 계는 상당히 큰 변화를 겪게 된다. 우선 계의 종류가 훨씬 다양해지고, 계를 만드는 사람들의 범위도 크게 확장되며, 절대수에 있어서도 계는 크게 증가한다. 한편 계는 제도적인 측면에서도 훨씬 더 발전된 면모를 갖추게 된다. 이러한 변화는 이미 16세기 후반부터 진행되어 온 변화의 연장선상에서 나타나는 것이지만, 변화의 결과가 뚜렷한 모습을 드러내게 되는 것은 17세기 중엽 이후라고 생각된다. 조선 후기에 있어 계 발전의 이 두 측면은 상호 긴밀하게 연결되지만, 편의상 이 절에서는 먼저 전자에 관해 살펴보고, 후자에 대해서는 절을 바꾸어 서술하기로 한다.

먼저 현상적으로 관찰되는 계의 발전상은 계의 종류가 상당히 다양해졌다는 것이다. 이미 존재하고 있던 사교계·족계(종계)·동계 외에도 學契·喪契·松契 등 조선시대의 계를 대표할 만한 계의 종류들이 적어도 17세기 중엽에서 18세기 중엽에 이르는 시기에 새로 출현하였고, 종계 또한 그 성격을 더욱 분명히 하게 되었다. 이러한 변화는 계가 수행해야 할 사회적 기능이 다양해지고 구체화되었다는 것을 보여주므로 그 자체가 조선사회의 발전을 나타내주는 것이라고 할 수 있다.

학계는 아동들의 교육이나 구성원들의 학문적 수련을 목적으로 조직된 것이다. 학계는 몇 가지 유형으로 나눌 수 있다. 전형적인 학계는 마을 또는 문중의 아동들을 교육시키기 위한 서당을 경영하려고 만든 '書堂契' 또는 '家塾契'로서 이들은 종계 및 동계로부터 분화된 것이다. 또한 특정한 학자의 제자들이 講會를 열면서 스승을 봉양하거나 추모하는 일을 수행하는 '門生契'나 기타 士人들 사이에서 학문수련을 심화시키기 위해 조직한 '儒契' 등도 학계에 포함시킬 수 있다. 시기적으로 보면 오히려 뒤의 두 가지 유형이 앞섰던 것으로 보이는데, 그것은 이 두 유형의 학계가 사교계의 직접적인 연장선상에서 이해될 수 있기 때문이다. 그러나 그 목적하는 바가 좀더 제한되고 구체화되었다는 점에서 단순한 사교계와는 구별될 수 있다. 그런데 문생계가 성립하는 것은 李滉·李珥 등과 같은 대학자의 출현 및 그 제자들에 의한 학파로의 발

전과 관련이 있다.12)

상계는 일찍부터 기존의 계의 주요한 구성요소를 이루고 있던 길흉부조의 기능이 전면에 부각되면서 나타난 형태였다. 상계의 초기 형태는 상부상조에 대한 조항이 구체적으로 포함된 사교계에서 관찰된다.13) 이런 의미에서 상계는 일차적으로 사교계로부터 분화된 것이다. 그러나 상계는 또한 동계로부터 분화된 것이기도 했다. 17세기까지의 동계는 일차적으로 하층민들에 대한 재지사족의 신분적 지배기구로서의 의미를 갖는 것이었지만, 바로 그 지배를 효과적으로 달성하기 위해서는 하층민들을 끌어안는 '통합'의 기제를 스스로 갖추고 있어야 했다. 그 중요한 내용이 바로 동계 구성원들간의 길흉부조였다. 그러나 18세기 중엽 이후에는 동계가 갖는 신분적 지배기구로서의 성격이 상대적으로 약화되었다. 상사에 필요한 경제적 부담을 해결해야 한다는 현실적 요구가 촌락의 班·常 모두에게 절실해지면서 보다 제한된 목적을 갖는 상계가 동계로부터 분화되어 갔던 것이다. 이런 유형의 상계에서는 반·상이 함께 참여하더라도 구성원들간의 신분적 차별은 거의 나타나지 않았으며,14) 나아가 상계는 상민들 사이에서도 결성되게 되었다.

송계는 삼림 및 분묘의 보호와 이용을 목적으로 조직된 계이다. 송계는 특정지역을 기초로 성립되고 지역공동체 성원들에게 강제력이 행사된다는 점에서 '地域契'의 일종이다. 따라서 일차적으로는 동계로부터 분화된 것이지만, 족계로부터 분화되었다고 볼 수 있는 측면도 있다. 송계가 성립되기 이전 삼림의 보호와 先塋(선산)의 수호라는 의식은 16·17세기의 일부 동계에 이미 투영되고 있었는데,15) 이런 기능이 전면에 부각되면서 나타난 것이 송계였던 것이

12) 초기 문생계의 전형적인 사례 가운데 하나가 광해군 2년(1610) 율곡의 문인들 사이에서 조직된 '同門契'이다(朴汝童, 《松崖集》, 同門契序).

13) 예컨대 〈成化丙午同庚契軸〉(1506년 결성)을 들 수 있다(吳世昌 등 편, 《嶺南鄕約資料集成》, 嶺南大 出版部, 1986, 310~311쪽).

14) 《板契》(1768 ; 서울大 古圖書 5129-21).
《爲親賻慰契(座目)》(1812 ; 서울大 古圖書 5129-24-1).

15) 《洞案》, 嘉靖 3년 정월 25일 洞中立議(高麗大 圖書館, 신암 B8-A156).
《溫溪洞規》, 洞令(1566).
琴蘭秀, 〈洞中約條小識〉(1598).
鄭 琢, 〈高坪洞契更定約文〉(1601).
이상 《洞案》을 제외한 자료는 吳世昌 등이 펴낸 앞의 책에 수록되어 있다.

다. 예컨대 지금도 전하는 가장 오래된 松契帖의 하나인《松明洞禁松契帖》(1763)의 서문을 통해 우리는 송계에 무엇보다도 선영수호 의식이 강하게 투영되고 있음을 살필 수 있다.

그러나 대체로 19세기에 접어들면서, 송계는 선영수호 의식에 더하여 점차 '棟梁之具'·'棺槨之器'로서의 소나무의 이용 가치를 강조하고[16] 나아가 '植松'사업도 적극적으로 벌이는[17] 등 그 기능이 발전하게 된다. 이와 같은 송계의 변모는 19세기 말 이후에 이르면 더욱 두드러지게 나타난다. 그 결과 나무를 심고 길러서 판매한 이익금을 山主 및 계원들이 분배하거나 계원 또는 촌락의 공동경비로 사용하는 경우도 나타나게 되었다.[18]

한편 계는 18세기 말 이후 새로운 변모를 겪게 된다. 이 시기의 계에 나타난 중요한 변화는 '동계'의 성격 변화와 그 일환으로서 동계로부터 '軍布契'·'戶布契'·'補民契' 등의 應稅組織의 성격을 갖는 계들이 분화되었다는 점이다. 앞 절에서 설명한 바와 같이 기존의 동계가 갖는 일차적인 기능은 하층민에 대한 신분적·이데올로기적 통제에 있었다. 그것은 재지사족집단의 지배력을 강화·유지시키는 수단이 되는 것인 동시에 바로 그 지배력에 의해 가능한 것이기도 했다. 18·19세기에도 사족집단은 동계가 갖는 이러한 기능을 지속적으로 관철시키는 데 관심이 있었음은 물론이다. 그러나 18세기 후반 이래 사족집단의 향촌사회에 대한 지배력은 현저히 약화되고 있었으며, 그 결과 국가는 재지사족을 매개로 하는 종래의 지방정책에서 탈피하여 소농민과 촌락에 대한 직접적인 장악을 시도하게 되었다.[19] 동계의 변화, 또는 새로운 응세조직으로서의 군포계·호포계·보민계의 출현은 이와 같은 향촌사회 변동의 배경

---

16) 《禁松契立議》序文(1827 또는 1767 ; 서울大 奎章閣圖書 27029).
《禁松契節目》序文(1838 ; 서울大 古圖書 5129-20).

17) 위의《禁松契節目》立議의 마지막 조항에는 '種松百株'가 규정되고 있다.

18) 〈尙州郡內南面巨勿里里中契〉(1898년 重設 ; 朝鮮總督府 編,《契·親族關係·財産相續の概況》, 원고본, 國史編纂委員會 소장).
이 밖에 淺野力,〈江原道襄陽郡に於ける松契に就て〉(《朝鮮彙報》37, 1918)에 수록된 조선 말기 이래의 몇몇 松契의 사례들을 참조하였다.

19) 金仁杰,〈朝鮮後期 鄕村社會 統制策의 위기-'洞契'의 性格變化를 중심으로-〉(《震檀學報》58, 1984).
——,《朝鮮後期 鄕村社會 變動에 관한 硏究-18, 19세기 '鄕權' 담당층의 변화를 중심으로-》(서울大 博士學位論文, 1991).

아래 이루어진 것이며,[20] 때로는 동계의 명칭을 유지하면서도 이와 같은 응세조직으로 기능한 경우도 있었다.[21]

그러나 이 시기에 이르러 모든 동계가 이와 같은 변화를 겪었던 것은 아니다. 지역에 따라서는 외형적으로나마 기존의 동계조직이 유지되는 곳도 있었으며, 응세조직으로 기능했다 하더라도 동계는 대개 여전히 다른 기능을 함께 수행하였기 때문이다. 이러한 동계의 변화는 국가의 납세요구에 촌락민이 주체적으로 대응하여 계를 활용한 데서 나타난 것이다. 또 그것은 계의 주도집단이란 측면에서 보면 재지사족의 일방적 지배로부터 하층민의 참여가 상대적으로 부각되는 방향으로의 변화, 또는 계의 참여에서의 신분적 차이가 완화되었음을 의미하는 것이기도 하다.[22] 이렇듯 계를 결성하는데 하층민의 참여가 활발하게 이루어짐으로써 계는 그 종류와 절대수, 구성원들 참여의 폭에서 커다란 성장을 보게 되었다.[23]

한편 재지사족집단의 동계조직과 구별되는 기층민의 계조직으로서 '촌락민의 생활공동체 조직'이라고 하는 '村契'의 존재가 주목되고 있다.[24] '촌계'는

20) 軍布契와 戶布契는 각각 군포 및 호포의 납부를 목적으로 조직된 것이고, 補民契는 다양한 형태·내용의 雜役 부담에 응하기 위해 조직된 것이다. 조선후기에 성행한 '契房村'도 같은 맥락에서 이해할 수 있을 것이다.
보민계의 예로는 《密陽補民契節目》(1883 ; 서울大 古圖書 5129-7)이 있다.

21) '洞契'라는 이름 아래 戶布(錢)의 납부를 주된 목적으로 하는 계의 사례는 많다(朝鮮總督府 編, 앞의 책).
《史灘內面谷雲大同立議》(서울大 奎章閣圖書 27175) 참조.

22) 동계의 중층적 구조의 해소 경향이나 향리집단의 조직운영이 계의 형태를 갖게 된 점, 한양을 중심으로 중인·서리·평민들이 다수 참여하는 '委巷詩社'가 성행한 것 등은 모두 계의 발전과 양반이 아닌 신분층의 성장을 보여주는 것이다. 또한 이러한 변화의 양상 그 자체가 조선사회의 전반적인 발전의 일면을 보여주는 것임은 말할 것도 없다. 향리집단의 계와 위항시사에 대해서는 다음의 연구가 참고된다.
金弼東, 〈朝鮮後期 地方吏胥集團의 組織構造-社會史的 接近(上·下)〉(《韓國學報》 28·29, 一志社, 1982).
———, 〈조선시대 '중인' 신분의 형성과 발달〉(《韓國의 社會와 文化》 21, 한국정신문화연구원, 1993).

23) 예컨대 '貢契'·'廛契'·'客主契'·'褓負商契' 등의 특권적 상인조합의 성격을 갖는 계와 '僧侶甲契'·'燈燭契'·'佛糧契' 등 불교사원과 결부된 각종의 계, 양반·宮家의 노비들이 조직했다는 '劍契'나 '殺主契'와 같은 사례를 들 수 있다.

24) 金龍德, 〈朝鮮後期의 地方自治-鄕廳과 村契〉(《國史館論叢》 3, 國史編纂委員會 1989).
———, 〈總序 : 鄕約新論〉(《조선후기 향약연구》, 民音社, 1990).

사족들에 의한 동계가 만들어지기 이전부터 존재해 온 것이고 그 실체는 고려말부터 조선 초기의 香徒나 16세기의 '鄕村結契', 나아가 촌락의 전통의례인 洞祭(村祭)의 존재로부터 찾을 수 있는 것으로 파악된다.[25] 그러나 동제나 洞會(村會)·洞宴·洞里의 공공사업·두레 등 촌락의 모든 공동체적 활동을 '촌계'의 개념 속에 포함시키는 것은 '촌계'의 개념과 용법을 너무 포괄적으로 규정하는 문제가 있을 뿐 아니라 계 자체의 개념을 혼동시킬 우려가 있다. 더욱이 '촌계'의 명칭은 기록상으로 분명하게 나오지 않고 있다. 그렇지만 촌계에 대한 문제의 제기는 문헌이 별로 남아 있지 않은 기층민들의 계 조직에 대한 관심을 환기시켜 주고 있다는 점에서 의미가 있으므로 좀더 진지한 검토가 이루어져야 할 것이다.

3) 조선 후기 계의 제도적 발전

계의 변모상은 계의 외형적인 성장에서만 찾아지는 것이 아니다. 조선 후기에 이르러 계는 내적 구조, 즉 제도적 측면에서도 현저하게 발전하였다.

우선 계가 추구하는 목적이 좀더 특정화되고 현실적인 요구에 대응하는 기능성의 강화가 두드러지게 나타났다. 새로운 종류의 계가 기존의 계로부터 분화되어 나갔으며, 계의 명칭 자체가 훨씬 특정화되었다. 동계의 경우에도 촌락의 공공사업의 수행이나 촌락 공동경비의 마련 등 현실적인 요구에 부응하려는 방향으로 변화해 갔던 것이다.

다음으로 조선 후기에는 계의 물질적 토대라는 측면에서도 상당히 중요한 변화가 이루어지고 있었다. 이것은 계의 '基金(契財)'과 그것에 바탕을 둔 '식리활동'이라는 측면에서 관찰할 수 있다.[26] 원래 조선 전기의 계에서는 기금이 제대로 마련되어 있지 않았다. 계의 활동과 관련하여 필요한 경비나 물품은 보통 그 때 그 때의 '醵出'에 의해 이루어졌다. 때때로 계의 기금으로 해석될 수 있는 부분이 없었던 것은 아니지만, 그것은 보통 곡물의 형태를 띠고 있었

李海濬, 〈朝鮮後期 洞契·洞約과 村落共同體組織의 性格〉(《조선후기 향약연구》, 民音社, 1990).

——, 〈朝鮮時代 香徒의 변화양상과 村契類 촌락조직〉(《省谷論叢》 21, 1990).

25) 金龍德, 위의 글(1990).

26) 金弼東, 앞의 책, 339~341쪽 참조.

고 계 자체의 기금이라기보다는 촌락의 공동기금이라는 보다 넓은 뜻을 함축하고 있었다. 흔히 '寶上'이라고 불렸던 마을의 '公穀'이 바로 그것이다. 그런데 이 '보상'의 존재는 17세기 중엽[27] 이후 사라지고 그 기능이 계 내부의 하위제도로서의 계의 '기금'으로 대체되어 갔다.[28]

기금의 구체적인 형태는 곡물, 婚喪具 등 契物, 전답, 금전 등 다양했는데, 많은 경우 각 계의 기금은 이러한 형태들의 복합으로 구성되었다. 그러나 대개 곡물이나 계물 등 현물이 주종을 이루고 있다가 후기로 갈수록 전답이나 금전이 우세해졌으며, 특히 19세기 이후에는 금전만으로 기금이 구성되는 경우가 압도적으로 우세하게 된다. 이러한 사실들을 토대로 조선 후기의 전기간을 통하여 계의 물질적 토대가 더욱 튼튼해지고 그 활용방법도 훨씬 간편해지는 방향으로 나아갔음을 확인할 수 있다. 이런 변화는 사회 전반의 상품화 추세와도 무관하지 않았던 것이라고 생각된다.

다음으로 식리활동의 측면에서도 뚜렷한 변화가 나타났다. 조선 전기의 계에서는 식리활동의 존재가 거의 관찰되지 않는다. 이는 앞서 언급한 기금의 존재와 관련해 보면 당연한 사실이다. 그러나 17세기까지만 해도 미미하게만 보이던 계의 식리활동은 18세기에 이르면 상당히 많아지고, 19세기에 이르면 현저하게 증대되어 식리활동이 없는 계의 사례는 오히려 예외적인 경우가 되었다.[29] 그러나 계에 식리활동이 존재하고 또 그것이 증가하였다 하더라도, 그것은 어디까지나 계의 기금을 늘리고 그것을 통해 계가 추구하는 목적에 필요한 경비를 좀더 안정적으로 마련한다는 수단으로서 의의를 갖는 것이지, 식리활동 그 자체를 목적으로 하는 것은 아니었다.

한편 계에서의 신분관계 및 지배양상의 변화 또한 주목된다. 이 문제를 계의 중층적 구조의 해소와 계원간의 '처벌'의 성격 변화에 초점을 맞추어 살펴보기로 하자. 앞에서 살펴본 대로 계, 특히 동계와 송계, 일부 사교계가 상·하계의 중층적 구조를 갖게 되는 것은 16세기 말에서 17세기 초에 이르는 변화를 통해서였다. 이러한 현상은 17세기 후반에서 18세기에 이르는 기간 동안

27) 《社約一統》 里社完議의 '約條' (1650 ; 吳世昌 등 편, 앞의 책, 337쪽).
28) 寶上은 고려시대 이래의 '寶'의 잔존형태로 보인다. 따라서 조선 후기의 계의 발전은 '보'의 遺制의 흡수를 통해 이루어진 일면이 있다고 생각된다.
29) 金弼東, 앞의 책, 186쪽의 〈表 VI-14〉 '시대별 식리활동의 有無 정도' 참조.

매우 현저해졌다. 그러나 19세기에 들어오면서 중층적 구조를 갖는 계의 사례는 상당히 줄어들게 되며, 19세기 후반에 가서는 거의 사라지게 된다. 이러한 변화는 계에 있어서, 나아가 사회관계 일반에 있어서 신분적 지배가 약화되었음을 반영하는 것이었다.

신분적 지배의 약화는 계 규약을 위반한 계원 및 계 규약이 영향을 미치는 공동체 성원에 대한 '처벌'규정을 통해서도 살펴볼 수 있다. 계의 규약에 규정된 처벌의 종류는 계의 종류·사례에 따라 매우 다양한데, 대표적인 것으로 黜契·告官治罪·笞刑·罰物·罰金 등을 들 수 있다.[30] 그런데 17세기와 18세기의 계의 사례에서는 태형이나 고관치죄·벌물 등의 조항이 처벌규정으로 포함된 비율이 상대적으로 높은 데 비해, 19세기의 계의 사례에서는 이 비율이 낮아지고 대신 벌금조항이 처벌규정으로 포함된 비율이 현저하게 높아지는 것을 볼 수 있다. 특히 19세기의 계의 사례에서는 비록 다른 처벌조항이 규정되어 있다 하더라도 이를 '贖錢'으로 대신할 수 있도록 규정한 경우가 크게 증가하고 있는 반면, 태형의 조항은 현저하게 줄어들었다.[31] 이것은 역시 앞서 살펴본 계의 중층적 구조의 해소 추세와 더불어 계의 신분적 차별이 약화되고 있음을 보여주는 것이다.

4) 19세기 말~20세기 초의 계의 변모

고종 13년(1876) 開港을 계기로 조선사회는 급속하게 자본주의적 세계체제 안으로 편입되었다. 그 결과 사회경제 전반에 걸쳐 근본적인 변화를 겪게 되었다. 물론 그 변화는 단지 '개항'과 그로 인한 세계자본주의 체제로의 편입에 의해서만 초래된 것은 아니었고, 이미 그 이전부터 전개되어 온 '내생적' 변동의 지속, 또는 가속화라는 맥락 속에서도 포착되어야 할 성격의 것이다.

이 시기에 이르러 계가 겪게 된 변화과정도 이러한 전체 사회구조의 변동과

30) 黜契란 계원의 자격을 박탈하고, 계로부터 쫓아내는 것을 말한다. 告官治罪란 처벌을 官에 맡기는 것이다. 笞刑이란 매로 체벌을 가하는 것이다. 罰物이란 과실에 대한 대가로 곡물이나 음식물 등을 내놓는 것이다. 罰金은 원래부터 벌금인 경우도 있었지만 다른 처벌을 대신하는 경우도 포함되는데, 이를 '贖錢'이라 했다(金弼東, 위의 책, 174~175쪽).

31) 金弼東, 위의 책, 176쪽의 〈表 Ⅵ-9〉 '시대별 처벌의 내용(종합)' 참조.

기본적으로 궤를 같이하였다. 이 시기에 이루어진 계의 변화상을 요약해 보면, 첫째 조선 후기 이래 계가 겪고 있던 변화 추세의 지속 또는 가속화, 둘째 기존 계의 소멸, 셋째 새로운 계의 생성, 넷째 계의 보다 근대적인 조직형태로의 발전이라는 몇 가지 점이 서로 관련된 맥락 속에서 이해될 수 있는 것이다.

우선 조선 후기 이래로 나타났던 계의 변화 추세는 더욱 높은 수준으로 전개되어 갔다. 즉 계의 종류와 기능은 더욱 분화되고 특정화되어 갔고, 계의 기금은 더욱 빨리 금전으로 일원화되어 갔으며, 식리활동 또한 강화되는 추세에 있었다. 또한 상·하계의 중층적 구조와 태형이 사실상 소멸된 데서 볼 수 있듯이, 계원간에 작용했던 신분적 지배의 양상도 현저하게 약화되었으며, 아울러 계의 조직주체로 하층민이 등장하는 현상도 더욱 확연해지게 되었다.

한편 이 시기에는, 특히 20세기에 들어오면서, 그 이전부터 존재해 오던 상당수의 계들이 소멸되는 운명을 겪었다. 이러한 현상은 동계 및 주로 촌락에 기반을 두고 있는 계의 경우에 두드러졌는데, 그 원인으로는 다음의 세 가지 사실이 주목된다.

첫째, 촌락의 경제적 분화와 농민층의 궁핍화가 심화되어 더 이상 契錢의 利子收捧이 어렵게 되었고, 심지어는 계전의 분배를 통해서라도 경제적 위기를 일시적으로나마 피해 보고자 하는 경우가 생기게 되었다. 그 결과 상당수의 동계가 계를 해산하고 계원들에게 계전을 분배하게 되었다.

둘째, 1900년대의 '애국계몽운동'의 전개과정에서 계는 새로이 설립된 공·사립학교에 설립자금이나 운영자금으로 계의 재산을 기부하고 해산되기도 하였다.

셋째, 1908~1909년경 일제 통감부에 의해 '공동재산 조사사업'이 실시되었는데, 민중들은 이를 자신들의 공유재산으로서의 계전에 대한 약탈의 일환으로 이해하여 계를 해산하는 경우가 많았다.

이상 세 가지 원인·계기들은 서로 중첩적으로 작용되기도 하였는데 그것들은 당시의 사회·경제적 조건에 공통적으로 규정받는 것이기도 하였다. 그 조건이란 바로 봉건적 수탈의 심화와 일제의 경제적·정치적 침략에 따른 농촌의 피폐상, 그리고 이를 배경으로 한 민족적 위기감의 고조였던 것이다.

이렇듯 이 시기에는 전통적인 계들 가운데 상당수가 소멸되고 있었지만, 다른 한편 새로운 종류의 계들이 생겨나기도 했다. '殖利契'·'작박계'·'萬人契' 등이 그것이다. 식리계는 자금융통 및 이자취득을 목적으로 설립된 일종의 사금융제도였지만, 작박계와 만인계는 다수의 사람들이 일정한 액수의 돈을 내고 추첨을 하여 당첨된 사람이 많은 액수의 당첨금을 차지하는 것으로, 일종의 도박이다.[32)]

식리계는 운영을 위한 '수단'에 불과했던 '식리활동'이 '목적' 그 자체로 변질됨으로써 출현한 계의 변종이다. 따라서 식리계는 기존 계의 연장선상에서 이해될 수 있는 측면을 가지고 있었다. 그러나 작박계와 만인계는 전통적계의 개념으로부터 사실상 이탈한 전혀 이질적인 제도였으며, 다만 그 명칭에 '계'라는 표현이 첨부되어 있는 것에 불과하였다. 특히 작박계·'三十六契' 등은 청국인 및 일본인들에 의해 행해지는 경우가 많았던 것으로 보아, 외국의 영향을 받은 것으로 보인다.[33)]

어쨌든 작박계와 만인계의 성행은 많은 사람들이 일확천금의 유혹에 빠져 가산을 탕진하게 하는 등 심각한 사회문제를 야기시켰다. 결국 이 계들은 한말의 경제적·사회적·정치적 불안정과 그로 인한 조선민중의 궁핍상 및 사회 병리적 현상을 존립조건으로 하면서, 동시에 그것들을 더욱 가속화시키는 요인으로 작용했다.

이 시기의 계의 변화상으로서 또한 주목하지 않으면 안되는 사실은 계가 보다 근대적 조직형태로 발전되어 가기도 했다는 점이다. 한말에는 종래 존재하지 않던 새로운 조직형태들, 즉 각종 회사, 학회, 사회·종교·언론단체들이 생겨나고 있었다. 이러한 근대적인 사회조직들이 형성되는 기본적인 배경으로는 근대화과정에 따른 조직·단체에 관한 서구제도의 문화수용을 우선 지적해야겠지만, 여기에는 또한 '계'의 전통과 관습이 작용하고 있었다고 생각된다. 그리고 그 중에는 계의 조직적 발전, 또는 계의 근대적 조직형태로의 전

32) '작박계'는 '算筒契'·'作罷契' 등으로도 불리었고, '萬人契'는 '千人契'·'三十六契' 등으로 불리기도 하였는데, 전자는 비교적 조직적이고 지속적인 성격을 갖지만, 후자는 단 1회의 추첨으로 끝나 더욱 투기성이 강하였다. 그러나 때로는 양자의 명칭이 혼용되기도 하였는데, 그것은 양자가 본질적으로 동일한 성격을 갖고 있었기 때문이다(金弼東, 위의 책, 305~311쪽).

33) 예컨대 작박계는 중국의 '彩票'에서 기원한 것이라는 견해가 있다(李覺鍾, 《契に關する調査》, 朝鮮總督府, 1923).

화라는 양상을 띠는 경우도 적지 않았다.

이러한 방향으로의 계의 변화를 구체적으로 살필 수 있게 해주는 자료로는 〈輔仁社規範〉과 〈晉陽契〉가 있는데,[34] 이들 자료에 나타난 계의 변화상을 요약해 보면 다음과 같다.

① 성원자격이 더욱 개방적으로 되고 거의 전국에 걸쳐 조직됨에 따라 계원의 수가 많아지고 참여의 폭도 훨씬 넓어졌다. 특히 진양계의 경우에는 여성의 참여가 허용되고 있다.
② 계의 운영기구가 업무에 따라 더욱 분화되고, 契長의 역할과 권한이 훨씬 강화되었다.[35]
③ 계의 집회 및 회의도 훨씬 체계적으로 제도화되고 있었다.[36]
④ 임원의 선출과 회의 운영에 있어서는 서구적인 조직 운영 및 회의의 진행방법이 적용되고 있었다.
⑤ 使役人 모두와 집행부('輔仁社'의 경우)에 급료가 지불되고 있었다.
⑥ 기금 마련의 방법은 계원의 능력에 따라 차등을 두어 보다 많은 액수의 기금을 효과적으로 모을 수 있도록 구체적이고 제도화되고 있었다.
⑦ 계의 목적·사업은 더욱 구체적이고 공공적 성격을 띠고 있었다.

이상의 두 사례를 통해 일부의 계가 일본 또는 서구로부터 소개된 근대적인 조직형태들과 습합되고 있는 모습을 엿볼 수 있다. 그렇지만 그러한 습합이 용이하게 이루어질 수 있었던 것은 계의 조직원리 자체에 근대적인 조직형태들과 공유될 수 있는 결사체적 요소가 있었기 때문이다. 바로 여기에서 우리는 한말에 각종 사회단체들이 활발하게 조직될 수 있었던 배경, 즉 제도적·문화적 전통의 일단을 이해할 수 있게 된다.

〈金弼東〉

---

34) 전자는 1903년 儒風의 진작을 위해 유생들이 조직한 일종의 '學契'였고, 후자는 1910년 晉州 촉석루에서 거행하던 제사를 虔奉하고 촉석루를 보존하기 위해 조직한 계였다(金弼東, 앞의 책, 312~315쪽).

35) 계는 원래 '有司'라고 불리는 집행부 중심의 조직이어서, 契長의 역할과 지위는 상징적인 성격을 갖고 있음에 불과했다(金弼東, 위의 책, 138~141쪽).

36) 진양계의 경우 계원총회·임원회의·평의회 등이 있고, 집회시기도 명확한 일시가 규정되고 있었다.

Ⅲ. 민속과 의식주

1. 촌락제의와 놀이

2. 의식주생활

Ⅲ. 민속과 의식주

1. 촌락제의와 놀이

1) 촌락제의

사람은 같은 고장에 모여 오래 살다 보면 공동체가 형성되고 자연에 의해서 재해를 입거나 인위적으로 재해를 입는 경우가 있다. 이러한 경우에 재해에서 벗어나고자 공동으로 또는 선발된 대표가 신에 기원하고 제의를 거행하는데 이러한 祭儀를 촌락제의라 말할 수 있다. 촌락이란 말은 현재는 도시에 대한 시골마을이란 뜻도 포함되어 있으나 고대사회에서는 인간이 모여 사는 마을공동체를 뜻하였다.

인간의 생활은 개인적인 경우 즉 가정에서의 생활은 한 사람만의 문제이나 일단 집 밖으로 나가 마을의 여러 사람과 어울리는 경우에는 공동체가 형성되고 공동으로 대처해야 할 문제가 생기게 된다. 예를 들면 비가 내리지 않아서 한발이 계속 되거나 그와는 반대로 비가 너무 많이 와서 홍수가 나면 개인만이 아니라 모두의 공동의 문제가 된다. 한발이나 홍수로 가산을 잃게 되고 농경을 할 수 없어 식량이 부족하면 굶어 죽게 되는데 이것은 한 사람만의 문제가 아니고 그 지역에 사는 사람들 공동의 문제이다. 이런 때에 사람들은 모여 공동으로 비가 내리거나 그치기를 바라면서 祈雨祭나 祈晴祭를 지내게 된다.

수렵시대에는 사냥을 해서 지방분을 얻고 고기를 먹었는데, 큰 짐승이나 맹수사냥은 혼자는 위험해서 할 수 없었으므로 마을사람들이 같이 참여하여 거둔 수확은 규칙에 따라 공동으로 분배했다. 이러한 경우 수렵이 잘 되기를 신에게 빌고 신의 가호로 다치는 일없이 많은 성과를 거두었음을 고맙게 여기는 의식이 있었으니 이 때에도 촌락공동제의가 이루어졌다.

사람은 평안한 생활을 바라고 편안한 생활은 불행한 災禍가 없어야 한다. 그러나 사노라면 자연의 재화와 인위적인 재화를 입는다. 인위적인 재화로는 부족간의 전쟁을 꼽을 수 있는데 이러한 경우에 개인으로는 어쩔 수 없어 집단이 공동으로 대처하게 된다. 고대인들은 사냥·농경·노동 등 행사의 전후에 신에게 소원을 빌고, 신에게 제사하는 절차를 갖추게 되었다.

제의에는 주기적 제의와 일회성 제의가 있다. 일회성 제의는 사건이 일어났을 때 제의하는 것으로 한발·홍수·전쟁 등이 났을 때 임시로 하는 제의이고, 주기적인 제의는 일정한 계절·시일이 되면 연중행사로 해마다 또는 계절마다 제의를 하는 경우이다.

중국의 역대 東夷傳에 기록된 東盟·迎鼓·舞天의식은 매년 거행하였으니 주기적인 歲時風俗이었다. 山祭·서낭제[城隍祭]·堂山祭·洞祭 등의 촌락공동제의는 주기적인 행사로, 우리의 세시풍속에서 중요한 위치를 차지하고 있다.

촌락제의에 대한 조선 후기의 기록은《洌陽歲時記》·《增補文獻備考》·《東國歲時記》·《京都雜志》와 여러 문집이 있다.

(1) 제사이름과 제신

촌락공동의 제의는 다양하다. 동제·洞神祭·산제·산신제·산천제·서낭제·路祭·府君祭·大洞祭(大同祭)·당산제·당제·天祭·天龍祭·별신제·厲祭·거리제[街里祭]·都祭·치성제·都堂祭·堂祀祭·里社祭 등 여러 명칭이 있다. 이상의 신제의를 분류하면 산신제계·동신제계·서낭신제계·癘疫神系·부군신계로 대별할 수 있다.

산신·서낭신·여신·부군신은 구체적인 기능을 가진 신의 이름에서 유래했으나 동신만은 촌락공동으로 제의하기 때문에 공동제의란 뜻을 내포하고 있다. 동신제의 내용을 분석해 보면 산신제·당산제·용왕제, 또는 일과성으로 지내는 기우제까지도 동제로 불리는 경우가 있으므로 동신제는 그 대상신의 기능에 따라 다시 분류할 수 있다.

촌락제의 중에서 가장 많은 것은 산신제이다. 단군신화에서 太白山이 등장했고 신라에서는 三山·五岳을 제사한 일도 있어 산에 신을 설정하여 산신을 마을의 鎭山에 모시고 마을 공동으로 제사한 전통이 전승되어 산신신앙이 가장 보편적으로 강하게 나타나 있다.

《東國輿地勝覽》에는 각 지방의 명산이 기록되어 있다. 서울의 白岳神祠·木覓

神祠·漢江壇은 나라의 태평 및 백성의 평안과 한양사람들의 안녕에 관계가 있으므로, 백악산제의는 매년 봄·가을에 두 번 醮祭를 지냈고, 남산 꼭대기의 목멱신사도 봄·가을로 제사하였다. 開城의 松岳은 진산으로, 서낭·대왕·국사·姑女·府女의 다섯 당이 있었다. 고려 때부터 신앙이 두터워 촌락제의로 전승되어 왔다. 公州의 鷄龍山은 삼국통일 이후 5악의 하나로, 조선시대에도 명산으로서 춘추로 제사를 지냈다. 羅州 錦城山은 진산으로 춘추로 제사하였는데 남녀가 산을 뒤덮을 정도로 모여들고 밤에는 창기가 교대로 사당을 지켰으며 산신은 남신으로 나타나 있다. 산신에는 남신과 여신이 있어서 금성산·덕물산은 남성신이고 智異山을 비롯하여 老姑山·老姑壇이라는 이름의 산은 할미산으로서 여성신이 산신으로 되어 있다.

우리 나라의 촌락은 북쪽이나 서북쪽의 산을 진산으로 여기는 예가 많고 진산에는 산신이 좌정하고 있어 산신이 촌락을 지켜주고 보호해 주는 수호신으로서의 기능을 지니고 있다. 촌락에서는 거의 산신을 수호신으로 삼고 제사함으로써 마을의 안녕과 마을주민들의 '除禍招福'을 기도하였던 것이다. 전국에 산재해 있는 산신·당산신·산천신과 많은 동제신 가운데도 산신이 포함되어 있다.

서낭신은 城隍이라 기록하기도 하는데 성황은 도교의 성황이 강하게 반영되어 있다. 서낭신계에는 서낭신·토지신·당신·지신이 있다. 서낭신의 소재지는 보통 서낭당으로 고개마루 길 옆이나 동네 입구에 돌무덤으로 형상화되고 있다. 왕래하는 사람들이 오갈 때에 돌을 올려놓고 가면 어느 사이에 석단이 형성되어 왕래하는 사람의 행로를 안전하게 지켜주고 촌락 입구에서 재화나 不淨이 마을 안에 들어오지 못하도록 지켜주는 역할도 한다. 서낭당을 경계로 해서 행정구역이 나누어지는 일도 있으며, 서낭당을 神域化하여 함부로 더럽히거나 부수지 않고 오염시키지 않아 성역시하는 민간신앙으로 전승되어 왔다.

여역신계에는 여역신·별신·疫病神·牛疫神 등이 있다. 인간이 행복하려면 질병없이 건강해야 한다. 질병은 인간을 고통스럽고 불행하게 하기 때문에 역신을 위압하거나 달래서 멀리 보내야 했으니 여역신을 상대하는 큰 부담이 있었다. 인간의 지혜와 지식의 한계로 질병의 원인을 다 밝히고 치료하지 못하기 때문에 질병의 원인이 되는 여역신에 대한 적절한 대응이 필요했다.

돌림병은 수많은 사람의 생명을 순식간에 빼앗아가기 때문에 두려움의 대상이 되었다. 특히 마마신은 가장 두려운 역신으로 여겨져, 마마신에 대해서는 존칭을 쓰고 공손한 태도를 보였다. 여역신당이 따로 독립된 경우도 있지만 한 신당 안에 토지신·국사서낭·여역신이 함께 제사되는 경우도 많았다.

예방의술이 약했던 그 시대에는 신에 의지해서 질병을 치료하는 민간신앙이 있어 여역신제가 성행하였다. 무형문화재 제9호로 지정되어 있는 恩山별신제는 여역신제라고 할 수 있다. 전설에 의하면 이것은 은산지방에 토질병이 없기를 기원하는 鄕土神祀로서 생긴 것이다.[1)]

府君神은 관아에서 모시는 신령이다. 지방에는 각 관아가 있고, 특히 죄인을 가두는 가막소[監獄署]에는 寃鬼가 도사리고 있는 것으로 해석되어 부군신이 있었으나 전승된 수는 매우 적은 편이다.

(2) 제사철과 제사비용

촌락공동체 제의의 제사철은 정월, 9월, 3월의 순으로 많아 거의 춘추로 양분된다. 祭天儀式은 주로 연초, 파종 후, 추수 후에 있었으니 농경민족으로서 매우 중요한 계절이었다. 정초는 모든 일이 시작되는 출발의 시점이다. 시작이 좋아야 좋은 성과를 거둘 수 있다고 생각하여 산제·동제·여역제의 대부분이 정월에 거행되어 왔다.

정월 초사흘 무렵부터 대보름(上元)까지 10여 일 동안 대개의 산제·동제가 거행되었다. 제일이 일정한 경우도 있고, 정초에 祭主·化主의 生氣福德에 맞는 길일을 택해서 하는 경우도 있는데 상원까지 끝내는 것이 상례였다. 동제 끝에는 마을 공동의 대동굿·대동계를 해서 마을 1년 동안의 계획을 세우고, 1년 내내 마을이 태평하기를 빌었으니 정월은 공동참여의 시기였다. 3월의 행사는 밭농사에서 씨뿌리기와 옮겨심기를 할 때 성장을 기원하는 경향이 있고, 9월의 행사는 수확을 맞아 풍작에 대한 감사제의 성격이 있었다. 정월제의가 전국적으로 특히 한강 이남에 많이 분포되어 있으며 3월제와 9월제는 한강 이남에서 보다 이북에 많다. 농경민족이기에 농번기가 되는 여름철에는 제의 횟수가 매우 적다.

---

1) 任東權, 〈恩山別神祭〉(《韓國民俗學論攷》, 集文堂, 1971).

제사에는 제물의 비용을 마련하고, 飮福을 위해서 많은 음식이 있어야 하므로 비용이 많이 든다. 제사비용을 마련하는 방법은 두 가지가 있다. 하나는 일정한 소득원을 갖는 것, 즉 촌락공동의 기금으로 전답을 사서 경작하여 그 소출로 제사비용에 충당하는 방법이고, 또 하나는 수시로 그때그때 제사비용을 갹출하는 방법이다.

마을재산이 넉넉할 때에는 '동네 논'·'동네 밭'·'洞山'이 있어서 그 수입이 촌락공동의 재산이 된다. 협동이 잘 되면서 역사가 있는 마을에는 이와 같은 洞財도 있고, 때로는 소·돼지 등의 가축을 길러 그 수확으로 제사비용을 충당한다.

수시로 갹출하는 방법은 제사 때를 맞아 농악을 치고 각 집마다 다니면서 곡식이나 돈을 기부받아 제사비용이나 마을기금으로 삼았으니, 지방에 따라 지신밟기·걸립·매기굿 등의 이름으로 부른다. 지신밟기의 경우는 지신을 위로하는 것이 주목적이고 일행에 술과 음식을 대접하는데 때로는 돈과 곡식을 주는 일도 있다.

농촌에서는 여름에 공동작업 양식으로 두레가 있다. 두레 때에 지주가 낸 돈의 일부를 따로 적립했다가 마을 공동의 복지를 목적으로 쓴다. 공회당 수리, 교량가설과 보수, 농악기·상여구입, 마을 제의비용 등으로 지출한다. 촌락제의는 개인이 아닌 마을 공동을 위해서 거행하는 것이므로 고루 부담하거나 빈부에 따라 자발적으로 갹출하는 돈과 곡식이 제사비용으로 충당되었다.

(3) 제장과 단당

촌락제의 장소(祭場)는 산위·산기슭·평지·길가·동네 안·큰 바위 밑이나 큰 나무 밑 등이다. 산에 있는 경우는 산신계이고 평지·길가·동네 안에 있는 경우는 역신이나 서낭신의 경우가 많다.

산은 높기 때문에 인적이 드물어 속되거나 오염되지 않았을 뿐더러 하늘에 접근하기 쉽다. 그래서 산꼭대기에 신을 모시고 제사를 지냈다. 그러나 농경생활이 정착되어 수렵이나 채취생활을 할 때보다 산에 올라갈 일이 적어졌고 일이 바빠 산 위에까지 올라갈 시간이 없게 되었다. 또 인간의 공리성 때문에 산에 올라가는 노력을 하지 않게 되어 제장을 산 중턱으로 끌어내리게 되었다. 제장이 근래에 들어 이동한 셈이다.

평지·동네·길가에 신을 모시는 것은 신과 가까이 있게 하여 목적달성을 위하여 수시로 접할 수 있도록 하는 편의에서였다. 서낭신·여역신은 생활주변에서 수시로 제의할 필요성이 있었으니 마을 주변으로 접근하게 되었다.

제장은 신이 거처하고 신을 제사하는 신성한 곳이므로 그 표시로 壇이나 堂을 마련하고 위치도 큰 바위나 큰 나무 밑에 설정하였다. 제장 근처의 나무는, 神木으로 벨 수 없어 당의 오랜 역사에서 거목이 된 경우가 많다.

단에는 흙을 쌓은 토단과 돌을 쌓은 석단이 있다. 토단은 땅에서 한두 자쯤 높이로 원 또는 사각으로 흙을 쌓고 단 위에 신령을 모시고 제물을 진설하여 제의를 거행한다. 토단에서 노력을 들이고 협동해서 돌을 쌓아 석단 또는 석축단으로 발전하고, 다시 신과 신역이 비바람에 시달리지 않도록 집을 지어 堂宇로 발전한다.

당우는 짚 또는 기와로 지붕을 이고 크기는 단칸에서 두 칸, 세 칸으로 규모가 커지는데 신제와 관련되는 집단의 성의와 재정능력에 따라 다르다. 당집 안에는 대개 정면에 位牌를 놓거나 紙榜을 써 붙이거나 神像을 걸어 둔다. 평상시에는 아무 것도 놓지 않았다가 제의 때만 위패를 놓는 일도 있다.

당집을 유지하는 촌락은 제의에 대한 의식이 강하고 신앙심과 참여의식 또한 강하다. 훌륭한 당우가 많았는데 일제를 거쳐 현대에 들어오면서 소멸되어 가는 것은 그 만큼 믿음이 줄었기 때문이다.

(4) 제의 목적

촌락제의 목적은 祝文에서 알 수 있다. 제의를 집행하는 사람으로 제주·화주·祝官 등이 있는데 축관의 역할은 축문을 읽는다. 농·산·어촌에서 제의를 담당하는 사람은 마을에서 부정이 없는 사람 가운데 선출한다. 축관은 그의 기능으로 보아 한문을 아는 유식한 사람이어야 한다.

동제·산신제·서낭제에 따라 알맞은 축문이 보존되어 읽힘으로써 마을사람들의 마음을 신에 호소하고 전달하고자 하는 것이니까 축문에는 마을사람들의 소원을 담게 된다.

촌락제의의 축문에 의하면, 가장 흔히 어느 축문에서나 볼 수 있는 공통된

어구들은 '雨順風調'·'和風惠雨'·'財穀咸富'·'農者得豊'·'織錦順調'·'六畜繁昌' 등 농경과 생산장려에 관한 것이다. 또 '除惡去灾'·'降魔除妖'·'八方溝壑'·'千禍海滅' 등 악귀·재앙을 제거하고 행복을 갈망하는 내용과 '病者蘇生'·'商者隆盛'·'士者登科' 등 이득이 증진되어 생활이 향상되고 소생되는 것 등으로 나타난다. 인간은 언제나 행복하기를 원했다. 조선 후기에 實學思想이 일기 시작하고 천주교가 들어와 새로운 시대를 예견하면서도 신에 대한 기대로 행복을 갈망했으니 촌락제의도 그러한 상황에서 이해된다.

유교에서는 민간신앙을 '惑世誣民'한다고 해서 배척하였지만, 이는 멈출 줄 모르고 전승되어 민간에서 제의관습이 왕성했고 민속신앙으로서의 맥을 유지해 왔다. 지금도 농·산·어촌을 여행하다 보면 산 위에 숲이 무성한 곳에는 당이 있고, 마을 안의 큰 나무 밑에는 단이 있어 마을 공동의 촌락제의가 유지되고 있는 것으로 보아 과거의 생활상을 짐작할 수 있다.

2) 연희와 놀이

(1) 가면극

민간에 전승된 演戲에는 탈춤으로 北青獅子놀음·鳳山탈춤·康翎탈춤·殷栗탈춤·楊州別山臺놀이·松坡山臺놀이·江陵官奴假面戲·河回別神굿놀이·東萊들놀음·水營들놀음·統營五廣大놀이·固城五廣大놀이·駕山五廣大놀이·楊州소놀이굿·平山소놀이굿이 있다. 이러한 탈춤들의 기원은 삼국시대에까지 거슬러 올라갈 수 있으며 후세에 내려오면서 연희요소가 첨가되어 연희로서 발전해 왔다.

원시연희는 대개 神祭과정에서 娛神으로 놀이되었으나 후세에 내려오면서 관중을 상대로 하는 연희로 정착하였다. 직업적인 연희자들에 의해서 수시로 놀이되어 전국을 순회하거나 慶宴席에서 연희하고 대가를 받아 생계를 이어가게 되었으니 사당패들이 그 예이다.

연희는 다음과 같이 나누어 볼 수 있다. 봉산·강령·은율의 탈춤을 같은 계열로 海西탈춤이라 부르고 양주와 송파의 탈춤은 별산대라 부르며 동래·수영은 들놀음 즉 野遊라고 부른다. 통영·고성·가산의 탈춤은 오광대라 부르고 하회와 강릉의 관노놀이는 따로 독립시켜 분류하고 있다. 서울 근교인 양주에서 전승되어 온 양주별산대놀이는 山臺都監이 관장하던 산대도감극으로서 영조 이후 산대희가 공식적으로 폐지된 후에 형성되었거나 儺禮잡희에서 유래했을 것으로 해석된다. 산대도감극은 원래 왕의 行幸 때와 安胎·경연 때 그리고 중국사신이 내왕할 때에 여흥으로 놀이되었다. 연희를 담당한 사람들은 도성 근처에 살았으나 산대도감극이 공적으로 폐지된 후 분산하여 碌磻·애오개(阿峴)·退溪院 등지에서 살다가 생활수단으로 서울과 지방을 돌아다니며 연희하면서 양식을 청하였다.

양주고을에서는 약 200년 전부터 해마다 4월 초파일과 5월 단오날에 백정 상두군 건달로 구성된 서울 사직골 딱딱이패를 초청하여 산대놀이를 놀게 하였는데, 그들은 지방순회와 그 밖의 일로 공연약속을 어기는 일이 한두 번이 아니었다. 양주골에서는 불편을 느낀 나머지 신명이 많은 자들, 주로 아전끼리 사직골 딱딱이패를 본떠 가면 등을 제작하고 실연하였다. 그 결과 성과가 나쁘지 않아 의외의 성공을 거두고 그 뒤부터 발전시켜 내려온 것이 양주별산대놀이이며 당시의 중심인물은 李乙丑으로서 그는 양주 최초의 가면제작자라고 전해지고 있다.[2)]

양주별산대놀이에 쓰이는 전승된 탈은 다음과 같다.

상좌 ; 탈은 2개이며 바가지탈에 얼굴은 희고 快子 위에 흰 도포를 입고 붉은 띠를 두르고 고깔을 쓴다.

옴 ; 자줏빛 얼굴로 옴이 많고, 용을 그린 장삼을 입는다.

연잎 ; 머리에 연잎 쓴 것 같고 붉은 얼굴로 혹이 양 볼에 달려 있고 청창의를 입고 행전을 친다.

눈끔적이 ; 자줏빛 얼굴로 눈썹을 크게 채색했고 양 볼에 혹이 있다. 등에 호랑이를 그린 장삼을 입고 붉은 띠에 회색 행전을 친다.

목중 ; 탈 4개, 주홍색 얼굴로 아래턱이 앞으로 나왔다. 장삼을 입고 붉은 띠에 회색 행전을 친다.

완보 ; 붉은 바탕에 큰 얼굴이며 관을 썼다. 용을 그린 장삼을 입고 붉은 띠에 관을 쓰고 꽹과리를 들고 있다.

신주부 ; 자줏빛 얼굴로 양 볼에 혹이 있고 아래턱이 앞으로 나와 있다. 두루마기를 입고 관을 쓴다.

노장 ; 검은 얼굴로 흰 점과 붉은 점이 있고 아래턱이 앞으로 나와 있으며, 송낙을

2) 李杜鉉, 《韓國假面劇》(文化財管理局, 1969), 205쪽.

쓰고 잿빛 장삼을 입고 붉은 띠를 두르고, 염주를 목에 걸고 그림부채와 죽장을 손에 든다.

왜장녀 ; 흰 얼굴로 양 볼에 연지를 찍고 큰 머리를 한다. 옥색 치마와 저고리·흰색 속곳·붉은 띠에 괴나리봇짐을 지고, 징·꽹과리·북을 머리에 이기도 하는 변화있는 복색이다.

소무 ; 탈 2개, 왜장녀와 비슷하게 흰 얼굴로 연지찍고 큰 머리에 연두색 저고리·다홍치마를 입거나 노랑 저고리에 남치마를 입고 쾌자를 입고 붉은 띠를 두른다.

말뚝이 ; 자줏빛 얼굴로, 이마에 주름이 많고 아래 입술은 내밀었고 청창의를 입고 붉은 띠에 패랭이를 쓰고 채찍을 손에 든다. 역할은 하인이나 신장수, 토끼역까지 겸하기도 한다.

취발이 ; 진홍색 얼굴로 머리 정수박이(정수리)에만 상투머리가 있고 등에 학을 그린 청창의에 붉은 띠를 두르고 손에 생나무가지를 든다. 쇠뚝이로 나올 때에는 곤장을 든다.

원숭이 ; 몸집이 작고 붉은 얼굴로 원숭이와 똑같은 동작을 흉내낸다.

샌님 ; 눈·코·입이 기형적인 얼굴로 흰 도포를 입고 유건을 쓰며 흰색 행전을 치고 부채를 손에 든다.

포도부장 ; 흰 얼굴로 수염이 달려 있고 망건·갓을 쓰고 옥색 두루마기를 입는다.

신하라비 ; 흰 얼굴로 눈썹과 수염이 희고, 흰 도포에 붉은 띠를 하고 관을 쓴다.

미얄할미 ; 검은 얼굴로 큰 머리를 하고 흰 치마·저고리에 지팡이를 짚는다.

가면극은 탈춤이라고 했을 만큼 무용이 주가 되어 있고 잽이(樂士)들의 반주에 맞추어 몸짓과 재담으로 엮어 나가 서민연희로 발전해 왔다. 탈춤의 대사에는 은어·음담·패설·욕설·쌍소리가 마구 섞여 있는데 낮은 계층에 속하는 연희자들이 서민 속에서 연희하는 과정에 그렇게 되었다. 솔직하고 노골적인 언동이 심해서 부녀자들은 관람할 수 없었고, 서민들 사이에서는 흥미진진하게 웃고 즐길 수 있었다.

송파의 산대놀이는 송파가 양주와 가까운 거리에 있어 유사점이 많았다. 松坡津은 나루터이고 중부로 빠지는 큰 길목이며 한강의 柴船이나 곡식·해산물을 실은 배가 닿는 곳이었다. 상업이 번창했던 곳으로 놀이패들에 의해서 별산대놀이가 전승되었으니 구전에 의하면 약 200년전 영조 말기 무렵에 형성되었다고 한다.

송파산대놀이의 기능보유자였던 李忠善(1901~1991)은 소년시절에 놀이패들을 따라 다니면서 많이 보았고 그의 조부로부터도 송파산대놀이에 대한 이야기를 들었다고 한다. 그보다 선배격인 조영완(1865~1949)·윤종현(1880~1953)·김도환(1889~1951) 등이 1800년대 말기 사람이고, 순조 9년(1809)에 이루어진 《만기요람》에 송파장이 전국 굴지의 시장이라 하였으나,[3] 중세의 예능인이나 광대들이 부의 그늘에서 성장한 것으로 보아 순조 초에는 이미 송파별산대가 있었을 것으로 짐작된다.

북청사자놀음은 함경남도 북청지방에 전승되는 사자놀음으로 사자가 등장하고 퉁소의 음악반주가 특이하다. 사자놀이는 신라의 狻猊로 이미 나타나 있으며 불교문화와 함께 서역에서 전래한 것으로 해석되고 있다. 탈춤에 있어 사자의 등장은 봉산탈춤·통영오광대·수영들놀음에도 있으나 사자놀이가 본격적으로 전개되는 것은 북청사자놀음이 유일하다. 북청지방에서는 정월 대보름에 백수의 왕인 사자를 앞세우고 집집마다 찾아다니면서 악귀를 쫓아내고 집안이 태평하기를 빌어주면서 답례로 돈이나 곡식을 받아 마을기금으로 삼았으니 辟邪進慶의 뜻이 있었다.

황해도 鳳山·沙里院·安岳·信川·殷栗·海州감영 등지에서는 탈춤이 전승되어 왔으나 지금 보존되고 있는 것은 봉산탈춤·강령탈춤·은율탈춤이다. 이 세 탈춤은 전승지가 인접되어 있어 주제나 연희방법이 대동소이하다.

봉산탈춤은 약 200년 전에 吏屬 安草木이란 사람에 의해서 중흥되고 나무탈을 종이탈로 개조하였다고 전한다. 봉산탈춤은 5월 단오명절에 크게 놀았고 해주감영에 가서 놀기도 하였다. 단오 무렵은 농군들이 잠시 망중한을 즐길 수 있는 계절이므로 농민들을 상대로 하거나 장터에 가서 상인들을 상대로 놀았으니, 놀이패는 주로 지방관속 등 낮은 계층이 주역이었다. 三絃六角으로 반주하는 타령·염불·굿거리에 맞추어 춤을 추었고, 재치있는 재담을 주고받아서 노래·춤·연극이 어울어지는 흥겨운 서민극으로 발전하였다. 첫째장에서 팔목중들이 활기차게 뛰어나와 춤추는 동작은 활달하면서 넓고 큼직한 모습이다. 봉산·은율·강령의 세 탈춤은 현지에서 연희를 본 사람들이 남하해서 재현하여 문화재로 지정받아 전승시키고 있다.

동래와 수영에는 들놀음이 전해지고 있다. 원래는 경남 합천군 草溪에 탈춤이 전승되어 왔었는데 180년쯤 전에 수영사람이 가서 보고 흥미가 있어 수영

---

3) 《萬機要覽》 財用篇 5, 各廛 無分各廛 附鄉市.

에서 놀게 되고 그 다음 동래에도 전파하게 되었다고 한다.[4] 따라서 동래보다는 수영의 들놀음이 전형이 되겠다.

들놀음은 줄다리기·길놀이와 함께 마을 대동축제 때에 춤과 연극으로 흥을 한층 돋아주었으나 지금은 연희만 독립해서 놀이되고 있다. 수영과 동래의 들놀음 대동소이하지만 수영에는 사자가 있는데 동래에는 없고, 수영에는 문둥과장이 없으나 동래에는 있는 것이 다른 점이다.

통영과 고성에는 오광대가 전한다. 오광대도 합천군 초계에서 전파되었다고 한다. 오광대란 말은 五行·五方神將·다섯 양반·다섯 문둥이 등 '五'의 수가 빈번히 사용되고 있어 여기에서 기원했을 것으로 판단된다.

정월 대보름의 봄놀이, 추석의 가을놀이가 있었고 기우제 때에도 놀았다. 통영에서는 보름날 아침에 統制使가 죄인을 문초하는 사또놀이를 논 다음 농악치고 놀다 밤이 되면 미륵산 잔디밭에 모닥불을 피워 놓고 밤새껏 놀았다.

경북 안동군 하회마을에 별신굿놀이가 전승되어 있다. 하회별신굿은 娛神으로 '벽사진경'하며 민속제의와 함께 놀이된 것으로 미루어 禱神의 성격이 강했다. 하회별신굿은 고려말 무렵부터 있었던 것으로 10년마다 있는 대제 때에 탈춤이 놀이되었다. 제사를 담당할 山主와 임원일동 그리고 광대들은 동구에 금줄을 치고 황토를 뿌리고 목욕재계를 해서 부정이 없도록 한다. 목수를 데리고 산에 가서 神竿木으로 쓸 나무를 베어 정성껏 다듬어 세운다. 정월 초이틀 아침에 보관한 가면을 꺼내서 제사를 지내고, 가면을 쓰고 서낭당에 가서 降神을 빈다. 대보름까지 합숙하면서 집집마다 찾아가서 축원하여 벽사하고 밤에는 여흥으로 탈놀음을 했다.

강릉의 관노놀이 가면희는 단오제 때에 놀이되는 유일한 무언극이다. 매년 단오 때에 대관령 서낭신을 모셔다가 여서낭과 合舍하고 여러 날 굿판을 벌이는 것이 단오제인데 이 때에 관노들에 의한 탈놀이가 있었다. 관노들에 의해서 놀이되었으므로 관노탈춤이라 불렀고 대사가 없고 무언으로 진행되며 등장인물은 양반·소매각시·시시딱딱이(2인)·장자마리(2인) 등 모두 6인에 불과하였다.

---

4) 宋錫夏, 〈五廣大小考〉(《朝鮮民俗》 1, 朝鮮民俗學會, 1933).

(2) 인형극

人形劇으로는 꼭두각시놀이와 만석중놀이(忘釋僧戱)가 있다.

꼭두각시놀이는 일명 朴僉加劇이라고도 하는데 주로 남사당패에 의해서 연희되었다. 인형극의 기원연대를 고려시대로 잡고 있으나 그 변천사를 문헌으로 고증할 자료가 없다. 다만 나무에 풀잎으로 머린 따고 옷을 입혀 각시라 부르는 인형을 만든 기록이 《東國歲時記》에 있다.[5]

포장을 치고 포장 위로 인형이 나와 있고 인형을 조종하는 사람은 포장 뒤에 숨어 있다. 무대 앞에 반주하는 잽이가 앉아 반주도 하고 대화를 한다. 재담이 섞이고 해학적인 내용으로 관중을 웃기고 연희효과를 높인다.

꼭두각시놀이의 등장인물은 박첨지·꼭두각시·홍동지·소박첨지·중·소무당·평안감사·관속·동방삭(석)이(東方朔)·표생원·돌모리(덜머리)집·강계포수의 12인과 동물에는 개·이시미·매가 등장한다.

꼭두각시놀이는 조종자의 마음에 따라 시간에 신축성이 있고 가감이 있으나 대체로 다음과 같다.[6]

제1막 ; 재산을 파산당한 박첨지는 늙은 몸으로 팔도유람의 길을 떠나 방방곡곡을 떠다니다가 어느날 날이 저물어 주막에 머물게 되었다. 그 때에 마침 남녀 사당의 곡예장에서 풍악소리가 요란하자 풍류를 즐기는 노인은 피곤함도 잊고 곡예장에 나가 재담을 하고 노래와 춤을 춘다.

제2막 ; 뒷 절에서 중 2인이 소무당 두 사람과 풍악에 맞추어 춤을 추고 논다. 박첨지가 보고 중을 꾸짖고 자기도 한바탕 춤을 추다 보니 소무당은 바로 자기의 질녀였다. 그래서 기운이 센 홍동지를 불러들이니 홍동지는 옷을 벗고 벌거숭이로 등장하여 중들을 꾸짖고 소무당을 쫓아 보내고 퇴장한다.

제3막 ; 박첨지는 의지할 곳이 없어 사돈인 최영로집에 신세를 지고 있다. 때마침 농촌에서 일이 바쁜 가을이라 마당에 벼를 널고 새를 쫓느라 야단이다. 어느 날 최영로는 박첨지 보고 오조 밭에 가서 새를 쫓으라고 한다. 그 때에 용강의 이시미가 배가 고파서 새 쫓으러 나온 사람들을 모조리 잡아먹는 판이라 모두 벌벌 떨었다. 그러나 박첨지는 안 갈 수도 없어 들에 갔다가 이시미에게 머리를 물리게 되었다. 박첨지가 사람 살리라고 큰소리를 지르니 홍동지가 듣고 나와 박첨지의 동생인 소박첨지와 협력해서 이시미를 죽이고 박첨지를 구출하는 데 성공한다.

제4막 ; 동방삭이 곡예장에 나와서 노래하고 춤을 춘 다음 남해지방에 사는 표생

---

5) 洪錫謨, 《東國歲時記》, 3월 月內.

6) 金在喆, 《朝鮮演劇史》(漢城圖書, 1933), 98쪽.

원이 첩 덜머리집을 데리고 거처를 알 수 없는 본처를 찾으려고 강원도 금강산까지 갔다가 오는 길이라고 말을 한다.

제5막 ; 본처를 찾으려고 방방곡곡을 헤맸으나 찾지 못한 표생원이 첩과 함께 등장한다. 이 곳에서 우연히 본처를 만난 표생원은 매우 기뻤으나 첩을 거느리고 있어 삼각관계가 생겨 처와 첩 사이에 갈등이 생기고 본처는 재산분배를 요구한다. 이 때 박첨지가 나와서 재산을 분배하는데, 좋은 것은 모두 첩에게 주고 나쁜 것은 본처에게 준다. 그래서 표생원은 본처와 이별하고 서로 헤어진다.

제6막 ; 신임 평양감사는 평양에 도착하자, 먼저 강계포수를 불러 꿩사냥에 열중한다.

제7막 ; 평양감사의 어머니가 사망해서 상여가 나간다. 그러나 상주인 평안감사는 별로 슬퍼하지도 않고 도리어 장타령 · 양산도 등 노래를 부른다. 향도꾼의 한 사람이 발병이 나자 홍동지가 벌거벗은 몸으로 상여를 메는 불손한 행동을 한다.

제8막 ; 평안감사의 어머니가 죽은 뒤 백일만에 불공을 드리려고 법당을 짓고 축원을 한다.

꼭두각시놀이에서는 혼탁한 인간관계와 불교의 영향을 엿볼 수 있다. 한 남성이 두 여인을 거느려 처와 첩 사이에서 질투와 갈등의 삼각관계가 생기고 재산분배를 하는데 본처는 못 쓸 것만 주고 첩에게는 값진 것을 주는 것은 연극이라고는 하지만 남성의 불성실성을 노출시키고 있다. 또 중이 불도에는 마음이 없고 소무당과 놀아나는 것은 파계승의 이야기이며 홍동지가 벌거벗고 상여를 메는 일은 양반과 법도에 대한 모독이다. 평안감사가 상주로서 근신해야 함에도 장타령 · 양산도를 노래함은 양반의 비도덕성을 풍자한 것이고 마지막으로 법당을 지어 불교에 귀의하는 것은 속계의 혼탁에서 벗어나려는 노력이니 불교의 영향을 볼 수 있다. 꼭두각시놀이가 서민사회에서 형성되고 서민들을 위해서 놀이되는 과정에서 양반이나 승려를 조롱하는 대목이 설정되어 관중의 환영을 받았다.

극은 관람자에 흥미가 있어야 한다. 웃을 수 있는 요소가 있어야 하고, 감동을 주어야 한다. 그래서 극적 요소를 첨가시키는데 꼭두각시놀이에서는 서민을 웃기고 감동을 주는데 성공했다.

인형극의 하나로 만석중놀이가 있다. 기록은 남아 있으나 연희자가 단절되어 지금은 볼 수 없다. 《동국세시기》에서는 4월 초파일 밤에 燃燈을 하는데 이 때에 괴뢰를 만들어 줄에 달아매서 논다고 하였다.7) 만석중놀이를 초파일

7) 洪錫謨, 《東國歲時記》, 4월 8일.

에 놀았고 연희방법이 나무인형인 만석중을 끈으로 꾀서 조종하고 있어 동일한 놀이라고 생각된다.

만석중은 曼碩僧舞라고 했고 만석승을 고려승려의 이름이라고 했으므로 만석중놀이는 불교와 밀접한 관계가 있음을 알 수 있다.[8] 또 다른 설에는 松都명기 黃眞伊를 사랑한 知足禪師가 하루 아침에 도가 무너지고 말았다는 고사에서 지족을 풍자하기 위하여 발생했다는 설도 있다.

연등하는 풍속은 고려시대부터 있었고[9] 원래 정월 보름에 했으나 공민왕 때에 4월 초파일에 하게 되었다. 만석중놀이의 기록이 《경도잡지》에 비로소 나오는 것으로 보아 조선 후기에 형성되었거나 그 이전에도 있었으나 후기에 왕성해져서 초파일놀이로 채택되었을 것으로 보인다.

만석중놀이는 무언극이다. 꼭두각시놀이에서는 인형 조종자와 잽이 사이에 대화가 있지만 만석중놀이에서는 대사가 전연 없다. 막 뒤에 인형 조종자가 숨어서 끈으로 인형을 조종하고 재비들의 반주악에 맞추어 인형이 움직였다. 대사가 없으면 관중들이 이해하기 어려우나 인형의 움직임으로 짐작할 수 있으니 상상력이 풍부했다.

만석중놀이에 등장하는 인형은 만석중·노루·사슴·용·잉어뿐이다. 각 인형의 구성과 역할은 다음과 같다.[10]

만석중 ; 사람 모양의 나무인형이다. 관중을 향해서 서고 인형 뒤에 조종하는 사람이 숨어서 끄나풀을 잡아당겨서 움직이게 한다. 가슴에 두 개의 구멍을 뚫어 구멍을 통해 끈으로 팔과 다리를 각각 매고 있다. 인형 뒤에서 끈을 잡아당기면 두 팔은 가슴을 치고, 두 발은 머리를 친다. 나무인형이기 때문에 나무끼리 부딪치는 소리가 요란하다. 얼굴을 바가지로 만들면 그 소리가 더욱 요란하다. 만석중은 연극 처음부터 끝까지 뚝딱거리고 요란하게 쉴 새 없이 움직인다.

노루와 사슴 ; 노루와 사슴도 끈으로 조종한다. 끈을 잡아당기면 머리를 내밀고 꼬리를 흔들어 짐승이 움직이는 동작을 한다. 노루와 사슴은 마주 서 있으나 실이 엉킬 수 있어 교묘하게 조종하고, 또 엉켜도 서로 싸우는 것 같아 비극적 효과가 있다.

용과 잉어 ; 용과 잉어는 종이로 만들고 燈을 가운데 놓고 좌우에 자리 잡는다. 실끈

8) 柳得恭, 《京都雜志》 권 1, 風俗聲伎.
9) 李睟光, 《芝峰類說》 권 1, 時令部 節序.
10) 金在喆, 앞의 책, 91쪽.

으로 조종하기에 따라 용과 잉어가 노는 듯이 움직이고, 용은 쉴 새 없이 움직인다. 가운데 놓은 등은 용 쪽으로 갔다 잉어 쪽으로 갔다 한다. 이 때에 등은 如意珠을 상징한다. 여의주를 서로 입에 물려는 동작을 보여준다.

(3) 남사당놀이

남사당놀이는 男寺黨牌(男寺堂牌, 男社堂牌)들에 의해서 연희되는 놀이를 뜻한다. 남사당놀이의 기원에 대해서 여러 설이 있으나 유랑하는 예능인으로 傀儡戲나 소리를 하는 廣大의 출현은 고려시대로 거슬러 올라간다. 남사당놀이의 구성·내용으로 보아 광대놀이 괴뢰희와 유사한 점은 남사당놀이가 그 발전·전승에서 형성되었다고 할 때 남사당놀이도 오랜 역사를 지니는 셈이다.

예능집단으로서의 남사당패의 활동은 19세기 말까지 있었고 조선 후기에 많은 예능활동을 하였다. 사당패들은 모갑(某甲)이를 주축으로 하고 居士와 여사당이 있는데 거사가 남자이므로 여사당과 각각 짝을 이루고 모갑이는 그 위에서 이들을 통솔했다. 사당패들은 사찰과 관계가 깊어 불사를 도왔으며 절에서 받은 부적을 팔기도 해서 安城의 靑龍寺와 南海의 花芳寺는 사당패의 본거지처럼 되어 있었다. 마치 사노와 같은 처지의 사당패들은 탈춤·곡예·가무를 하면서 매춘도 했다.

조선 후기에는 實事求是의 학문인 실학의 영향을 받아 자기각성과 자아의식이 싹트기 시작하고 유교윤리가 흔들리는 현상도 있게 되어 성도덕에도 매춘과 같은 현상이 나타났다. 남사당놀이에는 다음과 같은 여섯 가지 놀이가 있다. 풍물놀이는 풍장놀이라고도 하고 요즈음의 농악놀이다. 풍물은 꽹과리·징·장고·북의 4物의 타악기로 연주되는 것이 기본이고, 여기에 소고·날라리·피리 등이 더해지는 수도 있다. 농악은 농경작업에서 피로를 잊게 하고 흥을 돋우어 작업의 능률을 올리는 데 효과가 있으며, 농군들이 집단놀이에 등장해서 흥을 돋우므로 농촌사회에서 공감하고 호응되는 놀이로 성장하고 전승되어 왔다.

남사당패가 농촌을 유랑할 때는 저자거리에 사람을 모아야 놀이판이 구성되고 놀이판이 제대로 구성되어야 수입이 생기므로 농악놀이로 군중을 모으고자 했다. 판을 벌리기 전에 우선 길굿을 한다. 풍물을 치고 마을이나 시장을 한바퀴 돌면 사람들에게 판이 벌어진다는 광고를 하는 셈이 된다.

남사당 풍물놀이는 일반 농악과는 다른 면이 있다. 많은 사람들의 관심을 모으고 흥을 돋우기 위해서 여러 가지 묘기를 보태어 연희한다. 진풀이·벅구놀이·채상(열두발 상모)놀이와 舞童의 묘기 그리고 노래가 첨가되어 산타령·새타령 같은 타령을 부르고 농부가·移秧歌 등 민요를 불러 분위기를 흥겹고 신나게 만든다. 그래야만 구경거리가 되고 관중을 사로잡을 수 있다.

버나는 대접돌리기를 말한다. 긴 담뱃대나 막대기 위에 쳇바퀴·대야·접시·대접 등을 올려놓고 쉬지 않고 빙빙 돌리는 묘기이다. 도는 일이 정지되면 그릇이 땅에 떨어져 깨지기 때문에 쉴 새 없이 돌려야 하고 중심을 잡아주어야 한다. 버나를 할 때에는 음악이 반주되는데 악기는 꽹과리·징·북·장고·날라리 등이다.

살판이란 땅재주를 말한다. 체육예능이라고 할 수 있는데 원래 광대패에 의해서 놀이되었다. 땅에서 놀기 때문에 地藝 또는 場技라고 부르기도 한다. 마당이나 잔디밭에서 놀 수 있고 경우에 따라서는 멍석을 펴놓고 그 안에서만 놀 수도 있다. 살판 중에 쌍줄백이의 경우에는 마당 한복판에 솟대[蘇塗]라 불리는 높은 장대를 하나 세우고 그 꼭대기에 두 가닥의 줄을 늘어뜨리고, 그 위에선 팔걸음·고물무치기 등 위험한 묘기를 보이기도 한다.

살판의 재주는 '앞곤두'라고 해서 앞으로 걸어가다 손 짚고 공중을 한 바퀴 회전하고 서는 동작이 있다. '뒷곤두'는 뒷걸음으로 가다가 손 짚고 뒤로 한번 회전하고 서는 것이고, '번개곤두'는 앞으로 가다가 손을 짚지 않고 공중회전하고 서는 것이다. '팔걸음'은 두 팔 짚고 거꾸로 서서 걸어가기이고, '자반 뒤지기'는 두 발과 손을 땅에 짚고 몸 전체를 틀어 바닥에 닿지 않도록 뒤집어 가기이며, '살판'은 껑충껑충 위로 뛰다가 몸을 틀어 공중 회전하고 우뚝 서기를 말한다. 이 밖에도 '외팔 걸음'·'외팔 곤두'·'앉은뱅이 걸음'·'앉은뱅이 모말되기'·'쑤세미트리'·'숭어뛰기' 등의 묘기도 있다.

살판은 몸이 유연하고 특히 허리힘이 좋아야 한다. 살판에도 반주음악이 연주되었고. 재담을 하면서 마음의 여유를 보이고 관중을 웃기고 놀이의 해설도 겸한다. 조선 후기에는 신기한 구경거리로 농촌에서 큰 인기가 있었다.

어름은 줄타기를 뜻한다. 《星湖僿說》에 踏索戲라 하였고[11] 나례 때에도 했다

11) 李 瀷, 《星湖僿說》 권 5하, 人事篇 8, 技藝門 踏索戲.

고 하며 중국의 사신이 보고 감탄했다고 하니까 줄타기가 매우 절묘한 기교를 보여주었음을 알 수 있다.

줄타기는 양쪽에 기둥을 세워 줄을 떠받치게 하거나 큰 나무에 줄을 맨 후 줄 위에 사람이 올라서서 타는 것이다. 사당패는 지방을 유랑하기 때문에 임시로 기둥을 세우고 줄을 타는 경우가 많다. 줄타는 기술은 오랜 훈련 끝에 능숙해지며 줄 위에서 떨어지면 다치는 일도 있어 매우 위험한 놀이이다. 서구식의 줄타기는 體技를 위주로 하는 놀이지만 우리 고유의 줄타기는 체기보다는 줄꾼인 어름산이와 어릿광대인 매호씨가 서로 재담을 주고받아 흥을 돋우고 관중을 웃기는 연극성이 강한 놀이이다. 줄꾼은 줄 위에 올라가 있고 매호씨는 줄 앞에 자리잡고 앉아 반주를 해가면서 재담을 주고받는다. 놀이시간은 일정하지 않으나 재담과 노래를 제대로 부르면서 할 적에는 한 시간 반쯤 걸린다.

줄타기 재주는 다양하여 ①앞으로 가기 ②장단줄 ③거미줄 늘이기 ④뒤로 훑기 ⑤콩심기 ⑥화장사위 ⑦참봉댁 맏아들 ⑧억석에미 ⑨처녀 총각 ⑩외호모 거리 ⑪허궁잽이 ⑫가새트림 ⑬외허궁잽이 ⑭쌍허궁잽이 ⑮양반 병신걸음 ⑯ 양반 밤나무 지키기 ⑰ 녹두장군 행차 등이 있다.[12)]

덧뵈기는 탈놀음을 말한다. 가면극, 산대놀이, 해서지방의 탈춤, 경남지방의 들놀음과 오광대가 혼합되고 부분적으로 원용해서 유랑예능집단에 의해서 연희되어 왔다. 대개의 탈춤이 전승지에서 鄕土神祭와 관련되어 오신 또는 벽사의 기능을 지니고 연희되면서 그 고장에 정착되어 연중행사로 놀이되고 있으나 덧뵈기는 남사당패들이 전국을 순회하면서 수시로 연희된 점이 다르다. 따라서 전승된 고유의 연희를 고집하지 않고 매우 융통성있게 연희하였다.

예능집단은 생계를 위해서 유랑하기 때문에 저자거리를 찾아가 연희하기도 하고, 때로는 양반댁 경연잔치에 나아가 연희하였다. 그러므로 주최자의 비위를 거스르지 않으려고 노력했는가 하면 저자거리에서는 거침없이 양반이나 파계승을 풍자하는 일도 있었다. 즉 탈놀이의 내용이 장소와 상황에 따라 변화하는 융통성이 있었다.

덧뵈기에는 등장인물로 샌님·노친네·취발이·말뚝이·먹중·옴중·피조

---

12) 沈雨晟, 《男寺黨牌硏究》(同和出版公社, 1974), 121쪽.

리·꺽쇠·장쇠가 나오는데 피조리만 2인이 등장한다. 덧뵈기는 ① 마당씻이 ② 옴탈잡이 ③ 샌님잡이 ④ 먹중잡이 등의 4마당으로 구성되는데 춤이 많이 놀이된다. 해학적인 재담이 많고 중간 중간에 타령의 삽입가요로 채택되어 관중을 웃기고 흥을 돋우어 주었다.

마지막으로 덜미라고 부르는 꼭두각시놀음이 연희된다. 앞에서 꼭두각시놀음에 대하여 서술하였으므로 여기서는 줄이기로 한다.

(4) 전승놀이

전승놀이는 수없이 많다. 서구에서 전래된 놀이를 제외한 대부분의 것이 전래의 놀이다. 그러나 놀이에 관한 문헌기록은 별로 없다. 조선 후기는 물론 근대까지 서민생활을 기록한 문헌이 거의 없고 하물며 놀이와 같은 생활오락은 가치 없는 것으로 판단하여 기록으로 남겨 놓지 않았다. 그러나 다행히 《동국세시기》를 비롯하여 《열양세시기》·《경도잡지》 등에 약간의 기록이 있어 18세기 말엽부터 19세기 중반의 자료를 위주로 서술하기로 한다.

정월놀이에는 연날리기·널뛰기·다리밟기(踏橋)·횃불싸움·돌싸움·車戰·회회(回回)가 기록에 보인다.

연날리기는 섣달 중순께부터 시작하여 정월 대보름날에는 送厄으로 날려보낸다. 연에다 이름과 생년월일시를 쓰고 연이 높이 올랐을 때에 실을 끊으면 연이 한없이 날아가는데 그 해에 든 액을 모두 싣고 가서 무병태평하라는 것이다. 연날리기는 엄동에 야외에서 놀기 때문에 추위를 이겨내는 체력과 정신력을 기르는 심신단련의 좋은 운동이 되었다.

널뛰기는 소녀들이 하는 정초의 놀이이다. 운동이 부족한 소녀들에게 다리를 튼튼하게 단련시키는 좋은 운동이기에 주기적으로 권장되었다. 어린아이들은 5색의 종이로 팔랑개비를 만들어 풍향에 따라 돌게 하여 즐겼으니 回回兒라 불렀다. 또 실줄 끝에 거위 털을 잡아매고 바람에 따라 날리는 놀이가 있었으니 姑姑妹라 불렀다. 청소년들은 돈치기(擲錢)를 즐겼다. 5m쯤 떨어진 땅바닥에 구멍을 파고 편을 갈라 돈을 그 구멍 속에 던져 넣는 것으로 승부내기를 해서 이긴 사람이 돈을 소유한다.

대보름 초저녁 달이 떠오를 무렵 젊은 남녀들은 달맞이를 하기 위해서 가까운 산이나 언덕 위로 올라간다. 새해 들어 첫 만월이라는데 의미가 있었고 달을 먼저 보면 길하다고 하여, 각자 소원을 달에게 비는 일도 있었다. 학동들은 문장이 늘기를 빌었고, 소녀들은 바느질 솜씨가 늘기를 빌었다. 또 달의 색깔을 보아 일년 신수와 농사의 풍흉을 미리 점치기도 하였다. 야외에 나아가 달맞이하는 즐거운 놀이였다.

대보름날 밤에는 다리밟기놀이를 하였다. 나이 수대로 다리밟기를 하면 좋다고 하여 이웃 마을까지 가서 다리를 밟아 수를 채우거나, 같은 다리를 몇 번이고 왕래하면서 수를 채우는 일도 있다. 다리밟기를 하면 다리가 튼튼해져서 병을 앓지 않으며 건강해진다는 데서 세시풍속으로 정착되었다. 서울의 水標橋·廣通橋에서는 많은 사람들이 모여 북을 치고 피리를 불며 혼잡을 이루어 관에서 금지시키는 일도 있었다.

서울 3문 밖 사람들과 아현동 사람들이 만리고개(萬里峴)에서 몽둥이를 들고 돌을 던지면서 싸웠으니 石戰이다. 안동지방에서도 정월 16일에 돌싸움을 하였는데 그 승패로 농사의 길흉을 미리 점치기도 했다. 석전은 부상자도 나는 위험한 놀이였으나 젊은이들은 마을의 명예를 걸고 용감하게 싸웠다. 또 대보름밤에 청소년들이 긴 횃대에 불을 붙여 논두렁·밭두렁을 불태우는데 이 때에 이웃 마을 청년들과 마주치면 횃불싸움으로 발전한다. 옷에 불이 붙고 화상을 입는 수가 있지만 용감하게 싸웠다. 심신이 단련되고 진취의 기상을 길렀다.

춘천지방에서는 車戰놀이가 있었는데 외바퀴였으며 그 승패로 농사의 풍흉을 미리 점쳤다. 영남지방에서는 칡으로 동아줄을 만들어 줄다리기(索戰)를 하였고 그 승부로써 농작의 풍흉을 점쳤다. 안동지방에서는 밤에 부녀자들에 의해서 놋다리밟기놀이가 행해졌다. 여인들이 골목길에 열을 지어 늘어서고 허리를 굽히면 그 위에 특별히 뽑힌 어린 소녀가 허리 굽힌 사람의 등을 밟고 앞으로 간다. 이 때 '놋다리야 놋다리야／이 다리가 뉘 다리고／나라님의 옥다릴세' 라고 하는 노래를 부르면서 밤 늦도록 논다.

이상은 《동국세시기》에 기록된 놀이이다. 이 밖에도 雙六·陞卿圖·投壺·旗歲拜·木牛戲 등이 있었고, 장기·바둑·장치기·고싸움·가마싸움·서당놀이·팽이치기·공기놀이·제기차기·어름타기 등이 있었을 것이다.

2월의 놀이로 영남과 제주도에서는 燃燈놀이가 있었다. 연등은 風神으로, 하늘에서 초하룻날 내려왔다가 보름날이나 20일에 하늘로 올라가는데 그 사이에 무당을 불러 굿을 한다. 제주도에서는 金寧·歸德 등지에서 장대 12개를 세워 놓고 신을 맞이해서 제사를 지냈다. 涯月지방에서는 나무로 말 머리를 만들어 채색비단으로 꾸며서 躍馬戱를 했다. 신을 즐겁게 하기 위한 것으로 보름날까지 하였는데 연등이라 했다.

3월의 놀이에는 花煎·花柳·각시놀이가 있다. 화전은 산에 가서 진달래꽃을 따서 찹쌀가루에 반죽을 하여 둥근 떡을 만들고 기름에 지져서 만드는 것이다. 혹은 진달래꽃을 녹두가루에 반죽해서 만들기도 한다. 봄을 맞아 마을 친구끼리 미리 통문해서 화전을 만들어 먹고 봄의 경치를 완상하면서 흥에 젖어 하루를 즐기는 것이 화전놀이이다. 화전을 만들면서 부른 민요로서 화전노래가 많이 전하는데 여성시가문학으로 높이 평가되고 있다.

서울에서는 산언덕이나 물 좋은 냇가에 가서 하루를 조촐하게 노는 것이 화류놀이이다. 삼짇날 踏青하는 데서 유래하며 弼雲臺의 살구꽃, 北岳의 복숭아꽃, 興仁門 밖의 버들이 경치가 좋아 사람들이 많이 찾는 화류처였다. 궁사들이 활쏘기대회를 하는 것도 이 때였다. 편을 갈라 활을 쏘아 승부를 내고 음주를 즐겼는데 가을에도 대회를 열었다.

소녀들은 푸른 풀을 뜯어 머리채를 만들고 나무를 깎아 머리채를 붙인 다음 붉은 치마를 입혀 인형을 만들고 각시라고 부르는 놀이를 즐겨했다. 소년들은 버들가지를 꺾어 호드기를 만들어 소리를 내며 놀았다. 소박한 음을 내지만 농촌에서 즐기기에는 충분했다. 이것을 柳笙이라 하였다.

4월 초파일에 아이들이 물동이에 바가지를 엎어 놓고 빗자루로 두들기며 노는 것을 水缶戱라고 하였는데 물장구이다. 오른손으로 물장구를 치고 왼손으로 물동이를 치면서 노래의 장단을 맞추는 물박놀이는 오늘날에도 전승되고 있다. 경상도 熊川지방에서는 熊山 꼭대기에 있는 신당으로부터 4월 10일에 신을 모시고 하산하여 종을 울리고 북을 치며 놀이를 하였는데 원근 사람들이 다투어 와서 구경했다.

5월의 놀이로 그네와 씨름이 있다. 명절로 端午가 있어 단오날 남녀가 그네뛰기를 즐겨했다. 젊은이들이 남산의 倭場(倭城臺)이나 북악산의 神武門 뒤에 모여 씨름을 해서 승부를 겨루었다. 그 방법은 두 사람이 서로 상대하여 구부리고 각자 오른손으로 상대방의 허리를 잡고 왼손으로 상대편의 오른발을 잡고 일시에 일어나 상대를 번쩍 들어 팽개치는 것이다. 그리하여 밑에 깔리게 되면 진다. 씨름의 기술은 內句라고 해서 안걸이, 外句라고 해서 발걸이, 輪起라고 해서 둘러메치기 등 여러 가지 자세가 있다. 그 중 힘이 세고 손이 민첩하여 자주 내기하여 자주 이기는 사람을 都結局이라고 하였다. 중국사람은 이것을 高麗技 또는 撩跤라고 불렀다. 씨름은 서울과 시골에서 많이 하였으니 군사들의 힘내기 훈련도 되었다.

경남 金海지방에서는 4월 초파일부터 아이들이 모여 돌싸움을 하는데 단오날이 되면 청년들이 모여 좌우로 편을 갈라 깃발을 세우고 북을 치고 고함을 지르면서 달려들어 돌을 던진다. 마치 비가 오는 것 같았고 결국 승부가 나서야 끝났다. 비록 사상자가 나도 후회하지 않고 수령도 금지시킬 수 없을 정도로 격렬했다.

6월에는 濯足놀이가 있다. 서울의 풍속에 남산과 북악산 계곡에서 탁족놀이가 있었다. 여름철 삼복 더위에 그늘을 찾거나 산 계곡의 흐르는 맑은 물에 발을 담그면 온몸이 시원하기 때문에 사람들은 피서방법의 하나로 탁족을 하였다. 전국 곳곳에는 약수터가 있고 약수가 차가우므로 명산 계곡을 찾아 탁족하는 풍류가 있었다. 서울의 天然亭·三淸洞 蕩春臺·貞陵은 경치가 좋고 물이 차고 맑아 특히 여름철에는 사람들이 모여들고 탁족하기에 알맞은 곳이었다.

7월에는 백중놀이가 있다. 농촌에서는 7월 들어 잠시 한가한 때라 보름을 백중날로 정하고 하루를 보냈다. 일손을 쉬고 농악을 치면서 가무를 즐긴다. 밀양지방에 잘 전승된 백중놀이는 무형문화재로 지정되어 있다.

8월에는 추석을 계기로 해서 줄다리기·씨름·닭싸움·강강술래놀이가 있다. 마을을 두 패로 나누어 대보름 때처럼 줄다리기를 했는데 제주도에서는 照里戱라 불렀다. 남성 장정들이 모여 힘을 겨루는 씨름을 했고 여인들은 그네뛰기를 했으며 닭싸움을 즐기는 일도 있었다. 문헌기록은 없으나 전남 서남해안지방에는 추석에 강강술래놀이가 전승되고 있다. 일설에는 이순신장군과 관련시키고 있으나 달밤의 여인들의 圓舞로 오래 전승된 민속춤이다.

9월에도 화전놀이를 즐겼다. 봄의 화전은 진달래꽃으로 하나 가을 화전은 국화꽃으로 하였다. 경치 좋은 야외로 나아가 하루를 조촐히 노니 오늘날의 가을소풍으로 이어진다.

12월은 일년의 마지막달이어서 한해를 보내는 아쉬움에서 놀이도 많았다. 제기차기·연날리기·가면놀이·儺禮·널뛰기·폭죽놀이·윷놀이 등이 기록되어 있다. 젊은이들은 마주 서서 蹴鞠놀이를 했다. 큰 탄환만한 데 꿩털을 꽂아 서로 마주 치는데 땅에 떨어뜨리지 않는 것이 훌륭한 기술이다. 소녀들은 널뛰기를 하여 정월까지 이어졌으며, 소년들은 야외에 나아가 연날리기를 했다. 연은 바람이 불고 습기가 적어야 하고 곡식이 없는 논밭에서 놀기에 알맞았다.

함경도 풍속에 氷燈을 만들어 놓는데 마치 圓柱 안에 기름 심지를 박은 것 같다. 원주를 켜놓고 밤을 새워서 노는데 징치고 북치고 나팔을 불면서 잡귀를 쫓는 나례를 하였다. 이것을 靑壇이라고 한다. 또 평안도에서도 빙등을 설치하여 여러 읍·주에서도 노는 풍속이 있었다. 의주에서는 종이로 딱총을 만들어 紙砲놀이를 했다.

대궐 안에서는 섣달 그믐 전날부터 대포를 쏘는데 年終砲라고 했다. 火箭을 쓰고 징과 북을 치는 것은 大儺의 역질과 귀신을 쫓아내는 행사의 유습이다. 또 除夕에 폭죽을 터뜨려 귀신을 놀라게 한다. 폭죽이란 대나무를 태우면 마디가 탈 때에 펑 하는 큰 음향을 내는 것이니, 모닥불을 마당에 놓고 대나무를 태워 폭죽소리가 요란하게 나도록 한다. 폭죽에 귀신들이 놀라 달아난다는 것이니 나례와 같은 뜻을 지니고 있어 소년들이 즐겨 폭죽놀이를 하였다.

동지·섣달과 정월 긴긴밤에는 윷놀이가 성행하였다. 윷 재료는 대개 박달나무·밤나무를 사용하지만 콩을 종지에 담아 놀기도 한다. 윷가락 4개를 던져 떨어진 상태를 보아 수를 계산한다. 하나가 잦혀지고 3개가 엎어지면 '도', 2개가 잦혀지고 2개가 엎어지면 '개', 3개가 잦혀지고 1개가 엎어지면 '걸', 4개 모두 잦혀지면 '윷', 4개 모두 엎어지면 '모'이다. 도는 1, 개는 2, 걸은 3, 윷은 4, 모는 5로 계산해서 그 수에 따라 말판에 말을 진행시키는 놀이이다. 서로 편을 가르거나 두 사람이 놀 수 있는데 말 4개가 먼저 나가는 편이 승리한다. 조선사회가 남녀가 유별했고, 長幼有序의 질서가 엄격했으나 윷놀이에서는 남녀노소가 함께 어울려서 놀 수 있었으니 가장 폭넓은 놀이였다. 윷놀이는 흥겨운 놀이지만 놀이로 끝나는 것이 아니라 그 결과로 다음해 농사의 풍흉을 미리 점치기도 하였다. 또 윷놀이를 통해서 占卦를 얻어 신수점을 치는 일도 있어 다양한 기능을 지니고 있다.

윷놀이는 가사문학과도 연결되어 있었다. 윷놀이에서 상대편 말을 잡는 일이 있는데 잡을 수 있는 상황을 '긴이 섰다'고 하며 긴이 선 수를 얻으면 말을 잡는 기쁨이 있다. 이 때 윷놀이 하는 사람들은 기쁨에 넘쳐 일어서서 노래를 부른다. 도긴이 서 도수를 얻어 잡으면 도노래를 부르고, 갯긴이 서서 개수를 얻어 상대편 말을 잡으면 개노래, 이렇게 해서 걸노래·윷노래·모노래가 있으니 놀이의 흥에서 사람들은 기쁨을 노래와 춤으로 나타내는 고차원의 풍류가 있었다. 놀이란 신체동작으로 끝나는 것이 아니라, 놀이를 잠시 멈추고 문학적 가사로 표현하는 마음의 여유를 보여주었다.

이 밖에도 문헌에는 기록이 없으나 조선 후기에 있었고 오늘날에 전승되는 놀이가 얼마든지 있다.

장기와 바둑은 중국에서 전래된 것이다. 장기는 서민사회에서, 바둑은 선비사회에서 널리 보급되어 왔다. 서당놀이, 가마싸움은 교육기관으로서의 서당의 기능이 높이 평가되던 시대에 형성되었을 것이다. 안동의 차전은 王建과 甄萱의 고사에서 기원하는 것으로 전하니까 오랜 전승이다. 고싸움·장치기놀이는 농군과 樵童들 사이에서 즐기던 놀이이고, 특히 고싸움은 마을신앙과 관련이 깊었다. 탑놀이는 불교의식의 일부로 초파일에 부처를 찬송하는 마음이 넘쳐 불공하는 의식놀이다. 어린이들의 팽이치기·공기놀이·고누·팔랑개비·호드기·숨바꼭질·비석파기·땅빼앗기·실뜨기·꼬리따기·군사놀이·두겁놀이 등의 전승놀이도 오랜 역사를 지니고 있는 것으로 생각된다.

3) 세시풍속

조선 후기의 세시풍속 기록은《東國歲時記》·《冽陽歲時記》·《漢陽歲時記》·《農家月令歌》·《東國輿地勝覽》등이 있다. 이들 문헌기록을 종합하여 월별로 서술하면 다음과 같다. 단 제의와 놀이는 앞에서 다루었으므로 생략한다.

새해의 첫날 설날의 행사는 차례·세배·성묘로 이어지니 조상숭배의식으로부터 시작된다. 각 가정에서는 설빔으로 갈아 입고 사당에 제사지내는 것을 차례라고 하는데 기제사와는 달리 單盞으로 4대를 지낸다. 제사가 끝나면 長幼의 서열에 따라 어른께 새해 첫 문안의 절을 하는데 세배라 한다. 세배가 끝나면 음복으로 떡국을 먹고 반주를 한잔 마시니 세주이다. 그런 다음에 일가 어른과 마을 어른을 찾아가서 새해 세배를 드린다. 유교에서는 예의를 으뜸으로 삼았으니 새해의 첫 행위는 의례로부터 시작되고 인간 교양의 기본으로 여겼다.

조정에서는 의정대신 이하 모든 관원들은 대궐에 나아가 문안을 드리고 正殿에 나아가 朝賀를 올렸다. 8도리 관찰사·병사·수사·목사도 箋文과 방물을 바치며 주·부·군·현의 호장도 모두 와서 班列에 참례하였다.

圖畵署에서는 壽星·선녀·直日神將의 그림을 그려서 임금에게 올리고, 서로 선물하는데 歲畵라고 했다. 대궐 대문에는 세화로 門拜를 하는데 金·甲의 두 장군상을 그려서 붙이고, 붉은 도포와 까만 상모를 쓴 상을 그려 궁궐의 겹대문에 붙였다. 또 鍾馗가 귀신을 잡는 그림을 문에 붙이고 귀신의 머리를 그려 문설주에 붙이기도 하였는데. 모두 액과 나쁜 질병을 물리치고자 하는 주술적인 뜻이 있었다.

朝官과 命婦로서 나이가 70세 이상 된 사람에게는 새해에 쌀·물고기·소금 등을 내리고, 조관으로 80세가 된 사람과 백성으로 90세가 된 사람은 한 등급을 올려 주었다. 특히 100세가 되면 한 품계를 승진시켜 주어 대접했다. 노인을 우대하는 제도가 있었던 것이다.

항간의 백성들 가정에서는 호랑이와 장닭 그림을 대문이나 벽에 붙였으니 대궐에서와 마찬가지로 辟邪의 뜻이 있었다.

남녀간에 三災를 당한 사람은 매 세 마리를 그려 문설주에 붙이면 재액이 없어진다고 해서 성행했다. 삼재란 巳·酉·丑의 해에 태어난 사람은 亥·子·丑이 되는 해에, 申·子·辰이 든 해에 태어난 사람은 寅·卯·辰이 든 해에, 亥·卯·未의 해에 태어난 사람은 巳·午·未가 든 해에, 寅·午·戌의 해에 태어난 사람은 申·酉·戌해에 각각 삼재가 든다는 것이니 재액을 막기 위해서 벽사를 하였다. 삼재는 9년마다 들고 삼재가 든 해에는 무슨 일이고 자중하고 근신하는 것으로 되어 있었다.

정초에 세배꾼들이 찾아오면 좋은 일이 있도록 덕담을 하고 벽사하는 좋은 말로 축하하고 격려를 했다.

설날 아침에 복조리를 사고, 첫번째 들려오는 소리를 듣고 일년 있을 길흉을 점치는데 聽讖이라고 했다. 까치를 吉鳥로 여겼기 때문에 설날 맨 먼저 까치소리를 듣는 것을 대단한 吉兆로 여겼다.

옛날에는 남녀 모두 머리털을 자르지 않아서 빗질을 할 때면 머리털이 빠지게 되는데 이것을 함부로 버리지 않고 모아 두었다가 설날 황혼이 질 무렵에 문 밖에서 태우면 나쁜 질병이 물러간다고 하였는데 燒髮이라고 했다. 머리카락 하나라도 부모에게서 받은 것이니 소중하게 여기는 생각과 벽사사상이 함께 작용한 것이다.

설날 밤 하늘에서 夜光鬼란 귀신이 인가에 내려와서 아이들의 신을 신어보고 제 발에 맞는 것이 있으면 신고 간다고 하였다. 신을 잃은 아이는 일년 동안 신수가 좋지 않다고 하여 신발을 방안에 들여놔 감추고 잔다. 야광귀를 예방하기 위해서 뜰에 장대를 세우고 꼭대기에 체를 달아매 둔다. 그러면 야광귀가 내려와서 체의 눈(구멍) 수를 헤아리게 되는데 구멍이 너무나 촘촘히 있어 한참 세다가 어디까지 세었는지 알 수 없이 되어 처음부터 다시 세게 된다. 몇 번이고 되풀이하는 사이에 날이 새게 되어 미처 신을 가져가지 못하고 하늘로 되돌아가게 된다는 것이었다.

설날 여러 절에서는 승려가 法鼓를 치고 내려와 염불을 하고 방울을 울리면 사람들이 돈을 준다. 또 상좌승이 齋를 올리고 민가에 나아가 동냥을 한다. 光州에서는 경하의 뜻으로 日月辰에게 절을 하고 고사지낸다. 제주도에서는 산·들·돌·나무·냇가·늪·연못·바위·물가 등지에 신의 사당을 짓고 제사한다. 설날부터 대보름까지 사이에 巫覡인 神纛을 받들고 나례를 행했다.

정초의 일진에 따라 여러 행사가 있었다. 정월 7일을 人日이라 하여 임금은 구리로 만든 거울을 閣臣에게 나누어주었다. 또 인일에 과거를 실시하여 인재를 뽑았으니 人日製라 불렀다. 태학의 출석이 좋은 유생에게 응시자격을 주었다. 명절에 선비를 시험하는 것은 인일 외에도 3월 삼짇날·7월 칠석날·9월 중구에도 있었으니 節日製라고 했다.

上亥日 즉 '돼지날'과 上子日 즉 '쥐날'에 궁중에서 젊고 지위가 낮은 내관들 수백 명이 횃불로 땅을 이리저리 내저으면서 '돼지 주둥이 지진다'고 외치면

서 돌아다녔다. 또 곡식의 씨를 태워서 주머니에 넣어 宰臣과 近侍에게 나누어 주었다. 모두가 풍년들기를 비는 뜻을 지니고 있다. 시골에서는 쥐날에 콩을 볶으면서 '쥐 주둥이 지진다. 쥐 주둥이 지진다' 고 주문을 외는데 쥐가 곡식을 해치지 못하도록 예방하는 것이다. 충청도지방에서는 논둑·밭둑을 태우기 위해서 횃불을 휘두르면서 청소년들이 다니는데 쥐불놀이라 했다.

卯日 즉 '토끼날'에 새로 뽑은 실을 兎絲라고 한다. 이 토사를 주머니 끝에 달아매면 재앙을 물리친다는 것이다. 식구가 아닌 남이 들어오는 것을 싫어하는데 특히 여인의 출입을 금기한다. 또 나무로 만든 그릇이 들어오는 것은 막는다. 巳日 즉 '뱀날'에는 이발을 하지 않는데 뱀이 들어오는 것을 꺼리기 때문이다.

上元 즉 대보름은 새해 들어 첫 만월의 날이며 여러 가지 행사와 놀이가 있다. 찹쌀을 쪄서 대추·밤·기름·꿀·간장 등을 섞어 찌고 잣을 박은 것을 약밥(藥飯)이라 한다. 약밥으로 제사를 지내니 신라의 옛 풍속이 전한 것이었다. 지금의 오곡밥은 여기에서 유래한다.

농가에서는 禾積을 세운다. 짚을 묶어서 깃대 모양으로 만드는데 그 속에 벼·기장·피·조의 이삭을 집어넣고 목화를 장대 위에 매달아 새끼줄로 고정시킨다. 풍년을 기원하기 위한 것이다. 산간 마을에서는 가지를 친 나무를 외양간 옆에 세워 두고 곡식의 이삭과 목화를 걸어 둔다. 아이들이 새벽에 일어나 이 나무를 돌면서 노래를 부르고 빌기도 하는데 해가 뜨면 그쳤다.

보름 전날 밤에 당년 羅睺直星 즉 厄年이 든 사람은 제웅을 만드는데 처용 또는 추영이라 한다. 액을 막기 위해 제웅 머리 속에 동전을 넣어서 길가에 버린다. 아이들이 동전을 얻으려고 제웅을 얻어서 돈을 빼고 길가에 버리는데 打芻戲라 했다. 이런 풍속은 신라 헌강왕 때의 處容故事에서 생긴 것이었다.

어린 아이들은 청·홍·황의 세 색깔을 칠한 조롱박 세 개를 차고 다니다가 14일 밤에 길가에 버리는데 액을 막기 위해서이다. 또 보름날 새벽에 종각 네거리에 가서 흙을 파다가 자기 집 네 귀퉁이에 뿌리거나 부뚜막에 바르는데 흙으로 인연해서 재산이 불어나기를 바라는 마음에서였다.

보름날 새벽에 부럼을 깨문다. 밤·은행·호두·잣 등을 깨물어 먹지 않고 마당에 버리면서 '일년 열두 달 동안 무사태평하고 종기나 부스럼이 나지 않게 해주시오' 하고 빈다. 의주지방에서는 사탕을 깨물었으니 齒較라고 했다.

대보름날 아침에 술을 데우지 않고 마시면 귀가 밝아진다고 해서 마셨다. 보름날 오곡밥은 이웃간에 서로 나누어 먹는다. 밥은 김이나 배추에 싸서 먹는데 복쌈(福菜)이라 하였다.

보름날 아침에 더위팔기(賣暑)를 한다. 친구의 이름을 불러서 무심코 대답을 하면 '내 더위 사가게' 한다. 이렇게 하면 더위를 판 셈이다. 더위를 판 사람은 여름에 더위 먹지 않고 지낼 수 있지만 더위를 산 사람은 두 사람 몫의 더위에 시달리게 된다. 더위에 시달리던 사람들의 지혜있는 놀이로 발전했다.

봄철에는 햇볕에 살이 검게 타고 몸이 마르게 된다. 그래서 이를 미리 막으려고 아이들에게 백 집의 밥을 얻어다가 절구에 타고 앉아 개를 마주 보면서 개와 아이가 한 숟갈씩 번갈아 먹도록 하였다. 한편 개에게 밥을 먹이지 않는 풍속도 있었다. 개가 밥을 먹으면 여름에 파리가 많이 꾀고 마르기 때문이다. 속담이 '개 보름 쇠듯 한다'는 말은 여기에서 유래한다.

嫁樹라 해서 나무 시집보내기가 있다. 과수의 가지친 곳에 돌을 끼워 두면 열매가 많이 열린다고 해서 특히 대추나무에 흔히 했다. 풍작을 기인하는 것이다.

보름날 밤에 방마다 불을 밝혀 두고 밤을 새우는데 마치 守歲 때와 같다. 한편 무당이나 장님을 불러 安宅經을 읽으며 밤을 새워 복을 빌고 액을 막으려는 민간신앙이 있었다.

정초에는 일년 신수나 농사의 풍흉을 미리 알고자 하여 점을 치는 일이 많았다. 점치는 방법은 보리뿌리가 얼마나 자랐는가로 보리의 작황을 점치는 麥根占, 윷놀이로 점괘를 얻어 점치는 윷점, 줄다리기의 승부로 점치는 풍년점, 五行으로 괘를 얻어 점치는 오행점, 보름날 달의 부름(月滋)과 색깔을 보아 점치는 달점(月占), 李土亭의 비결로 일년 신수를 점치는 土亭秘訣, 밤중에 재와 곡식알을 접시에 담아 지붕 위에 올려놓고 다음날 어느 곡식이 풍년이 들 것인가를 점치는 법, 꼭두새벽에 닭 우는 소리를 들어 몇 번 우는가에 따라 풍흉을 점치는 법 등 다양하다. 황해도·평안도에서는 새벽에 닭이 울기를 기다렸다가 바가지를 가지고 우물에 가서 井華水를 길어오는데 撈龍卵이라 한다. 맨 먼저 긷는 사람이 그 해에 농사를 제일 잘 짓는다고 하였다.

이와 같이 많은 점이 농사의 풍흉을 미리 알고자 豫兆를 얻으려는 노력으로 나타났다. 농경민족으로서 농사의 풍흉이 생활을 좌우하기 때문에 점복에 매우 심각했음을 나타내고 있다.

立春날에는 대궐에서 입춘문을 써서 붙이는데 春帖子라고 하였다. 사대부와 일반 민가와 상점에서도 모두 春聯을 붙이고 송축을 한다. 이것을 춘축이라 하였다. 觀象監에서 朱砂로 벽사문을 써서 대궐에 올리면 대궐에서는 문설주에 붙인다. 춘첩문은 對句를 쓰고 여염집에서는 기둥이나 문설주에 두루 對聯을 쓴다. 때로는 單帖도 하고 옛사람의 좋은 글귀를 따다가 쓰기도 한다. 그 내용은 복받고, 가내 평안하고, 자손번창하고 재앙이 없기를 기원하는 경우가 많다.

설을 쇠기 위해서 상점들도 문을 닫았다가 새해 들어 문을 다시 여는데 대개 毛虫日에 열고 특히 寅日에 여는 일이 많다. 벌레의 털이 있음은 번성을 뜻하며, 호랑이날에 문을 여는 것은 맹수라는 것과 털이 많다는데 번성을 기대한 것이었다.

2월 초하루는 中和節이라 해서 나라에서는 中和尺을 만들어 재상과 시종에게 나누어주었다. 자는 반죽이나 이깔나무로 만들었다.

대보름날에 뜰에 세웠던 화적을 헐어서 그 속에 넣었던 곡식의 이삭으로 떡을 만든다. 크게는 손바닥만하게 작게는 계란만하게 만드는데, 콩을 불려서 소를 만들어 넣고 시루 안에 솔잎을 겹겹이 깔고 찐다. 푹 익힌 다음에 꺼내어 물로 닦고 참기름을 바른다. 이것을 송편이라 한다. 송편을 종들에게 나이수대로 먹였기 때문에 머슴날(奴婢日)이라 불렀다. 농사일이 이 때부터 시작되므로 노비에게 먹여 위로하는 것이다.

온 집안을 깨끗이 청소하고 종이를 잘라 '香娘閣氏 千里速去' 라고 써서 서까래에 붙인다. 이렇게 하면 노래기가 없어진다고 믿었다.

영남지방에서는 집집마다 제사를 지냈으니 '영등할머니'를 제사한다는 뜻에서 靈登祭라 했다. 영등신이 무당에게 내리면 그 무당은 동네를 나들이하는데 사람들이 다투어 불러들여 즐겼다. 영등신은 초하루부터 20일까지 있는데 사람들을 꺼려 만나지 않는다.

제주도 풍속에 2월 초하룻날 귀덕·금녕지방에서는 장대 열두 개를 세워 놓고 신을 맞이하여 제사를 지냈다. 애월지방 사람들은 나무로 말 머리 모양을 만들어 채색 비단으로 꾸며서 약마희를 했다. 신을 즐겁게 하는 娛神이니 보름까지 한다. 이것을 연등이라고 한다.

3월 3일은 삼짇날(三辰日)이라고 한다. 진달래꽃을 따서 화전을 만든다. 녹두가루를 반죽하여 가늘게 썰어 오미자국에 띄워 花麵을 만든다. 또 녹두로 국수를 만드는 水麵도 있으니 모두 계절음식이었다.

진천지방에서는 삼짇날부터 4월 초파일까지 무당을 데리고 우담에 있는 동서의 용왕당과 삼신당에 가서 아들을 낳게 해달라고 빈다. 그 행렬이 일년 내내 끊어지지 않아 시장을 이룬 것 같았다.

淸明날에는 버드나무에 불을 붙여 각 관청에 나누어주었고 농가에서는 봄 농사가 시작되었다.

寒食날에는 조상의 산소에 가서 제사를 지낸다. 제물은 술·과일·포·식혜·떡·국수·탕·적 등을 올리니 한식차례이다. 한식날에 찬밥을 먹는 풍속이 있는데 중국 춘추시대 介子推의 고사에서 유래되었다.

서울 속담에 南酒北餠이라 하였으니 남산 아래서는 술을 잘 빚고, 북쪽에서는 좋은 떡을 많이 만들었다. 네번째 말날에 술을 거푸 담그면 봄이 지나자마자 익고 일년이 넘어도 맛이 변하지 않으니 4馬酒이다. 채소장수가 배추의 새싹을 짊어지고 다니면서 소리쳐서 판다. 이것을 菁根商이라 하고, 蔓菁도 새로 나와 파는데 모두 계절음식이다. 사람들이 야외로 나가 경치 좋은 곳에서 하루를 즐기니 花柳 또는 踏靑이라 부른다. 남원지방에서는 龍潭이나 栗林에 모여 술을 마시고 활을 쏘는 것으로 예를 삼았다.

강릉지방에서는 70세가 넘은 노인은 귀천을 가리지 않고 경치 좋은 곳에 모셔다가 대접을 하고 즐기게 하는데 靑春敬老會라고 한다. 龍安풍속에 봄이 되면 鄕飮酒禮를 행한다. 이 때 80~90세, 60~70세, 50세 이상으로 구분해서 세 자리를 만들고 誓文을 낭독하는데 다음과 같다.

> 부모에게 불효한 자를 물리치고, 형제간에 불화한 자를 물리치고, 벗 사이에 불신한 자를 물리치고, 조정을 비방하는 자를 물리치고, 수령을 비방하는 자를 물리친다. 첫째 덕업을 서로 전하고, 둘째 잘못을 서로 깨우치며, 셋째 禮俗을 서로 도와 이루고, 넷째 환난을 서로 救恤한다. 무릇 동향인은 각각 孝友忠信을 더하여 모두가

두터운 마음으로 돌아가도록 한다. 이렇게 읽은 다음 다함께 두 번 절하고 술을 마시며 활쏘는 예식을 행했다(《新增東國輿地勝覽》 권 34, 龍安縣 風俗 行鄕飮酒禮).

제주도 풍속에 매년 봄철에 남녀가 廣壤堂·遮歸堂으로 모여 술과 고기를 갖추어 신에게 제사를 지낸다. 그 곳에서는 뱀·독사·지네 등이 많으나 흰 뱀을 보면 遮歸神이라 해서 금기하고 죽이지 않았다.

괴산의 淸安에서는 3월 초에 고을관장이 읍민을 거느리고 國師神을 長鴨山 위의 큰 나무로부터 맞이하여 읍내로 들어온다. 무당으로 하여금 음악을 연주하고 굿을 하게 하였다. 20여 일이 지난 뒤에야 신을 그 전의 큰 나무로 돌려보냈다.

3월의 전후에 穀雨가 들어 있다. 곡우날에 못자리를 하고 벼농사가 시작된다. 한강에 가서 貢指란 고기를 잡아 회를 치거나 국을 끓여 먹기도 하였다.

4월 초파일은 석가모니가 탄생한 날이다. 저녁에 등에 불을 밝히는 풍속이 있다. 며칠 전부터 마당에 등대(燈竿)를 세우고 위를 꿩의 꼬리털로 장식하고 기를 만들어 단다. 등은 자식의 수만큼 만들어 추녀 밑이나 기둥에 달아맨다. 사치하는 집에서는 큰 대나무를 수십 개씩 세우거나 五江의 돛대를 얻어다 받침대로 사용한다. 일월권을 꽂아 바람에 따라 돌아 눈부시게 하고 회전등을 매달아 빙빙 도는 것이 마치 총알같이 보인다. 종이로 화약을 싸서 줄에 매어 위로 솟구치게 하면 화살같이 火脚이 흩어져 내려오는 것 같다.

초파일은 민가에서도 연등을 하고 아이들은 종이를 등에 매달아 깃발을 만들고 거리를 돌아다니면서 쌀이나 돈을 얻어다 쓰는데 呼旗라고 했다.

등은 만들어진 모양에 따라 여러 가지 명칭이 있으니 수박등·마늘등·연꽃등·칠성등·오행등·일월등·공등·배등(船燈)·종등·북등·누각등·난간등·화분등·가마등·머루등·병등·항아리등·방울등·알등·용등·봉등·학등·잉어등·거북등·자라등·사자등·호랑등·壽福등·태평등·만세등·남산등 등이 있다. 등에는 채색을 하거나 飛仙·花鳥를 그려 아름답게 장식하는 일도 있다.

鍾街에는 등을 만들어 파는 상점이 많았으나 값이 비쌌으며 등을 구경하는 사람들이 많이 모였다. 초파일에는 연등을 구경하는 사람이 많아 야간통행금지가 해제된다. 장안 사람들이 남북의 산에 올라가 등 달아 놓은 것을 구경한다. 어떤 이는 악기를 들고 거리를 돌아다니며 놀고 떠들썩하게 밤을 새운다.

장안 밖의 시골 노파들은 서로 다투어 남산 蠶頭峯에 올라가 연등 광경을 구경했다. 아이들은 石南잎을 넣어 만든 증편과 볶은 콩과 미나리를 넣은 음식을 먹는데 이것들은 초파일 음식이다. 물동이에 바가지를 엎어놓고 빗자루로 쳐서 소리를 내기도 하니 물박치기이다.

5월 5일은 端午날이다. 나라에서는 쑥으로 호랑이 모양을 만들어 閣臣에게 하사했다. 工曹에서는 부채를 만들어 나라에 바쳤으니 단오선이다. 임금은 부채를 재상·시종과 각 궁에 속한 하인에게 나누어주었다. 부챗살은 40~50개였고 칠을 한 것은 漆貼이고, 흰 것은 白貼이다. 백첩을 받으면 금강산을 그렸고 기생이나 무당은 버들가지·복사꽃·연꽃·나비·붕어·해오라기 등을 그리기를 좋아했다.

전라도와 경상도의 감사와 통제사는 節扇으로 부채를 진상하고 고관이나 친지에게 선사하였다. 부채는 全州와 羅州의 南平에서 잘 만든다. 부채는 만드는 재료와 모양에 따라 여러 가지 이름이 있고 기름을 바르거나 검누런 칠을 한다. 色扇은 부녀자와 아이들이 갖는다. 부채는 바람을 일게 하고 햇볕을 가리며 파리나 모기를 쫓는 도구로도 사용되었다.

관상감에서 朱砂로 붉은 부적을 만들어 대궐에 올리면 대궐 문설주에 붙여 재액을 막게 했다. 민간에서도 마찬가지였다. 內醫院에서는 玉樞丹과 醍醐湯을 만들어 나라에 진상하였고, 왕은 신하들에게 하사하여 약으로 쓰고 재액을 면하도록 했다. 옥추단을 오색 실로 꿰차고 다니면 재액을 막게 된다는 것이다.

남녀 어린이들은 菖蒲湯을 만들어 세수하고 홍·녹색의 새 옷을 입는다. 창포뿌리로 비녀를 삼고 연지를 바르며 壽·福의 글자를 새긴다. 단오날 수리치떡을 해서 먹고 익모초를 뜯어 두었다가 약으로 쓰고 대추나무 시집보내기를 했다.

단오의 놀이에는 남자의 씨름과 여자의 그네뛰기가 있다. 軍威에서는 金庾信장군 사당에서 제사를 지내고 三陟에서는 烏金으로 만든 비녀를 제사하는 풍속이 있었다. 강릉에서는 대관령의 서낭신을 모셔다가 제사지내는 단오제가 전승되고 있다.

5월 10일은 태종의 제삿날인데 이날 비가 오면 太宗雨라 이르고 5월에는 장을 담그는데 辛日은 피하였다.

6월 15일은 流頭날이다. 동쪽에서 흐르는 개울에서 머리를 감는다. 수단·건단·冷餉를 해서 먹고 제사도 지냈다.

6월 三伏에는 더위를 이기기 위해서 개를 잡아 파를 넣고 푹 끓인 개장을 먹었다. 붉은 팥으로 죽을 쑤어 초복·중복·말복에 먹었으니 재액을 물리치기 위해서다. 더위를 피하여 경치 좋은 곳에 가서 쉬고 남산과 북악 계곡에 가서 탁족놀이를 했다.

7월 7일은 七夕이라고 한다. 장롱에 있는 옷을 꺼내서 햇볕에 말린다. 15일은 中元 백중[百種]날이다. 100가지 음식·과일을 차리고 薦新을 한다. 충청도지방에서는 노소를 막론하고 거리에 나가 마시고 먹는 것을 낙으로 삼았으며 씨름도 했다.

8월 15일은 추석이다. 신라 유리왕 때 두레 길쌈을 하여 그 승부를 가리고 노래와 춤으로 즐겼는데 이를 嘉俳라고 했다. 햅쌀로 술을 빚었고 송편을 만들어 먹었다. 토란으로 단자를 만들어 먹었는데 밤단자 만드는 법과 같았다. 충청도에서는 피로를 풀기 위하여 씨름대회를 열고 술과 음식을 차려 먹고 마시고 즐겼다.

9월 9일은 重九라고 하는데 국화꽃을 따서 화전을 만든다. 유자·석류·잣을 잘게 썰어 꿀물에 타서 화채를 만들어 먹으니 시절음식이다. 서울풍속에 남산·북악에 올라 단풍구경을 하면서 마시고 먹고 즐겼다.

10월은 상달(上月)이라 하여 민간에서는 무당을 불러다 成造神을 맞이하여 떡과 과일을 차려 놓고 집안의 평안을 빌었다.

내의원에서는 우유로 만든 가공식을 진상했다. 10월 午日은 '말날'이라 해서 팥으로 떡을 해서 외양간에 놓고 신에게 기도하여 말의 건강을 빈다. 丙午日은 병과 통하므로 금기하고 戊午日이 가장 좋다.

10월 20일에는 찬바람이 부는데 孫乭의 고사에 따라 손돌바람이라고 하였다.

서울풍속에 숯불화로에 갖은 양념한 쇠고기를 구어 먹으니 煖爐會라 하고, 고기에 무·오이·훈채·계란을 섞어 탕을 만드니 悅口子神仙爐라 한다. 10

월에 김장을 담그며 속리산 꼭대기의 大自在天王을 법주사에 모셔다가 음악을 베풀고 제사를 지냈다.

10월에 靑魚를 종묘에 천신하는데 사대부가에서도 그렇게 했다. 제주목에서는 귤·유자·귤감을 진상했다. 그러면 종묘에 올리고 각 궁의 하인들과 신하들에게 나누어준다. 귀한 과일을 받은 것을 치하해서 성균관·4학의 유생들에게 시험을 치른 후 귤을 나누어주었으니 그 과거의 이름을 柑製라 했다.

11월에는 冬至가 들어 있어 동짓달이라고 한다. 팥죽을 쑤어 문짝에 뿌려 상서롭지 못한 것을 제거한다. 내의원에서는 煎藥을 만들어 진상하고 각 관아에서도 만들었다. 관상감에서 새해의 달력을 만들어 올리면 모든 관아에 나누어준다. 관원은 이를 고향의 친지·묘지기·농토관리인에게 나누어주었다.

洪州 合德池에서는 매년 겨울이 되면 연못이 얼어붙어 용이 땅을 갈아 놓은 것 같은 이상한 변이 생겼는데 그 상태를 보아 다음해 농사의 풍흉을 점쳤다.

12월 셋째 未日을 臘日로 정하고 종묘와 사직에 큰 제사를 지냈다. 臘享에 쓰는 고기는 산돼지와 산토끼였다. 경기도내 산간의 수령들은 산돼지나 산토끼를 잡아서 바쳤다. 내의원에서는 각종 환약을 만들어 진상하였는데 臘藥이라고 했다. 임금은 납약을 근시와 至密內人(나인)들에게 나누어준다. 약은 청심환·安神丸·蘇合丸 등이었다.

민간에서는 어린이에게 참새를 잡아 먹이면 마마를 깨끗하게 한다고 하여 참새를 잡았다. 납일에 내린 눈이 녹은 물은 약으로 쓰며, 눈물에 적셔 두면 구더기가 발생하지 않는다고 하였다.

섣달 마지막 날은 除夕이다. 2품 이상의 관리와 시종들은 대궐에 들어가 묵은 해의 문안을 올린다. 사대부집에서는 사당에 참례한다. 연소자는 친척 어른들을 방문하여 묵은세배를 한다. 밤중까지 등불을 밝혀 들고 다녔다.

대궐 안에서는 제석 전날부터 대포를 쏘는데 연종포라 한다. 화전을 쏘고 징과 북을 울리는 것은 곧 大儺로 역질이나 귀신을 쫓는 행사의 하나이다. 또 폭죽을 터뜨려 귀신이 놀라서 달아나게 한다.

제석날 밤에 민간에서는 방·부엌·다락·마루 등에 등잔불을 밝혀 놓는데 마치 대낮 같고 잠을 자지 않고 새우니 이것이 守歲다. 속설에 제석에 잠을 자면 눈썹이 희여진다고 한다. 잠을 자지 않으려고 윷놀이를 즐겼다.

항간의 부녀자들은 널조각을 짚단 위에 올려놓고 양쪽 끝에 마주 서서 뛰며 즐겼으니 널뛰기이다. 함경도 풍속에 氷燈을 만드는데 마치 원기둥 안에 기름심지를 해 박은 것 같다. 징과 북을 치고 나팔을 불면서 儺戲를 행하였으니 靑壇이라 했다. 평안도지방에도 비슷한 놀이가 있었다.

윤달(閏月)에는 모든 일을 꺼리지 않아 혼인하기 좋고, 수의를 만들었다. 서울의 奉恩寺에서는 장안의 여인들이 와서 불공을 드렸고 다른 지방에서도 같은 풍속이 있었다.

〈任東權〉

2. 의식주생활

1) 의생활

(1) 시대배경과 의생활

가. 시대배경

조선 후기는 자아의식과 실학사상이 확립되고 文運이 융성해지며, 또한 상업의 발달로 부를 축적한 中人 이하의 계층이 세력을 펴면서 반상의 붕괴가 일어난 때이다. 밖으로는 청대 문화가 절정기를 이룬 시기이다.

이러한 시대상황 속에서 의생활도 첫째 '양반전용'이라는 계층벽이 허물어지기 시작하고, 둘째는 일반복식에서 國俗化가 이루어지며, 셋째 왕실의 예복이 법전에 의해 시행되는 변화가 일어난다. 또한 70여 년간 이어진 영·정조의 집권기에 행하여진 사치금지와 加髢금지, 영조대의 외교사절 복식문제와 청색복식의 권장사례에서 그 단면을 엿볼 수 있듯이 복식정책이 일정하게 시행되었다.

일반 의생활에서 이처럼 내실있는 변화가 나타나는 반면에 상류층의 관복수용에 대한 편견은 중국 지향적인 구습을 탈피하지 못하고 있었다. 이는 정조 22년(1798)에 徐有聞이 사신으로 청에 갔을 때 청나라에서 조선의 복제를 묻자 "紗帽冠帶는 中國制이고 一身에 입은 것은 모두 大明制度이며 혹 時俗제도가 있으나 우리 나라의 下賤이 입을 따름이다”[1]라고 하여 명나라의 복제를 따르고 조선 고유의 복제를 천시한 데서 잘 드러나고 있다.

그 동안 우리 나라의 관복은 당제를 채택한 진덕여왕 3년(649)부터 계속 중국에 대한 請賜와 賜與관계에 의해 ‘二等遞降’의 원칙으로 실시되어 왔다. 그러나 청이 들어선 후에는 명으로부터의 관복사여가 인조 3년(1625)을 마지막으로 끝이 난 뒤 청으로부터 관복사여가 있었지만 청의 관복은 수용하지 않았다.

이와 같은 관복제의 흐름 속에서 일반 의생활도 독특한 변화를 보게 되었으니 그 가운데서도 가장 두드러진 것은 여성복식과 머리치레이다. 여성들의 옷은 ‘上薄下厚’의 새로운 형태가 유행하여(〈사진 1〉) 저고리는 短小化 현상으로 길이가 짧고 품이 좁아지고, 치마는 매우 풍성하여 상·하의가 대조적인 형태를 이루었으며, 아울러 육체를 과감하게 노출시키는 적극적인 표현양식을 이루었다.

머리는 假髢로 크게 꾸미기가 성행하여 사치의 폐단이 심각하였다. 이에 대한 시정책이 나오면서 花冠과 簇頭里·비녀·낭자(쪽)머리 등을 하게 되었다. 또한 나라에서는 사치와 퇴폐풍조를 조장하고 사회적인 물의를 일으킨다고 하여 갖가지 금령을 내렸으나 제대로 시행되지는 못하였다.

나. 의생활상

이 시기 관리나 일반의 복식은 나라에서 제정한《國婚定例》나《續大典》등에 나타나며, 궁중 여성의 의생활상은〈撥記〉나〈帖草〉의 기록에 의해 살펴볼 수 있다.

《국혼정례》는 영조 25년(1749)에 사치금지와 사회기강 확립의 차원에서 제정된 것으로, 왕실에서 국혼으로 인한 국고낭비를 막음과 동시에 솔선수범을 보이고자 한 대표적인 예이다. 여기에는 궁인의 옷과 잔치상차림까지 검소하고 차등있게 정하였다. 또 왕비와 빈궁의 옷에도 紋緞은 鄕織으로 쓰고 紋紗나 廣紗도 土紬로 하며, 絲花는 紙花로 하도록 하였다. 동왕 26년에는 문단을 금하는 것이 사치를 바로잡는 길이며, 사치는 아래에서부터 오는 것이라

1) 徐有聞,《戊午燕行錄》권 5, 기미년 2월.

하여 망건·갓·高髻·부채·띠·모자 등에 대한 사치금령을 내렸다.[2)]

《속대전》은《經國大典》반포 후 이를 개정·증보하여 260년 뒤인 영조 22년에 편찬한 법전이다. 이에 나타난 의복제도는《경국대전》과는 조금씩 다르며,《속대전》의 복식은[3)] 다시 정조대의《大典通編》에 반영되었다.《속대전》에 의하면 관리들의 복식 중에서 朝服과 祭服은《경국대전》과 같으나 胸背제도가 바뀌며, 戎服으로 帖裏(天翼)와 모자(笠)·瓔이 새롭게 나타나고 있다.《속대전》에 나타난 복식은 하급복식이 격상되었으며, 특히 첩리(철릭)가 첨가되고 있는 것이 특징이다.

궁중의 의생활을 살필 수 있는 기록들로는〈宮中撥記〉라든가 궁인이 쓴〈첩초〉등이 있다.〈궁중발기〉는 순조 19년(1819) 世子嘉禮부터 100여 년간에 걸친 궁중혼례에 쓴 옷을 비롯하여 음식·그릇에 이르기까지 물품목록을 기록한 것으로 721통이 있다. 물목이 제일 많은 것은 순종의 壬午嘉禮(1882) 때 것으로 이불만도 600여 채에 달하였다.[4)] 이는 영조 때 정한 국혼정례가 제대로 실시되지 않았음을 보여준다.

헌종의 후궁 順和宮(1847년 입궁, 1907년 사망)이 쓴〈첩초〉에는 주로 尙宮의 의생활에 관한 것이 기록되어 있다. 이에 의하면 상궁의 복식도 계급과 계절에 따라 다르게 나타나고 있다. 이들 중 상층인 至密과 針房·繡房상궁의 치마는 길이도 길고 여밈도 외(左)로 하였다.

궁녀들은 남치마에 옥색저고리가 정복이었으며 비빈이나 왕녀들이 입는 옷색과 백색이나 흑색 저고리를 입는 일이 금지되었다. 어릴 때는 노랑저고리에 다홍이나 분홍치마를 입었다. 치마폭은 비단일 때는 일반 민간은 세폭인데 비하여 네 폭으로 하였다. 궁의 3대 명절인 誕日·正朝·冬至에는 때에 맞게 차렸다. 國忌服은 4대만 입고 1~3일간은 장식이 없는 민족두리에 노리개도 蜜花로 된 것만 사용하고, 제삿날에는 여름에도 명주류로 된 옷을 입으며 머리도 민머리에 자주색 명주댕기를 하고 首飾은 하지 않았다. 월령에 따라 알맞는 옷감이 정해졌고 패물도 다르게 사용하며 아무리 추위와 더위를 느껴도 아랫사람이 먼저 계절복으로 갈아 입지 않았다.

---

2)《英祖實錄》권 72, 영조 26년 12월 갑오.

3)《續大典》권 3, 禮典 儀章冠服.

4) 金用淑,《李朝女流文學 및 宮中風俗의 硏究》(淑明女大 出版部, 1970), 481쪽.

다. 금 제

禁制 이유는 계급적 규제와 사치억제에 있으며, 이로써 사회기강과 질서유지 및 경제안정을 도모하는 데 목적이 있었다. 그러나 조선시대 금제의 일면에는 중국에 대한 사대의식이 많이 작용하였다. 특히 이 시기 가장 중요한 금제사항은 여성의 가체에 대한 것이며, 그 외에 복식부분에 대한 금제는 금은·직물·색 등에 나타나고 있다.

가체에 대한 금지조치는 영조대부터 시작되어 정조대까지 약 70여 년간 계속되었다. 그러나 가체로 인한 사회적 물의에 대한 것은 이미 성종 12년(1481)부터 지적되었고 연산군 9년(1503)에는 "城中에 高髻를 좋아하여 머리의 크기가 사방 높이 1자나 되었다"[5]고 할 정도였다.

영조 23년(1747)의 가체 논의에서는 남의 머리를 취하여 장식하는 것은 예가 아니지만 대신할 게 없으니 금하기 어렵고, 자기집 사람도 금하지 못한다고 하면서 상류층에서 솔선해야 함을 지적하고 있다.[6] 동왕 32년에 비로소 가체 대신에 족두리를 쓰도록 하는 전제로 가체금지가 시작되었다.[7] 그러나 문제는 족두리도 궁중양식과 같고 값이 비싸기 때문에, 결국 가체금지령은 8년 만에 폐지되고 말았다.[8]

정조 3년(1779)에도 조정에서 가체금지가 논의되었으나 화관은 비싸고 品服이기 때문에 안되며, 나무로 髮을 대신한 것은 궁중양식이어서 민간에서는 사용할 수 없으므로 영구히 시행할 수 있는 제도가 있어야 금할 수 있다고 보류되었다.[9] 그 후 정조 12년 10월에 가체금지령이 실시되었으나 그 대신 뒷머리가 커지고 비녀 등의 사치가 시작되는 등 문제가 여전하여 순조 30년(1830)에 다시 머리를 얹게 하였지만 실시되지 못하였다. 두발을 뒤통수에서 틀어 말고 비녀를 꽂는 쪽머리(北髻·後髻)는 순조 중엽 이후에야 정착되었다.[10]

---

5) 《燕山君日記》 권 48, 연산군 9년 2월 경술. 여기서 1자는 조선시대 布帛尺으로 환산하면 평균 46.80cm가 된다(李恩卿, 《韓國과 中國의 布帛尺에 關한 硏究》, 서울女大 博士學位論文, 1993, 122쪽).
6) 《英祖實錄》 권 70, 영조 25년 10월 무진.
7) 《英祖實錄》 권 87, 영조 32년 정월 갑신.
8) 《英祖實錄》 권 102, 영조 39년 11월 임술.
9) 《正祖實錄》 권 7, 정조 3년 2월 경진.
10) 李圭景, 《五洲衍文長箋散稿》 권 15, 東國婦女首飾辨證說.

직물금제는 사치를 막기 위한 조치로 특히 혼례 때 紗·羅·綾·緞 등 비단사용을 금하였다. 성종 때부터[11] 인조와[12] 효종 때에는[13] 평상복에도 신분에 따라 옷감의 섬세도나 옷의 크기를 제한하고 여성의 치마폭 등도 제한하였다. 숙종 때에는 외국으로부터의 직물수입도 억제하였다.[14]

금제는 주로 일반백성에게 강요되는 것이 상례지만, 위에서 모범을 보여야 한다고 하여 왕이나 재상가에서 솔선수범하기도 하였다. 특히 영조는 많은 금령을 내리면서 22년에는 청과의 문단무역을 금하기도 하였다.[15] 한편 技巧紋이 있는 紗緞綾紬 사용을 금하며 지방의 織紋機도 철폐시키고,[16] 국혼 때에도 면포를 사용하게 하고,[17] 왕비와 빈궁의 法服도 향직으로 대신하도록 하며,[18] 일본통신사가 바친 문단도 불사르도록 했다.[19] 정조도 선왕의 뜻을 받들어 문단을 금하며 집안을 단속하라고 하였다.[20]

그거나 이런 직물금제 조치의 여파로 상공업이 억제되는 결과가 초래되었다. 또 청으로부터 고급직물이 밀수되거나 수입되는 현상을 막지 못하여 국내 직물업의 침체를 가져왔다.

조선시대 禁制色은 황·자·홍·백·회·옥색이었으며, 이 중에서도 가장 자주 거론되었던 색은 황색과 백색이었다. 색상금제에서도 중국에 대한 사대관념이 크게 작용하였다. 특히 황색은 '中之色君之服'을 상징하므로 중국의 황제 이외는 사용할 수 없다고 하여 금지되었다. 황색금제는 태조 때부터 시작되었으며,[21] 영조 25년 具允明의 상서에 의하면 "중국의 제도는 천자가 황색 옷을 입으므로 신하들은 입지 않는데 우리 나라는 왕이나 신하가 모두 홍색을 입으니 옛날 명나라 사람들이 상하에 구별이 없다고 흉을 본적이 있었다…"[22]

11)《成宗實錄》권 13, 성종 2년 12월 임신.
12)《仁祖實錄》권 34, 인조 15년 5월 기묘.
13)《孝宗實錄》권 18, 효종 8년 정월 기유 및 권 20, 효종 9년 10월 갑술.
14)《肅宗實錄》권 56, 숙종 41년 9월 무술.
15)《英祖實錄》권 63, 영조 22년 4월 병자.
16)《英祖實錄》권 63, 영조 22년 4월 신사.
17)《英祖實錄》권 102, 영조 45년 2월 갑술.
18)《英祖實錄》권 68, 영조 24년 11월 을묘.
19)《英祖實錄》권 68, 영조 24년 8월 기해.
20)《正祖實錄》권 24, 정조 11년 9월 계사.
21)《太祖實錄》권 9, 태조 5년 6월 을미.
22)《英祖實錄》권 70, 영조 25년 10월 경진.

고 하여 매우 조신하게 대처하고 있다. 황색금제는 고종이 황제로 즉위할 때까지 왕은 물론 백성에 이르기까지 계속되었다.

자색이나 홍색은 '임금의 색'이라 하여 금하였다. 또한 염료가 귀하기 때문에 외국에서 비싸게 구입해야 한다든가[23] 수령들이 진상을 핑계로 착취하여 민폐가 컸던 것도 큰 이유였다.[24] 그러나 홍색금제는 논의가 자주 있었음에도 불구하고 제대로 지켜지지 않았다. 이런 예는 왕과 신하가 모두 홍색옷을 입는다는 지적이나, 상급관리에서 하급에 이르기까지 모두 홍색포로 정하고 있는 점에[25] 잘 나타나 있다.

회색은 五行相剋이고[26] 8賤 가운데 하나인 '승려의 의복색'이라 꺼렸고, 옥색은 백색에 가깝기 때문에 금하였다.[27] 백색은 木制金으로 오행사상에 맞지 않으며 상복색이고 '音哀服素'[28]라는 이유로 사용금지가 가장 많이 거론되었다. 영조 때 백색금지는 여러 차례 있었는데 특히 이 때 나타난 백의금제에 대한 사회적 인습은 오랜 습속에 익은 白衣선호와 오행사상의 양면에서 갈등을 보이고 있다.[29]

(2) 편복류와 양식

'便服'이란 관복에 대칭되는 용어로 私服을 말한다. 이는 통상예복과 함께 일상복을 총칭하는 개념이며 여기에는 겉옷인 袍로부터 저고리·치마·바지·속옷류가 포함된다. 의생활은 왜란과 호란의 양란을 치르는 동안에 간소화와 실용화가 요구되었으며 이러한 필연성은 편복에 있어서도 조선 중기를 거쳐 후기에 오면서 '간소화'와 '우리옷의 정착'이라는 시대적 특징을 보이게 되었다.

---

23) 《世宗實錄》 권 34, 세종 8년 12월 을축·권 35, 세종 9년 2월 정축 및 권 123, 세종 31년 정월 병오.
24) 《中宗實錄》 권 15, 중종 7년 2월 을유.
25) 《續大典》 권 3, 禮典 服.
26) 梁誠之, 《訥齋集》 권 4; 奏議, 便宜32事 신묘 12월 4일.
27) 《太宗實錄》 권 31, 태종 16년 4월 갑술.
28) 李睟光, 《芝峰類說》 권 3, 君道部 法禁.
李裕元, 《林下筆記》 권 16, 文獻指掌編 6.
29) 《英祖實錄》 권 47, 영조 14년 8월 병신.

가. 포 류

袍는 시대에 따라 같은 종류에서도 외형상 크기에서 조금씩 변하였는데 조선 후기는 독창적인 포류가 정착된 시기라는 데 의의가 크다. 그러나 이는 조선 초기의 풍성하고 여유있던 피복문화가 후기에 이르러 양이나 질적인 면에서도 간소화함을 의미한다. 또한 다양했던 袍문화가 왜소화하고 단일화하는 현상이 초래되었다는 상황을 전제로 한다. 즉 초기에는 전체적으로 풍성한 길고 넓은 모양이던 것이 중기 말에 오면 품은 실용적인 치수로 차츰 단소화하는 반면에, 소매는 절구통형의 넓은 모양으로 변하였다. 또 腋注音이라든가 옆이 트이고 무가 이중으로 된 直領袍는 사라지고, 長衣·帖裏·褡䙱·道袍·氅衣類가 정착되었다(〈사진 2〉). 조선 후기의 편복 중에서 가장 많이 입었던 포류로는 장의·창의·도포가 있다.

가) 장 의

長衣는 다른 옷들에 비해서 조선 초부터 말까지 치수나 형태의 변화가 거의 없이 가장 안정되고 실용적인 옷으로 상하층이 모두 이용하여 온 일반 편복의 포 중에서 대표적인 것이다. 남성이 장의를 사용했던 예는 역대 왕의 대·소斂具에 나타나고 있으며, 조선 말엽에는 사대부의 愼終錄에서도[30] 보인다. 남자의 장의는 중기 이후 도포와 창의류 등의 편복에 의해 잠시 밀려났다가 고종 32년(1895) 衣制改革 때 '周衣'라는 명칭으로 다시 출현하게 된다.

여성용 포는 남성에 비해 매우 귀한데 그 중에서도 남녀 공용인 장의가 일반 여성의 유일한 포로 나타나고 있으며 조선 말까지 이용되었다(〈사진 3〉). 후기에 와서 장옷은 포 외에도 외출 때에 여성의 쓰개용(〈사진 4〉)으로 쓰였고[31] 이것들은 조선 말에 두루마기(周衣)로 이어졌다.

나) 창의류

창의류는 양란 이후부터 보이기 시작하여 중·후기에 출토되는 의류 가운데 가장 많은 비중을 차지하고 있다. '氅衣'라는 명칭은 '트임이 있는 袍'라는 뜻을 담고 있다. 창의는 트임의 위치, 소매의 크기, 襈(緣)의 유무, 사용자 및 용도에 따라서 달랐다. 창의류는 남성전용이었으며, 형태는 트임이 뒤에 있는 것

30) 溫陽民俗博物館,《安東金氏墳墓發掘調査報告書》(1989), 170쪽.
31) 柳得恭,《京都雜志》권 1, 風俗 巾服.

과 옆에 있는 것, 소매가 넓은 것과 좁은 것, 선(연)이 있는 것과 없는 것이 있었다. 옷감은 명주를 가장 많이 사용하였으며, 바느질로는 누빈 것이 가장 많고 겹이나 솜옷도 있었다. 정조년간에는 朝官이 공복일 때는 청색 창의를 입는데 집에서는 흰색을 입도록 한 것은 낭비라는 비변사의 건의대로 따르게 하였다.32) 또 순조 때는 文蔭官은 첩리 대신으로도 입도록 하는 등33) 겉옷(表衣)으로 착용되기도 하고 다른 포류의 안에 받쳐 입는 받침옷(中衣)으로 사용되기도 하였다.

명칭은 형태에 따라 '大氅衣'·'中致莫'·'小氅衣'·'창옷'·'鶴氅衣' 등 다양하다. 각각의 특징을 살펴보면 대창의는 '큰창의' 또는 '창의'라고도 했는데, 중기 이후는 편복용으로 창의류 중에서 가장 상위의 개념으로 이용되었다. 모양은 소매는 넓으며 뒤가 트이고 옆에 무가 달려서 앞에서 보면 도포처럼 보이지만, 도포의 뒷자락에 있는 展衫이 생략된 것이다(〈사진 5〉). 대창의는 사대부들이 집안에 있을 때 입는 燕居服으로, 간단한 나들이 때에는 겉옷으로, 또는 도포 속에 입는 받침 옷으로 이용되었고, 허리에는 신분에 맞는 색의 細條帶(술띠 : 가는 띠)를 맸다.

중치막은 소매가 넓고 양쪽 옆이 트인 '세 자락형' 옷이며, 대창의에 포함시키기도 하는데34) 대창의에 비해 하위개념의 포이다. 집안에 있을 때나 도포를 입을 때는 받침 옷으로 이용되었다(〈사진 6·7〉).

창옷은 '소창의'와 같은 뜻으로, 명칭에서 시사하듯이 '작은 창옷'이라는 개념을 갖고 있다. 형태도 좁은 소매에 옆은 무도 달지 않고 트인 세 자락형이며(〈사진 8〉), 허리에 세조대를 맬 수 없다. 입는 사람도 신분이 낮은 廝前이나 하인배들이었으므로 사람을 비하시켜 부를 때 '창옷짜리' 라는 말로 비유되기도 하였다.

학창의는 덕망이 있는 사대부들이 집에 있을 때 입는 연거복으로 모양은 대창의와 같으나 옷의 가장자리에 검정색의 덧단(襈 ; 緣)을 댄 것이다.

다) 도 포

도포는 '道服'이라고도 하였으며, 조선시대 성인 남성들의 대표적인 통상예

---

32) 《正祖實錄》 권 38, 정조 17년 10월 신미·경진.
33) 《純祖實錄》 권 34, 순조 34년 4월 갑자.
34) 柳喜卿, 《韓國服飾文化史》(敎文社, 1981), 257쪽.

복이었다(〈사진 9〉). 사용시기는 기록이나 실물에 의해 임진왜란 이후부터로 보고 있다. 기록에는 선조 40년(1607)에 "李弘望이 草綠道袍를 착용했다"[35]는 것이 처음 보이며, 실물도 17세기 후반부터 무덤에서 출토된 것들이 있으나 다른 옷들에 비해서 매우 희소하다. 출토물은 耽陵君(선조의 증손 ; 1636~1731), 東萊 鄭氏(1574~1669), 豊山 洪氏(鑑輔 ; 1699~1763) 등의 것이 있는데, 옷감은 명주나 亢羅로 하였다.

도포는 관복에 대치할 만큼 공식적이거나 사사로운 행사 때 갖추어야 하는 통상예복이며, 포 중에서는 최상의 개념이 부여되고 있다. 그러나 일반적인 통상예복임에도 불구하고 주로 상류층 전용이었으며, 따라서 신분적인 규제가 가해지는 경우가 많았다. 李圭景은 "도포는 靑·白의 두 가지가 있다. 청은 吉服이고 평상시는 흰색을 입으며 賤民은 못 입는다"[36]고 하였으며, 丁若鏞도 "民奴나 下賤이 도포를 입고 있다"[37]고 지적하고 있다.

도포의 형태로 보면 넓은 소매에 옆선에 무가 있으며 뒷 중심이 트이고 그 위에 전삼이 있어서 트임을 가릴 수 있도록 하였다. 허리에는 여러 가지 색상의 세조대를 매는데 홍색이 가장 높은 지위를 나타낸다. 제작상 특징은 다른 일상용 포류는 솜을 넣은 것과 겹이나 누빈 것도 있는 반면, 도포는 홑으로 만들었다.

도포는 고종 때 의제개혁 이후에도 유림에서 철저히 고수되어 근래까지 전해져 오는 편복 중에서 최상의 상징물로 존재하고 있다.

라) 왕비의 포

왕실예복의 포류에 대한 기록에는 翟衣·露衣·장옷·圓衫·활옷·唐衣가 보인다. 적의는 왕비복의 상징인 궁중 법복이며 大衫이다. 명에서 君王妃·親王妃禮에 의해 보내온 賜與冠服이며 임란 후에는 《국혼정례》를 통해 우리 나름대로 이루어졌다. 《국혼정례》의 빈궁의복 안에 노의·장삼·원삼이 있고, 조선 후기에는 큰 소매에 속하는 것들이 원삼 하나로 집약되어 적의와 함께 조선 말까지 이르렀다.[38]

---

35) 《宣祖實錄》 권 210, 선조 40년 4월 계사.
36) 李圭景, 《五洲衍文長箋散稿》 권 45, 道袍辨證說.
37) 丁若鏞, 《牧民心書》 권 8, 禮典六條 辨等.
38) 柳喜卿, 앞의 책, 312쪽.

나. 저고리류

가) 저고리

저고리는 우리 나라의 상의를 상징하는 옷으로 시대에 따라 부분적으로 크기나 형태에 약간씩의 변화를 보이지만 전통 고유의 한복 가운데 가장 정형화된 옷 중의 하나이다.

조선 초기부터 중기에 이르기까지 저고리 형태는 길고 넓은 모양이었으나, 후기에 오면 체형에 맞는 모양으로 되었다가 점차 단소화되었다. 실물이나 그림·문헌자료에 의하면 17세기 중반부터 특색을 보인 '당코형깃'이 좀더 부드러운 모양으로 나타나고(〈사진 10〉) 영·정조대 이후 단소화가 날이 갈수록 심해졌다.

저고리의 단소화현상에 대한 사회의 시각은 비판적이었다. "지금 부녀의 저고리 소매는 좁고 길이는 짧은데 언제부터인지 모른다. 귀천이 모두 같은데 참으로 놀랍고 괴이하다"[39]고 하였으며, 18세기 말에는 "여인의 저고리는 날이 갈수록 짧아지고 올라가서 가슴이 보일 정도이고 치마는 날이 갈수록 넓어지고…"[40] 조선 말기에 이러한 현상은 더욱 심해져 "저고리의 길이는 짧고 품은 좁아서 옷고름을 매어 가슴을 감쌀 수 없고 소매는 좁아서 겨우 팔뚝을 용납할 정도이다"[41]라고 하였다.

저고리의 배래선이 곡선으로 되기 시작한 것은 19세기 초부터이다(〈사진 11〉).

나) 당 의

唐衣의 발생시기가 언제부터인지 정확하게 규정짓기는 매우 애매하다. 다만 조선 후기에 오면 전기에 있던 '옆트임저고리형'이 사라지고 그것과 비교하여 길이가 길고 옆트임이 확실히 구분됨으로써 겉옷으로서 완전히 독립된 형태로 정착되는 것들이 나타나고 있다.

오늘날 옆트임저고리에 비해 당의라고 볼 수 있는 형태를 지닌 실물은 출토물로서 淸衍郡主(1754~1821)의 무덤에서 나온 것(〈사진 12〉)과 지상물로서 德溫公主(1822~1844)의 것이 있다. 청연군주의 당의는 저고리 60점과 치마 26점, 大禮服 2점과 함께 나온 것으로 25점이나 된다. 이 당의는 당시 저고

---

39) 李　瀷, 《星湖僿說》 권 5상, 人事篇 8, 服食門 婦人服.
40) 朴齊家, 《北學議》 內篇, 女服.
41) 朴珪壽, 《居家雜服攷》 권 2, 婦女窄袖短衣宜亟變.

리가 단소화 추세였던 것과 같은 현상을 보이고 있다. 소매는 窄袖(좁은 소매)이면서 길고, 길이는 앞 뒤 모두 길어지면서 품은 좁고 옆선이 겨드랑이 바로 밑에서부터 아래로 트여 세 자락 형태가 뚜렷이 나타나고 있다(〈사진 12〉).

다. 치마류

세종때 기록에 '赤亇'·'小赤亇'·'上赤亇'로 나오며, '치마'라는 말은 惠慶宮洪氏가 쓴 《恨中錄》에 '眞紅호오프絞緞치마' 에서 보인다.

출토유물에 의하면 치마의 형태는 거의 변함이 없다. 그러나 초기에 비해 후기의 치마는 襴 처리나 직물에서 다소 미흡하다. 초기의 난은 織金을 하였는데 옷감에 직접 하거나 직금단을 따로 마련하여 붙이기도 하고, 너비도 윗쪽은 넓고 아래쪽은 좁다(〈사진 13〉). 후기에는 난을 따로 마련하여 금박을 찍고 치마에 붙여 쓰도록 하였다.

길이는 보통 일상용은 발등을 덮을 정도이지만 예복용은 길었다. 홑것이 가장 많으며 솜을 넣은 것과 얇게 누빈 것도 있었다. 예복용 중에서 초기 것으로, 上下襴에 童子葡萄織錦紋을 넣은 '대란단치마'가 있는데 길이가 약 130cm이며 가운데 세 폭에는 배꼽 위치에 너비 15cm 정도의 덧주름을 굵게 잡아 홈질하였다. 난은 치마의 중간과 단의 끝 부분 두 군데에 하였는데 위에 댄 것은 15cm, 밑에 댄 것은 5cm 정도이다.

여밈은 오른쪽 여밈형태로 나타나고 있다. 근래까지도 세속에서 치마의 여밈은 '왼쪽으로 여며야 양반' 이라고 하는 것과는 다른 현상이었다.

옷감은 명주와 비단이 가장 많고 무명이나 모시도 보인다. 비단은 雲紋緞·錦線緞·織錦·花紋緞·花草緞·貢緞 등 매우 다양하였다. 신분에 따라 치마의 옷감과 폭에 대해 제한이 있었다. 성종 12년(1481) 사치를 금지하여 15~16폭에 이르렀던 일반 여자의 치마폭을 13~14폭 이하로 제한하고 그 다음해에는 진상하는 衣襨도 13폭으로 하고 서민은 12폭으로 재조정하였다.[42)]

라. 하의와 속옷류

남자의 바지와 여성의 속옷에 대한 문헌자료는 미비하나 출토물에 의해 많이 참조되고 있는데 조선시대 전반에 걸쳐 큰 차이가 없다. 남자바지는 형태는

42) 《成宗實錄》 권 13, 성종 2년 12월 임신 및 권 14, 성종 3년 정월 기미.

같으나 겉옷용과 내의용 두 가지가 있다. 겉옷으로 여름용은 홑으로, 봄·겨울용으로는 겹이나 솜옷이 있었다. 겉옷은 속옷에 비해 조금 크고 옷감은 명주이며 겹이나 누빈 것이 많고, 속옷은 무명이나 삼베이며 짧고 홑으로 되어 있다. 시대가 내려올수록 가랑이 밑의 퍼진 각도가 달라지는데 초기에는 90도 각도로 매우 넓었으나 후기로 갈수록 차츰 좁아져 현재는 약 45도 정도이다.

여자속옷의 하의류는 크게 '단속곳형'(〈사진 14〉)과 '바지형'(〈사진 15〉)의 두 가지로 분류된다. 단속곳은 가랑이가 네 폭으로 된 넓은 것을 입으면 치마처럼 보인다. 이것은 지금의 속치마와 속내의(팬티)의 두 가지 용으로 이용되었다. 속치마용은 '단속곳'(〈사진 14〉)이라 하며, 팬티용은 '속(속)곳'이라 하였는데, 모양은 같은 형이었지만 크기와 옷감의 질은 달랐다. 옷감은 명주·무명·삼베·모시이며, 홑·겹·누비·솜옷으로 하였다. 속옷으로 단속곳과 같은 모양이면서 옷감도 좋고 단을 층층이 여러 개 접어 풍성하게 한 것(〈사진 14〉)도 있다.

여성의 바지는 남성용이 내의용과 외의용 두 가지가 있는 반면, 내의로만 이용되었다. 여성용 바지 중에 15~16세기 것으로 바지 가랑이가 세개 달린 것도 있다(〈사진 16〉).

(3) 의료의 수급체제와 직조

ㄱ. 시진과 난진

市廛은 서울 중심가인 종로 길가에 설치되었던 상점으로, 태종 때부터 조성되기 시작하였으며 정조 원년(1777)에는 800여 행랑이 있었다.[43] 시전상인들은 어용상인으로 궁이나 관청을 비롯하여 중국에 보내는 물건을 공급하는 전매특권을 가진 반면 국역을 부담하였다. 시전 중 큰 것은 線(縇)廛·綿布廛·綿紬廛·苧布廛·紙廛·內外魚物廛·靑布廛 등이었는데 이들을 六矣廛(六注比廛)이라고 하였다. 시전은 수익 수준에 따라 세금을 내는 有分各廛과 세금이 없는 無分各廛으로 나뉘었고 이 가운데 가장 번창하였던 것은 수요가 가장 많았던 직물류와 종이를 판매하는 가게였다.

의생활과 관련되는 직물류를 판매하는 시전은 대개 유분각전이었다. 그 중

---

43) 《東國輿地備攷》 권 2, 漢城府 市廛.
《萬機要覽》 財用篇 5, 各廛.

에서도 선전은 비단을 파는 곳으로 立廛이라고도 하였는데 모든 전의 으뜸으로 42방이나 되었으며 주로 중국비단을 팔았다.

포전(또는 저전)은 모시와 삼베를 파는 시전으로 모시는 지금의 종로 3가쪽에, 삼베는 남대문로 1가쪽에 있었다. 여기서 거래되었던 삼베는 품질이 다양하였으며 생산지명을 따서 六鎭布·永春布·安東布·海南布·倭布·唐布 등으로 불렸다.

면포전은 무명을 파는 곳으로, 銀木廛·白(百)木廛이라고도 하였으며 면의 품질은 전라도 康津木·海南木, 경기도 高陽木을 상품으로 쳤다.

면주전은 명주와 국산비단을 취급하였으며 지금의 종로 1가에 있었다.

청포전은 주로 중국물산을 다루는 곳으로 바늘·담요·털옷·약·모자·당류 등을 팔았는데, 정조 18년(1794)에 注比廛의 자격을 잃었다.

이 밖에 유분각전으로 衣廛(古着廛)·綿子廛·履廛, 갓끈이나 주머니끈 등을 파는 眞絲廛, 비녀나 다리꼭지를 파는 髢髻廛, 말총이나 가죽·鄕絲·실 등을 파는 床廛 등이 있었다.

17세기 이후 私商人이 출현하기 시작하여 영조대에는 亂廛이 늘어나며, 18세기 말에는 종루·배오개·七牌 등에 시장이 생김에 따라 시전은 차츰 세력을 잃게 되었다. 난전의 상인은 수공업자 및 일반 도시인들과 거래하고 중국이나 일본상품의 거래도 활발하게 하였다. 또한 난전의 발생은 5일 시장이 전국적으로 확산됨과 동시에 직물교류의 폭이 넓어지면서 일반 서민의 의생활분야도 발달하는 계기가 되었다.

나. 의료직조

조선시대의 주된 옷감 衣料는 무명(綿布)·삼베(麻布)·모시(苧布)·명주였으며, 가내수공업이나 민간수공업에 의해 자급자족 형태로 생산되었다. 무명이나 베는 세금납부·물물교환 등에서 화폐적 기능을 하기도 하였다.

가) 면 포

綿業은 고려말 이후 일반화되기 시작하여 조선 태조 7년(1398)에는 "10년이 지나지 않아 전국에 두루 퍼졌다"[44]고 할 정도로 확대되었다. 세종대에는

---

44) 《太祖實錄》 권 14, 태조 7년 6월 정사.

면업을 변방정책의 일환으로 장려하여 동북면과 서북면에서 크게 발전하였고, 동왕 27년(1445)에는 면포의 가격을 모든 조세의 기준으로 삼았다.45) 이러한 국가시책으로 면업은 염업·광업과 함께 3대 기간산업으로 발전하였고 면화재배와 면포생산은 시장발달에서 중요한 역할을 담당하였다. 면포는 마포보다 더 유리한 직물로써 생산이 증대되었고 이에 따라 16세기에는 일본·여진 등과의 국제무역에서 활발하게 수출되었다.

조선 후기에 오면 田稅를 면포로 낼 정도로 삼남지방을 중심으로 면화가 황해·평안도에까지 널리 재배되었으며 농가의 부업으로 크게 각광을 받았다. 생산수준은 21升의 細布를 짤 정도로 발전하였는데 세포는 값이 비싸서 일부 상류층에서만 애용되었다. 면포는 軍布로서도 징수되었는데 임진왜란 이후 죽은 사람에게도 군포를 징수하는 '白骨徵布'가 성행하는 등 수탈이 강화되면서 면업의 발달이 저해되었다. 또한 영조 34년(1758)에 淸布의 수입을 금지하고 국내 목면을 쓰도록 할 정도로46) 청나라 燕京으로부터 청포의 수입이 늘어났으며, 헌종 9년(1843)경에는 기계제품인 西洋木이 수입되었다. 수입포에 의한 압박이 심해짐에 따라 국내 면업은 크게 타격을 받게 되었다.

나) 삼베와 모시

삼베는 면직물 유통이 활발해지기 이전인 세종대에는 5승포가 正布로서 물품화폐로 쓰였으며, 조선 후기까지도 서민의 여름용 옷감과 상복으로 필수품이었다.

삼베는 세종대에 함경도 서북지방에서 많이 생산되었는데, 특히 慶源·會寧·鍾城·穩城·慶興·富寧 등 6진에서 생산되는 '六鎭細布'를 최상품으로 쳤다.47) 그것은 곱고 올이 가늘기가 매미날개 같아서 한 필을 움켜잡으면 한 줌 안에 들 정도였다. 또 한 필을 바릿대 안에 넣을 수 있다 하여 '鉢內布'라고도 하였다. 강원도에서 생산되는 것은 '江布'라고 하였는데 질이 좋지 않아 常布로 쓰이거나 상복에 쓰였으므로 '喪布'라고도 하였다. 경상도에서 나는 것은 '嶺布'라 하였는데 특히 '安東布'가 유명하였다.

삼베나 모시는 지역과 계절에 제약을 받았기 때문에 생산량이 저조했으나

45) 《世宗實錄》 권 110, 세종 27년 10월 임자.
46) 《英祖實錄》 권 91, 영조 34년 정월 경자.
47) 崔南善, 《故事通》(三中堂, 1946), 197쪽.

직조기술은 명과 청나라 수준으로 발달하여 歲貢品으로서 중국에 수출되었다. 특히 모시의 직조술은 고려시대에 이어 조선시대에도 중국에서 인정할 만큼 발달하였으나 지역적으로 생산지의 제한을 받고 제직공정과 실용적인 면에서 고급직물에 속하여 일반화가 어려웠다. 조선 후기에는 韓山·舒川·鴻山·庇仁·林川·定山·藍浦 등이 '苧布七處'의 명산지로 일컬어졌으나 말기에 이르러서는 한산만이 이름을 떨치게 되었다.

다) 명 주

명주는 사치금지와 엄격한 신분체제에서 고급옷감의 생산이 저해되는 가운데 가내수공업으로 생산되었다. 특히 일반 민들에게는 '명주가 비단'이라고 할 만큼 婚需나 壽衣를 만드는 데 가장 고급스러운 옷감으로 이용되었다.

〈사진 1〉 加髢와 上薄下厚形의 치마·저고리

작자미상, 美人圖(1800년대), 國立中央博物館 所藏.

조선시대에도 명주생산을 위하여 국가적 차원에서 누에치기와 뽕나무 재배를 장려하고 왕실에서도 親蠶禮를 행하는 등 매우 적극적인 대책을 세우기도 하였다. 명주생산이 가장 활발하였던 시기는 세종·성종·중종·영조대였고, 영조는 43년(1767)에는 景福宮 안에서 친잠례를 거행하고 전국 감옥의 죄수를 풀어주기도 하였다.[48]

생산지는 우리 나라 전역에 비교적 고르게 퍼졌는데 그 중에서도 황해도의 명주실과 명주가 유명하였고, 충청·전라·경상도에서 견직업이 발달하였다. 조선 후기에 명주의 산지로는 成川·寧邊·羅州를 꼽을 수 있다.[49]

〈高富子〉

48) 《英祖實錄》 권 108, 영조 43년 3월 정묘·갑술.
49) 徐有榘, 《林園十六志》 권 29, 展功志 2, 蠶績 下 織紝.

〈사진 2〉 모자(草笠, 墨笠 · 巾)와 袍(氅衣 · 帖裏)
김홍도, 주막(1700년대말), 간송미술관 소장

〈사진 3〉 長 衣
文化柳氏(1615~1685)墓 출토, 단국대 석주선기념민속박물관 소장

〈사진 4〉 여자용 장옷 쓰개치마 · 氈帽, 남자용 戰笠 · 창옷
김홍도, 나들이(1786년), 국립중앙박물관 소장

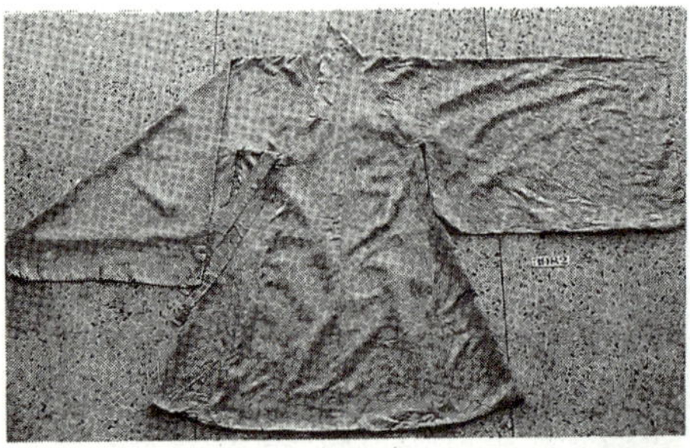

〈사진 5〉 大氅衣

全州李氏 耽陵君(1636~1731)墓 출토, 단국대 석주선기념민속박물관 소장

〈사진 6〉 中致莫

東萊鄭氏(1574~1669)墓 출토, 단국대 석주선기념민속박물관 소장

〈사진 7〉 中致莫

全州李氏 耽陵君(1636~1731)墓 출토, 단국대 석주선기념민속박물관 소장

〈사진 8〉 창옷

慶州李氏(1672~1763)墓 출토, 단국대 석주선기념민속박물관 소장

〈사진 9〉 道 袍
東萊鄭氏(1574~1669)墓 출토,
단국대 석주선기념민속박물관 소장

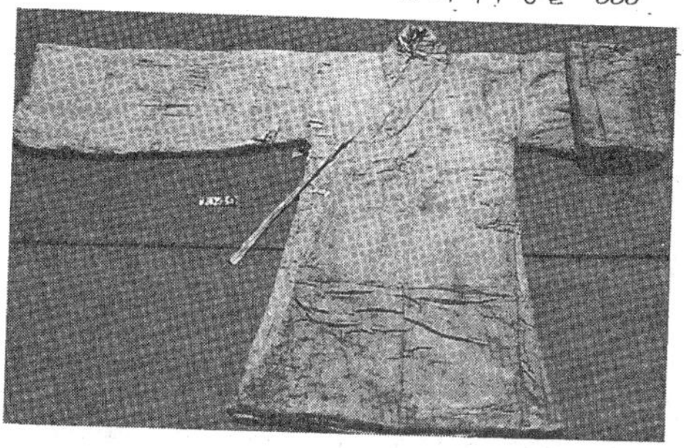

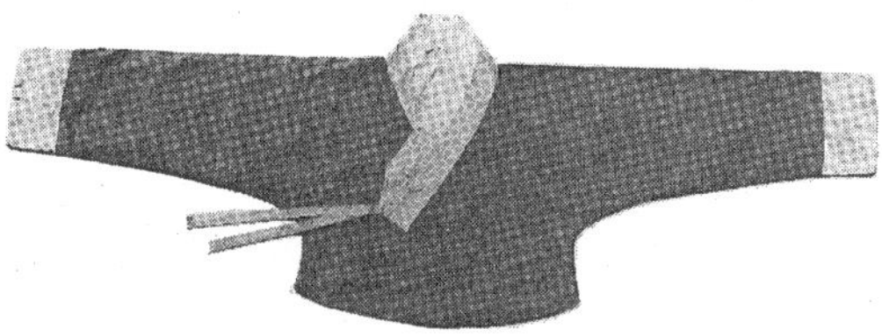

〈사진 10〉 저고리(반회장),
초기 당코깃형
陽川許氏(1630~1660)墓 출토,
단국대 석주선기념민속박물관
소장

〈사진 11〉 저고리(삼회장),
후기 당코깃형
淸衍郡主(1754~1821)墓
출토, 단국대 석주선기념민속
박물관 소장

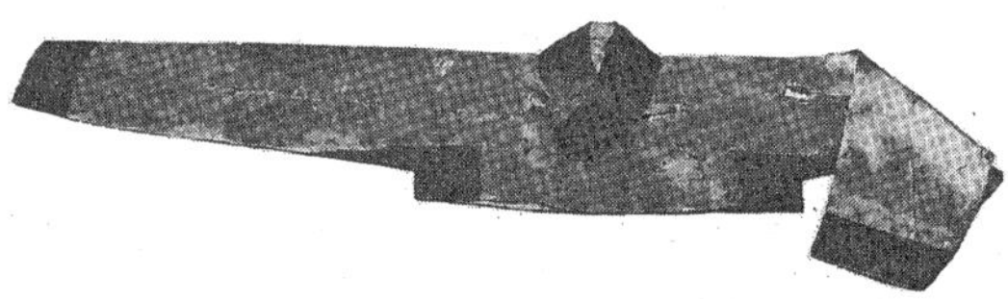

〈사진 12〉 당 의
淸衍郡主(1754~1821)墓 출토,
단국대 석주선기념민속박물관
소장

〈사진 13〉 치마(예복용 ; 童子葡萄
紋織綿大襴)
南陽洪氏(15세기 중반)墓 출토,
단국대 석주선기념민속박물관 소장

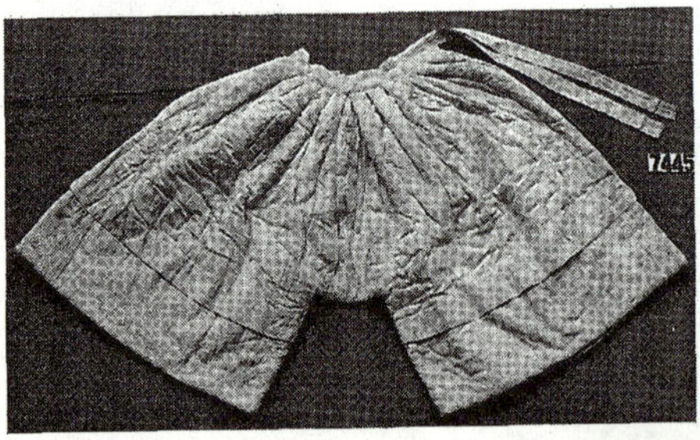

〈사진 14〉 속옷(단속곳형)
文化柳氏(1615~1685)墓 출토,
단국대 석주선기념민속박물관 소장

〈사진 15〉 속옷(바지형)
東萊鄭氏(1584~1654)墓 출토,
단국대 석주선기념민속박물관 소장
↓

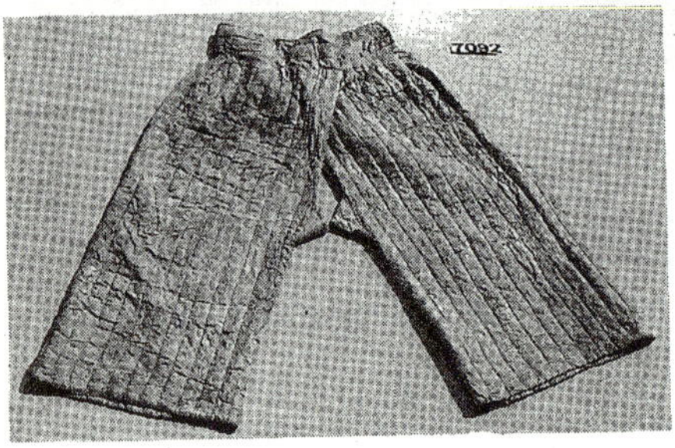

〈사진 16〉 속옷(바지, 특수형)
南陽洪氏(15세기 중반)墓 출토,
단국대 석주선기념민속박물관 소장

2) 식생활

(1) 조선 후기 식생활의 환경

조선시대에는 초기부터 토지제도를 개혁하고 농경을 권장하여 농서의 간행에 힘쓰고, 수리사업을 활발하게 하여 식량생산이 늘어났다. 조선 후기 영조·정조 때에는 勸農使를 각지에 보내고, 농우를 빌려주며, 제방을 만드는 등 권농에 힘썼다. 그러나 조선 중기 이후 토지의 집중적 사유화가 진전되어 농민은 남의 토지를 경작하기도 어려운 형편에 이르렀다. 그리하여 부자의 땅은 경계가 서로 닿아 끝이 없고, 가난한 이들은 송곳 하나 꽂을 만한 땅이 없게 되어 富益富, 貧益貧으로 급기야는 모리하는 무리들이 토지를 모조리 갖게 되는 반면, 양민은 식솔을 이끌고 떠돌아다니다가 머슴살이로나 들어가는 지경에까지 이르게 되었다.

조선 후기에는 당시의 식생활을 엿볼 수 있는 농서·식품가공서·조리서·歲時記 등이 많이 나왔다. 또한 중국을 비롯한 외국과의 교류를 통해 신대륙 원산의 새로운 식품들이 들어오게 되고 식품의 저장·발효·가공기술이 발달하여 식생활이 다양해졌다. 1600년대에는 임진왜란·정유재란·병자호란 등의 전화와 가뭄·장마 등의 재앙으로 식생활에 변화가 일어났다. 우선 전쟁 때문에 백성들이 전국적으로 이동함에 따라서 지방마다의 고유한 음식이 다른 지방에도 영향을 주었으며, 전쟁과 기근을 이겨내기 위한 救荒食이 발달하였다.

1700년대에 들어서서는 사회가 안정되어 근대문화의 꽃을 피우기 시작하였고, 식생활도 안정되어 세시풍속 및 의례의 격식을 갖추게 되었다. 그리고 남방에서 전래된 고추가 본격적으로 김치 및 반찬류를 맛내는데 많이 사용되어 우리 음식의 맛과 색이 크게 변화하였다.

1800년대에는 서구열강의 중국·일본침략과 일본의 明治維新 등 국제정세가 복잡해지고, 국내에서도 천주교도 탄압, 서구 및 일본의 침입, 민중봉기 등으로 사회가 혼란해졌다. 이즈음 감자가 중국에서 전래되어 중요한 주식 및 부식품이 되었고, 신품종의 사과가 전래되었다. 또한 식품을 파는 행상이나 음식을 만들어 파는 집이 생겨서 식품유통이 활발해졌다.

(2) 조선 후기 식생활의 양상

가. 서민의 일상식

조선 후기에는 이미 밥을 주식으로 하고 찬을 부식으로 마련하는 飯床차림이 일상의 식사가 되었다. 반찬류의 조리법은 대개 굽고, 지지고, 졸이고, 볶고, 끓이고, 삶는 등의 조리법이 이용되었다. 반상차림의 규모는 신분이나 빈부에 따라 달랐으나 쟁첩에 담은 반찬의 가지수에 따라 3첩·5첩·7첩·9첩·12첩이라 부르며 飯床器에 차렸다. 서민들의 반상차림은 3첩 반상이 고작이나 사대부집에서는 9첩까지 차리고, 궁중에서의 수라상은 12첩으로 차렸다.

반상기에는 음식의 종류에 따라 담는 그릇이 정해져 있어서 밥은 飯器나 주발에 담고, 국은 탕기, 조치류(찌개·찜)는 조치보, 김치는 보시기에 담고, 간장이나 고추장은 종지에 담고, 일반 반찬류는 쟁첩에 담았다.

나. 사대부의 연회식

조선시대 손님접대(賓禮)는 5례 중의 하나였다. 손님접대는 법도를 정하여 융숭하되 예법을 벗어나지 않게 하고, 허술하되 예법을 덜하지 않게 하였다. 혼례나 생일잔치·장례 등의 행사와 친목계 등의 모임에는 친척은 물론 이웃사람들이 많이 모여 홍청대는 풍속이 있었다. 실학자 丁若鏞은《牧民心書》賓客條에서 饗飮의 예법을 분수에 맞지 않게 하여 생기는 여러 폐단을 강력히 비판하고 있다. 사대부가의 연회상은 고임상(高排床)을 차리고 손님에게는 외상차림으로 음식과 술·과일·떡 등을 차려 대접하였다.

다. 외식의 풍습

가) 놀이식

꽃피는 3월에는 노인·장년·청년·부인·아이들이 끼리끼리 모여 산과 물이 있고 꽃피고 버드나무 있는 곳에 찾아가서 하루를 즐겼으니 이것을 '꽃다짐'이라고 하였다. 사대부나 농민이나 산과 들에 나갈 때는 찬과 밥을 찬합이나 구절판에 담고 술도 마련하여 시를 읊으면서 자연 속에서 먹고 마시며 하루를 즐겼다.

나) 두레밥

농사철이거나 고기잡이가 한창 바쁠 때에는 집에 돌아가 점심을 못하고 야외에서 밥을 먹게 된다. 농번기에 공동으로 일을 하면서 함께 나누어 먹는 밥을 '두레밥'이라고 하였다.

다) 주막과 식당

술과 밥을 팔면서 나그네를 유숙시키던 집을 酒幕이라 하였는데 영조 때 申潤福의 풍속도에 주막의 풍경이 잘 나타나 있다. 주막에서 팔았던 술은 주로 탁주였고, 마른안주로는 육포·어포 등이 있었고, 진안주로는 쇠고기나 돼지고기 삶은 수육과 너비아니·빈대떡·떡산적·생선구이·장국밥·술국 등이 있었다. 장국밥은 맑은 장국에 간장으로 간을 맞추고 밥을 말은 것인데 서울과 지방에는 장국밥집이 많았다. 영남지방에는 육개장집이 많고, 평안도에는 냉면집이 많았다.

라. 식사예절

李德懋의《靑莊館全書》士小節條에는 식생활과 관련하여 선비·부녀자·어린이가 지켜야 할 예의를 자세히 일러두고 있다. 순조 15년(1815)경에 쓰여진 憑虛閣 李氏의《閨閤叢書》에는 사대부가 식사할 때의 다섯 가지 예법을 다음과 같이 제시하였다.[1]

> 첫째, 힘듦의 다소를 헤아리고 저것이 어디서 왔는가 생각해 보라.
> 둘째, 대덕을 헤아려 섬기기를 다할 것이다.
> 셋째, 마음이 지나치고 탐내는 것을 막아 법을 삼가라.
> 넷째, 좋은 약으로 알아 형상의 괴로운 것을 고치게 하라.
> 다섯째, 道業을 이루어 놓고서야 이 음식을 받아먹을 것이다.

마. 시절식

명절에 맛있는 음식으로 조상에 제사를 올리고 가족과 이웃이 서로 나누어 먹는 것을 節食이라 하고, 계절식품으로 만들어 먹는 음식을 時食이라 한다. 洪錫謨의《東國歲時記》(1849)에 나오는 월별 시절식을 살펴보면 다음과 같다. 정월 초하루에는 차례를 지내고 歲饌과 歲酒·떡국·시루떡을 먹고, 立春에는 進山菜(움파·메갓·신감채)를 마련한다. 보름에는 약밥·팥죽·부럼·귀밝이술·묵은나물·복쌈·잡곡밥이 절식이고, 과일나무 시집보내기를 한다. 2월 초하루에는 흰떡과 송편을 빚었으며, 2월중에 얼음을 종묘에 천신한다. 3월 삼짇날에는 화전·화면·수면이 절식이고, 寒食에는 차례를 지내고 익힌 음식을 금지한다. 3월의 시식은 탕평채·수란·조개와 조기국·회·복어·숭어·마와, 과하주·소국주·두견주·도화주·송순주·삼해주, 산병·환병·마제병·시루떡 등이고, 무 행상(菁根商)이 나온다. 4월의 시식은 방울떡·시루떡·장미화전·어채·어만두·미나리회 등이다. 5월 端午에는 醍醐湯을 먹고, 5월 안으로 보리·밀·古米를 종묘에 천신하고 장을 담근다. 6월 流頭에는 수단·건단·상화병·連餠·유두면을 마련하고, 三伏에는 개장국·팥죽을 마

1) 憑虛閣 李氏,《閨閤叢書》(鄭良婉 譯註, 寶晋齋, 1975), 7쪽.

련한다. 6월에는 피 기장·조·벼를 종묘에 천신하고, 얼음·국수·미역국·호박부침·참외·수박을 먹는다. 7월의 百中(中元)에는 망혼제를 지내고 채소와 과일을 천신하며, 7월중으로 올벼를 천신한다. 8월 추석에는 닭고기와 막걸리를 이웃과 함께 실컷 먹는다. 8월의 시식으로는 햅쌀술·햅쌀송편·무호박시루떡·인절미·밤단자·토란단자 등이 있다. 9월 9일 重九에는 국화전·화채를 마련하고, 10월 말날(午日)에는 팥시루떡을 먹는다. 10월에는 김장을 하고, 시식으로는 牛乳酪·煖爐會·열구자·신선로·메밀만두·卞氏만두·멥쌀떡·쩡고기·김치·만두·두부·연포탕·애탕·쑥단자·밀단고·강정 등이 있다. 11월에는 冬至에 팥죽·煎藥을 마련하고, 시식으로 청어·전복·대구·냉면·비빔국수(骨董麵)·동치미·수정과·장김치 등이 있다. 12월 臘日에는 臘藥·臘肉·참새를 먹고, 설을 앞두고 소의 도살을 완화하며, 別歲로 술과 음식을 마련한다고 하였다.

바. 통과의례와 식생활

通過儀禮란 사람이 출생하여 한평생 사는 동안 겪는 고비에 치르는 의식이나 의례로, 반드시 음식이 따른다. 동양에서는 인륜대사라 하여 4례를 치르는 것을 중요시하는데, 4례는 冠禮·婚禮·喪禮·祭禮를 이른다. 길한 일은 출생·돌·관례·혼례·회혼례 등이고, 궂은 일은 상례와 제례이다. 의식절차는 의례법을 따르나 지방이나 집안마다 풍속도 다르고, 차리는 음식도 다르다. 조선 후기에는 궁중과 양반은 물론 서민들도 집안의 경사나 제사 때에는 음식을 많이 장만하여 친척과 이웃이 모여서 길한 일은 축하하며, 상례 때는 돌아가신 조상의 공덕을 기리는 후손들이 화합하는 장을 마련하는 풍속이 있었다.

(3) 숭유주의가 식생활에 미친 영향

가. 음다의 쇠퇴와 유밀과의 금지

조선은 崇儒排佛을 국책의 하나로 삼았고, 16세기부터는 숭유주의자들이 양반관료사회를 형성하여 식생활에 많은 영향을 끼쳤다. 유자들은 차가 불교를 상징한다고 하여 차 마시기를 기피해 飮茶 풍속을 없앴다. 그러나 일부 남부지방 사찰의 스님들과 귀양중의 학자·예술인 등 사이에서 음다의 풍류가 면면히 이어지고 있었다. 일상생활에서 음료는 필수적이므로 숭늉을 마셨지만 아쉬움이 있어 막걸리를 요기 삼아 늘 먹게 되었다.

유밀과는 불교의 供佛이라고 하여 금지되었다. 《經國大典》에서는 "獻壽·혼인·祭享 때 외에 유밀과를 사용한 자, 가로에서 공불하는 자 등은 곤장 60대에 처한다"[2]고 규정하고 있다.

나. 개고기와 육회

개는 인간이 사육한 최초의 동물로, 중국에서는 춘추시대와 漢나라 때에 개고기를 많이 먹었으나 唐나라 때 이후에는 먹지 않았다. 우리 나라에서는 고대로부터 널리 개고기를 먹었다. 《규합총서》·《음식디미방(閨壺是議方)》(安東張氏, 1670년경)·《山林經濟》(洪萬選, 1715년경)·《增補山林經濟》(柳重臨, 1766)·《林園十六志》(徐有榘, 1827년경) 등 옛 조리서에는 개고기 삶는 법, 찌는 법, 굽는 법 등이 자세히 나와 있다. 특히 삼복에는 신분의 고하를 가리지 않고 개장국을 즐겨 먹었다.

중국에서는 宋나라 때부터 날것을 먹지 않은데 비하여 일본은 생선만을 먹고, 우리 나라에서는 생선이나 고기를 가리지 않고 날것을 즐겨 먹었다. 柳夢寅의 《於于野談》(1600년대 초)에는 임진왜란 때 중국군사가 육회를 먹고 있는 우리 나라 사람을 보고 더럽다고 욕하는 일화가 실려 있다.

다. 노인영양학의 발달

조선시대에는 유교이념의 기본인 '事親孝養'이 인간의 근본 도덕이어서 부모가 질병을 앓을 때에 투약과 간호를 하여 효도에 만전을 기했다. 이러한 '사친사상'은 노인영양학의 발달을 가져왔다. 또 도교사상의 영향으로 양로학이 대두되어 李退溪는 《活人心方》(1541)을 지었고, 李昌庭은 《壽親叢書類輯》(1620)이란 노인영양서를 완성하였다. 그 후 《治生要覽》(强窩, 1691)·《竹僑便覽》(韓錫斅, 1849)·《東醫寶鑑》(許浚, 1611)·《산림경제》·《증보산림경제》·《임원십육지》에서도 養老門을 독립시켜 놓고 있다.

---

2) 《經國大典》 권 5, 刑典 禁制.

라. 가부장제와 식생활

조선시대에는 철저한 家父長制 사회가 성립되어 식생활에 많은 영향을 미쳤다. 반상을 차릴 때 가부장의 아침・저녁상은 외상이 원칙이고, 굳이 겸상을 해야 할 때는 할아버지와 손자의 겸상으로 대를 걸러 겸상하는 것이 풍속이었다. '男女七歲不同席'이라 하여 남녀가 같이 앉는 것을 금하고 남자는 대개 외상을 받았다. 여성들은 부엌에서 먹거나 상 아래 방바닥에 밥사발을 놓고 식사하는 풍습이 생겼다. 또 어른이 먹고 남은 상을 다른 사람이 기다렸다가 물려받아 먹는 상물림의 풍습이 있었다.

마. 수저 문화

중국은 고대에 숟가락과 젓가락을 아울러 사용하였고, 우리 나라와 일본도 같은 수저문화권에 속하였다. 그러나 중국에서는 송대부터 숟가락이 없어지고 젓가락만 사용하였고, 일본도 그 무렵부터 숟가락을 쓰지 않았다. 우리 나라만 오늘에 이르기까지 수저문화권을 유지하고 있다.

바. 평면형 상차림

조선 중기에는 정치・사회적으로 유교적 규범이 뿌리를 내려 풍요로운 祭饌의 陳設을 가져왔다. 정성껏 제찬을 마련하여 한 평면에 푸짐하게 진열해 놓고 정신적으로 조상과 함께 충족감이 젖으려는 것이다. 또 高排음식까지 곁들여 입체적인 평면전개를 함으로써 권위주의를 과시할 수 있는 생활양식이 시도되었다. 평면전개형 제찬의 진설은 손님을 접대하는 데도 상다리가 휘어지도록 많은 종류의 음식을 진열하는 습속이 되어 지금까지 이어지고 있다. 실제보다 형식에 치우친 것이라 하겠다.

(4) 조선조 궁중의 식생활

가. 궁중의 일상식

궁중에서는 평상시에 이른 아침의 別朝飯과 朝飯・夕飯의 水剌床 그리고 점심 낮것상과 야참 등 다섯 번의 식사를 올렸다. 낮것은 점심과 저녁 사이의 간단한 입매상으로, 장국상 또는 다과상이다. 야참으로는 면・약식・식혜 또는 우유죽(酪粥) 등을 올렸다. 오늘날 알고 있는 수라상차림은 대한제국 말기 궁

중의 상궁들과 왕손들의 구전에 따라 전해진 것이다.[3)]

궁중의 일상식에 대한 문헌자료는《園幸乙卯整理儀軌》가 유일하게 남아 있다. 이것은 정조 19년(1795) 惠慶宮 洪氏의 회갑을 맞아 아들인 정조가 華城의 顯隆園에 행차하여 잔치를 베푼 기록이다. 이 의궤에는 왕과 慈宮·공주들이 경복궁을 출발하여 화성에 가서 進饌을 베풀고 다시 환궁할 때까지 8일간 대접한 식단이 자세히 실려 있다. 특히 일상식에 해당하는 수라상과 죽상·응이상·고임상, 그리고 다과상에 해당하는 茶小盤果가 실려 있다. 이러한 음식의 내용은 1세기 후인 한말에는 많이 달라졌다.

궁중의 일상식은 왕 자신의 인생관에 따라서 사치스럽게 山海珍味를 즐기는 경우도 있고, 반대로 검박을 몸소 시범하는 경우도 있었다.[4)]《癸丑日記》(1613년 경)에 의하면 연산군은 날고기를 좋아하여 한 고을에서 하루에 生牛를 7마리씩 잡았고, 광해군은 불고기만을 즐겼다고 한다. 혜경궁 홍씨의《恨中錄》에서는 "(정조가) 당시 거처하신 집이 짧은 처마와 좁은 방에 단청을 베풀지 않으시고 수라를 허락하지 아니하여 숙연하기가 寒士의 거처와 다름 없고, 의복은 龍袍 외에는 비단을 몸에 가까이 아니하시고 細布의 굵은 것을 취하시고 이불은 명주도 덮지 아니하시고 조석수라에 찬품 서너 그릇을 더하지 아니하시고 작은 접시에 많이 담지 못하게 하시니"라고 하였다.

조선 후기 궁중의 식생활 양상은 고종과 순종을 모시던 상궁들의 증언으로부터 알 수 있는데 궁중의 일상적인 상차림은 다음과 같이 초조반상, 조석수라상, 낮것상, 면상 등으로 나눌 수 있다.[5)]

초조반 ; 궁중에서는 아침수라를 10시경에 드시므로 보약을 드시지 않는 날에는 유동식으로 보양이 되는 죽·응이·미음 등을 이른 아침에 드렸다. 궁중에서 죽은 아플 때 먹는 것이 아니고 초조반이나 낮것상에 올리는 경우가 많았다.

수라상 ; 궁중에서는 아침수라는 10시가 지나야 드시고 저녁수라는 저녁 5시경에 드신다. 평상시의 수라상은 水刺間에서 주방상궁들이 만들어 올리는데

3) 金命吉,《樂善齋周邊》(中央日報社, 1977), 98쪽.
4) 金用淑,《朝鮮朝 宮中風俗研究》(一志社, 1987), 403쪽.
5) 韓熙順·黃慧性·李惠卿,《李朝宮廷料理通攷》(學叢社, 1957), 2~3쪽.

왕과 왕비는 각각 동온돌과 서온돌에서 받으시며 결코 겸상을 하는 법이 없었다. 대왕대비와 세자에게는 각각의 전각에 딸린 주방에서 만들어 올렸다. 수라상에 올리는 饌物은 왕의 침전과 거리가 떨어져 있는 수라간에서 만들어 일단 至密에 부속되어 있는 配膳室의 退膳間에 보냈다. 퇴선간에서는 식은 찬물들을 덥히고, 곱돌솥이나 새옹에 백탄을 피워서 수라를 지어 상을 차려서 올렸다. 퇴선간은 수라를 드실 때 쓰이는 여러 가지 器皿·화로·상 등도 관장하였다.

평소의 수라상은 12첩 반상차림으로, 수라와 탕 두 가지씩과 기본찬품, 쟁첩에 담는 12가지 찬물 등으로 구성된다. 기본음식으로 수라는 白飯과 팥 삶은 물로 지은 찹쌀밥인 붉은 빛의 紅飯 두 가지를 수라기에 담고, 탕은 미역국과 곰탕 두 가지를 모두 탕기에 담아 올려 좋아하시는 것을 골라서 드시도록 준비한다. 조치는 토장조치와 젓국조치 두 가지를 준비하고 찜·전골·침채 세 가지가 기본음식이다. 조미품으로는 청장·초장·초고추장·겨자집 등을 종지에 담는다. 쟁첩에 담는 12가지 찬물은 다양한 식품재료를 사용하고 조리법도 각기 달리하여 만든다. 수라상은 朱漆한 큰 원반과 작은 원반, 책상반의 세 개 상에 차린다.[6)]

큰 원반은 붉은 색을 칠하고 중자개로 문양을 넣거나 다리에 용트림 장식이 조각되어 있다. 큰 원반은 중앙에 놓이며 왕과 왕비가 앉아서 드시는 상이다. 곁반으로 작은 원반과 네모진 책상반이 쓰인다. 때로는 책상반 대신 둥근 소반을 쓰기도 한다.

낮것상 ; 점심은 낮것이라 하여 가벼운 음식인 응이·미음·죽 등의 유동식이나 간단한 다과상을 차려서 올린다. 왕가의 친척이나 손님들이 점심시간에 방문한 때는 국수장국이나 다과상을 차려서 대접한다.

면 상 ; 탄일이나 명절에는 면상인 장국상을 차려서 손님들을 대접한다. 진찬이나 진연 등 궁중의 큰 잔치 때는 병과와 생실과와 찬물 등을 고루 갖추어 높이 고이는 고임상(高排床)을 차린다. 실제로 드시는 것은 입매상으로 주로 국수와 찬물을 차린다.

---

6) 黃慧性, 《조선왕조 궁중음식》(宮中飮食硏究院, 1994), 15쪽.

나. 궁중의 연회식

궁중에 대규모의 행사가 있을 때 후세에 참조할 수 있도록 그 일의 준비과정, 의식절차, 진행과정, 행사가 끝난 후의 유공자 포상에 관한 일 등을 기록한 것이 의궤이다. 궁중의 경사 이를테면 왕·왕비·대비의 회갑·탄신·四旬·望五·五旬·望六 등의 특별기념일이나, 이들이 존호를 받았을 때, 또는 왕이 耆社에 들어갔을 때, 왕의 윤허를 받아 큰 연회를 베풀었다.[7] 진연·진찬 때는 都監에서 모든 절차를 계획하여 필요한 물자를 조달하고, 의식절차와 呈才(무용과 음악)는 여러 차례 예행연습을 한다. 연회음식에 관해서는 연회일자별로 차리는 饌案의 규모·종류 및 차리는 음식이름을 적은 찬품단자를 만든다. 음식을 차리는 데 필요한 상·기명·조리기구를 점검하여 부족한 것은 새로 마련한다. 필요한 식품재료를 품의하여 잔칫날에 맞추어 미리미리 준비한다. 연회음식의 조리는 규모에 따라 적당한 인원의 熟手를 동원하여 만든다.

궁중연회에서는 왕과 왕족에게는 고임상을 올리고 친척·내외명부, 여러 신하 등 손님들에게는 賜饌床을 내린다. 고임상은 음식의 가지수도 많고 높이도 높게 차린다. 특별히 잔칫날에 왕이 받드시는 상을 進御床 또는 御床이라 한다. 궁중의 연회가 끝나면 음식을 물린 뒤 차렸던 고배음식을 종친이나 신하집으로 골고루 나누어 보낸다. 이러한 풍습으로 궁중음식이 대궐 밖으로 나가 양반집에서 궁중의 음식솜씨에 접하게 됨에 따라 자연히 고관대작의 집에서도 그 솜씨를 모방하여 사치스러운 음식이 늘어나게 되었을 것이다.

(5) 식품의 종류와 조리법의 발달

가. 식품의 종류

가) 곡 물

조선 후기의 곡물은 벼·콩·팥·녹두·완두·기장·조·피·수수·보리·밀·율무·귀리 등으로 조선 전기와 큰 차이가 없다. 콜럼버스에 의해 신대륙이 발견된 이후 아메리카대륙 원산의 옥수수·땅콩 등이 우리 나라에 전래되었다. 옥수수는 중국을 거쳐 들어왔는데 문헌상으로는 《증보산림경제》에 처음

---

7) 李盛雨, 〈朝鮮王朝 宮中食에 관한 문헌학적 硏究〉(《한국식문화학회지》 1-1, 1986), 7쪽.

으로 등장한다. 땅콩(낙화생)은 李德懋가 정조 12년(1788) 중국에서 가져왔으나 재배에 실패하였다가 순조 30년(1830)에 비로소 재배에 성공하였다.

나) 채 소

조선 후기의 조리에서는 오이 · 아욱 · 가지 · 토란 · 고구마잎 · 상추 · 두릅 · 부추 · 송이 · 원추리 · 죽순 · 국화싹 · 참버섯 등에 대한 효능과 식용법이 나와 있다. 崔世珍의 《訓蒙字會》에서는 "풀로서 먹을 수 있는 것은 모두 菜라 한다"고 하였고, 《증보산림경제》에서는 "봄나물과 百草의 새싹은 독이 없어서 먹을 수 있다"고 하면서 여러 가지 山菜와 野菜를 들고 있다. 산나물은 도라지 · 고사리 · 두릅 · 고비 · 버섯 등이고, 들나물로는 고들빼기 · 씀바귀 · 냉이 · 소루쟁이 · 물쑥 · 달래 등이 있다.

재배하는 채소로는 배추 · 오이 · 아욱 · 토란 · 고구마잎 · 상추 · 부추 · 가지 · 풋고추 · 박나물 · 무나물 · 고춧잎 등이 있다. 朴齊家의 《北學議》에는 "배추종자는 해마다 중국에서 가져와 심어야 좋고, 3년만 그대로 심으면 이것이 순무가 된다"고 하였다. 제철이 아닌 나물은 인공적으로 재배하였는데 그 방법은 "마구간 앞에 움을 파서 거름과 흙을 깔고 당귀(辛甘菜) · 산갓(山芥) · 파 · 마늘을 심은 후 그 움 위에 거름을 더 펴부으면 움 안이 더워지는데 그 속의 나물이 싹이 자라면 겨울에 쓴다"[8]고 하였다.

말린 나물도 이용하는데 《동국세시기》에는 "박고지 · 표고버섯 · 콩의 싹을 말린 大豆黃卷 · 순무 · 무 등을 저장해 두는데, 모두 묵은나물(陳菜)이라 한다. 이것들을 정월 대보름에 삶아서 나물로 무쳐 먹는다. 또 외꼬지 · 가지고지 · 시래기 등도 버리지 않고 말려 두었다가 삶아서 먹는다. 이것들을 먹으면 더위를 먹지 않는다"고 하였다. 버섯은 찬물에 많이 쓰이는데 그 중 송이 · 표고 · 석이 등을 많이 이용한다. 《盍葉記》와 《청장관전서》에는 식용버섯과 독버섯을 가리는 법이 나와 있다.

《京都雜志》(柳得恭, 1770년대) · 《洌陽歲時記》(金邁淳, 1819년) · 《동국세시기》 등의 세시기에는 입춘 때 경기도 산간의 6읍에서 움파 · 산갓 · 승검초(辛甘菜 : 당귀싹)을 진상한다고 하였다.[9]

---

8) 安東張氏, 《음식디미방》(黃慧性 編, 궁중음식원, 1980), 50쪽.

9) 柳得恭, 《京都雜志》 권 2, 立春.

다) 남방 전래 채소

호 박; 중국의《本草綱目》에서는 南瓜라고 하였으나 우리 나라에서는 속칭 胡朴이라고 하였다. 호박은 고추·담배와 함께 임진왜란 이후 일본과 중국에서 들어왔다. 처음에 승려와 일반백성들은 먹었지만 사대부는 먹지 않았기 때문에 僧蔬라고도 하였으나 19세기 중엽에는 널리 식용되었다.

토마토; 남미 페루가 원산으로, 어떤 사신이 중국에서 씨를 얻어와 보급하였는데 맛이 감과 같다고 하여 草柿라고도 불렀다.[10] 토마토의 재배는 얼마동안 중단되었다가 선교사에 의하여 다시 일년감이라는 이름으로 나타났다고 하였다.[11]

고구마; 남미 열대지방이 원산으로 스페인에 전해진 후 중국과 일본으로 퍼졌다. 현종 연간에 일어났던 일로 海南사람 金麗輝 등이 琉球에 표착하였다가, 껍질이 붉고 살이 희며 쪄서 먹으니 맛이 마와 같은 것이 있어서 이것으로 배 고픔을 면하였다고 하였다.[12] 고구마가 우리 나라에 들어온 것은 영조 때이다. 영조 39년(1763) 趙曮이 通信使로 대마도에 가서 고구마를 보고 몇 말을 얻어 東萊에 보낸 후 널리 보급되었고 이로 인하여 고구마는 '趙藷'라고 불렀다.[13]

감 자; 남미 안데스산맥의 고원지대가 원산지이다. 중종 18년(1523)경 스페인에 전해졌고 우리 나라에는 러시아·시베리아·만주 등 북부지방을 거쳐 순조 24~25년(1824~1825)경에 들어왔다. 그래서 고구마는 南藷, 감자는 北藷라고 하였다. 감자는 그 후 순조 32년 영국배가 洪州牧 古大島에 표착하였을 때에도 선원들이 그 곳에 전하면서 더욱 널리 보급되었다.[14]

고 추; 원산지는 멕시코로서 우리 나라에 도입된 것은 임진왜란 무렵이다. 문헌상으로 일본의 고추도입이 중국보다 빠른 것으로 보아 우리 나라에는 일본으로부터 들어온 듯하다. 고추는 苦椒 또는 番(蕃)椒, 南椒, 倭椒 등으로 표기하였고, 짧고 껍질이 두꺼운 품종을 唐椒라고 하였다.[15]

---

10) 李睟光,《芝峰類說》권 19, 食物部 果.
11) 崔南善,《故事通》(三中堂, 1946), 156쪽.
12) 李盛雨,《韓國食品文化史》(敎文社, 1984), 219쪽.
13) 李盛雨, 위의 책, 222쪽.
14) 李盛雨, 위의 책, 234쪽.
15) 李盛雨, 위의 책, 65쪽.

라) 과　실

조선 전기의 과일 종류는《東國輿地勝覽》에 도별로 다양하게 나와 있는데 후기에도 전기와 같은 종류가 있었다. 귤은 제주도 외에도 남해안 일대에 많았으나 진상과 誅求가 심하여 농가에서 일부러 귤나무를 말려 죽여서 18세기 후반에 거의 근절되었다.[16] 과채로는 수박(西瓜)과 참외(眞果)가 있었다.

조선 후기에는 새 품종의 사과가 들어온 것이 특징이다. 우리 나라에는 원래 임금(林檎 ; 능금)과 柰가 있었는데 효종 5년(1654)에 인조의 셋째 아들인 麟坪大君이 중국에서 내의 신품종인 蘋(頻)果를 가지고 왔다. 그런데 빈과는 査果라는 이름으로 불려졌다. 이후 임금과 빈과가 함께 재배되었고 야생 또는 야생화한 상태에서 식용되기도 하였다.《임원십육지》와《규합총서》에는 光州의 능금과 江西의 사과가 명산물로 나온다. 서양사과는 고종 27년(1890)경에 서양선교사들에 의하여 들어왔다.

마) 축산물

축산물은 소·돼지·양·염소·개·말 등이 있고, 사냥 대상물로는 멧돼지·토끼·노루 등이 있다. 날짐승고기로 꿩(生雉)·기러기(生雁)·오리(鴨)·거위(天鵝)·어린 꿩(兒雉)·영계[軟鷄]·陳鷄 등이 있다. 고려 후기에 몽고인을 통하여 육식을 다시 즐기게 된 후 쇠고기에 대한 기호가 매우 높아져 18세기 말에는 날마다 소 500마리를 잡았다고 한다.[17] 소도살금지령이 계속 나왔으나 제대로 실행되지 않았다. 돼지고기는 식용으로만 쓰였고 세종 때에는 돼지를 거세하는 사육법이 발달하였다. 우리 나라 사람들은 일반적으로 양을 칠 줄 몰랐는데[18] 연산군 때 제사에 양 대신에 염소를 썼다는 것으로 보아 염소는 사육하고 있었다. 우리 풍속에 복날에는 개장국이 時食으로 되어 있고, 옛조리서에는 으레 개고기조리법이 다양하게 나오고 있는 점으로 보아 개고기가 널리 식용되었음을 알 수 있다.

바) 수산물

조선 초기에는 민물고기와 遡河性 물고기를 많이 잡았으나 어업기술이 발달하면서 말기에는 海面어업이 압도적인 비중을 차지하게 되었다. 그러나 어종은

---

16) 丁若鏞,《牧民心書》권 13, 工典6條 出林.
17) 朴齊家,《北學議》內篇, 畜牧 牛.
18) 李盛雨,《韓國食品社會史》(敎文社, 1984), 76~77쪽.

후기에도 전기와 크게 달라지지 않았다. 생선은 쉽게 상하기 때문에 마포나루에 입하되면 장사꾼들이 바로 지게에 받아다가 새벽부터 골목길을 누비며 "생선 비웃드렁, 생선 도미요! 민어요! 준치요!" 하며 팔러 다녔다고 한다.

명태는 사철 내내 가장 흔하게 먹는 찬물거리이며 관혼상제에도 으레 쓰였다. 명태는《新增東國輿地勝覽》에 비로소 無泰魚란 명칭으로 鏡城과 明川의 토산물로 나타난다. 명태는 생것은 生太, 언 것은 凍太, 마른 것은 北魚라고 하여 국·지지미·무침·포 등 무엇이나 만들 수 있다. 알과 내장으로는 젓을 담근다. 청어는 시대에 따라 어획량의 변동이 심하여 1400년대에 많이 잡히다가 1500년대에는 잡히지 않았고, 1600~1700년대에 다시 많이 잡히다가1800년대에는 줄어들었다. 청어는 비웃이라고도 하며 말린 것은 관메기라고 한다. 조기는 서해안의 대표적인 물고기로 관혼상제의 필수품이다. 절여 말린 것을 굴비라 하고, 황석어는 젓을 담아 쓴다. 멸치는 조선 초기에는 많이 잡지 않았으나 말기에 이르러 어획량이 크게 늘었다.《신증동국여지승람》에 제주도 특산물로 行魚가 나오는데 멸치로 해석되고 있다. 멸치는 대개 건멸치나 멸치젓으로 가공되었다.

《임원십육지》魚名攷에는 어패류가 江魚와 海魚로 나뉘어 상세히 나오고 있다. 이를 통해 현재 우리가 먹고 있는 어류의 대부분이 조선시대에 식용되었음을 알 수 있다.

사) 조미료

감미료; 엿(飴)과 단단한 당(餳)이 있다. 엿은 조청(黑糖), 당은 흰엿(白糖)이라 하였다. 꿀은 전대에 이어 계속 많이 식용되었다. 李瀷의《星湖僿說》에 양봉법이 자세히 나와 있는 것으로 미루어 꿀의 쓰임이 보편화되었음을 알 수 있다. 설탕은 문헌에 가끔 나타날 뿐이나 19세기경부터 수입식품으로 일부에서 쓰였다.

소 금; 조선 초기부터 전매하였으나 점차 소금생산이 세도가에게 넘어가게 되자 영조 때 국가에서 강력하게 관할하기로 하였다. 소금은 서해안에서는 흙가마로 고아냈고, 동북해안에서는 쇠가마로 고아내 鐵鹽이라 하였는데 남해안에서 나는 것보다 맛이 떨어졌다.[19]

---

19) 徐有榘,《林園十六志》권 46, 鼎俎志 6, 味料之類 鹽.

기 름; 주로 곡물이나 채소씨로 짰다. 콩기름 · 삼씨유 · 평지유 · 차조기유 · 수박씨유 · 호박씨유 · 잣유 · 호도유 · 비자유 · 참깨유 · 들깨유 등이 있고 대표적인 것은 참기름이다.

아) 천신품목

궁중에서는 매달 종묘에 새로운 식품을 천신하고, 민가에서도 조상에 천신하였으므로 천신품목을 통해 월별 시절식품을 알 수 있다. 종묘의 천신품목으로는 정월에 미역, 2월에 빙송어 · 생복 · 작설차 · 반쯤 건조한 꿩 · 생합 · 낙지 · 미나리, 3월에 고사리 · 신감채 · 靑橘 · 황조기 · 생조기 · 눌어 · 웅어 등이 있다. 4월에는 죽순 · 眞魚 · 오징어, 5월에는 살구 · 앵두 · 오이 · 보리 · 밀, 6월에는 메기장 · 차기장 · 조 · 벼 · 임금 · 가지 · 수박 · 참외 · 동아 · 오얏 · 은구어, 7월에는 연어 · 생배 · 연밥 · 개암 · 잣 · 호도 · 청포도, 8월에는 홍시 · 대추 · 생률 · 청주 · 생송이 · 붕어 · 게, 9월에는 기러기 · 석류 · 산포도 · 다래, 10월에는 柑子 · 금귤 · 유자 · 마 · 문어 · 대구어 · 은어 · 은행, 11월에는 뱅어 · 청어 · 거위 · 당유자, 12월에는 乳柑 · 동정귤 · 生魚 · 生兎 등을 올렸다.[20]

나. 조리법의 발달

옛날 식품이나 음식의 실물은 남아 있지 않으므로 조상들의 식생활을 알려면 옛날의 조리 · 가공에 대한 문헌에 의지해야 한다. 우리 나라에는 고려 이전의 식생활 관련문헌은 전혀 남아 있지 않다. 현재 남아 있는 가장 오래된 조리가공서는 金綏의 《需雲雜方》(1549년경)으로 한문으로 쓰여졌다. 그 후에 한글조리서인 《음식디미방》 · 《酒方文》(河生員, 1600년대말) · 《규합총서》 등이 나왔다. 그 밖에 농서와 식품관련 문헌이 많이 있으나 《산림경제》 · 《증보산림경제》 · 《임원십육지》가 중요한 줄기를 이루고 있다.

가) 주식의 조리

밥; 주식은 흰 쌀밥 외에 보리밥 · 오곡밥 · 팥밥 · 콩밥 등 잡곡밥을 즐겨 지어 먹었고, 정월 보름에는 약밥을 지어 먹었다. '팥물밥'이라고 하여 붉은 팥을 푹 삶아 진하게 우러난 팥물만으로 밥을 짓기도 하였다.[21]

죽; 곡물에 물을 많이 넣어 익힌 죽은 밥 다음가는 주식의 하나이다. 쌀에

---

20) 鄭東愈, 《書永編》, 宗廟薦新.
21) 憑虛閣 李氏, 앞의 책(1975), 41쪽.

잣·깨·청대콩·호박·방풍·아욱·닭·양·붕어·굴·우유·전복 등을 섞어 만들기도 하였다. 보리·율무·밤·갈분·도토리·녹두·콩·팥 등으로 만든 죽은 일상식·약용·구황용으로 먹었다. "시장의 여자가 죽을 파는 소리가 개를 부르는 듯하다"22)고 하였으니 시중에서 죽을 만들어 파는 장수가 많이 있었던 것 같다.

국 수; 조선시대에는 메밀을 주로 쓰는 냉면이나 녹두녹말로 만든 국수가 많았고, 밀가루로 만든 국수가 오히려 적었던 것 같다. 냉면은 문헌상으로《규합총서》에 처음 나오는데 주로 북부지방에서 식용되었으며, 밀가루로 만든 국수는 남부지방에서 많이 먹었다.

만 두; 중국의 饅頭는 밀가루 반죽을 발효시켜 쪄낸 빵으로, 고려시대에 霜花라는 이름으로 전해졌다. 조선시대의 만두는 일상식뿐 아니고 연회나 제례에도 차렸다. 우리 나라의 만두는 장국에 넣는 餃子가 대부분으로, 껍질은 메밀가루나 밀가루로 빚고, 소는 꿩고기·쇠고기·무·잣 등을 넣었다.

나) 찬물의 조리

조선 후기에 나온 조리서를 살펴보면 조리방법이 매우 다양하다. 예로부터 해오던 삶거나 굽거나 지지는 조리법 이외에 중국이나 일본으로부터 조리법을 받아들였다.《규합총서》에 제시된 조리법은 발효식품·굽기·말리기·찌기·조리기·기름짜기·가루내기·볶기·지지기·무치기·끓이기·삶기 등으로 다양하며, 육류·어패류·채소류·과실류 등 각종 식품에 따라 합당한 조리법이 구사되고 있다. 구이법은 고기를 꼬챙이에 꿰어서 뜨겁게 달군 돌 위에 구었는데 철이 나온 후 철판 위에 굽는 방식으로 바뀌었다. 이를 燔鐵이라고 한다. 석쇠를 쓰면서 꼬챙이가 없어졌다.23) 그 후 꼬챙이와 석쇠를 써서 直火로 굽는 것을 炙, 철판이나 돌 위에서 간접적으로 불에 굽는 것을 炙伊라고 하였던 구분이 없어졌다.

다) 떡과 과자

궁중의《進饌儀軌》나《음식발기》에는 병과류에 대한 기록이 자세히 나온다.

떡; 통과의례나 시절식에서 우선 만드는 음식이다. 시루떡(甑餠)은 떡의 기

---

22) 李德懋,《青莊館全書》권 62, 西海旅言.
23) 徐有榘,《林園十六志》권 45, 鼎俎志 5, 割烹之類燔爆炙.

본으로 백설기가 가장 간단하다. 시루떡은《임원십육지》에서 멥쌀가루만을 시루에 쪄서 익힌 것이라 하였는데 부재료를 섞은 콩시루떡 · 무시루떡 · 잡과떡 · 당귀떡 · 느티떡 · 도토리떡 · 밤떡 · 복숭아떡 등도 있다.

찰곡물이나 곡물가루를 시루에 쪄내서 안반에 놓고 차지게 친 떡을 搗餠이라 한다. 찹쌀로는 인절미 · 잡과찰떡 · 석이찰떡 등을 만들고, 맵쌀로는 흰떡(白餠) · 절편 · 차륜병 · 송기절편 · 개피떡 등을 만든다. 곡물가루를 반죽하여 기름에 지진 떡을 油煎餠이라 한다. 계절에 따라 진달래 · 장미 · 국화 등을 찹쌀가루에 섞은 花煎과 주악을 만들었다. 그 밖에 단자 · 경단 · 송편 · 상화 등과 빈대떡도 있다.

과 자 ; 油蜜菓 · 茶食 · 강정 · 正果(煎果) · 숙실과 등이 있다. 유밀과는 밀가루에 꿀과 기름을 넣어 반죽하여 기름에 지진 것으로 약과 · 연약과 · 만두과 · 박계 · 중박계 · 대박계 · 매작과 · 타래과 등이 있다. 다식은 곡물가루나 松花를 꿀로 반죽하여 다식판에 찍어낸 것이고, 강정은 찹쌀가루를 술에 반죽하여 말려서 기름에 지져내어 고물을 묻힌 것이다. 정과는 과일이나 채소를 꿀에 조린 것이고, 숙실과는 과실을 꿀에 조린 것이다.

라) 가공식품

조선 후기의 조리서와 농서에는 음식 만드는 법 이외에 과실과 채소의 저장법과 장담기(沈醬) · 김치법(沈菜) · 술빚기(酒方) 등 식품가공에 대한 항목이 많이 나온다.

收藏法 ; 모든 生果는 구덩이를 파 그 속에 넣고 목판을 덮어 두면 마르지 않고 저장되며, 마른 모래에 참깨와 함께 항아리에 묻고 밀봉하거나 큰 나무대롱에 밀봉하거나 臘雪水에 담가 두면 저장된다. 대부분의 청과물은 銅靑의 고운 가루를 녹인 물에 담가 두면 빛깔이 변하지 않고 선명하다.

염장법 ; 수산물은 대개 소금으로 절여서 저장하였으나 소금은 항상 부족하였으므로 생포를 건조하여 참기름을 발라 항아리에 담아 두기도 하였다.

건조법 ; 고기를 얇게 저며서 말린 것을 육포라 하며 소고기포(牛脯) · 丁香脯 · 長脯 · 快脯 · 片脯 등 가공법이 다양하다. 생선과 패류를 그대로 말리거나 간을 하여 말린다. 청어를 연기에 그을려가면서 건조시킨 훈제품으로 貫目魚가 있다. 말린 과실은 곶감 · 밤 · 대추 등이고, 채소로 갓 · 무 · 평지 · 쇠비름 ·

박 · 가지 · 죽순 등도 말린다.

냉장법; 궁중에서는 한강변에 동 · 서빙고를 두고 제사와 천신용, 궁중의 일상용으로 얼음을 보관하였다. 궁중에서는 해마다 여름철 마지막 달에 여러 관사와 종친 및 고위 관직자들에게 얼음을 하사하는 풍습이 있었다.

醬; 고려시대까지는 콩으로 만든 豉(豉) · 메주(末醬)가 있었으나 조선시대에는 시가 거의 식용되지 않고 메주로 장을 만들었고, 15세기경에 청국장이 들어왔다. 고추가 들어온 이후에는 메주와 고추가루를 합하여 고추장을 만들었다.

젓갈과 食鹽; 고대에는 우리 조상이 담근 鮐鮧라는 젓갈이 중국에까지 전해졌는데 한나라 때에 해당한다. 당시 중국에서 醢는 肉醬과 魚醬을 가리켰으나 《훈몽자회》에서는 젓갈을 가리키고 있다. 생선에 밥을 섞어 젖산 발효시켜 만든 식해를 鮓로 표기하였다. 문헌에 나오는 젓갈은 조기젓 · 조기알젓 · 꽃게젓 · 대구알젓 · 대구내장젓 · 소어젓 · 연어젓 · 연어알젓 · 곤쟁이젓 · 새우젓 · 어리굴젓 · 전복젓 · 소라젓 · 전어젓 · 준치젓 · 밴댕이젓 · 병어젓 등이 있다.

술; 조선시대의 술은 대부분 순발효의 청주인 '민자약주'인데 점차 덧술이 많아졌다. 약제를 넣고 발효시킨 藥釀酒, 꽃향기를 가한 加香酒, 燒酒, 濁酒 등이 고장과 가문에 따라 다양하게 만들어졌다. 중국과 일본은 酒稅가 있었으나 우리 나라는 주세가 없어 가정에서 술빚기가 성행하였다.

김치(沈菜); 김장은 장담그기와 함께 일반가정의 일년 중 가장 큰 행사였다. 고추는 1500년대에 들어왔으나 1600년대까지는 김치에 참초(眞椒)를 사용하였다. 1700년대 《증보산림경제》에 비로소 고추 넣은 김치가 나온다. 같은 무렵의 《경도잡지》에 의하면 김치에 새우젓국을 썼으며, 전복 · 소라 · 조기 등의 수산물을 넣었다.

이처럼 비린내가 나고 산패하기 쉬운 수산물을 김치에 넣을 수 있는 것은 고추의 매운맛 성분 및 비타민 E의 강한 抗酸化力, 마늘 · 생강 등의 항산화력의 작용이 있기 때문이다. 우리 조상은 종래의 김치에 고추와 수산발효식품을 슬기롭게 결합시켰던 것이다. 또한 김치에는 비타민 C가 많이 들어 있어 겨울철의 비타민 섭취에 커다란 도움을 주며, 고추의 매운맛과 붉은 빛깔은 식욕을 돋우어 준다.

《증보산림경제》·《규합총서》·《임원십육지》에 나오는 김치의 종류로는 오이소박이(黃瓜淡菹)·무김치(沈蘿蔔鹹菹)·동치미·배추김치·용인외지·겨울가지김치·전복김치·굴김치·장짠지·산갓김치 등이 있고,《경도잡지》·《동국세시기》에는 장김치(醬菹)·석박지 등이 나온다.

(6) 부엌세간과 식기

가. 부엌공간

조선시대의 주택구조에서 부엌은 난방과 취사를 겸하므로 방보다 한층 낮아 보통 마당과 비슷한 높이로 되어 있고 흙바닥이다. 부뚜막에 항상 솥을 걸어놓고, 아궁이에 불을 때서 조리한다. 부엌에는 조리용구뿐 아니라 찬장에 식기류와 상도 있고, 한편에는 땔감도 쌓아 놓고 큰 물독에 물을 받아 둔다. 그리고 대개 뒤뜰로 통하는 문이 있어 장독대에서 장이나 김치·땔감 등을 나르기 쉽게 배치하였다. 반가에는 찬방이 있어 찬장이나 부엌세간과 제기 등을 보관하고 찬을 마련하기도 하였다.[24]

나. 부엌세간

곡물을 찧고 가루를 만들 때 쓰이는 세간은 매통·절구·절구공이·키·멍석·고무래·디딜방아·연자방아·물방아·구유방아 등이 있다. 조리용구로는 이남박·조리·양념절구·확돌·맷돌·갈돌·체·쳇다리·채칼·강판·주걱·용수·가달박·국자·석자·복자·구기·바가지·표주박 등이 있다. 가열용 조리도구는 유기·쇠·돌·옹기로 만드는데, 솥·왜솥·두멍솥·쟁개비·시루·수란뜨개·벙거짓골·번철·석쇠·신선로·양푼·소줏고리 등이 있다. 솥은 대개 부뚜막에 여러 개 걸어 놓고 쓰는데 대개 무쇠로 만드나 가끔 특수용도로서 곱돌로 만들기도 하였다. 城津 곱돌솥과 槐山솥이 유명하였다.[25]

저장용이나 운반용으로 쓰이는 옹기류는 두멍·독·항아리·소래기·장독뚜껑·버치·동이·방구리·자배기·동이자리·뚝배기·알뚝배기·사구·푼주·석간주항아리·병·오리병(거위병)·자라병·장군·촛병 등이 있다. 짚, 대쪽 또는 싸리채로 만든 세간으로는 치롱·소쿠리·광주리·바구니·다래끼·종다

---

24) 黃慧性·韓福麗·韓福眞,《한국의 전통음식》(敎文社, 1991), 72쪽.
25) 憑虛閣 李氏, 앞의 책, 401~410쪽.

래끼 등이 있다. 나무로 만든 세간으로 구절판·모판·함지·찬합·다식판 등과 각종 소반·상이 있다. 상은 지방마다 재질과 모양에 특색이 있어 統營盤·羅州盤·海州盤이 유명하다.

다. 식 기

상에 올라가는 식기는 금속기로 은기·유기가 있고, 흙으로 구운 도기·사기·자기·옹기가 있다. 놋그릇은 고려시대부터 이미 완숙하게 발달하였고, 명산지는 安城·統營·東萊·德平 등이었다.[26] 식사도구인 숟가락·젓가락은 은이나 유기로 만들었는데, "어느 荒村 細戶라도 유기 수삼벌을 아니 가진 집이 없다"[27]고 하였으니 서민들은 거의 놋수저를 쓴 것 같다.

상을 차릴 때에는 음식에 따라 담는 용기가 정해져 있다. 밥은 사발·주발·조반기·바리 등에 담고, 국은 탕기·대접에, 간장이나 고추장 등은 종지에, 김치는 보시기에, 찬은 쟁첩·접시에, 찌개는 조치보나 뚝배기에 담는다. 반병두리와 대접에는 떡국·국수장국·비빔밥 등을 담고, 합은 찜이나 약식 등을 담는다. 겨울철에는 주로 유기를 쓰고, 여름철에는 자기와 사기그릇을 썼다.

도자기는 廣州 司饔院의 분원에서 생산한 것이 명물로 꼽혔다.[28] 분원가마에서 구운 품질 좋은 자기는 궁중이나 양반 집에서 쓰고, 서민들은 대개 지방에 산재한 사깃골에 구운 막사기를 식기로 사용하였다.

〈韓福眞〉

3) 주생활

(1) 사회변동과 주거계층의 변화

조선 후기에 있어서 신분제의 이완과 양반인구의 증가는 사회계층을 변화하게 하였고, 결과적으로 주거계층의 변화를 가져오게 하였다. 임진왜란과 병자호란 이후 免賤과 受職을 통하여 서민들은 양반으로의 신분상승이 활발하였으며, 반면에 직전제의 폐지와 당쟁으로 실세한 양반들이 잔반으로 몰락하여 자

26) 위와 같음.

27) 徐有榘,《林園十六志》권 49, 贍用志 2, 炊爨之具.

28) 憑虛閣 李氏, 앞의 책, 402쪽.

영농이나 심지어 소작전호로까지 전락하는 경우도 많았다. 한편 농경기술의 혁신과 경영의 합리화를 통하여 농업생산력이 증대함으로써 자본을 축적한 농민들이 경영형부농이나 서민지주로 성장할 수 있었고, 상업과 수공업·광업의 발달에 따라 상업자본가와 자영수공업자가 출현하였다.

이러한 신분제의 이완과 서민경제력의 증대는 조선 중기까지 비교적 안정되게 지속되었던 양반관료사회의 주거계층을 경제력에 따른 주거계층으로 변화시키는 요인이 되었다. 사회신분에 따라 주거수준을 규제해 오던 家舍規制가 양란 이후 신분질서의 변동에 따라 점차 그 구속력을 잃어가고, 신분상승이나 경제력을 축적한 서민들은 주거수준을 향상시킬 수 있는 계기를 마련하였기 때문이다. 경제력이나 정치권력을 유지할 수 있었던 양반세도가들이나 토착지주들은 상류계층으로서의 주거생활과 주거형태를 지속할 수 있었으나, 실세한 양반들은 자영농이나 소농으로까지 전락했기 때문에 서민계층의 주거문화에 편입될 수밖에 없었다. 한편 서민들은 축적된 경제력을 바탕으로 주거수준을 향상시킴으로써 경제력에 따라 주거계층의 세분화가 이루어졌다.

이와 같이 조선 후기의 주거계층은 신분제도에 의한 구별보다는 주로 경제력의 차이에 따라 세분화되었고, 특히 서민계층의 주거환경은 획기적인 질적 향상이 이루어질 수 있었다. 따라서 조선 후기의 주거계층을 분류하는 관점은 주로 경제력에 근거하고 있으며, 대략 세도가층·지주층·부농층·중농층·소농층 등으로 분류되고 있다.[1] 물론 상업자본가와 자영수공업자 등 농업을 생업으로 하지 않는 계층도 독특한 주거문화를 가졌음이 분명하다. 이들은 자신의 생업과 관련하여 주거 내에 상점이나 작업장을 소유하였고, 인구가 밀집된 읍성부근에 자리하여 근대 도시주택의 면모를 가지고 있었다고 믿어진다. 그러나 이들이 어떠한 주생활과 주택형태를 가지고 있었는지에 대하여 정확히 알려진 바는 거의 없다. 이들의 거주지가 주로 읍성 이웃에 자리하였고 도시화과정에서 그 유구가 가장 먼저 변화·소실되었기 때문이다.

그러면 조선 후기 주거 계층별 주거환경의 특징을 살펴보기로 하자. 주거계층

---

1) 이러한 분류는 다음 연구의 견해를 따른 것이다.
최 일, 《조선 중기 이후 남부지방 중상류주거에 관한 연구》(서울大 博士學位論文, 1989). 31쪽.
姜榮煥, 《한국 주거문화의 역사》(技文堂, 1991).

에서 상류층은 역시 양반으로서 정치권력을 유지하고 있었던 세도가층이었다. 이들은 중앙의 고위관료나 지방의 토호층으로서 광대한 농장을 소유하여 소작을 통하여 경영하며, 솔거노비를 두어 가사를 운영하였다. 따라서 이들의 주거도 조선 중기의 사대부층과 크게 다를 바 없다고 보여진다. 다만 가사규제의 구속력이 떨어짐에 따라 보다 규모가 크고 장식적인 주거를 가질 수 있었다. 주·종 및 내·외의 영역구분이 명확하며, 규모가 크고 화려한 사랑채를 가지며, 대청과 구분된 누마루를 갖는 것은 이 계층 주거의 대표적인 특징이다(〈그림 1〉). 이러한 주택들은 명문가의 종가로서 동족마을의 중심을 차지하였고, 그 마을 주거의 이상적인 표본이 될 수 있었다.

중류층으로서 중소지주와 부농은 원래의 신분에 따라 구별되기도 하지만 주택형식으로 볼 때 큰 차이를 발견하기 어렵다. 본래 사대부계층으로서 지방의 토착지주로 정착한 지주층은 유교적 생활문화를 가지고 농업경영자로 변신하게 되었다고 보여진다. 따라서 남녀의 영역구분이나 사당 등 유교적 주생활을 뒷받침하는 주거계획은 여전히 지속되고 있었으나, 주생활에 있어서 농업경영이 차지하는 비중이 크며, 노비수의 감소에 따라 가사운영은 가족구성원들이 담당하게 된다. 농업생산과 관련한 부속공간들이 늘어가면서 노비들의 거처였던 행랑채가 대문채로 약화되는 것은 이러한 변화를 반영하고 있다.

한편 본래 서민으로서 농업생산의 증대로 자본을 축적한 부농들은 그 경제력을 바탕으로 주거의 질적 수준을 향상시킬 기회를 맞이하게 되었다. 이들은 가사규제와 경제력의 제약에서 벗어나 과거 상류층의 전유물이었던 권위적이고 장식적인 건축요소를 받아들일 수 있었다. 그러나 이들은 본래 농민출신으로서 농경적 생활문화를 가지고 있었기 때문에 사대부층의 유교적 생활보다는 농업생산자로서 생산성이나 실용성에 더 큰 비중을 두었다. 즉 주거규모의 증대나 사랑채의 독립, 의장적인 재료의 사용 등은 신분상승을 과시하기 위하여 양반주거를 모방한 것이지만 그 공간의 구성은 대부분 지역 서민주거에 근거하였던 것이다. 다음 〈그림 2〉와 같이 남녀의 영역구분이 명확하지 않고 살림채와 안마당이 생산공간과 혼합되어 기능하며, 살림채의 평면형태가 그 지역 서민주거의 평면유형을 따르고 있는 것 등은 이 계층 주거의 특성이라고 볼 수 있다.

〈그림 1〉 반가의 영역분리

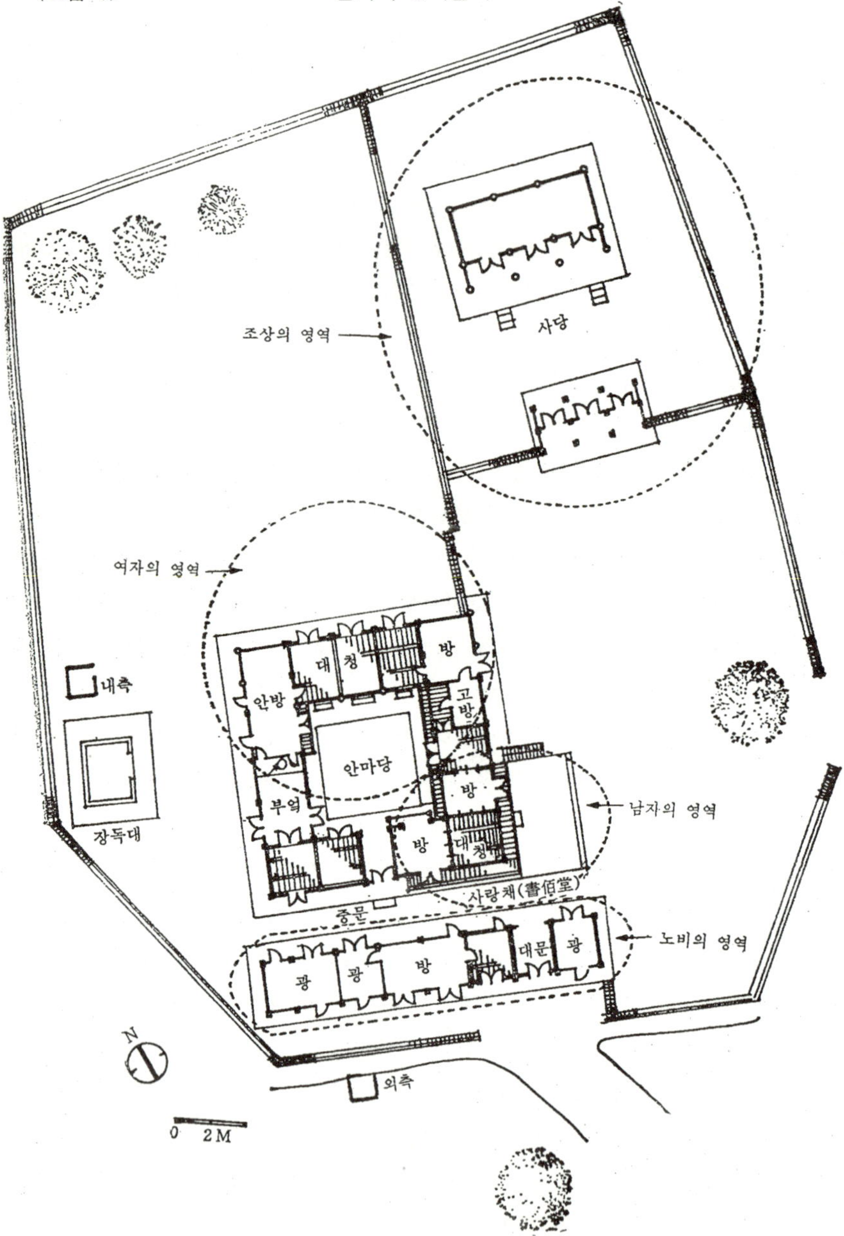
조상의 영역
사당
여자의 영역
방
대청
안방
고방
안마당
방
부엌
방
대청
내측
장독대
남자의 영역
사랑채(書佰堂)
중문
노비의 영역
광
광
방
대문
광
N
외측
0 2M

〈그림 2〉 조선 후기 부농계층 주택의 평면

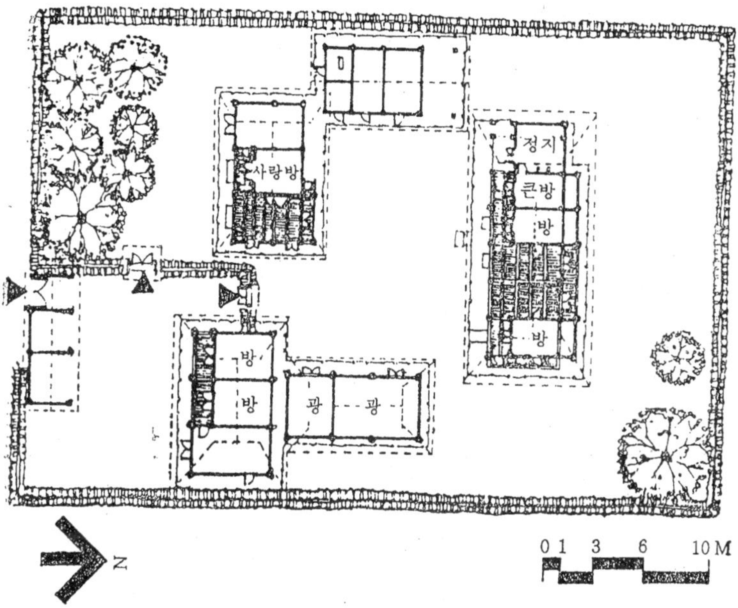

밀양 손씨댁, 《건축과 환경》 에서 옮김.

조선 후기의 농민계층에서는 비록 양반으로 신분상승을 이루지는 못했지만 소규모의 토지를 소유하고 경작하는 자영농들도 많이 발생하여 농민의 대다수를 이루게 된다. 이들이 주로 자신의 노동력에 의존하였던 소작의 상태를 벗어나 자신의 토지를 경작하게 되었을 때, 농업생산성을 높이기 위한 도구 및 설비, 그리고 그와 관련된 공간이 요구되게 마련이다. 생산도구 및 설비를 수장하고, 생산물을 가공·저장하기 위해서는 다양한 부속공간이 필요하기 때문이다. 따라서 농민계층의 주거 내에서 생산과 관련한 부속공간이 다양하게 분화되기 시작한 것은 조선 후기의 농민경제력 증대에서 비롯되었다고 보여진다.

(2) 서민주거의 발달과 지역적 특성화

경제력의 증대에 따른 서민주택의 질적 향상은 한편으로 주거문화의 지역적 특성을 발현시키는 배경이 되었다. 물론 지역의 환경적 조건에 경제적으로 적응해야 했던 서민계층에서는 이미 오래 전부터 재료의 사용이나 건설방법에서 독특한 지역적 특성을 발전시켜 왔다고 볼 수 있다. 그러나 전문가의 도움이 없이 자력이 의한 주택생산과 단순한 주거공간만으로는 지역적 특성을 발현하는 데 한계가 있었을 것이다. 경제력의 증대에 따라 건축요소를 선택할 수 있는 폭이 넓어지고, 기능적으로 다양한 주기공간을 다루어야 했을 때, 비로소 주거계획에 있어서 다양한 대안들이 도출될 수 있기 때문이다.

다양한 주거공간의 분화는 지역에 따라 공간의 결합방식을 독특하게 발전시키는 계기가 될 수 있었다. 지역의 환경적 차이에 따라 적합한 건축적 방법이 요구되기 때문이다. 이러한 건축적 방법은 공간의 결합방식, 공간들의 건물별 분리, 건물의 배치방법, 각 건물의 평면형식, 구조 및 재료 등으로 나타난다. 따라서 조선 후기의 서민주거는 비단 살림채의 평면형태뿐만 아니라 부속채의 평면 및 공간·배치·구조 등을 포함하는 총체적인 건축요소들에서 지역적 특성을 발현하게 되었던 것이다.[2)]

匠籍의 폐지에 따라 국가에 예속되어 있던 건설기술자들의 민간활동이 자유로워진 것도 서민주택의 질적 향상과 지역적 특성화를 이루는 데 크게 기여할 수 있었다. 조선 중기 이전까지 서민의 주택생산은 거의 자급 자족식의 생산이었기 때문에 기술적으로도 저급한 수준이었을 뿐만 아니라 일정한 주거유형이 지역적으로 전파되기도 어려웠다. 조선 후기에 민간에서 활동하게 된 건설기술자들은 비록 중앙의 고급장인들처럼 수준 높은 지식을 갖추지는 않았지만 지역의 요구조건들을 건축적 방법으로 체계화시키는 데 크게 기여하였을 것이다. 이들은 일정한 지역적 범주 내에서 활동하면서 자신들의 지식체계 안에서 유사한 형태의 주택을 반복하여 건설했기 때문에 일정한 주거유형이 지역적 전형으로 정착될 수 있었다고 생각된다.[3)]

조선 후기에 특성화되었다고 보여지는 서민주택의 지역적 유형들은 다음

---

2) 종래에 조선 후기의 민가를 분류하는 방법은 주로 살림채의 평면형식에 의존해 왔는 바, 여타의 건축적 특성을 설명하는 데에는 한계가 있다고 생각된다.

3) 현존하는 민간대목들은 지역마다 주거건축에 대한 독특한 지식체계를 가지고 있었으며 이러한 체계는 지역의 환경적 조건을 인식하는 태도와 주거계획의 방법들, 그리고 그 방법에서 파생된 건축요소의 선택적 대안들이 범주화됨으로써 지역적 특성으로 자리잡게 하는 과정을 체계적으로 보여주고 있다(姜榮煥, 《삼척이남 동해안지역 전통민가에 관한 연구》, 서울大 博士學位論文, 1989).

의 도표와 같이 분류된다.[4] 이러한 분류법은 주거공간의 결합방식에 초점을 맞춘 것이다. 조선 후기 민가에서는 기능적으로 다양한 부속공간들이 분화됨으로써 이러한 공간들을 건물별로 분리, 또는 집중시키는 방법들이 지역마다 독특하게 발전되었다는 이해를 전제로 한다. 공간을 결합하는 방식은 지역 내에 존재하는 다양한 건축적 대안들에 대한 포괄적인 특징이 될 수 있을 뿐 아니라 여타의 건축적 방법들이 지역적 특성을 갖게 되는 과정을 보다 체계적으로 설명할 수 있는 도구가 되기도 한다. 이러한 전제를 바탕으로 각 지역에서 주거건축이 특성화를 이루게 된 과정을 살펴보면 다음과 같다.

조선 후기 서민주택의 유형분류 체계도

- 농촌형 주거
  - 집중형 주거
    - 겹집(정주간형 · 청마루형 · 봉당형 등)
    - 뜰집
    - 홑집(외채집 · 쌍채집)
  - 절충형 주거
    - 튼 ㅁ자집
    - 반겹집
  - 분산형 주거
    - 一자홑집(안청형 · 대청형 · 중앙부엌형 등)
    - ㄱ자집
  - 특수형 주거
    - 제주도집
    - 울릉도집
- 도시형 주거
  - 전래한옥
  - 개량한옥

가. 집중형 주거의 발달

한반도의 북부지역은 남부에 비해 기후적으로는 겨울이 길고 한랭한 조건을 가지고 있으며, 평야보다는 산지가 많은 지형적 조건을 가지고 있다.[5] 이러한 조건하에서 주민들은 대규모의 수전농업보다는 화전이나 수렵에 의존하는 생활방식을 가지고 있었다. 따라서 대부분 산지에서 독립가옥으로 발달하는 散村型 聚落構造를 가지게 되었다.

이러한 자연환경적 조건과 생업조건으로부터 주거건축은 난방과 방어의 효율성을 중시하는 방향으로 발전하게 된다. 길고 추운 겨울에 대응하기 위해서

4) 姜榮煥, 앞의 책, 119쪽.
5) 여기에서의 북부지역이란 지역적 경계가 명확하지는 않으나 대략 태백산맥을 포함하여 멸악산맥 이북지역을 의미하고 있다.

는 적은 연료로 장기간 난방할 수 있는 방법이 필요하기 때문이며, 이미 고구려시대 이래 북부지역으로부터 온돌난방법이 발달한 것도 이와 같은 이유에서였을 것이다. 한편 화전과 수렵에 의존하는 산촌형 취락구조에서는 야수나 도적과 같은 외부의 적들에 마을 공동으로 대응하기 어렵기 때문에 방어의 효율성도 중요하게 인식되었을 것이다.

난방과 방어의 효율성을 높이기 위해서는 주거공간을 가급적 하나의 건물 안에 집중시키는 방법이 효율적이었을 것이다. 추운 겨울에는 외부에서 활동하기도 어렵기 때문에 가급적 모든 주생활이 건물 내에서 이루어지도록 주거공간을 하나의 건물로 집중시키는 방법이 개발되었다. 또한 이렇게 해야만 적은 연료로 많은 공간을 난방할 수 있었기 때문이다. 이는 각 공간이 외부와 닿는 면적을 최소화하여 열손실을 줄이는 데에도 도움이 된다. 주거공간을 한 건물에 집중시키는 방법은 외부의 적으로부터 인명이나 재산을 보호하는 데에도 효과적인 방법이 된다. 주거공간을 여러 동의 건물로 분산시키는 것보다는 하나의 건물에 집중시키는 편이 경제적인 방어의 방법이 되기 때문이다.

이렇게 모든 주거공간을 하나의 건물로 집중시켜 만들어진 다음의 〈그림 3〉과 같은 주거유형을 '集中型 住居'라고 부르기도 한다. 집중형 주거는 공간의 집중으로 인한 단동형 건물구성, 즉 부속건물이 미분화될 뿐만 아니라 이로부터 파생되는 여러 가지의 건축적 특성을 가지게 된다. 공간의 집중에서 오는 살림채 규모의 증대는 필연적인 결과이며, 외벽면적을 최소화하여 열효율을 높이기 위해 공간이 여러 겹으로 배열되는 '겹집형 평면구성'이 발달하게 되는 것이다. 겹집형 평면구성은 구조공간이 넓어지기 때문에 5樑架構가 일반적으로 사용되고 팔작지붕과 유사한 형태의 지붕형태로 발전하게 되었다.

집중형 공간구성은 외부공간 및 그것을 둘러싸는 대문과 담장에도 직접적인 영향을 주었던 것으로 보여진다. 살림채 내부에서 거의 모든 주생활이 이루어지므로 앞마당과 같은 외부공간은 주거영역의 외부로 취급되며, 이에 따라 마당과 건물을 둘러싸는 대문과 담장이 발달하지 못하기 때문이다. 화전과 수렵을 생계로 삼는 이 지역에서는 농사일이나 생산물의 수장을 위한 넓은 외부공간으로서의 마당이 크게 요구되지도 않았을 뿐만 아니라, 산촌형 취락구조에서 외부공간의 프라이버시도 중요시되지 않은 것도 그 원인이 되었다고 볼 수

〈그림 3〉 집중형 주거의 건물과 공간

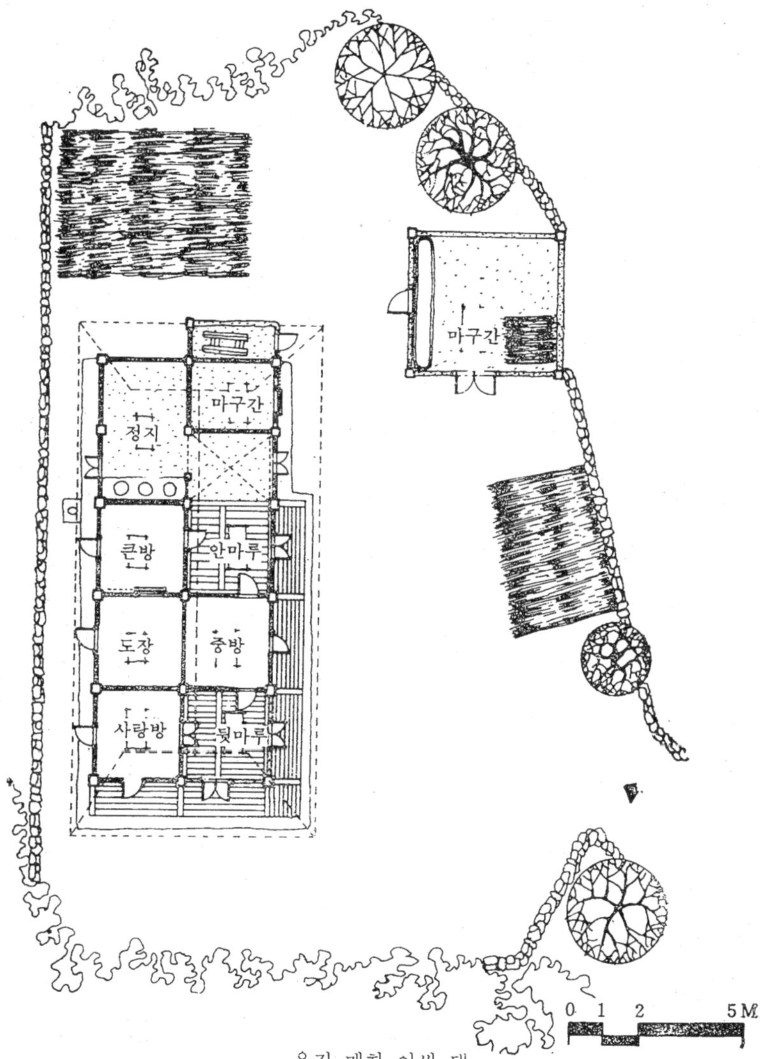

울진 매화 이씨 댁

있다. 집중형 주거에서는 오히려 살림채의 뒷마당이 '널문'과 담장으로 폐쇄적 형태를 이루는 경우가 많은데, 이는 앞마당이 개방적이기 때문에 내부공간에 수용하기 어려운 가재도구나 식품을 안전하게 수장하기 위한 방법이라고 보여진다. 이 밖에 난방과 방어의 효율성을 높이기 위하여 외벽을 두텁게 만들고, 두터운 반자로 천정을 마감하며, 창이나 문의 면적을 줄여 폐쇄적인 입면구성을 만드는 것도 집중형 주거의 특성이라고 볼 수 있다.

나. 분산형 주거의 발달

남부지역은 북부에 비해 기후적으로는 여름이 길고 고온다습한 조건을 가지고 있으며, 지형적으로는 비교적 넓은 평야지대를 가지고 있다. 이러한 조건하에서 주민들은 수전농업을 발전시켜 왔으며 이미 오래 전부터 이 지역은 곡창으로서 기능하고 있었다. 대규모의 수전농업은 많은 노동력과 노동력의 조직화를 요구하게 되고, 이에 따라 생산지를 중심으로 비교적 규모가 큰 集村型 聚落들이 발달하게 되었다.

이러한 자연환경적 조건과 생업조건하에서 주거건축은 농사일과 관련한 넓은 외부공간과 통풍과 환기의 효율성을 중시하는 방향으로 발전된다. 조선후기에 자영농으로 성장한 농민들은 주거 내에서 생산기반을 확충할 여유와 필요가 발생하였고, 이에 따라 마당은 탈곡·건조 등의 작업과 수장을 위한 공간으로서 꼭 필요하게 인식되었을 것이다. 또한 고온다습한 여름 기후에 대응하기 위해서는 단순히 그늘을 제공하는 것만으로는 부족하였는데 각 주거공간의 통풍과 환기조건이 중요시되었기 때문이다. 高床型 마루가 남부지역에서 발달하게 된 까닭도 이러한 배경을 갖는다고 생각된다.[6)]

통풍과 환기의 효율성을 높이기 위해서는 주거공간은 가급적 여러 건물로 분산하는 방법이 효율적이었을 것이다. 각 공간에서 외부로 통하는 개구부를 가급적 많이 갖는 것이 통풍과 환기에 유리하기 때문이다. 특히 가축의 사육공간이나 방앗간 같은 작업공간은 악취와 소음이 심하므로 주거공간이 분리될 필요가 있었다. 따라서 독립된 외부공간으로서 넓은 마당을 두고 살림채와 부속채를 분리시키는 방법이 발달하게 되었던 것이다.

이렇게 주거공간을 여러 동의 건물로 분산하여 만들어진 다음의 〈그림 4〉와

---

6) 마루의 발생에 관해서는 북방전래설·남방전래설·자생설 등이 있으나 기후적인 조건으로 볼 때 여름철 주거공간으로서의 마루는 남부지역에서 자생적으로 발달하였다고 생각된다.

같은 주거유형을 '分散型 住居'라고 부르기로 한다. 분산형 주거는 살림채와 부속채의 분리가 뚜렷한 多棟型 건물구성이라는 특징 이외에 이로부터 파생되는 여러 가지의 건축적 특성을 가지게 된다. 부속공간의 분리에서 오는 살림채 규모의 축소는 물론이거니와 다면적인 개구부 설치를 위하여 공간이 한 겹으로 배열되는 '홑집형 평면구성'이 발달하였다. 홑집형 평면구성은 구조공간이 좁기 때문에 3樑架構法이 일반화되었고 이에 따라 지붕형태도 우진각지붕이 보편화하게 되었다.

분산형 주거에서 마당은 농사일과 수장뿐 아니라 중요한 생활공간으로서 각 건물에서 마당으로 연결되는 생활행위가 빈발하게 된다. 한편 주택이 밀집되어 있는 집촌형 취락구조 아래에서는 마당과 건물에서 노출되는 생활행위를

〈그림 4〉 분산형 주거의 건물과 공간

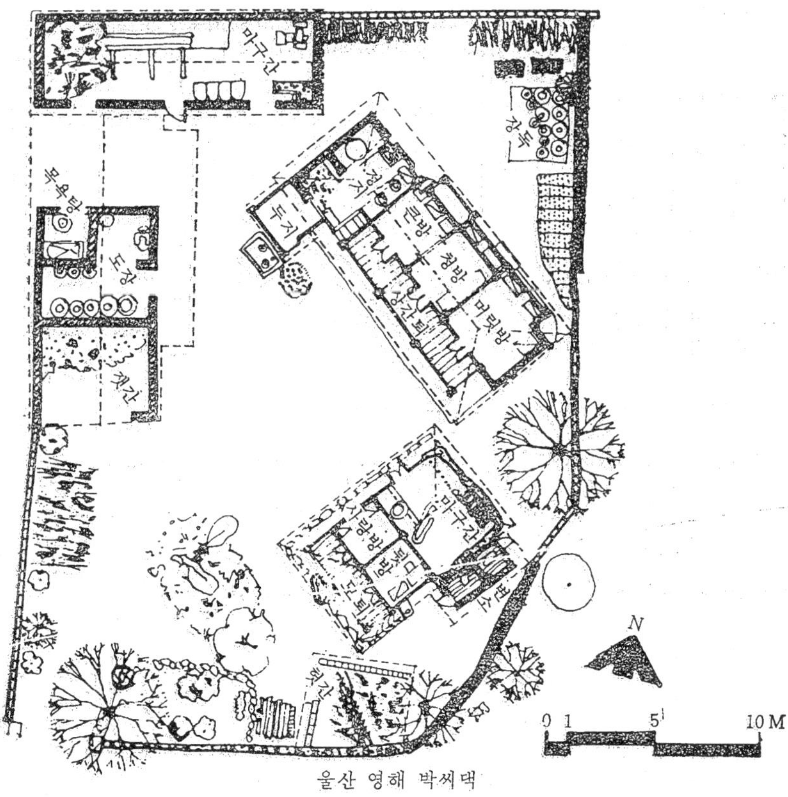

울산 영해 박씨댁

은폐하고 주거경계를 분명히 하기 위해서는 담장과 대문의 설치가 필수적이다. 따라서 비록 생울타리나 사립문이라고 하더라도 마당과 건물을 둘러싸는 경계장치를 반드시 갖는 것은 분산형 주거의 한 특징이라고 생각된다.

이 밖에도 툇마루의 발달이라든지, 창호면적이 크고 개방형 입면구성을 하는 것도 분산형 주거의 특징이라고 할 수 있다. 물론 집중형 주거에서도 툇마루는 간혹 나타나기도 하지만 그 폭이 대단히 좁고, 기능도 출입에만 제한되어 있다. 남부지방에서는 그 폭이 최소한 4척 이상이 되어 출입뿐만 아니라 여름철 휴식·취침·식사 등 다용도로 사용되고 있다. 마당에서 이루어지는 생활기능이 많고, 하절기에 그늘과 통풍을 제공하는 장소로서 툇마루의 중요성이 깊이 인식되었던 것이다.[7]

〈그림 5〉 튼 ㅁ자집의 발생과정

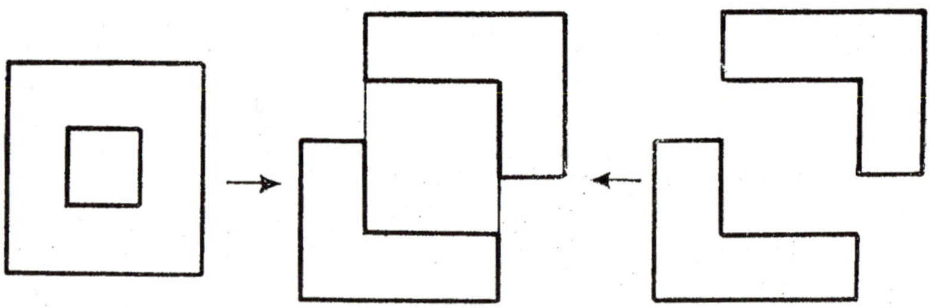

가. 집중형 주거의 □자집

나. 절충형 주거의 튼 □자집

다. 분사형 주거의 ㄱ자집

〈그림 6〉 반겹집의 발생과정

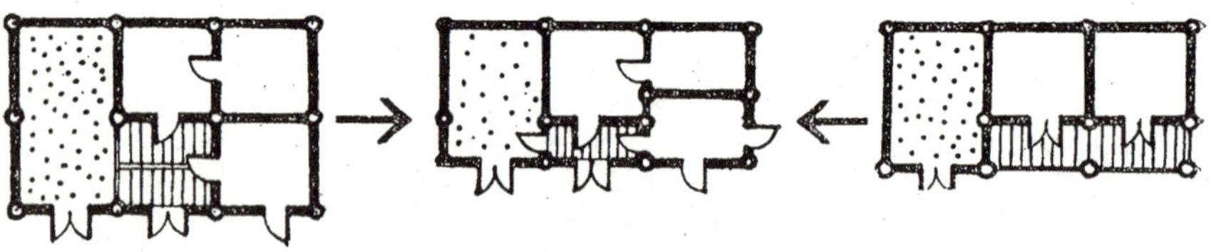

집중형 겹집

절충형 반겹집

분산형 홑집

7) 남부지방의 대목들은 폭 4척 이하의 마루를 '동마루'라고 하여 그 이상의 것만 툇마루라고 부르고 이것이 설치된 주거유형을 특별히 '툇집'이라고 부르고 있다(姜榮煥, 앞의 책, 1989, 69쪽).

다. 절충형 주거의 발달

성질이 다른 두 개의 문화권이 인접하는 지역에서는 서로가 영향을 주고 받음으로써 두 문화의 성질을 혼합한 형태로 변화하게 되며, 이러한 변화를 문화지리학에서는 문화의 접촉변용(Acculturation)이라고 부르고 있다. 이 땅에 나타났던 주거문화를 크게 두 개로 구분하여 볼 때 북부지방의 집중형 주거문화와 남부지방의 분산형 주거문화가 맞닿는 지역에서는 문화의 접촉변용에 의한 변화가 예상될 수 있고, 기후나 지형 또는 생업조건 등도 중간적인 성격을 갖기 때문에 두 요소가 혼합되어 만들어진 절충적 주거문화가 발생하게 되었을 것이다. 따라서 앞의 〈그림 5〉나 〈그림 6〉과 같은 주거유형을 '절충형 주거'라고 부르기로 한다.

남부와 북부지역의 경계지역에서의 절충방법은 집중형 주거에서 살림채의 부분과 부속채의 부분이 분리되면서 두 건물 사이가 담장으로 연결되는 방법도 있고, 살림채의 평면형태가 '겹집'보다 세로 폭이 좁은 '반겹집'을 이루기도 하며, 평면형태는 '홑집'이지만 마구와 같은 부속공간을 살림채 안에 두고 있는 등 분산형 주거의 부분적인 성격이 나타나게 된다. 즉 보온이나 방어에 중점을 둔 형태로부터 통풍이나 채광을 개선하는 형태로 변화해 가는 과정이 보여지는 것이다.

이 밖에 몇몇 섬 지방과 같이 특수한 기후가 원인이 되어 나타나는 특수형을 생각할 수 있다. 예를 들어 제주도는 한반도에서 가장 기후가 온난한 지역이기는 하나 바람이 거세기 때문에 여러 채의 건물로 이루어진 분산형 주거의 특성을 갖지만 살림채는 폐쇄적인 돌담으로 둘러 '겹집'의 평면형태를 갖고 있다. 즉 다음의 〈그림 7〉과 같은 제주도의 겹집은 보온이나 방어의 필요성이 아닌 방풍의 필요성에서 만들어졌다고 볼 수 있다.

또한 겨울에 폭설이 내려 외부에서의 통행이 어려운 울릉도에서는 살림채가 다음의 〈그림 8〉과 같이 홑집이기는 하지만 마구나 헛간과 같은 부속공간이 붙어 있고, 처마 밑으로 '우데기'라는 가벽을 설치한 '우데기집'이 만들어지기도 한다. 우데기는 방설벽으로서 눈이 내부공간으로 들어오지 못하도록 건물의 외부를 두르는 벽이다. 지붕 위에도 많은 눈이 쌓여 일반적인 목구조로서는 지탱하기 어렵기 때문에 통나무를 수평으로 쌓아 만든 '귀틀벽'이 사용

〈그림 7〉 제주도 주거의 배치평면

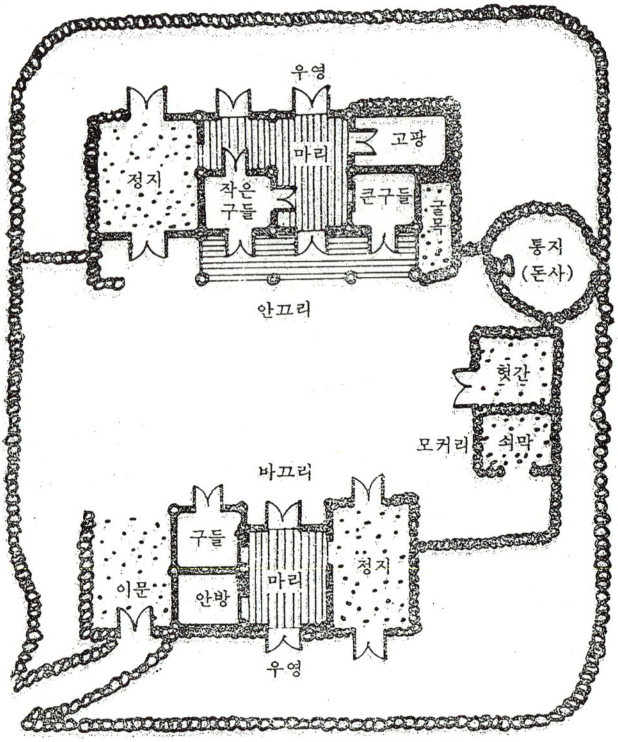

제주 성읍, 《한국의 민가연구》(장보웅)에서 옮김.

〈그림 8〉 울릉도 주거의 배치평면

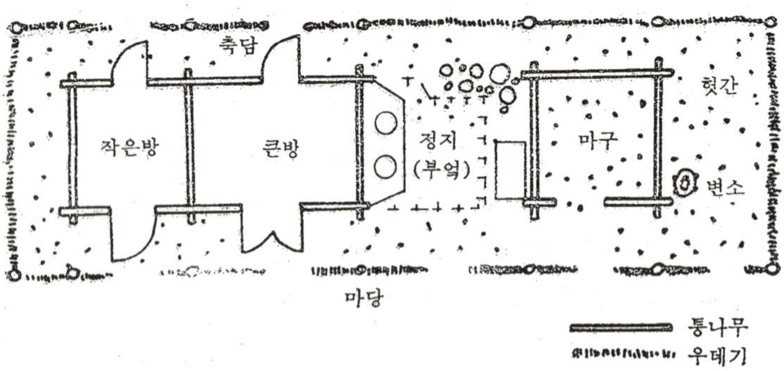

울릉도 나리동, 《한국의 민가연구》에서 옮김.

되기도 하였다.

(3) 풍수적용의 민간확산

주거의 입지와 형태가 거주인은 물론 그 후손의 운명까지 영향을 미친다는 풍수사상은 이미 고대부터 한반도에 전파되어 왔다. 이러한 사상에 근거하여 묘지뿐만 아니라 읍성의 위치 및 주거의 입지와 형태를 결정하는 방법이 발전되어 온 것도 익히 알려진 사실이다. 그러나 풍수적인 생각과 방법에 따라 주거를 건설할 수 있었던 계층은 조선 중기까지 대단히 한정되어 있었다고 보여진다. 민중들은 풍수를 적용할 만한 지식이나 경제력을 맞추기 어려웠기 때문이었다. 풍수의 전문가들이 일정한 관직을 가지고 국가기관에 고용되어 있었다는 사실만으로도 일정한 경제력과 사회적 권력이 없이는 민간주거에서 풍수를 적용하기가 어려웠다는 사실을 반증한다.

비록 민간에서는 그들의 주거건축에 풍수적인 방법을 적용하기 어려웠지만 풍수사상은 이미 오래 전부터 민간신앙화되어 있었다. 주거건축을 통하여 인생의 피흉발복과 가족의 번영을 누릴 수 있다는 생각과 상류층에서 그 적용을 통하여 보여진 소응은 풍수가 민간신앙으로 자리잡기에 충분하였기 때문이었다. 조선 후기에 이르러 봉건적 신분질서가 해이해지고 서민의 경제력이 증가함에 따라 민중들은 갈망해 오던 풍수를 주거건축에 적용할 수 있는 기회를 마련하였던 것이다. 조선 후기에 저술된 실학자들의 저서에서 자주 보여지듯이 풍수의 적용은 이미 일반화되었으며, 풍수의 적용으로 인한 피해가 사회문제로까지 확대되어 갔다. 민간에서는 풍수전문가의 수요가 점차 증가하였고 이에 따라 민간 풍수사들도 증가하여 일제시대에는 전국적으로 적어도 5,000명 이상의 민간 풍수사들이 활동하였을 것으로 보고된 바 있다.[8)]

그러나 풍수사상이 민간으로 확산되고 주거건축에 적용되는 과정에서 본래의 사상이나 적용방법과는 다르게 일정한 변형의 과정을 거쳐 정착되었을 것으로 믿어진다. 그 원인은 무엇보다도 우선 풍수의 사상과 방법이 서민들이 이해하기에는 대단히 어려운 내용이었기 때문이다. 변형의 과정은 대략 세 가지 방향으로 추정되어진다.

---

8) 村山智順, 《조선의 풍수》(최길성 역, 민음사, 1990), 290쪽.

첫째는 俗神化의 경향을 볼 수 있다. 풍수사상과 방법들은 본래 음양오행과 주역의 논리를 배경으로 하는 고도로 난해한 철학적 체계를 가지고 있는 바, 민중들이나 민간의 풍수사들이 이를 쉽게 이해하여 적용하기 어려웠을 것이다. 또한 대부분의 풍수서들이 한문으로 된 것이어서 민중들이 쉽게 접근할 수 없었던 것도 그 이유가 된다. 따라서 민간화하는 과정 속에서 가감되고 첨삭되거나 번안되어 민중들이 이해할 수 있는 범주 안으로 용해되었다고 볼 때 속신화의 경향은 불가피했을 것으로 보여진다. 조선 후기에 민간에 널린 유포되었던 《鄭鑑錄》이나 《前生錄》, 그리고 성주풀이류의 노래에 보여지듯이 주술성과 점복성이 강하게 속신화되어 갔던 것이다.

둘째는 적용범위의 확대라고 보여진다. 본래 주거건축에 있어서 풍수의 적용은 택지의 선정에 한정된 것이었다. 땅의 길흉이 사람의 운명에 미치는 영향을 판단하는 풍수의 관점과 방법으로 볼 때 건물 자체보다는 건물이 들어설 자리를 판단하는 일이 본래의 기능이었다. 풍수적용의 대상이 되는 무덤과 주거를 陰宅과 陽基라고 불러 왔는데, 이는 음택이 사자를 땅속에 파묻는 까닭에 宅과 基의 구별이 없으나 주거는 대지와 건축물이 구별되기 때문이라 하였다. 사람의 운명은 땅의 생기로부터 영향을 받는 것이니 만큼 양기가 맞다고 하였던 것이다.[9)]

그러나 토지를 생산기반으로 하였던 농업사회 속에서 더구나 택지를 선택적으로 구입하기 어려웠던 서민층에 풍수적 방법에 따라 택지를 구입하여 주거를 건설한다는 것은 현실적으로 대단히 어려웠다고 생각된다. 따라서 택지 선정 이후에 결정되는 주거계획 및 건설과정에 풍수적 사고를 적용함으로써 택지의 풍수적 결함을 보충하는 데에 더 관심을 두었을 것이다. 이로써 풍수적인 생각이 건축계획의 전반으로 확산, 적용되는 계기가 되었다고 보여진다.

셋째는 풍수사상의 실용화라고 볼 수 있다. 당시까지 주거건축의 계획방법은 풍수사상과 그것으로부터 산출된 陽宅論이 주류를 이루고 있었다. 이러한 방법은 중국으로부터 수입된 양택서들이나 이것을 부분적으로 발췌, 편집한 민간서적들에 근거하고 있었기 때문에 당시 조선의 실정에 적합하지 않았을

9) 이러한 구분은 村山智順(위의 책, 637~638쪽)에 의해 주장되었고, 崔昌祚에 의해 지지된 바 있다(《韓國의 風水思想》, 民音社, 1984, 251쪽).

뿐 아니라 대단히 선험적이고 상징적인 방법이었다. 현실생활에 있어서 실용성과 합리성을 추구하려 했던 일단의 실학자들은 풍수의 생각과 방법들이 가지고 있었던 비합리적인 요소를 비판하고 당시 조선의 실정에 맞는 건축계획 방법을 정립시키려고 노력하였다. 그러나 풍수사상에서 비롯된 지리관이나 주거관마저 부정된 것은 아니었다. 오히려 그것에 바탕을 두고 실용성과 합리성을 증진시키는 방향으로 체계화를 이루어 갔던 것이다.10)

여하튼 풍수사상은 조선 후기에 이르러 단순화·속신화·실용화의 과정을 거쳐 민간신앙으로서 민중들의 생활 속으로 깊이 자리잡게 되었다. 이에 따라 주거관은 물론 건축계획으로부터 건설방법에 이르기까지 주거건축 전반에 영향을 미치게 되었다. 풍수의 생각과 방법들이 주거건축에 어떠한 영향을 주었는지 살펴보면 다음과 같다.

가. 주거입지관의 변화

주거에 대한 풍수의 적용을 양기풍수라고 부르는 데서 알 수 있듯이 택지의 선택은 가족의 운명을 결정하게 될 중요한 선택이며, 풍수의 요체로 인식되어왔다. 따라서 주거건축에 있어서 풍수사의 가장 큰 역할은 적절한 택지를 선정하는 일이었다. 풍수상으로 좋은 터란 땅속을 흘러다니는 生氣가 모여 인간에게 좋은 영향을 미치는 장소로서, 생기는 바람을 만나면 흩어지고 물을 만나면 모이기에 藏風得水를 이루는 지형적 조건을 갖춘 장소를 좋은 터라고 생각하였다. 이러한 생각에 근거하여 지형을 살피는 여러 방법들이 중국으로부터 전파되어 왔고, 묘터나 택지를 선정하는 데에 사용되어 왔다. 집터를 선정하는 방법은 묘터를 선정하는 방법과 크게 다를 바가 없었고, 다만 주택은 사람의 생활을 담아야 하는 것이기에 묘지와는 달리 국면이 넓어야 한다고 생각하였다.

그러나 이러한 방법에 따라 생기가 머무는 택지를 구할 수 있는 계층은 대단히 적었으리라 생각된다. 현실생활에 있어서 사회로부터 고립될 수도 없고, 대부분 토지를 생산기반으로 하였던 농업사회에서 선택적으로 정주의 장소를 결정한다는 것은 대단히 어려운 일이었기 때문이다. 특히 경제력이 미약하여

10) 특히 徐有榘는 《林園十六志》 또는 《林園經濟志》의 서문인 例言에서 이 같은 입장을 밝히고 있다.

토지에 예속되어 있었던 서민계층은 더 말할 나위가 없었다. 농업생산이나 상공업으로 부를 축적할 수 있었던 조선 후기의 서민들에게는 선험적이고 상징적인 풍수상의 吉地보다는 오히려 현실적 이익을 추구할 수 있는 주거의 입지가 더욱 선호되었을 것으로 보인다.

조선 후기 실학자들의 입지관은 이러한 가치의 변화를 잘 반영해 주고 있다. 李重煥은 그의 《擇里志》에서 사람이 살기에 적합한 장소의 조건을 地理와 生理·人心·山水를 들었고, 이 네 가지 요소 모두가 필수적이라고 설명하였다.

여기에서 지리란 주로 지형적 조건을 의미하고 있다. 지형적 조건은 水口·野勢·山形·土色·水理·朝山朝水 등의 풍수적인 방법으로 설명되지만, 흙과 물에 대한 조건에서 보여지듯이 토질의 생산성이나 수질의 위생적 측면 등 현실생활에 미치는 조건도 고려하고 있다. 생리란 경제적 조건으로서 현실생활에서 재산의 중요성이 강조되고 있다. 따라서 비옥한 토지를 기반으로 농업생산력을 높일 수 있거나, 교통의 요지로서 상업적 이익을 추구할 수 있는 장소를 좋은 주거지로 인식하고 있다. 인심은 사회적 조건을 의미한다. 좋은 이웃과 더불어 살아야 즐겁고 편안한 생활을 누릴 수 있으며, 풍속이 좋지 않은 곳은 자신에게 뿐 아니라 자손에게도 해를 끼쳐 반드시 좋지 못한 풍속이 스며들 우려가 있다고 생각하였다. 따라서 살 곳을 가리는 데 있어서 그 지역의 풍속과 인심을 가리는 것이 중요한 조건으로 인식되었던 것이다. 여기에서는 풍속뿐만 아니라 이웃의 사회적 지위나 경제력 또한 고려의 대상이 되고 있었다. 높은 직위를 가진 사람이나 부잣집, 또는 가난한 집을 이웃으로 두는 것은 좋은 근린관계를 유지하기 어렵다고 설명되기도 하였다. 산수란 집터 주변의 자연경관을 의미한다. 자연경관은 사람의 심성에 영향을 주기 때문에 자연환경이 나쁜 곳에서 살면 심성이 거칠어지고 자연경관이 좋은 곳은 심성이 깨끗해진다고 인식하였다.

이러한 실학자들의 생각은 비록 풍수사상을 바탕으로 하고 있지만 현실생활의 경험으로부터 얻어진 실증적이고 합리적인 조건을 포함하고 있었다. 즉 생기의 취지를 선별하는 풍수 본래의 방법보다는 경제적 측면이나 보건 위생적 측면, 근린관계, 교육적 측면, 심지어 화재나 수재를 고려하는 등 현실 지향적이고 근대지향적인 생각으로 발전하였던 것이다. 이것은 풍수가 목표로 하고있는 이상적 주거환경의 체계를 근간으로 하되 현실적 가치를 추구하는 방향으로의 전환을 의미하고 있다.

나. 건축계획에 있어서 풍수의 적용

비록 민중들이 풍수상의 길지개념에 따라 택지를 선택적으로 구하기는 어려웠지만, 그렇다고 해서 땅의 생기가 땅위의 존재에게 영향을 미치며, 주거 또한 그 대상이 된다는 풍수 본래의 생각이 배제된 것은 아니었다. 땅의 영향력이 인생의 길흉화복과 가족의 운명을 좌우할 수 있다는 풍수사상이 이미 민간신앙화되어 있었기 때문이다. 따라서 택지가 가지고 있을지도 모르는 풍수적 결함을 보충하기 위해서 주거의 배치와 형태는 더욱 풍수의 방법을 따라야 했을 것이다. 이러한 생각은 주거계획에 있어서 풍수방법의 적용을 확대하고 발전시키는 계기가 되었다고 보여진다.

이러한 태도는 정해진 택지 내에서 풍수상 局을 인위적으로 창출하려는 것에서 나타나고 있다. 원래 풍수상의 길지란 산과 천의 지형적 요소들이 음양오행과 주역의 체계에 합당하게 배열됨으로써 그 중심에 위치한 穴에서 땅으로부터 생성되는 생기의 감응을 받을 수 있는 장소를 의미하였다. 이러한 장소를 구하여 묘터나 집터로 삼을 때 비로소 가족과 가문의 발복과 번영을 기대할 수 있었다. 그러나 이러한 시형적 소건을 갖춘 집터를 구하기 어렵다고 할 때 인공적인 요소로 지형적 조건을 대치함으로써 같은 효과를 기대하였던 것이다. 이러한 태도는 《山林經濟》에서 잘 보여지고 있다.

> 무릇 주택에 있어서 왼편에 흐르는 물과 오른편에 긴 길과 앞에 못, 뒤에 언덕이 없을 때, 동쪽에는 복숭아나무와 버드나무를 심고, 남쪽에는 매화와 대추나무를 심으며, 서쪽에는 치자와 느릅나무를 심고, 북쪽에는 벚나무와 살구나무를 심는다면, 또한 청룡·백호·주작·현무를 대신할 수 있다(洪萬選, 《山林經濟》 권 1, 卜居).

풍수의 국을 인공적으로 창출하는 것은 비단 樹木에 한정된 것이 아니라 건축요소들도 이와 같은 의미와 기능을 가졌을 것이라고 해석되어 왔다.[11] 이러

11) 유재현, 〈穴과 明堂관계를 통하여 본 한국 전통건축 공간의 중심개념에 관한 연구〉(《울산공대 논문집》 10, 1979), 7~13쪽.

한 해석에 의하면 주택은 물론, 궁궐·사찰·서원 등에서 건축요소들이 각기 풍수상 국의 지형적 요소로 대응되며, 이로써 풍수의 국을 형성하고 있었다는 것이다. 여기에서 보여지듯이 주택에 있어서 주건물인 살림채는 생기를 받는 穴의 자리가 되고, 그 앞의 마당은 명당이 되며, 부속채들이나 대문과 담장은 四神砂의 의미를 가지고 있다. 혈과 명당이 청룡·백호·주작·현무 등의 사신으로 호위되어 장풍득수 할 수 있어야 명국을 이루듯이, 그에 대응하는 건축요소들이 각기 그와 같은 의미와 상징성에 걸맞도록 배치되고 형상화되어야 했었다(〈그림 9·10〉)

〈그림 9〉 山局圖

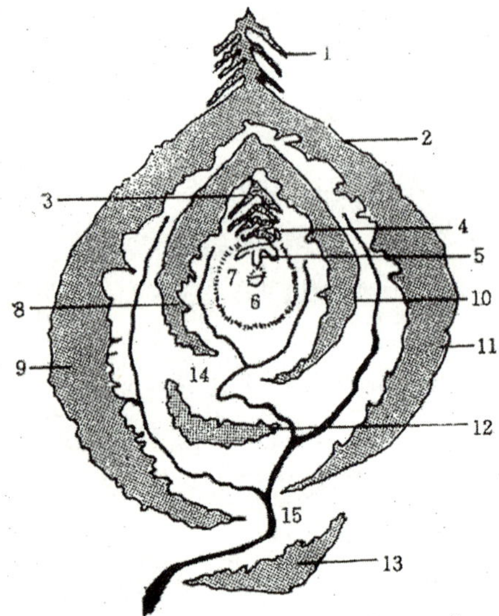

1. 祖宗山	2. 主　山	3. 入　首
4. 頭　腦	5. 眉　砂	6. 明　堂
7. 穴	8. 內白虎	9. 外白虎
10. 內靑龍	11. 外靑龍	12. 案　山
13. 朝　山	14. 內水口	15. 外水口

《한국주택건축》(주남철)에서 옮김

〈그림 10〉 전통건축과 풍수의 단면상의 대응관계

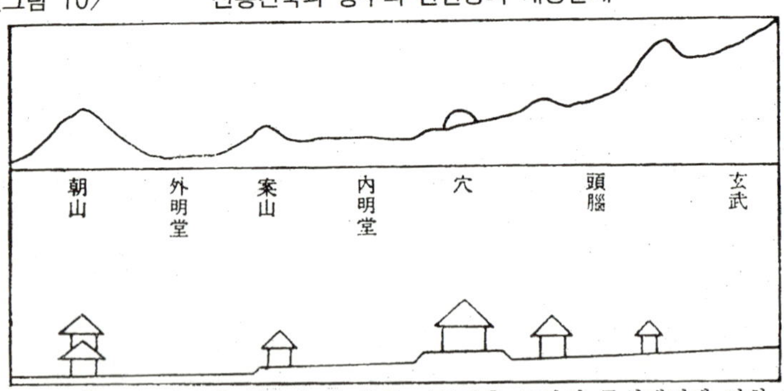

〈穴과 明堂 관계를 통하여 본 한국 전통건축 공간의 중심개념에 관한 연구〉(유재현)에서 옮김.

崔昌祚, 앞의 책, 286쪽.

주거건축에 풍수사상을 도입시키기 위한 구체적인 방법들은 중국의 陽宅書들을 통하여 소개되어 있었다. 이 방법들은 주로 三要論에 치중하고 있었는데, 三要란 출입이 이루어지는 대문(門)과 주인이 거처하는 주실(主), 그리고 먹을 것이 만들어지는 부엌(廚)을 말하며 이 세 가지를 주택에서의 핵심적 요소라고 생각한 것이다. 따라서 이 세 가지 요소의 좌향과 배치관계를 음양오행과 주역의 논리로 설명한 것이었다.

그러나 민간에서는 이러한 이론과 방법을 적용하기보다는 속신적인 방법을 갖는 경우가 많았다. 그 단편적인 예로써 현존하는 민간대목들은 3요의 배치에 대해서도 양택론과는 전혀 거리가 먼 속신적 방법론을 가지고 있었다.[12] 예를 들어 영남지역의 대목들은 살림채에서 '정지'의 위치가 '쌀 푸는 방향' 또는 '물 푸는 방향'을 고려하여 결정되었다고 말하고 있다. 정지 안에서 부뚜막을 바라보는 주부가 바가지로 쌀이나 물을 풀 때 '들여 푸는 방향'이 되도록 정지의 위치를 결정한다는 것이다. 농촌사회에서 쌀은 중요한 재산이며 물은 복을 의미하므로 집안으로 재물이나 복이 들어올 수 있도록 배치해야 한다는 설명이다. 또한 대문의 위치에 대하여도 '지붕의 추녀 방향으로 문을 낸다'고 말하는 대목들도 있었다. 그들은 '지붕의 추녀가 용마루를 향하여 올라가는 재목이기 때문에 그 방향으로 문을 내면 가운이 상승한다'고 설명하고 있다. 즉 주택의 3요에 포함되는 부엌과 대문마저도 관습화된 속신으로 결정되었음을 보여주었다.

주거건축에 풍수의 적용은 비단 배치계획에 한정된 것만은 아니었다. 실학자들에 의해서 공간의 규모나 기능별 공간의 위치, 평면의 형상, 창호계획, 주거 및 대지의 규모, 대문과 담장의 형태 등 주거계획 전반에 걸친 규범이나 금기들이 만들어졌던 것이다. 비록 이러한 내용 중에는 일부 현실생활의 실용성에 근거하기도 하고, 占卜性이 강한 속신적 요소도 가지고 있지만 그 근간에는 풍수적 사고가 자리하고 있음을 볼 수 있다. 이는 풍수사상과 방법이 민간화하면서 현실적 요구에 부응하도록 실용화하고 속신화하였음을 보여주는 예라고 생각된다.

---

12) 여기에서 민간대목이란 전통가옥을 건축하였던 건축가이자 건설기술자로서 비록 이들 경험의 한계가 일제시대를 넘어가지는 않지만 이들의 지식체계가 조선 후기의 그것과 크게 다르지 않다고 생각된다(姜榮煥, 앞의 책, 1989).

다. 건설과정에 있어서 풍수의 적용

건축에서 풍수의 적용은 건설과정에도 일정한 규범과 금기로 작용하게 되었다. 건축은 사람의 운명에 중대한 영향을 미치는 행위로서 건설과정 자체가 상징적 의미를 가지며, 특정한 시기와 과정에 맞도록 건설되어야 한다고 믿어졌다. 중요한 행사의 시기를 결정하는 일을 '擇日'이라고 하는데, 택일은 천지만물의 운행과 변화의 이치를 예지할 수 있는 전문가에게 맡겨진 일이었다. 그러나 음양요행과 주역의 이치를 통달한 전문가가 민간에서는 그리 흔한 것이 아니었다. 《산림경제》에는 선택에 관한 서문으로서 다음과 같이 기록되어 있다.

> 건물을 수리하거나 건조하는 일은 人家에 항상 있는 것이다. 그러나 시골에는 日官이 없어서 길흉을 판단할 수 없고, 길흉을 묻고자 서울의 일관에게 오자면 시일을 허비하게 된다. 진실로 그에 대한 책만 있으면 스스로 방법을 상고하여 행할 수 있겠기에 이에 선택의 방법을 謄抄하여 제15편을 싣는다(洪萬選, 《山林經濟》 권 4, 選擇).

또한 竪造年運이라 하여 주인의 생년을 가려 집 지을 해의 길흉을 설명하였고, 이어 터를 닦기에 좋은 날, 기둥 세우기에 좋은 날, 상량하기에 좋은 날, 지붕을 잇는데 좋은 날, 아궁이를 만드는데 좋은 날, 뒷간 짓는데 좋은 날, 대문 만드는데 좋은 날, 창고 짓는데 좋은 날 등을 설명하였다. 이 밖에도 나무 베는데 좋은 날이라든지, 우물 파기에 좋은 날, 入宅하기에 좋은 날도 선택해야 하는 것으로 설명하고 있다. 그러나 민중들이 이러한 책을 해독하기는 어려웠으므로 전문가의 도움을 얻어야 했을 것이다. 민간에서는 앞서 본 바와 같이 전문가를 구하기가 어려웠기 때문에, '문복장이'나 '무당', 또는 '날 보는 사람' 등 민간의 점쟁이에게 자문을 구하는 것이 고작이었다. 그러나 풍수사상과 방법이 음양오행과 주역을 기반으로 하고 있듯이 풍수사도 그러한 지식을 갖추고 있다고 믿어졌다. 따라서 민간에서는 건설시기의 선택에 관하여 풍수사에게 자문을 구하는 경우가 많았다.

풍수사는 집주인의 사주를 보아 집주인이 그 해에 집을 지을 운세가 되는지를 판단하게 되는데 이것을 '성주운 보기'라고 한다. 집을 짓는 것은 성주를 이루는 것이므로 성주운을 보는 것은 그 해에 집을 짓는 것이 좋은지를 판단하는 것이다. 만일 성주운이 좋다면 그대로 지어도 되지만 성주운이 닿지 않는 경우에는 보통 그 이듬해까지 기다렸다고 하는데, 반드시 그 해에 집을 지어야 하는 사정이 있을 때는 성주운이 좋은 남의 '성주'를 빌려 공사를 진행하는 이른바 '차성주'의 방법도 사용되었다. 차성주는 다른 사람의 이름으로 건축이 이루어지기 때문에 그 사람의 사주에 따라 공사의 주요 공정의 시기나 건축물의 위치가 결정되고, 공사가 끝난 후에는 매매계약서를 작성하여 원주인에게 사고 파는 형식을 취한다고 한다.

'성주운 보기'가 그 해의 건축여부를 판단하는 일이라면 택일은 각 건축과정의 시기를 결정하는 일이었다. 《산림경제》에서 설명되었던 것처럼 집 짓기에서는 나무 베는 날로부터, 터 닦는 날, 기둥 세우는 날, 상량하는 날, 지붕 잇는 날, 아궁이 만드는 날, 뒷간 짓는 날, 창고 짓는 날, 대문 만드는 날,입택하는 날 등이 풍수사로부터 택일을 받아야 하는 날이었다. 물론 민간에서 이와 같은 날들을 모두 받았던 것은 아니었지만, 터 닦는 날과 주추 놓는 날, 기둥 세우는 날, 상량하는 날, 입택하는 날은 지역에 관계없이 반드시 풍수사가 결정하였다고 알려져 있다.[13)]

건설상의 주요 공정이 풍수사에 의해서 결정되었던 것처럼 풍수는 건설방법상에도 속신화된 규범이나 금기로 자리잡게 되었다고 보여진다. 그 예로써 집을 지을 때는 담장과 대문을 먼저 짓지 않는다든지, 앞의 〈그림 11〉과 같이 목재를 세워 사용할 때에는 뿌리 쪽이 밑을 향하도록 한다든지, 목재를 수평으로 사용할 때는 뿌리 쪽이 밖을 향하도록 한다는 등의 금기를 볼 수 있다. 또한 목재의 선택에 있어서 단풍·대추나무를 기피하는 것은 물론 사당이나 절·관청을 짓다가 남은 나무, 배를 만들다가 남은 나무, 신수와 사당나무 및 짐승이 깃들었던 나무를 꺼리기도 하였다.

이와 같이 건설시기의 결정방법이나 건설방법상의 규범과 금기들은 다분히 점복성이 강한 요소를 가지고 있다. 이는 주택의 형태 및 그 건설과정이 가족의 운명에 영향을 미칠 수 있다는 속신적인 신앙에 뿌리를 두고 있는 것처럼 보여진다. 한걸음 더 나아가 이러한 민간신앙은 주택의 대지가 인생

13) 姜榮煥, 위의 책, 86~89쪽.

〈그림 11〉 목재의 사용방법

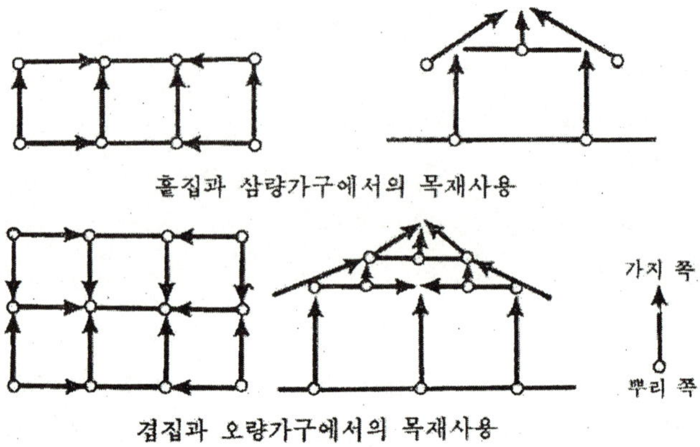

의 길흉화복에 영향을 미친다는 양기풍수의 민속적 번안이라고 보여지는 것이었다. 따라서 조선 후기의 풍수사상과 방법의 민간확산은 변형의 과정을 거치면서 주택계획 및 건설상의 준거로서 자리잡게 되었다.

〈姜榮煥〉

집 필 자

개 요 ………………………………………………………… 한 영 국

Ⅰ. 신분제의 이완과 신분의 변동

1. 양반층의 증가와 분화 ……………………………… 이 준 구
2. 양반서얼의 통청운동 ……………………………… 이 종 일
3. 중간신분층의 향상과 분화 …………………………… 김 양 수
4. 서민층의 성장 ……………………………………… 최 진 옥
5. 노비신분층의 동향과 변화 …………………………… 전 형 택

Ⅱ. 향촌사회의 변동

1. 친족과 촌락구조의 변화 ……………………………… 이 해 준
2. 지방행정체제의 변화 ………………………………… 김 준 형
3. 호구정책의 강화 …………………………………… 한 영 국
4. 향촌자치체계의 변화 ………………………………… 김 인 걸
5. 계의 성행과 발전 …………………………………… 김 필 동

Ⅲ. 민속과 생활

1. 촌락제의와 놀이 …………………………………… 임 동 권
2. 의식주생활
   1) 의생활 ………………………………………… 고 부 자
   2) 식생활 ………………………………………… 한 복 진
   3) 주생활 ………………………………………… 강 영 환

한국사 34

조선후기의 사회

편찬간행 **국사편찬위원회**

초판1쇄 2003년 11월 30일
2쇄 2013년 6월 4일

번각발행 **탐구당**

등록일 1950년 11월 1일
등록번호 서울 제 03-00993 호

주소 서울특별시 용산구 한강대로 62 나길 6
전화 (02) 3785-2211(대표)
팩스 (02) 3785-2272
홈페이지 www.tamgudang.co.kr
전자우편 tamgudang@paran.com

ISBN 978-89-8236-600-0
978-89-8236-566-9(세트)

값 15,500 원